"마음챙김은 삶을 변화시킨다. 따뜻하면서도 실용적인 롭의 책은 이를 더 효과적으로 수행하는 데 도움이 될 것이다."

"마음챙김이 미국에 처음 도입된 이후 마음챙김을 지도하는 데 참여한 사람으로서 이 책의 정확성, 깊이, 그리고 유용성에 계속 갈채를 보내는 나 자신을 발견했다. 이런 것들은 쉽게 얻을 수 있는 게 아니다. 이 책은 앞으로 마음챙김과 관련된 기초 및 응용 분야를 진일보시킬 것이다!"

"마음챙김을 가르치는 것은 과학이면서 동시에 예술이다. 스트레스를 감소시키고 괴로움을 완화하는데 마음챙김이 어떤 식으로 도움이 되는지 확실하게 이해해야 하고 이러한 이해가 직관적으로 그리고 지적으로 다른 사람에게 활기를 띠게 만드는 능력이 필요하다. 이 책은 굉장한 선물이다. 일반적인 지침서가 제공할 수 있는 범위를 훨씬 넘어서며 '숨겨진 교육 과정'이라 일컬어지는 것으로 독자가 관점을 가질 수 있도록 공간을 연다. 지도와 관련된 매우 상세한 사항부터 지도자가 되어가는 내면 여정에 관한 폭넓은 시각에 이르기까지 해답과 통찰을 제공하면서 동반자이자 현명한 지도자 역할을 한다. 롭이 네덜란드 암스테르담에 있는 그의 센터에서 수백 명의 지도자를 가르치고 지원했던 것처럼 그런 이상적인 방식으로 이 여정의 안내자 역할을 할 수 있는 사람은 드물다. 마음챙김을 가르치는 데 열정을 가진 사람이라면 누구라도 이 책을 소중히 간직할 것이다."

"MBSR을 지도하는 방법을 알려 주는 이 지침서는 매우 훌륭한 기술, 안목, 따뜻한 마음으로 지도 과정의 중요한 틈새를 메운다. 롭이 MBSR 지도의 예술성과 실용적 기술을 설명할 때면 그의 풍부한 경험이 빛을 발한다. 그는 내담자에게 최고의 지도자가 되기 위해 필요한 가장 중요한 질문 몇 가지를 제기한다. 그러면서도 이러한 작업의 나침반이 되는 따뜻한 마음을 결코 잊지 않는다. 롭은 아주 풍부하고 실용적인 기여를 하고 있다."

- 윌렘 쿠이켄Willem Kuyken
옥스포드대학교 정신건강의학과 임상심리학 교수

"이 책은 지금까지 발간된 마음챙김 지도와 관련된 출판물 중 가장 포괄적인 지침서이다. 네덜란드 의회를 포함하여 수년 동안 마음챙김을 가르쳐왔던 롭 브랜즈마는 이 기술의 미묘한 세부 사항을 체계적으로 꺼내어 다루고 있다. 대답 없이 내버려 둔 질문이 없다. 경험 많은 사람이든 초보자이든 마음챙김 지도자라면 모두 앞으로 수년간 이 책을 참고할 것이다."

- 크리스토퍼 거머Christopher Germer, PhD
하버드의과대학 임상 강사, 『오늘부터 나에게 친절하기로 했다』 저자

"이 멋진 책은 사려 깊은 오랜 경험에서 비롯한 지혜와 통찰로 가득하다. 저자는 분명 많은 것을 가르치고 있고 정확히 무슨 일이 일어나고 있는지에 주의를 기울인다. 그는 말의 한계를 이해하면서도, 명확한 설명과 훌륭한 사례들을 도움이 되는 방식으로 제공한다. 강력히 추천한다!"

- 루스 베어Ruth Baer
『하루 10분 마음챙김의 행복 프로젝트』 저자

"이 책은 탁월한 공헌이다. 글 전체에 주제의 미묘함과 뉘앙스가 생생하다. 마음챙김에 기반을 둔 지도 과정의 본질을 매우 아름답게 표현하며 발전하고 있는 지도자들(우리 모두!)에게 크게 도움이 될 것이다."

- 레베카 크레인Rebecca Crane, PhD
영국 방고르대학교 마음챙김 연구 및 수련 센터 소장

"롭은 나의 친애하는 동료이며 그와 함께 가르치는 것은 매우 즐거운 일이다. 마음챙김 지도자가 되려는 사람과 숙련된 마음챙김 지도자 모두에게 그의 책을 열렬하게 추

천한다. 지도자의 마음챙김 기술뿐만 아니라 참가자의 기술도 향상되기를!"

– 앤 스페켄스Anne Speckens
정신건강의학과 교수, 네덜란드 네이메헌의 라드바우드대학교 마음챙김 의료 센터의 창립자이자 감독

"마음챙김 훈련이 더욱더 대중화됨에 따라 점점 더 많은 사람이 마음챙김에 대한 자기 경험을 공유하고자 한다. 슬프게도 이들 모두가 적절한 훈련을 받은 것은 아니다. 롭 브랜즈마는 MBSR과 그 외 다른 마음챙김에 근거한 접근들을 깊이 이해하고 있고 이 책에서 나누는 그의 지혜는 다른 사람에게 마음챙김을 가르치는 길을 시작하는 모든 이에게 큰 도움이 될 것이다."

– 마이클 채스칼슨Michael Chaskalson
『Mindfulness in Eight Weeks』 공동 저자

"롭 브랜즈마는 오랜 경험을 바탕으로 명확하고 단계적인 지침을 마음챙김 지도자에게 제공한다. 이는 마음챙김 수행을 배우는 과정에서 경험하는 많은 도전적 모험을 통해 학생들을 이끄는 데 도움이 된다. 상세한 실제 사례들로 가득 찬 이 책은 우리가 학생들이 더 풍요롭고 깨어 있는 삶을 살도록 도우려 할 때 우리 곁에 서서 배려 깊고 균형 잡힌 노련한 멘토가 되어 준다."

– 로날드 D 시겔Ronald D. Siegel, PsyD
하버드의과대학 심리학 부교수, 『The Mindfulness Solution』 저자

마음챙김 명상 지도의 실제

명상 지도자와 임상가를 위한
지혜로운 안내서

The
Mindfulness
TEACHING GUIDE

저자 롭 브랜즈마Rob Brandsma · **역자** 구본훈, 서혁수, 이강욱

박용한

대한명상의학회 회장

마음챙김은 기존의 인지적 틀로부터 의식이 깨어나도록 하여, 우리의 삶을 온전함으로 치유되고 회복되게 합니다.

  기원전 6세기경 위대한 스승 붓다는 마음챙김 기반의 지관 수행을 통해 통찰과 해탈에 이를 수 있음을 가르쳤습니다. 이것이 첫 번째 마음챙김 혁명이라 할 것입니다. 그러나 마음챙김 수행이 종교적 방편으로만 여겨져 그 진가가 대중들에게 널리 알려지지는 못했습니다. 1979년 존 카밧진 박사의 마음챙김에 근거한 스트레스 완화(MBSR) 프로그램을 기점으로 서구에 마음챙김 기반 중재가 널리 알려지고 과학적 기반의 연구 성과가 밝혀지게 되었습니다. 마음챙김을 통해 자신과 세상을 대하는 관점을 바꾸고 치유가 일어나는 이른바 두 번째 마음챙김 혁명이 일어나게 되었습니다.

  현재 전 세계적으로 사회 전반에 걸쳐 마음챙김의 수요가 늘어나고 있습니다. 물론 우리나라에서도 웰빙과 치유의 기술로서 마음챙김에 대한 인식이 높아지고 있습니다. 따라서 의료 현장과 학교, 직장과 사회 전반에서 마음챙김을 가르치는 교사를 절실히 필요로 합니다. 그러나 마음챙김 지도자는 단순한 학습을 통해 교습하는 것이 아니라 마음챙김의 독특하고 미묘한 분위기를 잘 이해하고 수행으로 체득하여 마음챙겨 마음챙김을 전달할 수 있어야 합니다.

  저자인 롭 브랜즈마Rob Brandsma 박사는 네덜란드의 심리학자이자 교사 훈련을 위한 마음챙김 기반 프로그램의 트레이너로서 오랜 기간 일해 왔습니다. 그는 이 책을 통해 본인의 체화된 마음챙김 수행의 결과와 수많은 지도 경험을 교육학, 심리학, 정신병리학, 동양의 명상 전통과 잘 연결하고 마음챙김 기반 중재를 현장에서 어떻게 제대로 구현해야 할지 다양한 각도로 상세히 설명하고 있습니다. 이 책을 읽어보면 서양의 친절하고 애정이 담긴 교습법이 동양의 선사들이 전해주는 방식과는 또 다른 결의 탁월한 내적 탐구 방식임을 보여 주고 있습니다. 이는 마치 소크라테스가 자등명(自燈明)을 이야기하는 것과 비슷합니다.

마음챙김 기반 중재의 지도자 양성을 위한 이 책의 통합적인 내용은 집단프로그램을 가르칠 때, 매번 임상에서 환자를 대할 때, 일상에서 사회적 관계를 맺을 때, 더 나아가 자신을 제대로 만나기를 원할 때, 열린 방식으로 촌철살인의 이정표를 제시하고 있습니다. 그러므로 반복해서 읽고 체화되도록 수행하면서 지도자로서 경험을 쌓아간다면 어느덧 훌륭한 마음챙김 지도자로 성장할 수 있다고 확신합니다.

이 책의 저자인 롭 브랜즈마Rob Brandsma 박사에게 다시 한번 경의를 표하며 바쁘신 와중에도 많은 사람의 이고득락을 위해 자비를 실천해 주신 번역자들께도 가슴으로 감사함을 보냅니다.

안희영

한국MBSR마음챙김연구소장, MBSR 국제지도자 트레이너

좋은 책의 추천사를 쓰는 일은 기쁜 경험입니다. 이미 그 책의 유용성과 우수성에 대해서 잘 알고 있으면 그 기쁨이 배가 됩니다. 필자에게 이 책은 그러한 의미를 가진 책입니다.

이 책은 마음챙김(Mindfulness, Sati) 명상에 관심이 있는 분들, 특히 MBSR, MBCT 프로그램과 같은 마음챙김에 근거한 명상을 지도하고자 하는 분들, 이미 지도하고 있는 분들에게 특히 추천할 만한 책입니다. 존 카밧진, 크리스토퍼 거머, 샤론 셀즈버그, 레베카 크레인, 로널드 시걸 등 이 책의 표지 추천사를 써준 분들의 명성만 보아도 이 책의 유용성을 어느 정도 가늠할 수 있습니다.

이 책의 저자 롭 브랜즈마는 세계적으로 명성 있는 네덜란드의 마음챙김 지도자입니다. 마음챙김 지도 안내서가 매우 드문 현실을 감안할 때 오랜 가뭄 후에 만나는 단비처럼 시의적절하고 반가운 선물이 아닐 수 없습니다. 더구나 내용을 살펴보면 초보 지도자는 물론, 경험 많은 지도자도 놓치기 쉬운 세밀한 부분까지 심도 있게 다루고 있는 저자의 통찰은 존경을 받기에 충분합니다. 저자가 MBSR 지도자로서 MBSR 프로그램을 책 전체에 걸쳐 자주 언급하고 있기 때문에 MBSR 국제 지도자 트레이너로서 저의 경험을 미력하나마 나눠보고자 합니다.

필자는 고등학교 시절에 우연히 선(禪)에 대한 책을 읽고 관심이 생겨, 고 이기영 박사님이 이끄는 워크숍에 참여하고 곧이어 참선 수련을 배우면서 마음챙김은 삶의 빛이자 동력이 되었습니다. 그 뒤로 국내외의 많은 명상 스승과 프로그램 등을 통해 배우다가 약 20여 년 전 미국 유학 시절 MBSR 지도자과정에 참여하였고, 2005년부터는 MBSR 프로그램을 국내에 정식 보급하는 소임을 맡게 되었습니다. 2022년 현재 국제 지도자 트레이너로서 미국MBSR, 영국MBCT 본부와 각각 협약을 맺고 국제인증지도자를 국내에서 직접 양성하게 되었습니다.

필자가 미국에서 MBSR 지도자과정을 참여한 후 공식적으로 국내에 보급하기 시

작할 때만 해도 현대식 마음챙김 교육은 미개척지나 다름없었습니다. 그 당시엔 카세트테이프에 명상 안내를 녹음해서 사용했고, 그 뒤에는 CD로 하다가, 이제는 mp3 파일 위주로 하는 것만 보아도 그동안에 교육환경이 얼마나 많이 변화해 왔는지 짐작할 수 있습니다.

동양의 전통적인 명상 지도 방법과 서양인들의 현대적 지도 방식은 많은 차이가 있습니다. 예를 들면, 동양에서는 일반적으로 스승의 권위가 절대적이며 교육의 기본 형태는 가르치는 사람 중심이라 볼 수 있습니다. 제자는 오랜 세월 스승의 지도 아래 스승을 모델로 삼고 공부해 나갑니다. 반면 현대 서양의 마음챙김 지도는 구조화된 프로그램을 비교적 단시일(MBSR은 대략 3년, MBCT는 1년가량) 내에 배워서 정식으로 지도자의 길을 걷게 됩니다. 여기서 가장 큰 차이점은 동양 전통은 스승의 권위와 깨달음을 주축으로 한 수직적 체계라면, 서양의 현대 마음챙김 명상 지도법에서는 참여자의 경험을 중시하며 대화와 탐구dialog and inquiry를 많이 하는 수평적인 구조라 할 수 있습니다. 물론 어느 방법이 더 좋은가 하는 것은 교육 상황이나, 참여자의 선호도, 교육의 성격이나 목표 등에 달라질 수 있을 것입니다.

MBSR이나 MBCT같은 현대화된 서구 마음챙김 프로그램을 제대로 지도하려면 마음챙김 수련 경험 외에도 지도자가 갖추어야 하는 역량이 더 있습니다. MBSR지도는 마음챙김 수련 경험 외에도 마음챙김 전통/지혜에 대한 사상적 이해, 스트레스/신경과학, 경험 학습, 집단과정 등의 요소를 빼놓을 수 없습니다. 지도자가 되려면 최소한 몇 년 정도의 지속적인 마음챙김 수련 바탕 위에 지도에 필요한 이러한 분야들을 심도 있게 공부해 나가야 합니다.

이 책은 저자 롭 브랜즈마의 풍부한 명상 경험과 지도 경험을 바탕으로 현대 사회의 맥락에서 상식적이고 체계적인 방식의 오랜 지도 경험을 잘 담고 있기에 마음챙김 지도에 관심이 있는 모든 분에게 유익한 자료가 될 것입니다. 저자는 특히 MBSR 같은 프로그램에서 가장 중요하면서 많은 지도자가 가장 어렵게 생각하는 탐구inquiry 부분을 4장에서 매우 상세하게 다루고 있어 이 책의 가치를 더욱 높여 줍니다. 그리고 지도자의 교육 스타일에 대해서 언급하고 있는 6장도 마음챙김 지도자가 되려는 분들에게 좋은 안내가 될 것입니다. 풍요로운 학습환경 만들기, 마음챙김 수련 안내, 교훈적 제시 등을 다룬 나머지 장들도 매우 상세하고 많은 도움이 됩니다. 여기에 세 분의 정신의학 전문의의 정성 어린 번역으로 한층 가독성이 더해져 우리말로도 저자의 경험이 잘 전달될 수 있을 것으로 사료됩니다.

마음챙김 지도는 지도자의 지속적이고 성실한 마음챙김 수련의 체화이자 표현입니다. 마음챙김은 우리의 타고난 능력이면서도 수련을 필요로 하는, 단순하지만 결코 쉽지 않은 존재의 방식 그 자체입니다. 마음챙김 수련의 바탕이 잘 갖추어져 있다고 해도, 실제 수업에서 즉시적으로 일어나는 참여자와의 대화와 탐구영역은 마음챙김 지도자들이 직면하는 가장 도전적이고 중요한 핵심 요소로서 체화된 마음챙김과 함께 평생을 공부해야 해야 합니다.

삶의 소중한 차원이 모두 그러듯이, 살아있는 마음챙김 지도 방법을 제대로 소화하는 것은 말처럼 쉽지 않으며 이러한 맥락에서 책이 직접 경험을 대체할 수 없습니다. 그러나 길을 잃었을 때 지도가 가야 할 방향을 보여주듯, 이 책이 마음챙김 지도를 처음 시작하는 분들뿐만 아니라 마음챙김을 오랫동안 가르쳐 온 분들에게도 신뢰할 만한 나침반이 되기를 기대합니다.

마음챙김은 현재의 경험을 있는 그대로 알아차리고 적절하게 반응하는 삶의 지혜이자 사랑의 행위입니다. 부디 이 책에 움터 있는 통찰의 씨앗이 마음챙김 지도에 관심 있는 분들의 열린 자각 속에서 건강하고 다양하게 자라나게 되기를 바랍니다.

김완두(미산)

하트스마일명상 개발자, 카이스트 명상과학연구소 소장

마음챙김 지도자들이 반드시 탐독해야 할 필독서

『마음챙김 명상 지도의 실제』는 마음챙김 명상뿐만 아니라 다양한 명상 프로그램을 안내하는 지도자들이 반드시 탐독해야 할 필독서이다.

이 책은 마음챙김의 깊고 넓은 영역에 대한 통찰과 지도자의 태도와 자질, 그리고 실제 마음챙김 훈련 현장에서 실천해야 할 실질적인 사항들을 섬세하게 정리해 놓았다.

마음챙김은 고대 지혜 전통에서 유래되었다. 기존의 서양 의학이나 정신의학 패러다임의 한계를 극복하려는 한 젊은 과학도의 의도가 그 시작점이다. 1979년 봄, 통찰 명상 10일 집중수행의 마지막 날, MIT 분자생물학자, 존 카밧진의 마음속에서 지혜의 빛이 섬광처럼 번뜩였다. 다이아몬드처럼 빛나는 예지와 삶 속에서 구현할 수 있는 값진 행동 양식을 발견하였던 것이다. 고대 지혜 전통인 붓다 다르마의 정수를 보존하고 존중하면서도 이 지혜 전통을 현대인들의 의식과 취향에 맞게 재맥락화하여 계승 발전시켰다. 그 결과 누구나 쉽고 간편하게 삶 속에서 체화하여 스트레스를 관리할 수 있는 실질적인 방법, 마음챙김에 근거한 스트레스 완화 프로그램을 세상에 선보이게 된 것이다. 거의 비슷한 시기에 수용전념치료, 마음챙김에 근거한 인지치료 프로그램이 심리치료와 정신의학 현장에서 효과성이 입증되면서 다양한 형태의 마음챙김 기반 개입법들이 광범위하게 확산되고 있다. 이와 함께 마음챙김 자기 연민을 강조한 MSC 프로그램 등 자비 기반 개입법들도 대중들 사이에 빠르게 퍼져 가고 있다.

명상이 전 세계적으로 유행하다 보니 근거가 불분명한 명상 프로그램이 양산되면서 적지 않은 문제점들도 드러난다. 특히 미국에서는 다양한 명상 개입법의 과잉 공급으로 자질이 충분하지 않은 명상 지도자들이 무분별하게 배출되어 명상 문화의 질적인 저하를 염려하는 목소리도 만만치 않다. 자본주의 영성의 상업화와 과학적 검증을 내세운 과학적 환원주의가 마음챙김의 본질을 왜곡하고 호도하고 있다는 비판도 『마음챙김의 배신』과 같은 서적을 통해서 공론화되고 있다. 이런 상황에서 이 책의 번역

출간은 아주 시의적절하다. 국내에서도 전통을 표방한 각종 명상 프로그램과 서양에서 유입된 다양한 명상 과학 프로그램들이 범람하고 있다. 명상 지도자의 자질과 역량을 철저하게 검증하고 관리할 수 있는 기준과 규범에 대한 논의가 절실히 필요한 시기에 이와 관련된 책이 번역되어 정말 다행이라고 생각한다.

마음챙김 지도자가 갖추어야 할 바람직한 태도

코로나19 감염병으로 인하여 몸과 마음이 지치고 힘든 많은 사람이 건전한 명상 프로그램과 신뢰할 수 있는 명상 지도자를 찾고 있다. 진정 어린 명상 지도자가 지녀야 할 바람직한 태도는 무엇일까?

　　MBSR 개발자인 존 카밧진이 2012년 11월에 처음으로 한국을 방문하였다. 한국 선불교의 정신이 살아있는 희양산 봉암사에서 지금은 고인이 되신 적명선사와의 1박 2일간의 만남이 있었다. 존 카밧진이 한국 방문을 통해서 정말 확인하고 싶었던 것이 있었다. 자신이 숭산선사로부터 배운 불이중도(不二中道)의 가르침을 실천하고 있는 선불교 스승을 만나고 싶어 했다. 두 분의 역사적인 만남이 이루어졌다. 약속된 대담 시간을 연장하면서까지 불이중도의 가르침에 대한 진지하고 깊이 있는 대화가 진행되었다. 대담 후에 한국에 살아있는 선수행 전통이 존속되고 있다는 것을 확인하고 흡족해하면서 2014년 11월에 대만에서 열린 MBSR 지도자 컨퍼런스에 필자를 발표자로 초대했다. 중국, 대만, 그리고 동남아에서 온 10여 명의 불교 전통 수행자들, 아시아 지역에 있는 MBSR 지도자들이 함께 모인 흥미로운 컨퍼런스였다. 필자는 "숭산선사의 불이중도 선사상과 MBSR"이라는 주제로 발표하였다. 발표 후에 필자가 존 카밧진에게 직접 물었다. "마음챙김 지도자가 갖추어야 할 다양한 태도 중에서 중요한 것 한 가지만 고른다면 과연 무엇인가?" 그는 주저하지 않고 "비판단적 깨어있음non-judgemental awareness, 불이중도nondual-middle path"라고 답변하였다.*

---

* 어느 한 인터뷰에서도 존 카밧진은 불이법이 마음챙김의 핵심임을 강조하고 있다. "……마음챙김은 비이원성의 가르침을 토대로 하고 있다. MBSR의 핵심은 비이원성의 가르침이다. 왜냐하면 비이원성을 가르치지 않으면 사실상 마음챙김을 가르치고 있는 것이 아니다. 마음챙김을 가르치지 않으면 다르마를 가르치지 않는 것이며, 다르마를 가르치지 않으면, 사실상 최상의 가치를 가르치는 것이 아니다. ……That non-dual foundation to the teaching has always been the essence of what we teach MBSR because if we're not teaching non-duality we're not actually teaching mindfulness and if we're not teaching mindfulness we're not teaching dharma and if it's not dharma it's not worthy teaching in the first place." https://youtu.be/zQpQiyPv6x4 (7분 40초)

불이중도란 본질과 현상이 둘이 아니면서 그렇다고 하나도 아님을 의미한다. 현상은 바닷물 표면에 출렁이는 파도라면 본질은 바닷물 자체이다. 이와 같은 비이원(非二元)의 태도로 보면 어디에도 치우치지 않은 조화와 균형으로 현상과 본질을 보는 중도의 관점을 갖게 된다. 이것이 바로 명상 지도자가 가져야 할 바람직한 태도이다. 이 책에서 사용한 평이한 말로 다시 풀면 다음과 같다. "결과 지향적이면서 동시에 과정 지향적이고, 행동 모드와 존재 모드를 조화롭게 사용하고, 프로그램의 정형화된 틀을 따르면서도 상황에 따라 나타나는 것을 역동적으로 다루며, 최선을 다하되 너무 애쓰지 않아야 한다." 물론 역설적이지만, 바로 이 비이원의 균형과 조화를 갖춘 태도가 존 카밧진이 제시한 마음챙김 수행의 기초가 되는 일곱 가지 태도, 즉, 비판단, 인내, 초심, 신뢰, 애쓰지 않음, 수용, 내려놓기를 몸과 마음에 체화하여 명상 지도의 현장에서 드러나도록 하는 것이다.

마음챙김 지도자들의 자질과 덕목

세상의 의미 있는 일은 좋은 의도와 열정을 가진 사람들에 의해서 만들어진다. 명상 수행 전통도 선한 의도와 열정, 그리고 사랑과 연민을 나누는 행위를 통해서 오랜 세월 동안 전승되었다. 의미 있는 것을 나누고자 하는 선한 의도와 열정이 지도자들이 기본으로 갖추어야 할 덕목이라고 할 수 있다. 열정은 끊임없는 자기수행을 통해서 새롭게 하는 것이 중요하다고 이 책의 저자는 강조하고 있다. 열정에 찬 지도자라고 하더라도 명상을 지도하는 것이 때로는 진부하고 의례적인 것이 될 수도 있다. 특히 명상을 지도하는 중에 생각대로 잘 안되거나, 자신에게 실망하거나, 참가자의 저항에 부딪히거나, 행정 업무에 시달려 소진되었을 때, 초심으로 돌아가 의도와 열정을 새롭게 하여야 한다.

좋은 의도와 열정과 함께 갖추어야 할 덕목과 자질은 체현 혹은 체화이다. 위에서 열거한 마음챙김의 기초가 되는 7가지 태도들이 몸과 마음에 스며들어 자연스럽게 명상 지도의 현장에서 배어 나와야 한다. 여기서 오해하지 않아야 할 점은 지도자는 항상 비판단으로 현재에 깨어 있고, 모든 것을 수용하고, 편안하고 고요하게 흘려보내기 등이 완벽하고 완전하게 되어 이상적인 역할을 성공적으로 해내야 한다고 생각하는 것이다. 이 책의 저자는 말한다. "체현은 완벽함에 관한 것이 아니라 불완전함에 관한 것이다." 잘하면 잘하는 대로 부족하면 부족한 대로 있는 그대로의 자신의 지도 행위를 알아차리고 현장에서 체현의 상황을 몸소 보여 주며 함께 하는 것이다. 이럴 때 참여자들은 지도자가 현장에서 보여 주는 체화된 마음챙김의 덕목들을 공명하며 머리가 아닌 가슴으로 받아들이게 할 수 있게 된다. 필자는 이 체화된 비이원적 마음챙김을 "지금 이대로 있는 그대로 온전함에 깨어있기"라고 표현한다.

마음챙김 지도자들은 다양한 분야의 전문적인 지식과 기술을 습득하여 그 자질을 지도 현장에서 활용한다. 정신의학 전공자, 상담심리가, 요가 지도자, 종교 지도자, 소매틱 코치 등은 마음챙김의 태도에 전문분야의 자질을 너무 강조하여 과장하면 방해 요인이 될 수 있다. 인간으로서의 지도자라면 누구나 경험하게 될 한계들, 예를 들면 지도자로서의 불충분한 느낌, 지도 현장에서 경험하는 긴장감 등을 있는 그대로 직접 알아차릴 수 없게 된다. 종교가들이 영감을 고무시키기 위해 설교식으로 지도하는 것, 심리치료가들이 과잉 분석을 하는 것, 필요 이상의 설명과 명료화 등의 방식은 비이원의 온전함에 깨어서 있는 그대로의 현상을 알아차리고 문제의 본질에 연결하는 데 걸림돌이 될 수 있는 것이다.

또 한 가지 짚고 넘어가야 할 점은 지도하는 과정에서 드러날 수 있는 도전적인 사항 중에 이상화에 관한 것이다. 마음챙김 지도자는 참가자들로부터 이상적인 모습으로 미화될 수 있다. 이 책의 저자가 지적하듯이 "이상화는 양날의 칼이다." 마음챙김 학습 과정을 도울 수도 있고 방해할 수도 있다. 하지만 균형과 조화가 필요하다. 인간으로서의 취약함에 대한 적정 수준의 자기 노출이 도움이 된다. 예를 들면 실수 인정하기, 지도자도 역시 애쓰고, 실수하고, 의문이 있음을 있는 그대로 보여 주는 것이다. 그렇다면 어느 정도 노출하는 것이 좋을까? 너무 지나치게 자신의 실수를 강조하거나 필요 이상으로 사생활을 드러낼 필요는 없는 것이다. 이 책에서는 구체적인 사례의 예시를 통해서 지도자들이 애매하게 느낄 수 있는 사항들을 자상하게 설명하고 있다.

마음챙김 수행 안내의 유용한 팁

마음챙김 수행 안내를 할 때 늘 부딪치게 되는 어려움은 주의 분배의 적절한 조율이다. 지도자 자신의 명상 의식, 명상 대본, 참가 대상자에 어느 정도로 분배할 것인가를 결정해야 한다. 수행 안내는 체화되어지는 과정을 나누는 것이 중요하다. 바로 이러한 이유로 지도자 자신의 마음챙김 명상 의식에 주의를 너무 많이 분배하게 된다. 이 경우 참가자들에게 명상 지도의 내용이 잘 전달되지 않을 수도 있다. 자신의 명상 상태에 주의를 많이 줄 때, 필자의 경우에는 목소리가 작아지고 소리가 안으로 들어가는 느낌이라 잘 안 들린다는 지적을 받은 적이 종종 있었다. 이 책은 이러한 사항들을 세세하게 안내하고 유용한 팁을 제공하고 있다.

수행 안내의 기술적인 측면에서 지도자의 목소리, 말투, 안내할 때 진행 속도의 조절, 분위기의 경쾌함과 엄숙함, 회피하기와 다가가기 등은 내용을 전달하고 소통하는 데 중요한 역할을 한다. 필자는 명상을 지도하는 중에 '나' 혹은 '당신'이라는 대명사를 사용할 때, '관념화된 자기'를 강화한다는 것을 느낀 적이 있다. 이후에 사용하고 있던 모든 명상 대본에서 대명사를 삭제하고 '이 몸과 마음'이라는 중립적이며 직접적인 용어로 바꾸었다. 개념을 지칭하는 인칭 명사보다는 감각과 느낌으로 바로 유도할 수 있는 형용사나 부사를 주로 사용한다. 이 책의 저자도 이 점을 정확하게 지적하고 있다. 명상 안내에서 비인칭 지시어를 사용하는 것이 가장 효과적이며, 동명사 혹은 주어가 필요하지 않은 명령문을 사용하도록 추천한다. 명령문을 활용할 경우, 너무 딱딱하게 지시하는 것처럼 느끼지 않도록 부드러운 어조, 권유의 느낌을 전달할 수 있는 수식어들을 적절하게 활용하도록 하면 된다고 조언하고 있다. 이외에도 수행 지도 현장에서 활용할 수 있는 풍부하고 다양한 실질적인 사항들을 구체적인 예시와 함께 잘 정리해 놓았다.

개인적으로는 필자가 개발한 명상 프로그램을 나눌 수 있는 지도자 양성 교육을 마무리하는 시점에서 이 책을 만나게 되어 정말 기쁘고 감사하다. 오랫동안 지도자 양성 교육을 통해서 씨앗 지도자들을 최근에 배출하였다. 명상 지도자들에게 나눌 수 있는 적절한 책을 찾고 있을 때, 추천사를 쓰기 위해 이 책을 정독하게 되었다. 새내기 명상 지도자들에게 자신이 있게 추천할 수 있는 훌륭한 안내서가 되리라고 믿어 의심치 않는다. 추천사를 나눌 수 있는 인연을 마련해 주시고 시의적절하게 좋은 책을 번역해 주신 공역자들과 출판 관계자들께 진심으로 감사드린다.

이 책은 여러 가지로 매우 특별하다.

첫째, 저자는 철저히 독자를 염두에 두고 또 독자의 처지에서 이 책을 썼다. 명상과 마음챙김을 가르치는 지도자가 되려 할 때 필연적으로 겪는 어려움을 처음부터 끝까지 매우 신중하게 배려하고 있다. 아마 익히고 닦아야 할 것이 단순히 말로 설명해서 습득할 수 있는 기술이 아니라는 점을 누구보다 선명하게 이해하기 때문일 것이다. 저자는 마치 독자 마음을 바로 눈앞에 펼쳐 놓고 하나하나 세세하게 들여다보면서 집필한 듯하다. 글로써 충분히 설명할 수 없는 한계를 안타까워하면서도 어떻게든 독자의 이해를 도우려는 저자의 친절에서 숭고한 애정을 느낄 수 있다.

둘째, 이 책은 추리 소설처럼 그냥 술술 읽을 수 있는 그런 종류의 시간 보내기용 책이 전혀 못 된다. 이 책을 들면 마치 13세기 페르시아의 신비주의 시인 루미의 시나 현대의 대표적인 영성가 에크하르트 톨레의 책을 읽는 듯 착각이 든다. 한 단어 한 단어, 한 줄 한 줄 천천히 음미하면서 읽어야 한다. 아마 책 내용이 복잡 미묘한 인간 체험과 그것을 알아차리는 능력을 향하고 있으므로 처음부터 언어로 표현할 수 있는 것이 아니기 때문일 것이다. 그러면서도 독자가 직관적으로 쉽게 이해할 수 있도록 썼으므로 이 책은 매우 재미있다. 수행 지도의 풍부한 예시와 함께 책 내용을 따라가다 보면 수행 지도의 현장이 마치 눈 앞에 펼쳐진 듯 생생하게 보인다. 이 책에는 저자가 몸소 명상을 수행한 경험과 풍부한 명상 지도 경험이 여기저기 녹아 있다.

셋째, 저자는 동양에서 유래한 수행 전통의 골격을 훼손하지 않으면서도 마음챙김의 훈련 원리에 서양에서 발달해 온 과학적 학습 경로를 채택하였다. 콜브의 체험 학습 모델은 수행 경험이 강력한 학습으로 이어지도록 지도 체계의 기반을 구축한다. 수행에 참가한 개인의 학습 스타일, 마음의 존재 모드와 행동 모드 사이의 균형, 수행을 집단으로 진행할 때 얻을 수 있는 지혜와 강력한 힘 등을 중시한 측면은 전통적인 동양의 수행 방식에서는 그리 강조되지 않던 것들이다. 수행 훈련의 현장에서 지도자가 갖춰야 할 소양을 자세히 기술하였는데 이런 내용은 명상이나 마음챙김뿐 아니라 체험 중심의 수행과 훈련을 안내하는 지도자라면 누구나 가슴에 담고 체현해야 할 것들이다.

모두 정신건강의학과 전문의인 역자들이 이 책을 처음 접한 것은 3년 전이다. 명상과 마음챙김을 서적과 단편적인 수행 체험으로 익히는 게 전부였던 시기에 우연히 이 책을 접하게 되었다. 우리는 흔히 교과서만으로 잘 이해되지 않을 때 그 내용의 배경까지 보충해서 자세히 설명하는 참고 도서를 찾기 마련이다. 우리는 마음챙김을 어떻게 가르치는지 그 내용을 잘 이해하면 마음챙김 수행의 실체적 본질이 무엇인지 힌트를 얻을 수 있으리라고 기대하였다. 엉뚱한 시도였으나 대성공이었다. 이 책 내용을 번역하면서 읽고 또 읽고 곱씹을수록 명상과 마음챙김 수행의 더 진한 향기를 맡을 수 있었다. 전문 서적이 이렇게 읽을수록 맛이 나는 경우는 정말 드물고 엄청난 행운이다.

명상과 마음챙김의 수행과 지도에 관한 한 일천한 경험밖에 없는 비전문가들이 번역하였음에도 언제나 비판 대신 격려를 보내주셨고 수행법의 역사와 용어 선정에 이르기까지 지도와 안내를 아끼지 않으셨으며 종국에는 추천의 글을 기꺼이 써 주신 박용한 대한명상의학회장님, 안희영 MBSR 국제지도자 트레이너 및 한국MBSR마음챙김연구소 소장님, 김완두 하트스마일명상 개발자 및 카이스트 명상과학연구소 소장님께 진심으로 감사하다는 말씀을 드린다. 추천사가 자애 행동임을 새삼 알게 되었다.

젊은 명상 수행자가 강 저편에서 걷고 있는 스승을 보았다.
그는 스승에게 외쳤다.
"현명한 분이시여, 저편으로 건너가는 방법을 말해 주시겠습니까?"
스승은 다시 외쳤다.
"그대는 이미 저편에 있네."

- 선(禪) 격언

목차

서론

마음챙김은 알아차림의 흐름 속에 계속 머물러 그 상태를 유지하는 능력이다.
본래 우리는 모두 이를 갖추고 있다. 특별히 선물로 받은 게 아니다.
마음챙김을 가르치는 것이야말로 진정한 선물이다.

— 도날드 맥카운Donald McCown, 다이앤 레이벨Diane Reibel, 마크 미코찌Marc Micozzi

• • •

주님, 제 마음속에 이미 답이 있을진대 왜 하늘에 답을 구하겠습니까?
저에게 필요한 모든 은총은 이미 주어졌습니다. 오, 제 안의 저편 너머로 저를 인도하소서.

— 마크리나 비데케르Macrina Wiederkehr

마음챙김 훈련은 자각self-awareness(自覺)이라는 우리의 놀라운 능력을 수행하는 기술이다. 마음챙김은 미묘한 차이와 깊이를 모두 간직한 채 현재 순간을 개방적이고 환영하는 방식으로 받아들이는 것이다.

마음챙김은 오직 개인 스스로 경험할 수밖에 없지만 많은 이가 마음챙김을 설명한 글을 쓰려고 애쓴다. 이는 마음챙김을 수행할 수 있고, 훈련으로 그 수행을 촉진할 수 있기 때문이다. 훈련을 위해서는 지도자가 필요하다. 마음챙김을 지도하는 일은 기술과 방법 사이에 균형을 유지해야 하고, 조금이나마 글로 쓰려면 사실 대단한 경험이 필요하다.

마음챙김 훈련은 삶에서 사람이 끊으려야 끊을 수 없는 도전을 더 많이 의식하여 받아들이도록 가르친다. 또한 현재에 더 오랫동안 머물게 도와주어 일상생활의 질과 강렬함을 높인다. 요컨대 사람들이 더 의식하며 살아가도록 가르치는 훈련이다.

마음챙김 수행의 정수(精髓)는 불교 전통에서 비롯되어 대다수 서양인에게는 친숙하지 않다. 하지만 21세기에 들어선 지도 10년이 지난 지금 마음챙김은 병원부터 치료 시설까지, 또 금융 회사부터 선도적 인터넷 회사에 이르기까지 서구 사회의 많은 분야에 진출했다. 각계각층의 사람이 마음챙김 훈련을 신청한다.

수백 가지 과학 연구로 구축한 탄탄한 근거기반은 이러한 성공의 주된 이유이다. 마음챙김은 효과가 있다! 이 점이 왜 이렇게 마음챙김이 널리 적용되고 있는지, 왜 서구에서 비약적으로 발전하게 되었는지 부분적으로나마 설명해 준다.

이 책의 의도

서구에서 마음챙김이 확산하면서 마음챙김을 다룬 과학 출판물과 서적이 엄청나게 증가했다. 그러나 마음챙김을 *지도하는* 내용을 다룬 출판물과 서적은 현저히 부족하다.[1] 이 책은 그러한 공백을 채우고자 한다. 이 책은 마음챙김 지도에 관심 있는 모든 사람을 대상으로 필요한 기술과 역량을 체계적으로 다루는 첫 시도이다.

마음챙김이 현재에 머무는 것이기에 마음챙김을 지도할 때도 현재 순간과 강력한 연결이 필요하다. 따라서 마음챙김 지도는 행동보다는 존재하는 방식에 관한 것이다. 따라서 역량이나 체현embodiment 같은 고도의 개인적 개념이 지도자 성장에 매우 중요하다. 이 책은 성장에 필요한 행동 모드와 존재 모드 두 *가지*를 *다* 다룬다. 이 목적을 달성하기 위해 이 책은 마음챙김 지도자가 맞닥뜨리는 가장 중요한 질문인 '나는 이 특별한 학습 순간에 어떻게 해야 하는가?'에 몇 번이고 열린 자세를 유지하도록 역량과 체현의 개요를 설명한다.

마음챙김이 서양에서 뿌리를 내리다: MBSR

1979년 봄, 존 카밧진Jon Kabat-Zinn(당시 분자생물학자)은 위빠사나 지도자인 크리스토퍼 티트머스Christopher Titmuss와 크리스티나 펠드만Christina Feldman이 이끄는 명상 집중 수행에 참석했다. 10일째 오후, 카밧진은 10~15초 동안 번뜩이는 통찰을 얻었다. 그 통찰은 상당 시간 그를 옭아맸던 문제를 풀어낼 완전한 형태를 갖춘 아이디어를 제시했다. "그 섬광은 붓다 다르마Buddha Dharma(佛法)처럼 의미 있고 성스러운 무언가의 핵심을 가져오는 방법을 둘러싼 의문과 관련이 있었습니다. 어떻게 핵심을 희석하거나, 모독하거나, 왜곡하지 않으면서도 세상으로 가져올지 동시에 어떻게 대부분 사람들이 절대 받아들일 수 없는 문화와 전통의 틀에 갇히지 않게 할지 그 방법에 관한 것이었습니다. 그들 역시 괴로움 속에 있고 이 방법이 엄청나게 유용하고 자유롭게 만드는 것임을 발견할 수 있도록 말이죠."(Kabat-Zinn, 1999, pp. 226-227).

가장 의미 있는 통찰이 그렇듯이 그 핵심은 단순하다. "통찰 명상 센터Insight Meditation Society에서 시간을 보내던 어느 오후, 제가 배우고 수행한 명상과 요가의 정수를 공유하는 것이 가치 있는 작업이라는 생각이 불쑥 들었습니다. 명상 센터에서 사용하는 언어와 형식을 결코 이해할 수 없는 사람들을 대상으로 말이죠."(Kabat-Zinn, 2011, p.287).[2] 이는 어떻게 보편적 담마dhamma(法)의 통찰이 미국 주류 사회에서 이루어지는 불교 수행 방식으로 카밧진에게 나타났는지를 보여 준다.[3]

카밧진은 번뜩이는 통찰을 얻자마자 이 수행을 소개하고 싶은 곳이 명확해졌다. 그건 병원이었다. 그는 병원에서 일했던 경험을 바탕으로 이렇게 말했다. "병원은… 우리 사회에서 '괴로움dukkha(苦)을 끌어당기는 자석' 기능을 합니다. 그렇기에 병원은 다르마Dharma(法) 작업이 이루어져야 할 적절한 장소입니다."(1999, p.228).

그리하여 서양 세계에서 담마 도입은 임상 환경에서 시작되었고 동서양 간에 놀라운 결합이 구축되었다. 카밧진의 1979년 통찰은 매사추세츠대학 메디컬 센터에서 제공하는 훈련 프로그램으로 변환되었고, 1990년 초 이 프로그램에 마음챙김에 근거한 스트레스 완화Mindfulness-based stress reduction(MBSR)라는 이름이 붙었다.

역사적 관점에서 본 MBSR

MBSR의 등장은 한 사람의 번뜩이는 통찰에서 비롯되었지만, MBSR의 발달은 더 넓은 맥락에서 이루어졌다. 1970년대 후반 동양의 명상 수행이 서양에 거점을 확보하였다. 동시에 의학과 정신병리학에 기반을 둔 정신의학 패러다임은 점점 더 많은 한계를 노출하기 시작했다. 카밧진은 그 패러다임을 완전히 뒤바꾸었다. 카밧진은 이렇게 말했다. "MBSR 접근법은 광범위한 문제를 가진 사람들과 작업을 하면서도 거의 비슷한 개입 방법을 제공한다는 점에서 기존 의학이나 정신의학 모델을 뒤집어 놓았습니다. 아마도 이치에 맞고 가치 있다고 여겨지는 유일한 방법은 무엇이 '잘못'인지에 초점을 두는 대신 무엇이 '올바른' 건지에 호소하는 것입니다."(1999, p.236).

이러한 초점 변화는 주도권이 (무엇이 잘못된 건지 아는) 의학 전문가에서 환자로 이동함을 의미했다. 오로지 환자만이 건강과 강점의 근원을 이용할 수 있다. 또한 이러한 변화는 보건 영역에서 패러다임 변화의 또 다른 측면인 권한 부여를 의미한다. 카밧진은 이를 다음과 같이 지지했다. "21세기 의학은 참여를 바탕으로 할 것입니다. 이 점이 미래 의학의 핵심 원리입니다."(1999, p.236).

혁명은 결코 홀로 일어나지 않는다. 카밧진과 독립적으로, 비슷한 시기에 수용전념치료Acceptance and commitment therapy(ACT, Hayes, Strosahl, & Wilson, 1999) 개발자 중 한 명인 스티븐 헤이즈Steven Hayes와 경계성 인격장애를 위한 변증법적 행동치료Dialectical behavior therapy(DBT) 창시자인 마샤 리네한Marsha Linehan(1993)을 포함한 다른 이들도 환자 치료에 마음챙김을 도입하기 시작하였다. 이는 우연의 일치가 아니다. 이러한 동시성은 기존 치료를 대체할 방법 개발이 필요하고 대안으로 마음챙김을 이용할 시기가 무르익었음을 보여 준다.

시기가 무르익었음은 MBSR이 상당히 빠른 속도로 보급되었다는 사실로도 입증된다. 곧 다른 병원에서도 MBSR에 관심을 갖기 시작했고, 카밧진의 명상은 수많은 병원 프로그램에 포함되었다. 1990년 카밧진의 책 『마음챙김 명상과 자기 치유』가 출간되고 1993년 빌 모이어스Bill Moyers의 다큐멘터리 *내면으로부터 치유(원제 Healing from Within)*가 방송되면서 대중 인지도가 높아졌다. 1990년대에는 마음챙김 코스에 참가자가 쇄도하였고 지도자 훈련 프로그램이 확장되었으며 건선이나 섬유근육통 등 스트레스와 관련된 특정 질환에 마음챙김을 적용했다. 그렇지만 마음챙김 적용은 대부분 신체 질환에 국한되었다. 1990년대 후반 진델 시걸Zindel Segal, 마크 윌리엄스Mark Williams 및 존 티즈데일John Teasdale이 심리적으로 취약한 상태인 우울증을 다루기 위해 마음챙김에 근거한 인지치료Mindfulness based cognitive therapy(MBCT, Segal, Williams, & Teasdale, 2002)를 적용하였는데 그 기초 과정에 8주 MBSR 코스를 도입하면서 상황이 바뀌기 시작했다. 21세기에 접어들면서 특정 취약성이나 문제를 가진 집단을 대상으로 한 다양한 버전의 MBSR이 우후죽순처럼 늘어났다. 그리고 다양한 마음챙김에 근거한 개입 또는 마음챙김에 근거한 응용 기법도 생겨났다. 21세기 이후 최근 10년 동안은 크리스틴 네프Kristin Neff와 크리스 거머Chris Germer의 MSC프로그램(Mindfulness self-compassion, Germer, 2009; Neff, 2011) 같이 마음챙김의 태도 측면에 초점을 맞춘 훈련이 부상하기 시작했다.

　　모든 마음챙김 기반 훈련은 지도자에게 같은 역량을 요구한다. 그렇기에 이 책은 이러한 모든 접근법에 적용할 수 있다. 나는 주로 MBSR과 MBCT를 경험했기에 이 책의 예시는 대개 이 형태의 훈련에서 나온 것이다.

MBSR 정의하기: 나비를 잡는 법

　　마음챙김 훈련 내용을 확실하게 이해할 수 있도록 가장 일반적인 마음챙김 기반 적용 기법인 MBSR 교육 과정을 설명하려 한다. 우선 담마에 대한 알아차림으로 되돌아오는 것이 중요하다. 담마는 MBSR에서 자리를 잡긴 했지만 여전히 본질적으로 정의하기 어렵다.

　　*담마*는 조건 지워진 삶의 방식 안에서 우리를 자유롭게 하는 통찰을 얻기 위한 모든 수행을 통칭한다. 통찰은 경이로운 방식으로 일어날 수 있다. 우리는 통찰이 발원하도록 초대할 수 있고 MBSR이 이러한 초대를 넓힐 수 있다. 하지만 통찰은 '행할' 수 있는 무언가가 아니다. 어쩌면 교육 과정보다 지도자의 태도와 환경이 이러한 초대를 훨씬 더 잘 전달한다. 넓은 공간, 호기심, 휴식, 침묵 등의 분위기가 경험을 새롭게 알

아차리게 할 뿐 아니라 재평가하도록 자극한다. 이것은 교육 과정에 담을 수 없는 특성이다. 상세하고 고정된 교육 과정 안에서 MBSR의 효과를 파악하려는 시도는 행복을 얻으려 적극 애쓰는 것과 같다. "행복은 나비와 같다. 잡으려고 쫓아가면 언제나 손에서 벗어난다. 하지만 가만히 앉아 있으면 나비가 날아와 손 위에 앉는다."(Howe, 1885, p.169).

의학, 보건, 사회 분야를 위한 카밧진의 마음챙김 센터는 이런 지향점을 염두에 두고 MBSR 프로토콜을 엄격하게 정하지 않았다. 엄격한 교육 과정을 따르는 것보다 그 순간에 이루어지는 지도가 더 중요하다고 여긴다. 그러므로 충분한 이유가 있다면 지도자가 구성 순서를 변경하도록 허용한다. 지도자가 프로그램에 자신만의 스타일을 도입하는 것도 장려한다(예를 들어 일부 지도자는 MBSR 요가를 합기도 수련으로 대신한다). 요컨대 정확한 구성보다 마음챙김의 체현이 더 중요하다. 사실 지도자 수만큼이나 많은 형태의 MBSR이 있다.

그렇지만 특정 항목을 갖춘 국제 MBSR 프로그램이 있기에 지도자가 확립된 고정 요소들을 포함하지 않으면 그 프로그램을 MBSR이라 부르지 않는다. 이 책 후반부에서 그러한 고정 요소들과 무엇이 나타나든 자유롭게 작업하는 것 사이에 어떤 긴장이 있는지 탐색할 것이다.

마음챙김에 근거한 스트레스 완화 프로그램

MBSR에는 무언가 마법적인 면이 있다. 그리고 고정되지 않았고 다층적이라는 사실까지 감안하면 MBSR을 어떤 식으로 설명해도 그 설명은 고정된 것이기에 프로그램이 추구하는 바를 제대로 구현하지 못한다. 따라서 다음에 나오는 설명을 대략적인 개요 정도로만 여겼으면 한다. 이는 그저 프로그램 진행에 무엇이 수반되는지를 알려주기 위함이다. 프로그램으로 직접 작업할 때만 프로그램에 관한 실제 통찰을 얻는다.

MBSR은 집단을 대상으로 하는 훈련이다. 8주 프로그램으로 매주 회기를 갖고 한 회기당 시간은 일반적으로 2시간 30분이다. 참가자에게 매일 해야 하는 과제를 주고 하루 한 시간가량 집에서 수행하도록 권고한다. 대략 훈련의 2/3 정도 시점인 6, 7회기 사이에 온종일 집단 수행을 하는데 일반적으로 침묵 속에 진행된다. 훈련에 앞서 항상 개별 면담을 진행하고 때때로 개인 면담으로 마무리한다. 훈련을 시작할 때 참가자는 과정의 주제에 관한 추가 정보, 시(詩), 회기 별 과제 요약, 과정 중 일기 작성을 위한 빈 페이지, 특정 프로그램에 적절한 기타 보조 자료를 포함한 워크북을 받는다.

안내 이후 첫 회기는 건포도를 천천히 먹는 과정에 주의를 기울일 때 나타나는 경험을 탐색하는 먹기명상으로 시작한다. 이어서 집단으로 이 경험에 관해 이야기를 나눈다. 다음은 바디스캔으로 45분 동안 진행한다. 신체 각 부분에 머물며 참가자가 그 경험에 주의를 기울이도록 다음과 같이 요청한다. 거기서 무엇을 알아차렸나요? 알아차린 것에 당신은 어떻게 반응하는 경향이 있나요? 주의가 떠다니거나, 되돌아오거나, 좁아지거나, 넓어지는 것을 알아차리나요? 당신이 이 과정에 어떻게 반응하거나 대응하는지 알아차리나요? (역주: 반응reaction은 자동적이고 상대적으로 무의식적인 특성을 강조하기 위해 사용한다. 반면 대응response은 위협에 직면할 때 더 의식적으로 대처하는 성질을 묘사할 때 사용한다.) 이후 이 수행은 탐구inquiry라 불리는 집단 검토의 대상이 된다. 과제를 할당하며 이 회기를 마무리한다. 과제는 일상에서 마음챙김 작업과 효과에 익숙해지게 돕는 여러 약식 연습과 오디오 녹음 안내를 따라 하는 바디스캔으로 구성된다. ('수행practice'은 일반적으로 명상적인 접근을 나타낸다. '연습exercise'은 전형적으로 교훈적인 접근을 나타낸다. 하지만 지도할 때 그리고 때때로 이 책에서도 두 용어를 서로 혼용한다.) 약식 수행은 훈련 내내 계속된다.

첫 회기가 나머지 훈련 분위기를 조성한다. 다음 회기는 바디스캔으로 시작한다. 이는 신체에 마음챙김을 하고 주의나 알아차림의 변화에 마음챙김을 하는 또 다른 초대를 제공한다. 그런 다음 경험과 반응 그리고 그 안에 존재하는 패턴을 더 명확하게 탐색하고 배우려는 의도로 과제를 다시 논의한다. 몇 주 동안 계속해서 바디스캔을 기본 수행으로 진행하고 이후 좌선과 행선 그리고 요가에 기반을 둔 마음챙김 스트레칭으로 대체한다. 요가 수행은 기본적으로 움직이는 상태에서 하는 바디스캔이다. 요가 수행은 참가자를 기회와 한계 양쪽 측면 모두에서 보통 신체와 어떤 식으로 관계를 맺는지에 접촉하도록 초대한다. 훈련 후반부에 소개되는 행선은 느린 속도로 걷는 동안 신체 움직임을 온전히 알아차리는 수행이다.

처음 몇 주에 걸쳐 점진적으로 소개되는 좌선은 다양한 불교 전통에서 수행하는 명상과 유사하다. 하지만 MBSR에서는 감각 정보의 모든 영역을 통해 점진적으로 좌선을 구축한다. 4회기가 되면 위빠사나 명상의 정수(선택 없는 알아차림, 대상과 알아차림의 선호 영역이 없는 명상)에 도달한다. 온종일 진행하는 훈련은 참가자가 더 긴 시간 동안 계속되는 수행에 익숙해지고 긴 시간 수행이 어떻게 더 깊은 경험으로 이어지는지 이해할 수 있도록 고안되었다. 이는 단기 집중 수행과 비슷하다.

7, 8회기는 참가자에게 과거를 돌아보고 미래를 내다보도록 요청한다. 마음챙겨 알아차림 하려면 지속적인 수행이 필요함을 강조하며 프로그램 끝 무렵에는 삶에 마음챙김 수행을 포함하는 개별 계획을 세우게 한다.

경험 학습 원칙에 기반하여 회기는 대개 바디스캔이나 좌선 또는 마음챙김 요가 수행 중 하나로 시작한다. (곧 MBSR에서 사용하는 명상의 개요를 제공할 것이다.) 이어서 방금 수행에서 한 경험을 검토하고 과제를 보고한다. 탐구는 집단으로 수행 경험을 검토하는 과정으로 수행 결과로 일어날 수 있는 통찰을 정제하는 방향으로 향하게 한다. 신체 알아차림의 중요성과 자동 반응 패턴이 삶에 미치는 중대한 영향 등 다양한 지도 주제가 이러한 탐구 단계 속에 녹아 있다. 탐구에 이어 그 회기의 주제가 교훈적 제시didactic presentation 혹은 실습으로 다루어진다. 앞으로 한 주 동안 재가 수행을 어떻게 할지 정한 후 보통 다른 명상 수행으로 회기를 마무리 짓는다.

더 구체적인 프로그램 개요를 제공하기 위해 아래에 각 회기 주제를 설명하는 목록을 제시한다(McCown, Reibel, & Micozzi, 2010). 온종일 진행하는 침묵 수행은 여기에 포함하지 않았다.

1회기: 당신에게 잘못된 것보다 올바른 것이 더 많음을 이해하기

2회기: 지각과 창조적 대응을 탐색하기

3회기: 현존하는 기쁨과 힘을 발견하기

4회기: 스트레스가 미치는 영향을 이해하기

5회기: 선택을 위한 공간 찾기

6회기: 어려운 상황을 작업하기

7회기: 자신과 타인을 향한 친절을 함양하기

8회기: 남은 삶을 새로 시작하기

아래는 MBSR에서 수행하는 명상으로 MBSR에서 제시하는 순서대로 나열했다. MBSR에서는 흔히 이 명상을 정규 수행이라 부른다.

먹기명상: (통상 건포도를 이용해) 먹는 것에 마음챙김. 모든 감각과 주의 이동을 알아차리기. 주의를 놓치는 것도 포함하여 알아차리기

바디스캔: 와선. 신체 각 부위를 살피면서 모든 감각과 주의 이동을 알아차리기. 주의를 놓치는 것도 포함하여 알아차리기

호흡에 마음챙김: 좌선. 대상(호흡)에 초점을 맞추어 주의를 다루는 법 배우기

좌선: 각 주의 대상(신체, 소리, 생각, 느낌)을 살핀 다음 위빠사나 명상에서 하는 것처럼 개방된(선택하지 않는) 알아차림을 하면서 앉아 있기

마음챙김 요가(누운 자세): 요가를 기반으로 한 스트레칭. 신체 감각, 이러한 감각에 일어나는 반응, 한계, 균형, 행동 모드와 존재 모드 대비를 알아차리기

마음챙김 요가(선 자세): 누워서 하는 마음챙김 요가와 비슷하나 선 자세를 이용

행선: 발 움직임에 주의를 기울이며 천천히 걷기

시각화 명상: 산, 호수, 나무와 같은 심상을 시각화하는 안내 명상. 개방성이나 견고함 같은 특정 태도를 요청

***자비* 명상:** 좌선. 따뜻한 마음의 자질 함양하기

이 책에 공식 수행을 안내하는 대본은 없다. 종이 위에 나열된 단어로 이런 수행 안내를 배우기는 어렵다. 자신의 마음챙김 훈련에 스스로 명상을 안내하는 지도자가 되어 반복 수행하길 바란다. 또한 존 카밧진을 포함한 여러 사람의 오디오 녹음을 구입하거나 다운로드하여 이용할 수 있다. 이렇게 말했음에도 글로 쓰인 대본을 가지고 싶으면 다음 책을 참고하라. 『우울증 재발 방지를 위한 마음챙김 기반 인지치료』(Segal, Williams, & Teasdale, 2002, 2013), 『우울증을 다스리는 마음챙김

명상』(Williams et al., 2007), 『마음챙김에 근거한 스트레스 완화 워크북』(Stahl & Goldstein, 2010).

마지막으로 아래는 MBSR에서 일반적으로 사용하는 약식 수행과 연습 목록으로 MBSR에서 제시하는 순서대로 나열했다. 이들 대부분은 과제로 할당된다.

아홉 점 연습: 고정관념을 깨야 풀 수 있는 퍼즐

트롱프 뢰유 Trompe l'oeil: 두 가지 다른 방식으로 보일 수 있는 그림을 이용한 착시 (얼굴/꽃병 착시를 생각해 보라), 고정관념을 깨도록 요청

일상 활동에 마음챙김: 매일 한 가지 일상 활동에 마음챙김 하는 수행

유쾌한 사건에 마음챙김: 매일 한 가지 유쾌한 사건과 그 사건이 정신-신체 체계에 끼치는 영향에 마음챙김 하는 수행

불쾌한 사건에 마음챙김: 매일 한 가지 불쾌한 사건과 그 사건이 정신-신체 체계에 끼치는 영향에 마음챙김 하는 수행

보기/듣기 연습: 판단하지 않고 경험을 보거나 듣기 또는 해석에 마음챙김 하면서 경험을 보거나 듣기

스트레스 반응 알아차림: 스트레스 사건과 그 사건이 정신-신체 체계에 끼치는 영향을 알아차리기

스트레스 반응에 마음챙김으로 대응하기: 스트레스 사건에 대해 통제되지 않는 방식으로 반응하는 대신 의식해서 대응할 수 있는 가능성 탐색하기

어려운 소통에 마음챙김: 다른 사람과 상호작용을 할 때 생기는 긴장과 이러한 어려움에 의해 촉발되는 (수동성 또는 공격성과 같은) 반응에 마음챙김 하기

집착 알아차림: 우리가 늘 있는 자리에 집착하는 정도와 이 집착이 삶에서 지각과 선택을 결정하는 정도를 알아차리기

받아들이는 것을 알아차림: 음식부터 정보에 이르기까지 정신-신체 체계가 받아

들이는 모든 것과 그것의 효과를 알아차리고 의식해서 선택하기

MBSR 교육 과정은 정교한 논리로 결합되어 있다. 평균적인 서양 참가자가 훈련하기에 가장 적합한 방식으로 다음과 같은 많은 요소를 서로 연결하고 조직화한다. 회기 기간과 수행 시간, 온종일 진행하는 침묵 수행 일정, 구성 요소의 순서(신체에서 시작하여 좌선으로, 짧은 시간에서 긴 시간으로, 더 초점이 모인 집중 명상에서 마음챙김 명상으로 옮겨가는 단계를 점차 밟음), 좌선과 행선 그리고 요가를 교대로 수행, 수행에 전념하는 시간과 집단 기반 탐구에 할당한 시간 비율, (먹기와 같은) 일상 활동에 마음챙김 하기를 바로 시작하는 것 포함, 기타 등등.

게다가 매주 진행하는 회기 일정은 회기 사이 기간에 집에서 수행할 수 있는 충분한 시간을 제공하면서도 집단 회기가 적절한 지원을 제공하기에 가장 적절한 빈도이다. 전체 8주 기간도 신중하게 선택한 것이다. 8주는 프로그램 관리와 상당한 노력을 가능하게 하는 측면에서는 적당히 짧고, 효과를 유지하기에는 적당히 길다.

프로그램 논리의 효과성은 경험으로 증명되어 왔다. "MBSR은 매우 강력한 직관적 논리를 지닙니다. 지도자에게 '바로 이거다'라는 느낌을 줍니다."(McCown, Reibel, & Micozzi, 2010, p.139). 그렇다고 해서 이 말이 MBSR 교육 과정에 융통성이 없다는 의미는 아니다. 존 카밧진은 "MBSR 교육 과정에는 지도자의 비판적인 방식도 한데 엮을 수 있는 자유와 공간이 있습니다. 적절하다면 새로운 정보와 수행도 포함해서 말이죠. 자유로운 창의성은 교육 과정이 활기를 띠는 데 필요합니다."라고 말한다(2010, p.xv). 또한 그는 강조한다. "MBSR 프로그램을 구축하고 전달하는 데 수많은 방법이 있습니다. 가장 적절하게 전달하는 형태가 무엇인지는 현지 요인에 따라 크게 좌우됩니다."(1996, p.165). 따라서 변형에 한계가 있지만 프로그램은 매우 많이 열려 있다.

마음챙김 훈련을 지도하는 방법

마음챙김 훈련에서 사용하는 주요 지도 방법은 수행과 탐구 그리고 교훈적 제시이다.

수행(마음챙김 또는 명상 수행)은 훈련받는 사람을 더 자주 의식적으로 현존하도록 촉진하는 상황을 만든다. 습관과 자동 반응은 실제로 무슨 일이 일어나는지 알아차릴

공간을 주지 않는다. 이런 습관과 자동 반응은 전형적인 행동으로 이어진다. 수행은 전형적인 행동 밖으로 빠져나오라고 요구한다.

탐구는 수행 동안 일어나는 개인 경험을 탐색하고 검토한다. 경험과 더불어 이러한 경험에서 일어나는 반응, 그 반응에서 보이는 패턴, 그 패턴을 관찰할 수 있는 폭넓은 맥락, 그리고 이 모든 것이 미치는 영향을 탐색하고 검토한다. 탐구는 참가자가 평상시 관점을 초월하여 새로운 시각으로 경험과 반응 패턴을 살펴보도록 초대한다.

교훈적 제시는 초점을 개인이나 집단 경험의 구체적인 현재 맥락에서 보편적인 인간 맥락으로 전환한다. 교훈적 제시는 세상이 일반적으로 어떻게 작동하는지 알려준다.

이 세 가지 지도 방법은 상호작용하고 서로에게 강화로 작용한다. 예를 들어 방금 교훈적으로 제시한 내용을 수행에 포함할 수 있고, 명상 경험을 탐구 주제로 활용하거나, 교훈적 제시를 탐구 중에 나타난 무언가의 자연스러운 결과로 제공할 수도 있다. 이러한 지도 방법들이 합쳐져 마음챙김 훈련에서 일어나는 학습 과정을 든든히 받쳐주는 삼위일체를 형성한다.

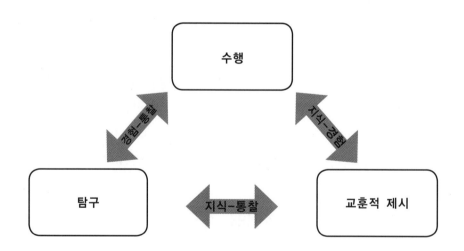

그림 1 마음챙김 훈련의 삼위일체. 수행, 탐구, 교훈적 제시는 서로 상호작용한다.

참가자에게 마음챙김 훈련은 쉽지 않다. 참가자는 긴 시간 수행하라고 요청받는다. 또한 자기 존재의 가장 어려운 그래서 종종 피하고 싶은 측면을 집중적으로 살펴보라고 요청받는다. 이를 위해 개방성, 호기심, 유연성을 끌어내라고 요청받는다. 게다가 구체적인 결과는 약속하지 않은 채, 새롭고 알 수 없는 방식으로 경험을 다루는 실험을 하라고 요청받는다. 이러한 도전 때문에 안전, 지지, 신뢰가 느껴지는 분위기가 꼭 필요하다. 일정 수준의 명료함과 함께 평온, 널찍함, 수용을 특징으로 하는 환경을 만들어 그러한 분위기를 조성할 수 있다. 어느 정도는 물리적 환경과 구조화되어 있지만 유연한 프로그램을 사용하여 이를 달성할 수 있다. 하지만 지도자가 보이는 태도와 지도자의 존재가 똑같이, 아니 어쩌면 그 이상 중요하다. 이를 마음챙김의 체현이라 부른다. 체현이라는 말은 이러한 기본적인 태도가 지도자의 현존하는 방식에 담기지만 기법이나 프로토콜에 담아낼 수는 없음을 강조한다.

이 책은 수행, 탐구, 교훈적 제시, 지도자의 태도와 현존 등 효과적인 마음챙김 훈련이 갖추어야 하는 모든 구성 요소를 다룬다.

마음챙김 지도자 양성

마음챙김 훈련은 보통 참가자에게 많은 단기 혜택을 제공한다. 참가자는 지도자에게 많은 관심을 받는다. 또한 어느 정도 이완에 이르고 때로는 좀 더 집중하는 법을 배울 수도 있다. 이러한 요소만으로도 훈련에 만족을 느낄 수 있다. 그러나 마음챙김이 가지는 위력은 사람을 기분 좋게 만드는 일시적 효과를 넘어 훨씬 더 멀리까지 미친다. 궁극적으로 마음챙김 훈련은 삶을 변화시키려는 노력이다.

이 책은 변화를 위한 잠재력을 최대한 활용하는 방법을 설명한다. 최근 마음챙김을 지도하는 영역에서 일어나는 상당한 발전은 이러한 시도를 뒷받침한다. 이 책에서 배우는 내용을 보완하기 위해 점차 늘고 있는 동료 네트워크, 지도자 훈련 과정, 평가 도구를 활용할 수 있다. 어떤 의미에서 이 책 역시 마음챙김 지도에 관한 최신 지식을 굳건하게 하는 데 기여한다.

마음챙김 훈련은 교육 과정보다 그 순간을 지도하고 그러한 노력에 온 마음을 다해 현존하는 원칙이 우선이다. 온 마음을 다하는 자질은 마음챙김 지도에서 핵심 요소이다. 하지만 이 자질은 환경에 규칙 적용하기, 집단 역동과 작업하기, 특정 대화 기술을 활용하기 등 다소 고정된 요소들을 바탕으로 하여 적용된다. 물론 훈련에는 목표가 있다. 그리고 그 목표에 이르기 위한 특정 방향과 경로가 함께한다. 이런 점을 꿰뚫고 있다면 참가자가 어느 발달 수준에 머물러 있는지, 그리고 참가자의 학습 과정을 원활하게 만드는 가장 좋은 방법이 무엇인지를 알게 될 것이다.

이 모든 것은 노련한 음악가의 연주와 비슷하다. 노련한 음악가는 힘들이지 않고 연주한다. 이런 연주를 들으면 '나도 저렇게 할 수 있어.'라는 생각이 든다. 그러나 엄청난 연습을 하고 기법과 이론을 철저히 연구해야 그런 편안함이 생긴다. 화성법을 파악하고, 편곡을 연습하고, 악보를 연구해야 음악 한 곡이 가진 잠재력을 충분히 발휘할 수 있다. 그래야 작품의 핵심을 전달하는 동시에 자신만의 연주를 할 수 있다. (음악가이든 마음챙김 지도자이든) 전문가는 대개 직감으로 길을 찾는다. 그런데도 그들은 항상 왜 그렇게 하는지, 왜 그 순간에 그것이 필요한지를 구체적으로 설명할 수 있다.

이 책에 관하여

이 책에서 나는 형식이 있는 것과 없는 것 사이에서 균형을 유지하면서, 마음챙김 지도자에게 필요한 모든 자질을 설명할 것이다. 또한 훈련 기술과 지도 역량을 가능한 역동적으로 설명하려고 노력할 것이다. 나의 접근 방식은 처방을 내리기보다 설명을 하고, 지시하는 대신 선택을 제공할 것이다. 그 과정에서 큰 산과 강 그리고 도로에서부터 가장 좁고 험준한 길에 이르기까지 마음챙김이 그리는 풍경을 묘사하겠다. 이는 당신의 지도 방법을 개발할 기회를 극대화할 것이다.

이런 접근의 단점은 당신이 가진 질문에 관한 결정적인 답을 언제나 찾을 수는 없다는 점이다. 이정표는 찾을 수 있으나 정해진 경로는 찾지 못할 것이다. 저자로서 마음챙김 훈련을 이런 풍경으로 묘사해야 하는 도전은 종종 양쪽에서 서로 잡아당기는 힘 사이에서 균형을 잡아야 하는 외줄 타기처럼 느껴졌다. 교육 과정과 개인의 요구에 맞춘 해석이 서로 잡아당기는 힘 사이에서, 그리고 포괄성과 간결성 사이에서 길을 찾아야만 했다. 또 다른 문제는 묘사할 풍경이 엄청나게 넓다는 점이다. 마음챙김을 가르칠 때 집단 역동, 대화 기술, 학습 과정, 심리학, 정신병리학, 동양의 명상 전통 등을 아는 것이 중요하다. 그러나 이들은 각각 그 자체로 완전한 과학이다. 궁극적으로 이러한 과학을 깊은 수준으로 반영하지 않으면 과학의 정수를 전달할 수 없었다. 그래서 지도와 관련된 핵심 주제에 집중하기에 앞서 간략하게라도 이들을 살펴보아야만 했다.

더욱이 같은 내용이라도 실제 현장에서 소리 내어 말하는 문장은 바싹 마른 종이에 쓰인 문장보다 훨씬 더 풍부하다. 나는 수없이 글을 다시 쓰고, 미묘한 의미를 더하고, 다른 가능한 비슷한 말을 끼워 넣어야 한다고 느꼈다. 종종 나는 '이런 풍부함을 과연 종이에 정확히 담아낼 수 있는가?'라는 근본적인 의문에 마주했다. 그런데도 종이에 쓰는 순간 글은 진리처럼 보이는 기운을 풍긴다. 이 책을 읽으면서 당신은 '이렇게 된 거구나. 이렇게 하는 거구나.'라고 생각할 수 있다. 이런 생각이 들면, 이 책이 저자의 수행 경험에서 나왔고 저자도 단지 한 인간에 불과함을 명심하길 바란다. 다른 방식의 접근과 수행 그리고 선택도 가능하다. 이를 위해 나는 단호하게 표현하거나 고정 불변하다는 의미를 전달하지 않으려 최선을 다했다. 어떤 보편적인 진리를 주장하지 않으면서 정보에 질서를 가져오려고 노력했다. 그렇게 하면서도 꽉 막힌 완전체를 만들고 싶지는 않았기에, 의도적으로 개념들을 서로 연결 짓지 않는 선택을 했다. 그 결과 일부 표현과 개념은 겉으로는 확고해 보이지만 다른 선택이나 견해에 공간을 남겨두어 나중에 언제든지 다시 열어 볼 수 있다.

독자는 이런 점에 좌절할 수 있다. '한 편으로는 X이고, 다른 한 편으로는 Y이다.'와 비슷한 이런 설명이 외줄 타기를 하게 만든다고 느낄 수도 있다. 만약 그렇다면, 내가 의도하는 바는 당신이 글로 써진 문장을 완전무결한 진리로 받아들이는 함정에 빠지지 않게 하는 것임을 이해하라.

각 장의 구성

1장 '마음챙김 훈련을 어떻게 배우는가?'는 학습이 이루어지는 순간의 관점으로 학습 과정을 나눈다. '깨닫는' 순간 통찰을 통해 실제 학습이 이루어진다. 학습 스타일 같은 개인 특성에 초점을 맞춘 내용도 함께 있다. 2장 '풍요로운 학습 환경 만들기'에서는 학습 과정을 지원하는 맥락의 특성을 설명한다. 3장 '마음챙김 수행 안내하기'에서는 정규 연습, 특히 명상을 안내하기 위한 구조와 요점을 설명한다. 4장 '탐구'는 탐구라는 특별한 대화 형식의 모든 측면을 체계적으로 다룬다. 마음챙김을 지도할 때, 탐구는 다른 측면보다 더 도전이 되기에 4장은 상당히 길고 상세하다. 반면에 5장 '교훈적 제시'는 복잡하지 않은 측면을 다루기에 짧고 간결하다. 이 짧은 장에서는 주로 교훈적 제시를 언제 사용하면 좋은지, 또 교훈적 제시에서 어떤 주제를 다룰지에 초점을 맞춘다.

이 책을 마무리하는 6장 '지도자가 훈련에 가져와야 하는 것들'에서는 초점을 지도자로 옮긴다. 여기서는 지도자의 훈련 스타일이 지도자로서 또 인간으로서 자신이 누구인지를 어떻게 반영하는지 살펴본다. 메시지가 인상적으로 다가올지 여부에 지도자가 엄청난 영향을 끼친다는 점을 명심하라. 훈련을 기술로만 담아낼 수 없기에, 당신은 지도자로서 그리고 인간으로서 어떻게 훈련을 제시할지에 많은 투자를 하고 싶을 것이다.

책을 읽는 법

이 책은 기본적으로 학습 과정이 이루는 구조를 따른다. 처음에는 사람이 어떻게 배우는지를 주의 깊게 살핀다. 그런 다음 어떤 환경이 학습을 가장 풍요롭게 하는지 주의 깊게 살핀다. 이는 학습에 관한 심리학 일반 상식과 일치한다. 지도자는 과정을 적절히 안내하기 위해 사람들이 어떻게 배우는지 잘 파악해야 한다. 그다음 장들은 특정 기술(수행과 연습에서 참가자를 안내하는 기법 등) 개발부터 역량(지도자의 자질) 개발까지 마음챙김 지도를 점점 더 구체적으로 살펴본다. 따라서 이러한 자연스러운 학습 과정의 지형을 반영하여, 각 장을 순서대로 읽으면 된다.

하지만 앞서 강조했듯이, 지도하는 내용보다 지도하는 자세(온 마음을 다함과 체현)가 더 중요하다. 이런 관점에서 보면 마지막 장('지도자가 훈련에 가져와야 하는 것들')이 기초가 된다. 따라서 6장부터 시작해 거꾸로 책을 읽으면서 마지막에 마음챙김 지도의 더 기술적이고 일반적인 측면에 도달하는 것도 마찬가지로 좋은 방법이다.

정해진 계획 없이 책을 읽는 것도 한 방법이다. 이렇게 하면 자연스러운 흥미가 당신을 안내한다. 혹은 이미 지도하는 중이라면, 지금 지도 과정에서 나타나는 어떤 주제라도 좋으니 찾아서 먼저 읽어 보면 된다.

책이 수행과 같을 수 없다

변호사는 종종 두꺼운 책으로 가득 찬 큰 책장 앞에 서 있는 모습으로 묘사된다.

강한 인상을 주는 모습이지만 변호사라고 해서 그 모든 정보를 다 외우지는 못한다. 오히려 가끔은 다가오는 법원 심리와 관련된 특정 책을 참고하거나 항소할 때 참고할 조항이나 판례를 찾으려고 책장을 샅샅이 뒤진다. 그렇지만 법정에 들어서면, 책은 놓아두고 그 순간의 역동에 모든 것을 맡긴다. 단순히 참고 서적을 읽는 것만으로는 사건을 제대로 변호할 수 없다. 이와 비슷하게 마음챙김을 지도하는 책을 읽기만 해서는 잘 가르칠 수 없다.

에드거 앨런 포Edgar Allan Poe의 단편 소설 『타원형 초상화』에서 한 예술가가 아내를 너무 사랑한 나머지 그림 속에 아내의 본질을 담아내기로 마음먹는다. 마침내 아내를 완벽하게 묘사했다고 느꼈을 때 그는 캔버스에서 고개를 들었다. 그리고 그제야 아내가 초상화를 위해 앉아 있다가 지쳐 죽은 것을 발견했다.

어떤 글로도 마음챙김 지도의 생생하게 살아 있는 과정을 묘사할 수 없다. 글로 옮기면 그 과정 중 일부가 죽는다. 글을 읽는 것을 피할 수는 없겠지만, 이는 지도자 훈련 과정에서 일부분에 불과하다. 참가자가 마음챙김 훈련에서 경험에 의지하듯이 지도자도 경험에 의지해야 한다.

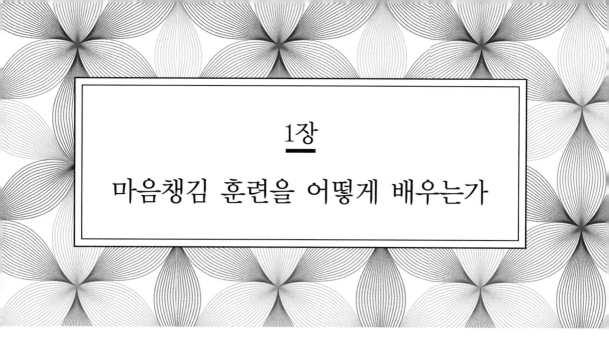

1장
마음챙김 훈련을 어떻게 배우는가

내 인생에서 내가 무엇을 하고 싶은지 말하기 전에,
내가 누구인지 말하는 내 삶에 귀를 기울여야 한다.

— 파커 J. 팔머Parker J. Palmer

· · ·

빠르게 변하는 시대에 미래를 물려받는 사람은 배우는 사람이다.
배운 사람은 더 이상 존재하지 않는 세상에서도 살아남을 준비가 되어 있다.

— 에릭 호퍼Eric Hoffer

동양의 한 수행처에서 새벽 4시에 일어나 앉아 명상한다. 그렇게 1시간, 1주일, 또는 평생 명상을 이어간다. 이와 대조적으로 전형적인 서양의 마음챙김 훈련은 체계적인 학습 환경을 포함한다. 그 훈련 과정은 서양식 개념을 따라 만들어졌다. 통찰과 변화를 이끌 거라는 희망으로, 제한된 과정 안에서 특정 학습 경험을 최대한 촉진하도록 구성되어 있다.[4] 존 카밧진이 마음챙김을 서양에 도입할 때 기여했던 독특한 공로는 수행을 서양식 훈련 구성으로 제시한 것이다.[5] 수행을 통해 통찰을 개발하는 것이 여전히 가장 핵심적인 요소로 남아 있지만, 탐구와 교훈적 제시에서 사용하는 보충 훈련 방법과 함께 구체적인 구조가 추가되었다.

그러면 서양식 마음챙김 훈련이 추구하는 실용적 기준으로 돌아가 보자. 여기서는 내용 제시를 어떤 방식으로 구성할 지가 가장 두드러진 질문이다. 여기에도 어려움이 있다. 마음챙김 훈련 맥락에서 '내용'은 적합한 용어가 아니기 때문이다. 마음챙김 수행은 현재에 머물면서 더 많이 알아차리는 것이다. 마음챙김 훈련에서 배움의 순간이란 말하자면 '잠에서 깨어나는' 것이다. 경험을 통합하는 능력과 함께 더 깊은 지식을 명료하게 이해하고, 통찰하며, 수용하는 순간이다. 그러므로 마음챙김 환경에서는 배우는 사람의 특성을 효과적인 지도의 중심 주제로 다루려는 경향이 있다. 이 장의 주제가 바로 배우는 사람의 특성이다. 2장에서는 참가자가 이러한 통찰을 얻을 수 있는 가능성을 극대화하는 학습 환경을 설정하고 조성하는 내용을 다룬다. 이후 3장~5장까지는 구체적인 지도 기술이 주제가 된다.

개인 속성, 환경 및 지도 방법 사이의 상호 작용

누구나 자신만의 독특하고 고유한 개성을 지닌 채 마음챙김 훈련을 하러 온다. 학습 스타일, 집중력, 현재 순간을 수용하는 능력 등이 이러한 개인 속성을 구성한다. 이 모든 속성은 배움의 순간에 이르는 개인 경로에 의해 영향을 받는다. 이러한 특성은 역동적인 상호 관계 속에서 훈련 환경이나 지도 방법과 상호 작용하면서 서로에게 영향을 주고받는다.[6]

개별 참가자는 환경에 적응할 것이다. 그리고 다시 환경은 참가자에게 영향을 받는다. 지도 방법은 환경 안에서 전달된다. 그러나 또한 환경에 영향을 미치면서, 그 과정은 돌고 돈다. 개인 속성, 환경 및 지도 방법 사이에 일어나는 역동적 상호 작용이 그림 2에 나타나 있다.

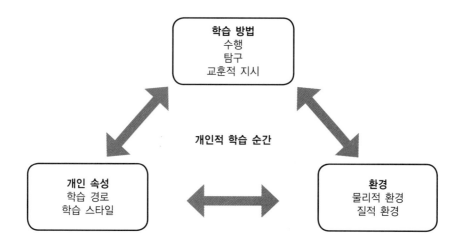

그림 2 마음챙김 훈련에서 학습 순간을 조형하는 개인 속성, 환경 및 지도 방법 사이에 일어나는 역동적 관계

그림 2에서 지도자가 어디 있는지 궁금할 것이다. 지도자는 학습 방법을 선택하고 실행한다. 지도자는 집단 프로그램을 시작하기 전에 사전 면담을 하고, 선별 검사를 실시한다. 이는 환경에 영향을 준다. 또한 지도자는 물리적 환경도 구성한다. 그리고 지도자 자신이 환경의 질을 결정하는 요인 그 자체이기도 하다. 이는 주로 체현 과정에서 보이지 않는 요인을 통해 이루어진다. 마지막으로, 다음 절에서 논의하겠지만 지도자는 전달하는 메시지와 지도 스타일을 참가자 개인 속성을 고려하여 적절히 조정해야 한다. 이 그림에서 지도자를 생략한 이유는 간단하다. 지도자는 어디에나 있다.

개인 속성

앞서 언급했듯이 환경과 학습 방법은 나중에 다루기로 하고 우선 개인 속성으로 들어가 보자. 학습 순간에 관한 모델의 상호 의존적 요소를 고려했을 때, 모든 사람에게 같은 방법과 환경을 적용한다고 해도 다 같은 효과를 보는 건 아니다. 참가자의 개인차와 이러한 차이를 어떻게 다룰지 고려해야 한다.

참가자는 각자 개인 속성을 지니고 마음챙김 훈련에 온다. 이제 알겠지만 이 속성은 다른 측면의 학습 순간에 영향을 미친다. 지도자 관점에서 보면 이러한 개인 속성이 가장 영향을 주기 어려운 요소이다. 또한 가장 유연성이 떨어지는 경향이 있다. 개인 속성은 유전, 문화, 역사에 의해 조형되는 복잡한 과정의 산물이고 신념 체계, 우연, 운명, 어쩌면 업에 따라 만들어진다.

각 참가자 고유의 특유한 정신-신체 체계가 그 순간에 참여하는 개인 패턴을 규정한다. 또한 정신-신체 체계는 경험을 지각할 때 어떤 경험이 전면으로 나오고 어떤 경험은 전면에 나타나지 않는지를 걸러내는 필터를 결정하기도 한다. 성격도 새로운 경험과 마주할 때 참가자의 학습 스타일을 결정한다. 이 모두가 참가자의 현재 순간 자각과 학습 과정 수용성에 중요한 역할을 한다.

이러한 개인 속성이 개인마다 매우 다르기에 명상 훈련은 각 참가자에게 독특한 여정이 될 것이다. 하지만 이 책의 틀 안에서 개인 속성은 특별한 관심 대상이 아니다. 일반적으로 개인 속성은 이미 정해졌고 변하기 어렵다. 그럼에도 불구하고 개인 속성이 학습 과정과 관련되어 있으므로, 이 장의 나머지 부분에서 개인별 학습 경로, 학습 스타일, 학습의 초점, 순간에 대한 수용성이라는 네 가지 중요한 특성을 다루어 볼 것이다.

개인별 학습 경로

과거 경험이 부분적으로 현재의 당신을 결정한다는 걸 수긍하려고 굳이 업까지 믿어야 할 필요는 없다. 행복, 애도, 트라우마, 가족역동, 질병, 그 외 많은 경험이 우리가 선호하는 것과 혐오하는 것을 만들어 간다. 이는 또한 통찰이 개인에 따라 왜 달성하기 쉬운지 혹은 어려운지와 관련이 있다. 타고난 성향도 통찰에 얼마나 쉽게 아니면 어렵게 도달하는지를 결정하는 요인이다. 어떤 사람은 날때부터 다른 이보다 더 침울하고, 안절부절못하거나 몽상에 쉽게 빠지는 경향이 있다.

어느 정도는, 개인 역사와 성향이 학습 과정에서 마주하게 되는 방해 요소와 장애물을 형성한다. 모든 참가자가 학습 경로에서 개인적인 방해물이나 장벽을 만나는데 이것이 어떤 것일지, 얼마나 어려울지, 언제 일어날지 등을 예측할 수 있는 방법은 없다. 그렇기에 마음챙김 훈련은 발견을 위한 항해다.

지도자라면 다른 사람에 비해 진전이 너무 없어 한숨짓는 참가자에게 훈련 과정과 자기 치유 능력에 대한 믿음이 스며 나오게 해 줄 수 있어야 한다. 참가자가 충분히 전념하는 한, 어떤 주제나 장애물이 나타나더라도 바로 그 현상 자체가 참가자가 제대로 수행하고 있다는 증거가 된다. 마음이 기대하는 바와 별개로 통찰이 개발되는 과정은 그 자체의 경로가 있다. 이것이 자기 조절 과정임을 감안하면, 각 참가자의 학습 경로는 결국 더 많은 마음챙김으로 이끌 것이다. 그 길이 얼마나 긴지, 얼마나 굽어 있는지, 얼마나 오르막인지 혹은 내리막인지는 결코 예측할 수 없다.

학습 스타일

*학습 스타일*은 개인이 선호하는 학습 방식을 이르는 말이다. '스타일'이라는 말 자체가 이미 개인에 따라 차이가 있는 개인 특성을 시사한다. 전형적인 학습 스타일의 한 가지 예로는 이론가형이 있다. 일반적으로 이론가형은 연습에 열중하기 전에 연습 이면에 있는 내용을 알려고 한다.

1970년대 초, 미국의 교육이론가인 데이비드 콜브David Kolb가 학습 이론을 개발했다. 이어 피터 허니Peter Honey와 알란 멈포드Alan Mumford(1982)는 학습 이론을 네 가지 학습 스타일 혹은 학습 선호도로 세분하였다. 이런 스타일이 사람을 구분하려고 제시하는 것은 아니다. 단지 학습 환경이나 학습 방법, 관계를 맺는 방식이 개인별로 어떤 차이점이 있는지 보여 주려 한다. 그중 하나는 사람들이 각자 학습 과정의 특정 부분을 선호한다는 사실이다. 참가자가 훈련에 쉽게 접근할 수 있도록 이러한 개인별 선호도에 부응할 수 있다. 지도자는 당연히 개인과 집단의 요구 사이에서 항상 균형을 잡아야 한다.(이 장의 끝부분에서 다시 이 주제로 돌아올 것이다.) 예를 들어, 이론가형을 대할 때는 연습 실행 전에 미리 연습 과정에 관해 설명할 수 있다. 비록 먼저 경험을 제공한 후 이를 검토하는 전형적인 방식에서 벗어나지만 이론가형이 훈련을 받아들이는 데 도움이 될 수 있다.

여기 허니와 멈포드가 설명한 네 가지 주요 학습 스타일인 활동가형, 반성가형, 이론가형, 실용주의자형을 제시한다. 이 설명은 각 학습 스타일의 문제점에 더 치우친 것으로 보일 수 있다. 이런 문제점이 바로 지도자가 주의를 기울이고 작업해야 하는 영역이다.

활동가형

활동가형은 능동적이고 구체적인 자질을 지녔다. 손에 잡힐 듯 구체적으로 경험할 수 있는 능력이 강점이다. 실험해 보고, 직접 시도하고, 한 작업이 끝나면 바로 다음 작업에 돌입한다. 맥락과 패턴을 확인하기 위해 한 발 뒤로 물러나 차분하게 성찰하는 시간을 갖는 게 어렵다. 특정 방향으로 분명하게 바로 뛰어들어야 한다. 활동가형의 한 가지 예는 경찰이다. 경찰은 항상 한 사건에서 다음 사건으로 옮겨 다니고, 구체적 상황에 몰두하지만 그 이면에 있는 원인이나 패턴에는 초점을 맞추지 않는다.(아마도 초점을 맞출 수 없을 것이다.)

반성가형

반성가형은 구체적이고 성찰하는 자질을 지녔다. 경험 관찰에 매우 능숙하다. 너무 능숙해서 과도하게 세부 사항에 눈을 두느라 큰 그림을 보는 게 어렵다. 관찰의 정밀도는 훌륭하지만 관찰한 내용으로 무엇을 할지에 대해서는 별로 관심이 없다. 반성가형은 엄청난 정밀도로 관찰을 확립하고 완성하는 데 시간을 들이는 실험실 연구원과 같다. 반성가형에게는 세부 사항을 내려놓고 더 큰 그림에 눈을 떠야 한다는 지시가 필요하다.

이론가형

이론가형은 추상적이고 성찰하는 자질을 지녔다. 실제 경험보다 해석과 개념화를 선호한다. 시작하기 전에 실험이나 연습 이면에 숨겨진 내용을 알고 싶어 하고 실험이 완료되기 전에 분석을 시작하여 결론을 도출하는 경향이 있다. 이론가형이 마주해야 하는 도전 과제는 경험을 즉각 개념화하는 대신 실험에 온전히 참여하는 것이다. 변호사가 전형적인 이론가이다. 변호사는 특정 사건을 특정 (법적) 맥락으로 완전히 이해하려 애쓴다.

실용주의자형

실용주의자형은 추상적이고 능동적인 자질을 지녔다. 가능한 빨리 배우고 싶어하므로 무엇을 배웠든 바로 실행에 옮길 수 있다. 따라서 학습 과정 자체에서 얻을 수 있는 이점을 인정하지 않는 경향이 있다. 실용주의자들과 함께 작업하려면 그들의 열정을 억제하고 앞으로 나아가기 전에 다시 한번 살펴보도록 초대해야 한다. 그들은 종종 "문제에는 관심 없어요. 해결책에 관심 있죠." 또는 "지금 당장 하지 않고 다음으로 미룬다면 도대체 무슨 의미가 있나요?"와 같이 말한다. 경영자가 전형적인 실용주의자이다.

학습의 초점

경험에 집중하는 습관은 개인의 학습 스타일과 관련된 속성이다. 주의는 관심에 따라 자연스럽게 나타나므로 자유롭게 만들거나 조절할 수 없다. 삶의 과정에서 우리는 어떻게 집중하고 무엇에 집중할지를 결정하는 습관과 패턴을 개발한다. 어떤 사람은 문제에 더 초점을 맞추지만 다른 사람은 해결책에 더 많이 이끌린다. 어떤 사람은 노력하는 쪽이지만 다른 사람은 쉬려는 경향을 보인다. 어떤 사람은 차이점을 더 많이 알아차리지만 다른 사람은 유사성을 더 쉽게 알아차린다. 어떤 사람은 색상에 주의를 두지만 다른 사람은 모양에 더 많은 관심을 갖는다.

이렇게 주의를 기울이는 개인 스타일이 주의의 초점을 결정한다. 그 결과가 사람이 바라보는 혹은 바라보지 않는 전체 경험의 차원을 결정한다. 우리는 초점을 통해 볼 수 있지만 또한 눈이 멀 수도 있다. 어떤 점에서는 유명한 우화 '장님 코끼리 만지기'와 비슷하다. 꼬리를 만지는 사람은 코끼리를 밧줄로 생각하고, 다리를 만지는 사람은 나무로 생각하며, 코를 만지는 사람은 뱀으로 생각한다.

같은 흐름에서, 경험에 주의를 두는 방법에는 개인적인 선호도가 있다. 바디스캔을 하면 그 선호도를 알아차릴 수 있다. 어떤 사람은 신체 부분을 시각화 하면서 몸을 여행한다. 다른 사람은 느껴지는 몸의 감각을 알아차리면서 몸을 여행한다. 또 다른 사람은 공간을 느끼는 은유를 떠올리며 경험에 마음을 열고 알아차림과 함께 공간의 느낌을 포용할 것이다. 어떤 사람에게는 시각적 지시가 더 효과적이고, 다른 사람에게는 다른 감각에 호소하는 지시가 더 도움이 된다.

여러 가지 학습의 초점은 습관적이고 종종 개인의 성격과 결부되어 있다. 따라서 대부분 매우 제한된 범위 안에서 변할 수 있다. 다시 말하지만, 훈련 방향을 개인에 맞출지 집단 평균에 맞출지 사이에서 균형을 유지하는 것은 지도자에게 달려있다. 예를 들어, 바디스캔 측면에서 보자면 수행을 안내할 때 시각, 청각, 고유수용감각 방식을 번갈아 취한다는 의미이다.

순간에 대한 수용성

더 많은 영향을 주는 것처럼 보이는 개인 속성으로는 순간에 대한 수용성이 있다. 특히 학습 환경이 안전감을 조성하면, 수용성을 만들거나 지지하는 데 많은 도움을 줄 수 있다. 수용성은 좋든 싫든 궁극적으로 모든 선행 요인을 능가한다. 개별 참가자의 학습 경로, 스타일, 주의 초점에 맞추어 그 사람에게 완벽히 맞춘 학습 순간을 제공할 수 있다고 가정해 보자. 이렇게 하더라도 여전히 성공을 보장할 수 없다. 그 순간에 참가자가 멍하게 있을 수도 있고, 바로 옆에 앉은 사람에게 정신을 빼앗기거나, 여전히 직장에서 있었던 갈등에 마음을 둘 수도 있다. 심지어 참가자가 그 순간에 머물고 있다 하더라도 지도자의 권위를 의심하거나, 이미 너무 많은 정보를 흡수해서 마음이 포화 상태에 이르렀을 수도 있다.

이들을 포함한 많은 요인이 참가자의 순간에 대한 수용성 즉, 특정 학습 순간에 새로운 정보를 받아들이는 개방성, 자발성, 능력을 결정한다. 이런 식으로, 수용성은 아마 깨달음이 일어나는지 여부를 결정하는 요인 가운데 가장 순식간에 지나간다.

개인 욕구와 집단 욕구 사이의 균형

개인에게 맞춘 접근법은 개별 욕구를 가장 잘 충족시킬 수 있다. 하지만 항상 가능한 건 아니다. 특히 집단 환경에서는 어려울 수 있다. 지도자는 개인 욕구와 집단 전체 욕구가 부딪힐 때 균형을 유지해야 한다. 이 주제는 2장과 4장에서 다시 다룰 것이다. 다만 여기서는 개인 욕구를 맞추는 데 도움이 되는 접근법만 언급할 것이다.

예를 들어, 프로그램 사전 면담은 개인이 집단 경험을 준비할 기회를 제공하거나 때로는 개인에 따라 집단 접근이 적합하지 않음을 인식할 기회를 제공한다.[7] 접근 방식을 조정하는 또 다른 선택은 집단 밖에서 참가자를 다루는 것이다.(참가자에게 개별적으로 접근하는 방법은 4장에서 더 자세히 다룰 것이다.)

이 지점에서 집단 마음챙김 훈련을 개인 욕구와 스타일에 맞추는 수단이 그리 많지 않다는 사실이 한계로 비칠 수 있다. 하지만 인간은 사회적 존재이기에 보통 고도의 맞춤형 개인 환경보다 집단 환경이 훨씬 더 강력하다.

궁극적으로 참가자가 자신에게 적합한 방식대로 이해나 지지를 받거나 혹은 도전을 받는다고 느끼는 것이 풍요로운 학습을 위해 가장 중요한 환경 조건이다. 마음챙김 훈련은 이를 위한 충분한 공간을 제공한다. 게다가, 참가자 욕구가 완전히 충족되지 않는 것이 긍정적인 효과를 가져올 수도 있다. 개인 속성이 훈련 방법과 충돌하는 지점에는 언제나 배움이 존재한다.

사실 개인 욕구를 충족하려고 지나치게 애쓰면 학습 과정을 저해하거나 위협할 수 있다. 만약 지도자가 어떤 사람이 발전하는지에 지나친 책임감을 느낀다면 참가자 개인의 발전이 분명하게 보이지 않을 때 너무 조급하게 개입하려는 경향을 가질 수 있다. 내가 한 참가자에게 접근했던 때가 기억난다. 나는 그녀가 다소 말이 없어서 걱정되었고 집단 과정에 연결되어 있는지 궁금했다. 내가 그녀에게 염려되는 부분을 말했을 때 그녀가 약간 당황하는 걸 알아차렸다. 그녀는 주의를 기울이는 자신만의 자연스러운 방식을 마지못해 설명하는 것처럼 보였다. 그녀는 다음과 같이 말했다. "저는 다른 사람 말을 듣는 게 좋아요. 다른 사람의 말에서 제 자신을 많이 알아차립니다. 그게 저에게는 이점으로 작용합니다. 저는 많이 배우고 있고, 굳이 말해야 할 필요를 느끼지 않습니다. 어쨌든 제가 경험한 모든 것이 조만간 나타날 거라고 알게 되었습니다. 저는 매일 지금 상태로 이미 많은 이야기를 하고 있습니다."

집단을 이끌 때 당신은 종종 '이해하는지 여부에 대해 나는 아무런 통제를 할 수 없다.'라고 생각할 수 있다. 그것은 사실이다. 학습 순간은 복잡한 역동의 결과이고 그 결과는 예측할 수 없다. 그럼에도 그림 2에서 학습 순간을 그린 삽화를 보면 '이 접근에는 구조가 있다. 그 구조를 따라가다 보면 나는 어딘가에 도달할 것이다.'라는 생각이 들 수 있다. 그것 역시 사실이다. 결국, 우리는 통찰의 순간을 말할 수도 있고 또 말 못 할 수도 있다. 통찰의 순간은 그 구조를 그릴 수도 있고 또 규정하기 어려울 수도 있다.

방향 찾기에 사용할 수 있는 구조, 패턴 또는 지도를 갖고 있으면 유용하다. 이는 무엇을 해야 하고, 왜 해야 하는지 아는 데 도움이 된다. 또한 기술을 어디에 효과적으로 배치할 수 있는지, 노력에 따라 기대할 수 있는 결과가 무엇인지 밝혀줄 수도 있다.

그렇기는 하지만, 통찰의 불꽃을 번쩍하고 일으키는 방법은 여전히 수수께끼로 남아 있다. 마음챙김 지도자는 참가자에게 통찰이 생기는 순간 놀라움을 금치 못할 것이다. 그리고 그 순간을 언제나 예측할 수 없다는 사실에도 놀라움을 금치 못할 것이다. 아무도 비결을 제공해 줄 수 없다. 깨달음을 얻기 위해 무엇을 해야 하는지 알려주는 청사진은 없다.

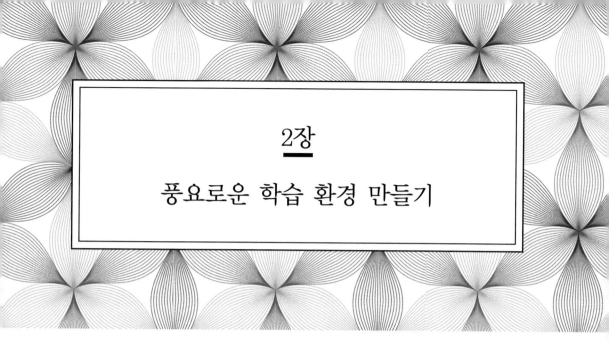

2장
풍요로운 학습 환경 만들기

당신은 수많은 측정으로 이루어진 세상에서 목표를 정하고 달성하려고 애쓴다.
당신은 가능성의 우주에서 맥락을 설정하고 삶이 펼쳐지게 내버려 둔다.

— 로자문드 스톤 잰더Rosamund Stone Zander와 벤저민 잰더Benjamin Zander

· · ·

문득 꽃잎을 활짝 펴고 밖으로 나가는 두려움보다
꽃봉오리 안에 답답하게 갇혀 있는 것이 더 고통스러운 때가 왔다.

— 작자 미상

우리는 경험으로 마음챙김을 배운다. 이 점은 아이가 놀이로 배우는 방식과 비교할 수 있다. 물론 성인은 경험과의 이런 관계를 설명할 때 '놀이'보다는 '탐색'이나 '실험' 같은 단어를 쓴다. 그래도 아이들이 어떻게 탐험하는지 생각해 보라. 미지에 대한 두려움이 있지만 탐험이 안전하다는 느낌도 함께 있다. 부모가 있고 필요하면 손짚을 바닥도 있다. 이런 예에서 볼 수 있듯이 풍요로운 학습 환경에는 알지 못하는 새로운 무언가에 착수한다는 자극과 그렇게 해도 괜찮다는 느낌이 함께 있다.

학습을 위해서는 마음의 존재 모드가 필요하다. 존재 모드가 가진 특성은 안전, 휴식, 무위nondoing(無爲), 개방성, 연결 등이다. 조건화되고 유도된 행동 모드가 경험 학습 참여에 필요한 개방적이고 활발한 태도를 억누른다. 우리는 생각, 진지함, 복잡하다는 선입견, 결과에 초점을 맞추는 태도 등을 가지고 경험에 접근하도록 조건화되어 있다. 풍요로운 학습 환경은 현재에 머물고, (결과 대신) 과정으로 향하고, (생각 대신) 감각을 느끼고, 또 가볍고 단순하게 경험에 접근하도록 초대함으로써 조건화를 상쇄한다. 이러한 모든 특성이 존재 모드와 연관된다.

그렇다고 모든 것이 저절로 일어나거나 결코 각성해서는 안 된다는 의미는 아니다. 환경이 너무 안전하면 잠에 빠지고 깨달음의 순간을 놓칠 수 있다. 너무 편안한 환경은 우리를 둔하게 만든다. 무위가 지나치게 우세하면 수행은 새로운 경험에 열려 있게 하는 충분한 동기를 제공하지 못한다. 경계가 없는 개방성은 모호함, 목적 없음, 그리고 결국에는 냉담과 혼란으로 이어질 수 있다. 자신을 돌본다는 것이 결코 규율이 필요하지 않다는 의미는 아니다. 학습 과정으로서 훈련이 이루어지는 한, 마음챙김 지도자는 그 순간에 나타나는 것과 작업을 해야만 하고 프로그램도 진행해야 한다. 더욱이 비록 개방성의 특징인 알려 하지 않음not-knowing이 본질적인 요소이지만, 지식이 학습 과정에 정말 도움이 될 때도 지식 전달을 하지 말라는 의미는 아니다.

간단히 말해 최적의 학습을 위해서는 존재 모드와 행동 모드를 통합해야 한다. 존재 모드는 마음을 열게 하고 안전과 편안함을 느낄 수 있는 맥락을 제공한다. 그에 반해 행동 모드는 학습 과정에서 경험하는 도전을 다루도록 돕는다. 둘 사이의 균형이 중요하다.

마음의 행동 모드와 존재 모드 사이에서 균형 잡기

마음챙김 훈련의 목적은 마음의 행동 모드를 존재 모드로 바꾸는 것이 아니다. 그보다는 양쪽 모드 사이에서 균형 잡는 법을 배우게 돕는 것이다. 지도자는 참가자의 존재 모드 함양뿐 아니라, 참가자가 두 모드 사이를 상황에 따라 전환하도록 돕는 일에도 능숙해야 한다. 기본적으로 행동 모드 속성이 학습 과정에 도움이 될 때는 장려해야 한다. 이 경우 참가자의 마음에 각성과 행동을 불러일으키는 것이 좋다. 또한 사실에 근거한 지식을 전달해 지금이 어떤 상태인지를 설명하고 선택지보다 방향을 제시해야 할 때다. 정각에 멈추겠다는 단순한 약속일지라도 구체적인 사항을 약속하는 시간이다. 행동 모드는 훈련 환경에서 죽비 역할을 한다. 참가자를 각성과 초점으로 돌아가도록 쿡 찌른다.

전통적인 학습 환경(부모-자녀, 대가-견습생, 구루-제자)은 종종 안정감과 경각심, 휴식과 행동, 개방성과 방향성 사이의 균형을 특징으로 한다. 학습을 촉진하는 재미나 자유로운 모습이 있지만 학습 과정을 순조롭게 진행시키는 규칙도 있다. 궁극적으로 학습은 집중과 폭넓은 초점, 휴식과 행동, 무위와 노력, 감각과 생각, 과정 지향과 결과 지향, 가볍게 경험하기와 진지하게 경험하기, 단순함으로 되돌아가기와 복잡함을 인식하기 등 양쪽 모두를 요구한다.

참가자 대부분이 존재 모드라는 이 오랜 친구와 다시 친숙해질 필요가 있고 행동 모드의 과도한 지배에서 벗어나야 하기에 마음챙김 훈련은 주로 존재 모드에 초점을 맞춘다. 행동 모드는 협력자가 될 수 있으나 라스푸틴Rasputin(역주: 제정 러시아 말기의 파계 수도자이자 예언자이다. 혈우병에 걸린 황태자를 치료해 준 것을 계기로 황제의 신임을 얻었고 이후 황제의 배후에서 정치가 겸 외교관으로 내정 간섭을 일삼다 암살되었다.) 같이 변해 버리기도 한다.

이 장은 주로 10가지 존재 모드 속성과 각각에 쌍을 이루는 행동 모드 속성을 상세히 탐색하는 데 전념한다. 그 속성들이 마음챙김 훈련에서 어떤 역할을 하는지 설명하고 어떤 경우에 그것들이 필요한지 기술할 것이다. 먼저 다음 표에서 쌍을 이루는 각 속성이 가지는 기능을 요약하고 이러한 속성들이 과도하거나 문제가 되는 경우를 설명한다. 앞에서 언급했듯이 우리는 서구 문화에 조건화되어 행동 모드 속성 쪽으로 끌리는 경향이 있다. 지도자가 할 일은 먼저 존재 모드 속성을 불러일으킨 다음 필요에 따라 존재 모드나 행동 모드 중 하나를 활성화시켜 둘 사이의 균형을 잘 맞출 수 있게 도와준다. 이를 통해 행동 모드 속성으로 끌리는 경향을 메운다. 이렇게 서로 반대되는 힘의 상호작용은 훈련 환경에 풍요로움을 가져온다.

학습 환경에서 행동 모드와 존재 모드 속성의 기능과 과잉

과잉	기능	존재 모드		행동 모드	기능	과잉
졸림이나 지루함 또는 멍함	개인 경계를 유지하고 자기 돌봄에 참여하면서 받아들임	안전한	↔	각성된	깨어 있음, 초점에 집중, 활성화시킴, 흥미를 느낌, 그리고 도전을 북돋움	졸조, 압박감, 위협을 느낌 모는 스트레스를 받는 느낌
수행에 충분한 시간을 함애하지 않음	새로운 경험을 허용하고 이를 처리하는 시간을 가짐	편안한	↔	능동적인	학습과 경험 그리고 연습 달성에 참여하려고 앞으로 나아 감	자동화되고 유도되 연 동 모드에 갇힘
게으름과 포기	무언가가 일어나도록 내버려둠	무위의	↔	노력하는	충분히 수행하고 필요한 수행에 참여하기 위해 전념	완고하고 집요함
목적 없음, 무관심함, 지향하는 바 없음, 모는 아무것도 중요치 않다는 느낌	알려 하지 않음과 형 태 없음 그리고 침목을 허용함, 자연스러운 흥미에 이끌림	개방된, 침묵하는	↔	구조화된	(지지와 경계) 구조 제 공, (분명하고 정확한) 않음을 촉진, 프로그램을 따름	정직되거나 수동적인 태도, 포기
다른 사람 혹은 집단 과정에 응합되거나 그 속으로 사라짐	다른 사람이나 집단 과정에 열중	연결된	↔	독립적인	나타나는 도전을 다루 는 능력을 지닌 고유한 개인으로 존재	고립

과잉	기능	존재 모드		행동 모드	기능	과잉
어떤 것에도 주의가 지속되지 않음	지금 여기 경험에 초점, 이완 그리고 아무 것도 성취할 필요 없음	과정 지향적인	↔	결과 지향적인	자세히 살펴봄, 현실에 그리고 만족 추구	구체적이고 단기적인 결과에 과도한 초점
너무 오래 버팀, 개인의 정체를 넘어섬, 극도의 피로 또는 지루함을 느낌	경험의 풍부함과 깊이를 봄 그리고 경험이 변화하는 본질을 이해	현재에 머무는	↔	변화하는	변화와 각성으로 초점을 촉진, 달성과 새로 시작	회피와 은폐 그리고 분출 추구
감정의 파도에 따라 표류 그리고 방향을 잃은 느낌	경험 자체와 경험이 직접적, 비개념적, 비영속적 그리고 지금 여기 본질에 대한 신체 감각 또는 느낌을 앎	감각을 느끼는	↔	생각하는	인지적 통합과 조직화를 촉진, 패턴과 영향을 인지	정신적 구성물과 분석을 과대평가
깊이가 없음 또는 요한 경험이나 주제를 건너뜀	그대로 놓아 두고, 더 넓은 관점으로 보며, 더 큰 그림을 보는 능력을 가짐	가벼운	↔	진지한	초점을 유지하고 상세히 볼 수 있음	문제에 사로잡힘, 중압감 혹은 부정적 느낌
지나치게 단순화 또는 무디어져 감	망상에 빠지기 쉬운 복잡한 생각을 더 넓은 관점으로 보면서 명료화	단순한	↔	복잡한	복잡성과 미묘함을 볼 수 있음	점하적 사색

마음의 존재 모드 속성

이 절에서는 안전함, 편안함, 무위, 개방성과 침묵, 연결성, 과정 지향성, 현재에 머무름, 감각을 느낌, 가벼움, 단순함이라는 10가지 마음의 존재 모드가 지닌 핵심 속성을 설명한다. 또 사례를 통해 이러한 속성을 증진하는 방법을 제시한다.

안전한

사람은 안전한 환경에서 가장 잘 배운다. 경계를 설정하기, 지지와 돌봄의 환경을 제공하기, 자기 돌봄을 촉진하기, 처음에는 괜찮아 보이지 않을 때도 괜찮다는 느낌을 전달하기 등이 안전한 환경을 만드는 특성이다.

경계를 설정하기

사람은 모험을 감행하려는 미지의 무언가가 자신을 압도하지 않을 거라고 여겨질 때 안전하다고 느낀다. 그러한 느낌을 주기 위해 할 수 있는 일 중 하나가 경계 설정이다. 이를 위해 참가자에게 마음챙김 훈련과 연습을 이미 알고 있는 안전한 틀 안에서 이루어지는 하나의 실험으로 보라고 요청할 수 있다.

경계를 설정하는 과정은 훈련을 시작하기 전 훈련 입문에 필요한 단계나 훈련 과정 또는 일정과 관련된 상세한 내용을 분명하게 전달하면서 시작한다. 그리고 프로그램을 진행하며 사생활, 휴식, 참가자 사이의 상호작용 방식 등에 대한 규칙을 확립하면서 계속한다. 마찬가지로 지도자도 경계를 설정하며, 이는 참가자가 안전하다고 느끼는 데 도움을 준다. 참가자에게 무엇을 기대할 수 있고 무엇을 기대할 수 없는지를 말하면서 기대에 관해 토론하는 것도 경계를 설정하는 요소를 가진다.

일단 훈련 과정과 수행을 시작하면 진행 순서를 분명하게 설명하여 참가자가 안전하다고 느끼게 도와줄 수 있다. 이는 또 다른 경계를 제공한다. "처음에 우리는 X를 합니다. 다음은 Y, 마지막에는 Z를 합니다." 그런 다음 참가자에게 수행과 그 후에 하는 탐구를 안내하면서 참가자 스스로 수행과 탐구를 위한 자신만의 경계를 설정할 수 있다고 말함으로써 안전감을 뒷받침할 수 있다. 다음과 같은 표현을 사용한다.

페달 위에 당신의 발이 올려져 있습니다.

너무 힘들어지면 수행을 중단할 수도 있고 아니면 당신의 필요에 맞게 바꿀 수도 있습니다.

수행을 작고 다룰 수 있는 것이라 느끼도록 만들면서 경계를 설정할 수도 있다.

수행 범위를 제한하는 것은 이 느낌(예: 불안)을 실험하기에 안전한 공간을 줍니다. 자기 속도에 맞춰 조금씩 발걸음을 떼면서 아주 조심스럽게 그 느낌에 주파수를 맞출 수 있는지 살펴보십시오.

허락을 구하면서 참가자의 경계를 파악하고 그 경계를 존중한다는 점을 드러낼 수도 있다.

이것에 관해 더 물어봐도 괜찮을까요?

이제 다음 단계로 진행해도 괜찮을까요?

그렇지만 이런 경계들이 고정불변한다고 여기지 않아야 한다. 어쨌든 항상 같은 경계 안에서만 머물면 배움은 줄어든다. 마음챙김 지도자를 위한 집중 수행에서 마음챙김 센터의 MBSR 시니어 지도자인 플로렌스 멜레오-마이어Florence Meleo-Meyer가 했던 말이 기억난다. "우리는 매 순간 우리가 할 수 있는 한계점에서 작업하고 있습니다." 즉 경계를 피할 때보다 경계에 다가갈 때 가장 좋은 배움이 일어난다. 그러므로 참가자와 함께 경계를 탐색하면서 참가자가 그러한 경계를 넘도록 요구하라. 다만 참가자 스스로 경계를 설정할 수 있는 일정한 공간을 보장받은 경우에만 그 안전한 맥락 안에서 그런 시도를 할 수 있음을 명심하라.

지지와 돌봄을 제공하기

물품을 진열하는 슈퍼마켓 직원에게 설탕이 어디에 있는지 물어보면 베이킹 용품 통로로 가는 길을 함께 걸으며 안내해 줄 것이다. 그 직원은 이렇게 안내하도록 전문 훈련을 받았다. 손님이 헤맬 때 함께 걸으며 어디로 가야 하는지를 보여 주는 게 얼마나 중요한지 안다.

숙련된 마음챙김 지도자도 이와 비슷하다. 참가자는 미지의 영역에서 방향을 잃기 쉽다. 그때 지도자는 그 새로운 경험의 영역을 마치 바로 곁에서 함께 걸어가는 것처럼 참가자가 느끼게 만든다. 참가자에게 줄 수 있는 가장 중요한 지지와 돌봄은 지도자가 참가자의 탐색 과정을 알아보고 이해한다고 느끼게 하는 것이다. 즉 지도자가 그 영역을 잘 알고 필요하면 손을 잡고 그 길로 데려다 줄 거라는 느낌이다.

이해받는다는 느낌은 그 자체로 중요한 지지이다. 특히 힘들게 애쓰고 있을 때는 더욱 그렇다. 이런 식으로 간단히 전달할 수 있다.

지금은 당신이 조금 힘들어한다는 것을 알겠습니다.

특정 요구를 충족시켜 줌으로써 이해받는다고 느끼게 할 수도 있다. 이는 추위를 느끼는 사람에게 담요를 주는 것처럼 구체적일 수 있다. 아니면 더 미묘할 수도 있다. 예를 들어 참가자가 귀가 잘 안 들리거나 개인적인 슬픔 때문에 특히 취약하다고 느껴지면 그 사람을 지도자 바로 옆에 앉도록 초대할 수 있다.

참가자는 혼자만 어떤 분투를 겪는 게 아님을 느낌으로써 지지를 받기도 한다. 지도자는 이 지점에서 다른 사람도 비슷한 어려움을 겪고 있는지 물어본 후, 이런 공통 경험에 주목하게 하면서 집단 전체의 지지를 유도할 수 있다.

다른 분들도 이런 점을 인식하셨나요? [다른 참가자들이 고개를 끄덕인다.] 보이시죠? 혼자만 그런 게 아닙니다!

의도와 전념을 칭찬하면서 매우 직접적인 지지를 줄 수도 있다.

잘하고 있습니다!

명상하면서 항상 좋다고 느낄 필요는 없습니다. 당신은 수행에 최선의 의도를 가져왔습니다. 그걸로 충분합니다.

지도자의 현존을 분명하게 느끼게 만들면서 또 다른 지지를 줄 수도 있다.

제가 당신의 느낌을 없앨 수는 없습니다. 하지만 마치 손을 잡은 것처럼 저는 당신 그리고 당신의 느낌과 함께 앉아 같이 탐색할 수 있습니다.

마지막으로 휴식 시간이나 휴식 전에 격식에 얽매이지 않는 접촉을 가지면서 매우 큰 지지를 줄 수 있다. 이러한 지지 신호는 고개 끄덕임, 가벼운 신체 접촉처럼 간단할 수도 있고 긍정적인 언급 같은 특정 형태를 취할 수도 있다.

자기 돌봄을 강조하기

안전은 지도자가 자기 돌봄의 중요성을 강조하고 참가자의 개인 경계와 요구를 인식하면서 만들어진다. 신체적 불편은 마음챙김으로 자기 돌봄을 탐색하기 좋은 통로이다. 예를 들어 지도자는 방석 대신 의자에 앉아 명상할 수 있고 무릎을 구부린 채 바디스캔을 할 수 있으며 서 있는 자세가 불편해지면 앉을 수도 있다고 언급할 수 있다. 또한 차가 막히면 늦을 수 있고 개인 의자나 방석을 가지고 올 수도 있으며 필요하면 수업 중에 간식을 먹을 수 있다는 점을 확립해 줌으로써 참가자가 자신에게 맞는 방식으로 자유롭게 수행할 수 있음을 전달할 수도 있다.

이렇게 훈련을 관리하는 역할을 부분적으로 참가자에게 넘겨줌으로써 스스로 자기 돌봄에 참여할 수 있게 한다. 참가자 각자가 자신의 필요와 경계를 탐색하고 정의할 수 있도록 허용하는 것 또한 안전감을 준다. 다음은 참가자가 자기 돌봄에 참여할 수 있도록 초대하는 몇 가지 예이다.

지금 당신에게 무엇이 필요합니까?

이것은 당신에게 어떻게 작용할까요? 무엇이 당신에게 적합합니까?

무엇이 나타나든 참가자가 그것과 함께 가도록 격려하면서 자기 돌봄을 위한 공간을 제공할 수도 있다.

어쩌면 아무 할 말이 없을 수도 있습니다. 그것도 괜찮습니다.

단지 무엇이 나타나는지 바라보세요.

괜찮다는 느낌 만들기

부모는 아이 등 뒤를 따라가다가 아이가 넘어지면 붙잡는다. 이런 방식으로 마음챙김 지도자는 참가자가 막다른 골목에 다다를 때마다 도움을 준다. 참가자가 안전하고 괜찮다는 느낌에서 한계에 다다랐다고 느낄 때면 지도자는 언제나 거기에 서 있다. 그 과정에서 깊은 신뢰를 체현하는 것이 핵심이다. 참가자가 그 순간에 연결을 못 느낀다고 하더라도 지도자의 존재는 그것이 괜찮고 더 넓은 관점이 있다는 깊은 감각을 전달한다. 다음은 넓은 안전망을 확립할 수 있는 몇 가지 표현이다.

그게 당신 경험이었군요. 그 경험과 함께 있어도 괜찮은가요? 그 경험은 정확히 지금 그대로도 괜찮은가요?

그 경험이 불쾌했군요. 하지만 그것도 괜찮았나요? 무슨 뜻이냐면, 어떠한 불편함이든지 간에 어떤 면에서는 그 불편함과 함께할 수 있었나요?

우리는 무언가에 지나치게 빠져들 수 있습니다. 그렇죠? 그리고 나서 반응을 알아차리고 그 반응이 어떻게 작동하는지 보고, 그리고 반응은 사라집니다. 모든 다른 관점에서 보면 그 상황이 실제로는 얼마나 작은 것인지를 깨닫습니다. 그런 관점에서는 세상에 걱정거리가 별로 없습니다. 아마 아주 작은 것들뿐이죠.

다음은 어떤 것이 괜찮지 않을 때 혹은 적어도 괜찮지 않다고 느껴질 때, 괜찮다는 느낌을 만드는 예를 보여 주는 간단한 대화이다.

지도자	그러고 나서요?
참가자	그러고 나서는…… 모르겠어요. 그러고 나서는 멈춰요…… 그리고 어둠만 있어요.
지도자	어둠만 있군요?
참가자	잘 모르겠어요……
지도자	지금은 어둠만 있나요?
참가자	아니오.
지도자	그러면 변한 건가요?
참가자	글쎄요, 결국에는……
지도자	어쨌든 그건 지나갔습니다. 경험은 나타났다 사라집니다. 이를 안다면, 단지 '어둠만 있다.'고 이름 붙이고 그대로 내버려 둘 수 있을까요?

편안한

빠른 진행은 보통 자동 조종 모드에 올라탔거나 반사적으로 반응하고 있음을 의미한다. 반면 속도를 늦추면 공간감을 확장하여 반사적인 반응 대신 의식적인 대응이 가능하다. 학습 경험을 처리하는 데에는 시간이 걸린다. 배움이 깊을수록 충분히 스며드는 데 더 많은 시간을 들여야 한다. 물론 서구 문화에 속한 사람은 대개 서두르고 조바심을 낸다. 우리 안의 시계는 너무 빠르게 가차 없이 똑딱거리므로 우리의 순간순간은 서로 딱 붙어 있다. 마음챙김이 우리 삶에 들어올 지점을 찾기는 쉽지 않다.

이와 별개로 참가자는 근본적으로 새로운 관점에 익숙해질 시간이 필요하다. 그중에서도 외부 대신 내면으로 향하게 초대하는 것이 가장 중요하다. 이렇게 내면으로 향하는 관점을 가지면 '우리가 얼마나 자동 조종 모드로 작동하려는 경향을 가지는지', '생각이 얼마나 심하게 방황하고 있는지', '경험이 얼마나 신체에 깊이 뿌리를 두고 있는지' 등을 배울 수 있다. 이런 배움은 특이하게 보이고 때로는 놀라움을 불러일으킬 수 있다. 영국의 심리학 교수이자 MBCT 개발자인 마크 윌리엄스가 종종 이야기하듯이, 우리는 "전혀 알지 못했고 결코 탐색해 본 적이 없었으며 아무도 이야기해 주지 않았던 우리 마음의 일부"를 발견한다.

참가자는 불편하다. 그리고 능력이 부족하다고 느낀다. 마음챙김은 새롭고 훈련은 광범위하다. 참가자는 일어나는 경험에 능숙하게 작업할 수 있는 도구와 어휘를 아직 가지지 못했다. 또 익숙해지는 과정에는 시간, 인내심, 공간이 필요하다. 플로렌스 멜레오-마이어가 마음챙김 지도자를 위한 집중 수행에서 한번은 이렇게 말했다. "제가 지도하면서 한 가지 배운 점은 프로그램을 줄이고 더 천천히 가라는 것입니다." 천천히 가기와 편안함은 배움을 위한 풍요로운 훈련소를 가꾸는 거름이다.

편안함을 전달하는 주요 방법은 속도가 어떤 영향을 미치는지, 작업이 어떻게 펼쳐지는지에 계속 접촉하는 것이다. 분명한 구조 제시도 편안함을 구체화하는 데 도움이 된다. 이를 다음처럼 표현할 수 있다.

우리에겐 시간이 있습니다.

……을 위한 여유를 가져 보세요.

자신의 방법대로 수행을 마무리하세요. 여유를 가지세요.

서두름은 마음챙김에 도움이 되지 않습니다.

아마도 실질적인 측면에서 이야기를 나누거나 많은 교류가 일어난 휴식 시간 이후, 집단 전체가 행동 모드로 속도가 붙을 수 있다. 그럴 때는 잠시 쉬면서 이행의 순간을 만들어야 한다. 호흡에 마음챙김, 종 울리기, 지도자가 말할 차례라면 잠시 침묵하기(역주: 지도자가 말을 하고 있거나 말할 차례가 되었을 때 잠시 아무 말도 하지 않는 시간을 가진다.) 등 이를 위해 사용할 수 있는 많은 자원이 있다.

참가자가 속도를 높인다면(예를 들어 말하는 데 정신을 빼앗기고 있다면), 단순히 그 점을 지적한다. 이는 직면하게 만드는 효과가 있지만, 배움의 기회를 제공하는 것이기도 하다. 다음은 그런 상황이 어떻게 흘러가는지를 보여 주는 예이다.

지도자	거기서 잠깐 끊어도 될까요? 말솜씨가 아주 좋으시네요. 당신이 그 이야기에 얼마나 빠져 있는지가 느껴져요. 하지만 저는 제 머릿속으로 주의가 옮겨 가는 바람에 속도가 너무 빠르고 너무 생각으로만 흐른다고 느껴져요…… 당신은 자기 몸과 연결할 수 있나요? 바닥과 접촉할 수 있나요? 호흡과는 접촉할 수 있나요?…… 네. 이제 공간이 생겼습니다. 그걸 알아차리고 있나요?
참가자	네.
지도자	저도 그래요.
참가자	아무튼 저는 이미 늦었고, 전화벨이 울렸고, 그다음 제 생각에는……
지도자	여보세요…… 지금 무슨 일이 일어나고 있나요?
참가자	무슨 뜻이죠?
지도자	음, 당신은 이야기 속에 푹 빠져 있군요.
참가자	네, 제가 말하려 했던 것은……
지도자	하지만 저는 당신 몸에서 어떻게 느껴지는지를 물었습니다.

무위(無爲)의

배움은 편안한 분위기에서 저절로 일어난다. 우리가 통찰과 자기 치유에 그저 끌리는 것처럼 본래 흥미는 인간에게 동기를 부여한다. 우리는 장애물이 있어도 등 뒤에서 부는 바람을 느낄 수 있다.(역주: 뒤에서 바람이 불어 주듯이 상황이 순조롭게 도와준다는 의미이다.) 하지만 서양인은 무언가를 성취하기 위해 노력해야 한다는 믿음에 조건화되어 있다. 따라서 오히려 너무 많은 노력을 기울이는 경향이 있다. 행동 모드가 유도되면 긴장이 높아지고 초점이 축소되면서 학습 과정이 자연스럽게 진행될 수 있게 내버려 두는 개방성이 부족해진다.

다행히 참가자는 (만일 마음속에 묻혀 있다 하더라도) 이미 무위의 이점을 깊이 이해하고 있다. 그러므로 그저 이를 다시 떠올리는 것만으로도 충분하다. 결국 이미 아는 것을 다시 떠올리는 것이 *사띠*sati(마음챙김의 팔리어 원어)의 한 측면이다. 다음은 참가자가 이런 깊은 깨달음과 연결되도록 도울 수 있는 몇 가지 예이다.

보는 것으로 충분합니다. 통찰이 스스로 작동하게 내버려 두세요. 만일 무언가를 보게 되면 그것과 관련해서 다른 어떤 것도 할 필요가 없습니다. 충분히 이해되도록 내버려 두세요. 마음은 이런 통찰을 어떻게 이용하는지 이미 알고 있습니다.

배움은 저절로 이루어집니다. 여기서는 '다음을 위해 이걸 기억해야지.'와 같은 결심이나 '좋은 의도'가 필요하지 않습니다. 이런 것들은 좋고 나쁨에 관한 모든 생각을 다시 끌어들입니다. 이미 실패의 씨앗을 품게 됩니다.

결과를 이루기 위해 반드시 무언가를 해야 하는 것이 아님을 강조하라. 다음 대화에 예시가 나와 있다.

지도자	이 탐색으로 통찰을 얻었는지 궁금합니다.
참가자	네.
지도자	무엇을 알아차렸습니까?
참가자	더 넓은 공간과 더 편안해짐을 느낍니다.
지도자	그리고 우리는 아무것도 행하지 않았습니다. 이 점이 중요합니다. 분석하거나 심리적인 현상으로 만들지 않았습니다. 원인이나 해결책도 찾지 않았습니다. 의식적으로 마음챙겨 알아차림 하고 그것에 접촉한 것이 우리가 한 전부입니다. 그것만으로도 그 경험에 공간감을 가져다줍니다.

개방된, 침묵하는

마음챙김 훈련은 현재 경험과 만나는 것이 전부다. 여기에는 수용성이 필요하다. 다시 수용성은 가정과 추정에서 자유로운 개방된 마음 그리고 개념, 논평, 이야기(즉 평소 마음의 언어 소음)에 침묵하는 두 가지 속성이 필요하다. 그러므로 우리는 훈련 회기에서 개방된 마음과 침묵 속성을 함양하려고 한다.

알려 하지 않는 개방된 마음

개방성은 형식과 방향을 버리고 알려 하지 않음과 아직 형성되지 않은 것을 포용하는 것이다. 좋은 학습 환경은 단단히 자리 잡은 오래된 믿음을 열어젖히고 새로운 탐구 방향으로 향한다. 이는 초심자가 가지는 치우치지 않는 관점을 선입견 없이 다시 접하게 도와주고 각각의 새로운 경험을 독특하게 지각할 수 있게 한다. 이러면 진행 중인 탐색의 길이 활짝 트이는 공간감이 만들어진다. 그리고 탐색이 계속 진전될 때만 지속적으로 통찰을 개발할 수 있다. 자주 인용되는 하타 요가 경구에 이런 말이 있다. "공간이 있는 곳에서 성장이 일어난다." 통찰 개발도 이와 같다.

해답을 구하면 문이 닫힌다. 반대로 알려 하지 않음을 전달할 때마다 개방성을 체현한다. 만약 질문을 받고도 열려 있는 공간을 만든다면 지도자와 참가자 모두 알려 하지 않는 공간에 머물 수 있다.

참가자   제가 제대로 하고 있나요?

지도자   그 질문에 여러 답이 있습니다. 또 그 자체로도 흥미로운 질문입니다. 그러니 그 질문을 좀 더 자세히 관찰해 보도록 합시다.

마음챙김에는 호기심이 필요하다. 영국 위빠사나 지도자인 존 피콕John Peacock은 강연에서 "마음챙김에는 만트라가 없습니다. 하지만 만약 있다면 '이것은 무엇인가?' 가 만트라가 될 것입니다."라고 말했다. 그러므로 지도자로서 호기심이 흠뻑 스며 나오게 하라. 이는 참가자의 경험을 재구성하고 다른 관점을 향해 눈을 뜨게 하는 효과를 가진다. 개방성과 호기심을 전달하는 으뜸가는 방법은 자신의 개인적 흥미를 표현하는 것이다.

저는 이것이 무척 흥미롭습니다.

우리가 여기서 하고 있는 것은 매우 특별합니다. 우리는 이것에 관해 이야기하는 방법을 찾아냈습니다.

흥미롭군요. 이게 제가 좋아하는 겁니다.

그런 차이는 특별합니다. 그렇죠? 처음에는 우리가 알아차리지 않았습니다. 그것이 전면에 나타나면 그때 우리는 그 미묘한 차이에 주의를 기울입니다. 놀랍습니다.

침묵

침묵은 가장 널리 사용되면서도 형식이 정해지지 않은 개방성의 '형태'이자 전달자이다. 플로렌스 멜레오-마이어는 때때로 훈련에서 이렇게 이야기한다. "침묵은 말보다 더 넓은 공간을 가지고 있습니다." 카밧진은 침묵과 고요함 그리고 널찍함이 마음챙김을 표현할 수 있는 가장 근본 요소라고 주장한다. 카밧진은 MBSR 지도자가 훈련에서 비개념적 부분을 별도의 '무언가'로 채우려는 경향을 가지는 것에 다음과 같이 경고한다. "비개념적인 요소인 침묵과 고요함 그리고 널찍함이 없다면 마음챙김은 단지 인지 훈련이 될 뿐이고, 더는 마음챙김의 핵심인 수행을 이야기하거나 함양하는 것이 아니게 됩니다."(2010, p.xv). 카밧진은 "우리가 긴 침묵에 불편함을 느끼거나, 수행 참가자가 얻고자 하는 것을 '얻고' 있는지 불확실하다고 느낄" 때 불쑥 이런 경향이 특히 크게 나타날 수 있다고 경고한다(p.xv). 그래서 마음챙김 훈련이 고도로 언어에 기초한 훈련임에도 불구하고 언어보다 침묵이 훨씬 더 중요하다. 언어는 경험의 풍부함을 줄이므로 경험을 마음이 파악할 수 있는 개념 수준으로 축소해 버린다.

사실상 침묵이 말을 힘있게 만든다. 영성 지도자 에크하르트 톨레 Eckhart Tolle가 『고요함의 지혜』(2003)에서 정확히 묘사했듯이 침묵은 말의 효과를 훨씬 뛰어넘는다. 또 침묵은 감정을 담을 수 있게 한다. 아마 모든 마음챙김 지도자가 다음 격언을 가슴에 새겨야 할 것이다. "침묵보다 더 나을 때만 말하라."

마음챙김 지도자로서 침묵으로 작업하는 것은 아마 직관에 호소하는 바가 가장 큰 존재 모드 속성이다. 침묵을 사용할 때, 지도자는 무언가를 표현하기 위해 비개념적인 어떤 것을 사용한다. 이런 식으로 침묵을 사용하는 것은 예술이자 도전이며 인식과 언어의 영역 그리고 아마도 당신 자신의 편안함의 영역 바깥으로 모험하는 것이다.(4장에서 침묵 작업을 다시 다룰 것이다.)

연결된

연결감은 집단에서 참가자가 개방하도록 돕는 데 필수이다. 또한 연결감은 지지의 중요한 자원을 제공한다. 게다가 지도자와 연결되어 있다고 느끼면 경계할 때보다 더 많은 것을 배울 수 있다. 하지만 지도자와 관계를 포함하여 참가자가 연결감을 느끼는 것이 그냥 주어지지는 않는다.

가능한 모든 참가자와 관계를 확립하는 것은 지도자의 몫이다. 이상적으로는 지도자가 각각 참가자의 학습 과정을 최대한 자극하는 관계를 구축해야 한다. 이는 항상 쉽지만은 않은데, 지도자가 집단을 이끄는 사람이기도 하고 지도자에 반응하는 사람들의 방식이 다양하기 때문이다. 참가자는 반항하거나, 경쟁하거나, 관심을 끌려고 하거나, 기쁘게 하려고 하거나, 눈에 띄지 않은 채로 있으려 한다. 리더십에 대한 개인 반응은 성격과 관련이 있으며 때로는 어린 시절에 확립된 패턴을 반영한다.

혹시 당신이 치료자라 할지라도 마음챙김 훈련은 그런 반응에 치료적으로 접근하지 않는다는 점을 명심하라. 그래도 이런 패턴을 알아차리면 도움이 된다. 참가자가 가진 패턴을 알아차리면서 그 맥락에서 일어나는 당신의 반응에 주의를 기울이라. 그런 다음 적절한 경계 안에서 참가자의 학습 과정을 촉진하는 방식으로 당신과 관계를 조형하는 데 필요한 것이 무엇이든 참가자에게 제공하라.

이는 도전적일 수 있다. 지도자와 경쟁하려는 참가자에게 어떻게 경쟁 상태로 끌려가지 않으면서 필요한 것을 제공할 수 있을까? 물러서려는 경향이 있는 사람에게 어떻게 하면 안전감을 훼손하지 않고도 닿을 수 있을까? 핵심은 공간 허용과 경계 설정, 도전과 지지, 주도권 주기와 제한하기, 접촉과 거리 유지 사이에서 균형을 맞추는 것이다. 지도자는 개인별 상황에 따라 균형을 추구하고 맞출 수 있을 뿐이다. 그러므로 프로그램 사전 면담은 참가자와 관계 형성에 결정적 단계이다. 사전 면담은 지도자와 참가자 사이에 처음이자 유일한 일대일 접촉이고 거기서 관계의 기초가 마련된다.

연결의 또 다른 측면은 참가자와 집단 사이의 관계이다. 훈련을 시작할 때는 전형적으로 참가자가 집단의 다른 사람과 '그들'로서 관계를 맺는다. 보통 오래 지나지 않아 참가자들이 서로를 알고 조금씩 상호작용을 시작하자마자 '그들'이 '우리'로 바뀐다. 하지만 처음 새로운 집단에 가면 방어 자세를 취한다. 그럴 때는 모두가 자신을 소개하도록 하여 연결 과정에 시동을 걸 수 있다. 그렇지 않으면 사람 사이의 연결을 확립하는 기초적이면서 근본적인 방식을 이용할 수 있다. 유머는 긴장 상황을 해소하는 데 가장 효과적이다. 또한 참가자에게 서로 눈을 응시하게 하거나, 다정한 제스처를 취하게 하거나, 함께 신체 활동을 하거나, 감정을 공유하게 함으로써 기초 단계부터 참가자끼리 서로 연결되도록 하면, 효과적으로 '그들'을 '우리'로 바꾼다. 비록 소수 지도자가 사용하는 방법이지만 심리극에서 유래한 간단한 액션 메소드(역주: 심리극이나 사회극에서 유래된 것으로 개인이나 집단 작업에서 시각적이고 역할에 기초를 둔 접근법을 지칭한다.)도 유용하다.[8]

훈련이 진행되면서 참가자끼리 또 참가자와 지도자 사이에 연결감이 저절로 생긴다. 함께 명상하면서 연결감이 강화되고 강렬한 개인 경험을 토론하면서 한층 더 강화된다. 훈련이 끝나고 참가자끼리 서로 어떻게 연결되어 있다고 느끼는지, 이런 연결이 얼마나 자연스럽게 느껴지는지, 또 다른 일상생활에서 이런 연결이 얼마나 그리웠는지 등을 들으면 마음이 꽤 뭉클하다.

과정 지향적인

마음챙김 훈련에서 우리가 (지도자와 참가자 모두 마찬가지로) 그 과정에 초점을 맞출 때 우리는 어딘가로 갈 필요가 없음을, 즉 의지력을 가지고 무언가를 성취할 필요가 없음을 깨닫는다. 우리가 외면하지 않는 한 통찰과 해결책이 떠오르는 것을 보게 된다. 구체적인 결과나 해결책 또는 해답에 도달하기 위한 조급함을 가지는 행동 모드에 대한 해독제는 과정에 초점을 맞추는 것이다. 다음은 이런 속성을 함양하는 표현이다.

우리는 어떤 결과도 조절할 수 없습니다. 우리는 무슨 일이 벌어질지 전혀 알지 못합니다. 그렇기에 우리의 여정은 발견하는 과정입니다.

단지 과정에 주의를 두고 결과는 그대로 내버려 두십시오. 과정을 보살피면 과정이 결과를 보살필 겁니다.

현재에 머무는

현재에 머무는 속성은 사람들이 그만두고 싶어 하는 지점을 넘어설 수 있도록 돕는다. 이는 새로운 발견을 해 나갈 미지의 영역을 여행할 수 있게 한다. 다음은 이러한 속성을 촉진할 수 있는 표현이다.

새로운 것을 탐색할 때 항상 편하지는 않습니다. 다음에 무엇이 올지 모르기 때문입니다. 새로운 것에 기회를 주는 한 가지 방법은 어떤 것이 불편하거나 불쾌하다고 느낄 때 금방 돌아서지 않는 것입니다.

그만두고 싶은 충동에 굴복했다면 분노 아래에 사실은 두려움이 있음을 결코 발견하지 못했을 겁니다.

감각을 느끼는

보통은 생각하는 마음이 신체나 감정을 알아차리는 것을 압도한다. 마음챙김 훈련은 감각 차원을 개방하고 이해하도록 가르친다. 종종 간과하지만 신체는 풍부하고 널찍한 차원을 제공해 실재를 경험할 수 있는 핵심적인 장소이다.

예를 들어 좌선하는 동안 자세가 어떤지 알아차리게 하고 배고픔과 갈증과 같은 기본 욕구를 돌보도록 일깨워 줌으로써 참가자에게 자신을 잘 돌보는 것이 무엇을 의미하는지 탐색하도록 제안하여 감각 영역을 불러일으킬 수 있다. 이는 다른 사회 환경에서 흔히 그러하듯이 감정을 통제하는 대신 나타나는 어떤 감정이든 인정하고 받아들이도록 참가자를 격려하는 것으로 확장한다.

그러므로 이상적으로는 지도자가 경험의 신체 측면에 계속 관심을 둠으로써 감각 느끼기를 다룰 수 있다. 예를 들어 명상을 지도할 때 "먼저 신체 자세를 알아차리세요."라고 말할 수 있다. 이후 탐구 시간에 "신체 어디에서 그것을 느꼈습니까?"라고 물을 수 있다. 그리고 언제든지 "지금 당신에게 무슨 일이 일어나고 있습니까?" 또는 "당신 안에서 무엇을 경험하고 있습니까?"와 같은 간단한 질문을 통해 감각 느끼기로 주의를 향하게 할 수 있다. 이런 제안과 질문은 말과 생각을 넘어 신체와 감정으로 경험을 확장한다. 또한 이는 참가자 경험의 전체 범위에 민감해야 함을 은연중에 강조한다. 이것이 마음챙김 훈련의 핵심이라는 점은 두말할 나위가 없다.

가벼운

문제는 사람을 짓누르고 학습 과정을 방해한다. 이런 중압감을 돌파하기 위해 초점을 신체나 감각으로 바꾸는 것이 종종 도움이 된다. 지도자가 생각해낼 수 있는 어떤 말보다 잠시 호흡에 주의를 두거나 가벼운 스트레칭을 하는 것이 무거운 주제를 마무리하는 데 더 나은 방법이다. 유머 역시 거미줄처럼 얽혀 있는 무거운 생각의 덫에서 빠져나오게 한다.

가벼운 분위기를 만드는 또 다른 방법은 '아니요'보다 '예' 영역에 참여하면서, 그간 이루어 온 것과 앞으로 가능한 것에 주의를 집중하는 것이다. 다음은 이런 접근을 보여 주는 짧은 대화이다.

참가자   저는 온종일 미친 듯이 뛰어다니며 일을 해치우려고 애썼어요. 그러면 머리가 아프기 시작해요. 그렇게 바쁘고 스트레스를 받으면 상황이 더 나빠질 것으로 생각했어요. 그래서 명상하려고 앉았고요. 30분이나 앉아 있었는데 두통이 조금도 나아지지 않아요.

지도자   매우 새로운 무언가를 하셨네요. 더는 뛰어다니지 않았어요. 대신 멈추었고 두통이 더 심해지지는 않았군요. 와! 축하합니다!

중압감의 또 다른 원인은 개인적 책임감이다. 이는 정규 수행에서 기복이 있을 때 주로 일어난다. 사람은 종종 자동 조종 모드에서 일어난 일을 의식적인 선택에서 비롯되었다고 여겨 죄책감을 느끼고 자기반성을 하며 스스로 부담을 지우는 경향이 있다. 이는 스트레스와 긴장을 만들고 통찰과 학습을 방해한다. 다음 대화처럼 자동 패턴으로 확인되는 과정을 탐색함으로써 참가자를 도울 수 있다.

참가자   같은 실수를 반복하는 자신에게 화가 납니다.

지도자   의식적으로 그 과정을 선택할 수 있었다면 다르게 했을까요?

참가자   네. 물론이죠. 그랬을 겁니다.

지도자   그렇다면 그때는 의식적으로 선택하지 않았군요. 저절로 일어났군요. 조절할 수 없었던 거죠. 지금은 그 사실을 알고 있고요.

참가자   그렇지만 더 잘 알았다 하더라도, 정말 잘못된 결정을 했을 거예요.

지도자	그럴까요? 저는 당신이 그 당시 최선이라 생각한 것을 선택했던 것처럼 보이는데요. 그 순간에는 더 잘 알 수 없었습니다. 이제야 알게 된 거죠. 왜 자기 책임으로 돌리나요?

참가자가 죄책감을 떨쳐내도록 도우면 가벼움이 조성된다. 이는 과거 사건을 지나치게 분석하려는 마음의 경향성을 던져버리고 지나간 일을 놓아두고 초심자의 마음으로 돌아가는 과정을 촉진한다.

단순한

생각하는 마음이 지배하게 내버려 두면 현실을 실제보다 더 복잡하게 생각하거나 경험의 복잡한 측면을 지나치게 강조하는 경향이 생긴다. 참가자가 불필요한 복잡함을 없앨 수 있게 도와주면 가벼움과 널찍함 그리고 초심자의 마음을 경험한다.

참가자가 언제 수행할지를 정할 때 딜레마에 빠지는 일은 흔하다. 다음은 그런 어려움을 어떻게 다루는지 보여 주는 예이다.

참가자	그건 제가 머릿속으로 일정을 정할 때 일어나는 일이에요. 요가, 그 후 아이 파티, 그리고 해야 하거나 하고 싶은 몇 가지 일이 있었습니다. 온종일 묵언 수행을 한 후 이렇게 빨리 명상할 필요가 정말 있을까 궁금했어요. 그건 힘든 결정이었기에 계속 생각하고 있었어요.
지도자	명상을 생각하느라 소모했던 시간을 실제 명상하는 데 사용했다면 어땠을까요?
참가자	글쎄요, 저는 뉴스도 보고 싶어요. 어쨌든 세상에 어떤 일이 일어나는지 알아야 하니까요. 어렵네요.
지도자	텔레비전 볼 시간이 있다면 수행할 시간도 가질 수 있을 겁니다. 무엇이 그렇게 힘든지 저는 보이지 않습니다.

우리 인간은 분석, 통제, 평가 등을 통해 복잡성을 담아두려고 한다. 이는 우리를 생각하는 마음의 영역으로 데려가고 현재 순간 알아차림을 방해한다. 그러한 정신적 반응에 접근하는 효과적인 방법은 그것들을 지나가는 경험으로 여기는 것이다. 다음

짧은 대화가 그 예이다.

> **참가자** 그리고 그것은 제가 '그래서 이렇게 된 거군. 이건 그것에 관한 내용이야. 이걸 꼭 붙잡고 있어야 해.'라고 생각한 때였어요.
>
> **지도자** 그렇게 생각을 알아차렸습니다. 그 후에는요?

경험은 항상 나타났다 사라지는 무상한 것이라는 관점을 개발하면 '문제'를 새로운 방식으로 볼 수 있다. 다음은 이런 관점을 촉진할 수 있는 사례이다.

> **참가자** 그러고 나서 명상하는 중에는 친구와 있었던 분쟁을 해결하느라 바쁩니다. 제가 생각하고, 판단하고 있다는 것 역시 인식합니다. 하지만 여전히 생각의 흐름에서 벗어날 수가 없어요······ 이럴 때면 정말 길을 잃고 더 이상 뭐가 뭔지 모르겠어요.
>
> **지도자** 그 후에는요?
>
> **참가자** 그러고는 당신의 목소리를 다시 듣고 호흡으로 알아차림을 되돌려 놓습니다.
>
> **지도자** 우리는 때때로 무언가를 그냥 놓아두기 전에 그것을 '알아야' 한다고 생각합니다. 그러나 그건 필요하지 않습니다. 많은 생각으로 가득 찬 바쁜 마음이 있다는 걸 단순히 알아차리기만 해도 충분합니다. 연료를 계속 공급하지 않으면 생각은 저절로 사라집니다.

때때로 참가자가 복잡성의 망상을 포기하지 못하고 저항할 수 있다. 인간은 생각에 빠지는 데 너무 익숙하므로 의도적으로 마음이 활동하지 못하게 하는 것이 당황스러울 수 있다. 더욱이 참가자는 때때로 *'분명 이렇게 단순할 리가 없어.'*라고 생각한다. 참가자를 방어적으로 만들기보다 복잡성을 해소하면 공간이 만들어진다는 사실을 확실히 알 수 있도록 살짝 재미와 가벼움을 가져와 참가자의 경험을 대할 수 있다.

마음의 행동 모드 속성

마음챙김 훈련에 입문할 때 참가자는 대개 마음의 행동 모드에 있다. 이는 *'무엇을 해야 하지?' '제대로 하고 있나?' '결과가 뭐지?'*와 같은 생각으로 채워진 습관적인 모드이다. 마음의 존재 모드는 멀리 떨어져 있어 닿을 수 없다고 느낀다.

다시금 존재 모드로 들어가기 위한 학습은 상당히 긴 과정이며 마음챙김 훈련 초기 단계에서 중심 역할을 한다. 존 카밧진은 이를 오랫동안 만나지 못했던 친구와 재회하는 것으로 비유한다. "처음에는 어색함이 있을 겁니다. 이 친구가 어떤 사람인지 더는 잘 알지 못하고 어떻게 함께 있어야 할지도 전혀 알지 못하고 있죠."(Kabat-Zinn, 1990, p.60).

이후 어떤 단계에서 지도자가 갑자기 행동 모드를 요청하면 참가자는 당황할 수 있다. 그럼에도 불구하고 학습 환경은 행동 모드와 존재 모드의 속성 사이에 균형을 유지해야 한다는 점을 감안하면 때때로 그렇게 하는 것이 필요하다. 각성된, 능동적인, 노력하는, 구조화된, 독립적인, 결과 지향적인, 변화하는, 생각하는, 진지한, 복잡한 속성을 갖는 행동 모드는 풍요로운 학습 환경이 만들어지는 데 핵심적인 기여를 한다.

각성된

분위기가 너무 편안하거나 안전할 때 참가자는 나른해지고 졸음에 굴복한다. 지루한 분위기가 흐를 수도 있다. 몇 가지 마음챙김 스트레칭이나 유머를 포함하여 또렷한 각성을 일으킬 수 있는 다양한 방법이 있다. 개인적인 일화를 공유할 수도 있는데, 개인적인 무언가를 나누면 집단은 즉시 깨어난다. 뒤에서 다시 논의하겠지만 주제 변경도 각성을 높이는 효과적인 방법이다.

물론 명료하게 이야기하고, 달성 목표를 이용하고, 힘찬 연설과 행동으로, 참가자를 자극해 깨어 있게 하고 나른함을 방지할 수 있다. 크게 말하기와 부드럽게 말하기, 빨리 말하기와 천천히 말하기, 개인에 접근하기와 집단에 접근하기, 깊은 수준으로 접근하기와 초점의 범위를 더 넓게 확장하기 등의 스타일 변경도 활용이 가능한 방법들이다. 심각한 논평에 낙천적으로 반응하거나 도발적인 표현을 함으로써 비슷한 효과를 볼 수도 있다.

참가자　스트레스는 항상 나빠요.
지도자　저는 동의하지 않습니다! 저는 글을 써야 하는 마감 기한에 다다르면 아드레날린이 제 몸을 솟구치게 만들어 매우 효율적이고 창조적인 사람이 됩니다.

엉뚱해 보이는 말을 해서 단조로운 느낌을 깨뜨릴 수 있다.

지도자   우리는 이제 좌선을 할 겁니다.
참가자   얼마나 길게 하나요?
지도자   3시간요.

참가자가 프로그램 다음 단계를 모르면 각성이 증가한다. 이는 기대하면서 흥분이 일어나기 때문이다. 그러나 이런 접근을 하는 대가로 안전감이 훼손되지 않아야 한다.

이런 방법 중 무엇을 하더라도 집단 내에서 각성이 공명하고 불꽃이 튈 것이다. 각성은 전염성이 있다.

능동적인

일반적으로 마음의 존재 모드가 마음챙김 훈련을 지배한다. 환경은 천천히 가기, 침묵 시간, 편안함 등으로 특징지어진다. 우리는 대개 시간이 충분하다. 참가자는 몇 주 후 회기를 진행하는 방에 들어오면서 종종 따뜻한 욕조 안에 들어가는 것 같다고 말하기 시작한다. 이는 참가자가 평소 삶에서 얼마나 바쁘고 피곤한지 또 얼마나 편안함과 휴식이 부족한지를 아는 데 도움이 된다. 그러나 참가자는 아직 존재 모드를 다루는 방법을 충분히 훈련하지 않았기 때문에 편안함에 빠져 버리는 경향이 있다. 이는 권태와 나태한 분위기로 이어진다.

편안함이 과도한 지배력을 가지고 있을 때 해독제는 활동에 참여하는 것이다. 이는 스트레칭 같은 신체 활동 형태를 취할 수 있다. 아니면 열린 질문을 하거나 집단에서 나오는 반응을 찾음으로써 마음을 활성화할 수도 있다. 또 활성화하려는 당신의 요청에 집단이 너무 나태한 반응을 보인다면 자극을 위해 권위를 사용할 수도 있다.

자, 계속 진행하려고 합니다. 여러분, 다시 참여하실 건가요?

참가자를 활동하게 하는 미묘하면서도 중요한 방법은 활동할 책임이 자신에게 있음을 깨닫게 하는 것이다. 무언가를 얻기 위해 스스로 온 게 아니라, 지도자가 억지로 가르친다는 역동으로 기울어지면 집단은 점점 편안함으로 다시 기울어진다. 따라서 집단이 활동하지 않아 생기는 공백을 메울 때 조심해야 한다. 필요하면 활동으로의 초대를 포기하지 않고 자극하는 발언으로 대응할 수 있다.

> **지도자** 여러분 중 누구라도 자발적으로 경험을 얘기해 주실 사람이 없습니까?
> **참가자** [철저한 침묵]
> **지도자** 아무런 경험이 없었나요?

이는 긴장을 만들지 않으면서 경험을 공유하게 초대한다. 결국 집단은 행동하기 시작할 것이다.(4장에서 마음의 능동적 속성을 자극하는 구체적인 기술을 제공할 것이다.)

노력하는

많은 명상 전통에서 매번 명상을 시작할 때마다 명상하는 사람의 의도를 새롭게 한다. 여기에는 타당한 이유가 있다. 의도와 전념을 잊을 때 사람은 노력에 헌신하기 위한 동기나 자원과 중요한 연결을 잃게 된다. 또한 제한된 범위의 매일 해야 하는 목록에 빠져 정말 중요한 것을 잊어버리고 길을 헤맬 수도 있다. 무위의 속성이 지배적일 때 사람은 쉽게 혼란과 의심의 희생양이 된다. '*나는 그렇게 할 수 없다. 자동 패턴이 나보다 강하다.*'

의도를 새롭게 하면 마음챙김 수행에서 엄청난 이익을 얻을 수 있다. 이런 메시지를 반복해서 앞으로 가져오는 건 지도자에게 달려 있다. 이를 위해 지도자의 에너지, 전념, 열정, 자신감을 보여 줌으로써 참가자에게 영감을 준다. 지도자가 행동하는 방식으로 이를 보여 줄 수 있다. 눈에 띌 정도로 최선을 다하면 집단의 분위기를 조성할 수 있다.

참가자에게 마음챙김 훈련을 찾게 만든 처음 동기를 떠올리게 함으로써 명시적으로 노력을 요청할 수도 있다. 첫 회기나 중간 진행 점검에서 소개말을 하는 동안, 명상을 시작할 때, 다음 재가 수행에 관해 설명할 때 등이 이를 위한 좋은 기회이다.

전념의 중요성으로 주의를 돌리는 또 다른 방법은 훈련 기간이 정해져 있음에 주의를 환기시키고, 가능한 많은 시간을 집단에 할애하고 싶다고 전달하는 것이다.

8주가 길다고 생각할 수도 있습니다. 하지만 순식간에 지나갑니다.

디지털 세계가 스트레스에 미치는 영향은 흥미로운 토론 주제입니다. 그러나 이번 훈련 범위에서 그걸 다룰 시간은 없습니다.

동기 면담에서 유래한 접근법을 사용할 수도 있다.

당신은 자신이 원하는 것만 해야 합니다. 그것은 당신 선택입니다.

당신은 누구를 위해 재가 수행을 하나요? 저를 위해서 하나요?

당신은 왜 여기 있습니까?

참가자를 처음 동기와 다시 연결하는 데 도움이 되는 시를 공유할 수도 있다. 시의 가장 좋은 점은 양심의 가책을 건드리지 않고 개방적이고 긍정적인 방법으로 더 깊은 가치에 호소한다는 사실이다. 이런 목적으로 추천하는 시는 데이비드 화이트David Whyte의 '충분하다Enough', 포르티아 넬슨Portia Nelson의 '짧은 다섯 장으로 된 자서전 Autobiography in Five Short Chapters', 파블로 네루다Pablo Neruda의 '침묵 속에서Keeping Quiet', 나오미 쉬합 나이Naomi Shihab Nye의 '친절Kindness', 데렉 월콧Derek Walcott의 '사랑 그 이후의 사랑Love After Love', 하피즈Hafiz의 '지금이 바로 기회야Now Is the Time', 메리 올리버 Mary Oliver의 '기러기Wild Geese' 등이 있다.

우리가 이미 모든 것을 가지고 있고 우리가 얼마나 축복받는지 또 얼마나 풍족한 상태인지를 마음에 떠올리면 의도를 새롭게 할 수 있다. 이는 특히 서구 문화권에는 다소 미묘한 방법으로 적용된다. 참가자가 이 점을 당연하게 여기지 않도록 상기시키면 감사하는 마음이 활성화된다. 이는 참가자에게 진정으로 중요한 것을 작업할 수 있는 새롭게 회복된 에너지를 준다.

구조화된

마음의 존재 모드 속성을 논의하면서 마음의 선입견에서 자유롭기 위해 개방성과 침묵 속성이 필요하다고 했다. 그러나 개방성에서 길을 잃지 않기 위해서는 명확함과 형태가 필요하다. 다음 절에서 이런 측면에 해당하는 행동 모드의 핵심 요소가 무엇인지 논의한다.

구조와 지식을 제공하기

명확한 구조, 명확한 틀, 명확하게 조직화된 지식은 학습 과정에 필수적인 지원을 제공한다. 따라서 필요 이상으로 형식이 중요치 않다는 개념에 갇히지 말라. 참가자가 경험을 탐색하고 검토하는 것이 환경의 중요한 속성이다. 그렇다고 해서 지도자가 구체적으로 이야기해 줄 내용이 없다거나 참가자에게 의지할 만한 무언가를 제공할 수 없다는 의미는 아니다.

당신은 마음챙김 전문가이다. 여러 차례 다양한 관점으로 학습 과정을 밟아왔다면 참가자보다 훨씬 더 많은 것을 안다. 마음챙김이 형식이 없는 것으로 잘못 생각하는 흔한 오해의 희생양이 되지 말라. 그렇게 오해하면 "그거 흥미롭군요. 그 점을 탐색해 봅시다." 또는 "한편으로는…… 그리고 다른 한편으로는……" 같은 접근 방식으로 지나치게 이끌게 된다. 이런 접근은 *"나는 의지할 만한 어떤 것도 제공하지 않는다."* 또는 심지어 *"나는 아무것도 알지 못한다."* 라는 메시지를 전달한다.(이런 함정은 6장에서 더 자세히 다룰 것이다.)

구조가 없으면 참가자에게 불안정한 느낌과 지향점의 상실을 유발할 수 있다. 이는 학습 과정에 도움이 되지 않는다. 모든 것을 탐색할 수 있는 건 사실이지만 그렇다고 해서 '구체적인 결과가 없다.', (비록 상대적일지라도) '진리가 없다.', '확립된 방법이 없다.', '지도자가 결코 명확한 표현을 할 수 없다.'는 의미가 아니다. 이따금 간략하고 분명한 말을 던지는 걸 두려워하지 말라. 이는 지지와 방향을 제공한다.

걱정하지 마세요. 그건 중요하지 않습니다.

그게 바로 원래 그렇게 되어야 하는 것입니다. 계속하세요.

지도자의 견고함은 참가자가 어렵고도 집중이 필요한 자기 탐색 과정에 있을 때 필요한 지원의 원천을 제공한다. 이는 참가자가 새로운 경험을 하는 미지의 바다로 들어갈 때 입는 구명조끼와 같다. 견고함은 단호함의 형태를 취할 수 있다. 마음챙김과 관련해서 보통 "감히 알 수 없습니다."라고 말한다. 하지만 지도자로서는 때때로 반대

입장이 더 맞다. 감히 알려고 한다! 지식과 사실은 일시적으로 추가 탐색과 학습을 지원할 수 있는 틀을 제공한다.

예를 들어 다양한 명상법이 어떤 점에서 다른지 세부적인 내용을 제시할 수 있다. 한 예로 참가자가 "호흡에 마음챙김하는 명상에서는 대상에 머물러야 한다고 했는데 지금은 그렇지 않네요. 그러면 어떻게 해야 하죠? 무엇에 집중해야 하나요?"라고 묻는다고 상상해 보자. 개방성이나 알려 하지 않음 관점에서는 "그 질문이 수행 중에 떠올랐나요? 그리고 거기에 어떤 감정이 함께하나요?"라고 대답할 수 있다. 하지만 이 경우에는 어쩌면 지식에 기초한 대답이 더 나을 수도 있다. "맞습니다. 이런 명상들 사이에 차이가 있습니다. 기본적으로 두 종류의 명상이 있고 각각 나름의 가치를 지닙니다. 하나는 집중 명상이고 다른 하나는 통찰 명상입니다. 이에 관해 조금 더 이야기해 보겠습니다……"

마찬가지로 명상하는 동안 적절한 자세로 앉는 것의 중요성을 다룰 수도 있다. 참가자가 "저는 다리를 꼬아서 앉아 있을 수 없어요. 계속 다리를 움직여야 해요."라고 말한다고 해보자. 알려 하지 않음 관점에서는 "다리를 움직여야 한다는 느낌에 대해 좀 더 말해 줄 수 있을까요?"라고 말할 것이다. 그러나 이 경우는 지식에 기초한 대답도 괜찮다. "처음에는 올바로 앉는 자세를 아는 것이 쟁점이 될 수 있습니다. 그렇지만 명상은 형식에 관한 건 아닙니다. 의자에 앉아서 명상하는 사람도 있습니다. 하지만 여전히 염두에 두어야 할 몇 가지가 있습니다……"

지식을 이용하는 것이 도움이 되는 또 다른 맥락은 참가자의 의심에서 촉발된 '왜?'를 중심으로 한 질문들이 계속 맴돌 때이다. 예를 들어 "왜 우리가 귀찮게 명상을 해야 하나요? 목적이 뭔가요?"라고 물을 수 있다. 만약 지도자가 알려 하지 않음의 노선을 취한다면 다음과 같은 질문으로 반응할 것이다. "좋은 질문입니다. 당신은 어떻게 생각하세요?" 그러나 이 경우에는 지식을 바탕으로 다음과 같이 말하면서 의심을 짧게 작업하는 것이 더 도움이 된다. "가만히 앉아 있음으로써 당신은 무언가를 행하는 것이 전부가 아님을 보여 주고 있습니다. 명상은 명료하게 보는 연습이기도 합니다. 명상을 하지 않았다면 지나쳤을 패턴을 보는 법을 배웁니다. 당신은 그 패턴을 자동으로 따랐고, 그랬음을 깨닫지도 못했고, 그것이 당신 삶을 통제했습니다. 여기에 구체적인 결과는 없을 수도 있습니다. 그렇지만 명상은 여전히 당신 삶에 큰 가치를 더

할 수 있습니다. 적어도 저는 그렇게 생각합니다."

마지막 말이 중요하다. 지도자는 자기 의견을 말하고 있고 이는 권위로 내려진 절대 진리가 아니라는 점을 미묘하게 강조한다. 그렇지만 동시에 지도자는 무언가를 옹호하면서 자기 통찰에 확신이 있다는 입장을 취한다. 이는 참가자에게 엄청난 지지가 된다. 어쨌든 수행 목적을 묻는 말은 흔히 수행을 약화시킬 수 있는 의심에 의해 일어난다.

시간을 효과적으로 관리하기

구조와 형태의 다른 측면은 시간 관리이다. 이는 시간을 포함한 맥락을 계속 지켜보면서 집단, 프로그램 내용, 지도자 자신에게 초점을 맞추는 기술이다.

많은 수행과 탐구는 질을 떨어뜨리지 않고도 시간을 줄일 수 있다. 재가 수행을 모두 검토하는 것은 중요하지만 재가 수행 하나하나를 검토하는 데 얼마나 많은 시간을 쓰는지는 덜 중요하다. 비슷하게, 회기 중 필요할 때 바디스캔으로 이끄는 것은 중요하지만 신체의 각 부위에 주목하는 것은 덜 중요하다.

3장에서 템포에 관해 더 자세히 다룰 것이다. 여기서는 템포가 훈련에 매우 중요하기 때문에 적절한 템포를 사용하고 부득이하면 예정보다 빨리 끝내는 것이 최선이라고만 말하겠다. 회기의 어떤 측면이라도 불완전하게 느껴지면 "나중에 여기로 되돌아오겠습니다."라고만 말한 다음 반드시 나중에 다시 다루도록 하라.

이렇듯 풍부한 재료로 작업하기에 모든 주제를 충분히 다루려 하면 시간이 촉박하다고 느껴진다. 하지만 회기를 오래 진행해도 좋을 만한 이유는 결코 없다. 시간 초과는 종종 완전한 느낌을 얻으려는 지도자의 욕구로 인해 발생한다. 이 욕구가 형태와 널찍함 사이에서 균형을 잡아야 하는 지도자의 능력을 제한한다. 마음챙김 훈련은 그 어떤 주제도 단 한 번도 완전히 그리고 최종적으로 탐색이 이루어진 적이 없는 과정임을 명심하라. 그것이 좋은 점이다. 이러한 개방된 본질은 참가자가 자신만의 방식으로 마음챙김 탐색을 계속하게 만든다.

따라서 회기 의제와 프로그램과 더불어 회기 시간도 주시하라. 그리고 내용, 필요한 템포, 일정을 고려하며 균형 유지를 목표로 삼아라. 이는 때때로 프로그램을 조정해야 한다는 의미이다. 다음은 프로그램을 조정하는 세 가지 주요 이유이다.

- 얼버무리며 넘어가고 싶지 않은 감정적 내용이 있다.

- 집단 전체가 예상보다 느리게 또는 빠르게 발전하고 있다.

- 회기의 핵심 주제를 더 깊게 이해할 기회가 생겼다.

회기 중에 의식적으로 프로그램을 조정하는 것은 숙련된 시간 관리 방법의 하나다. 프로그램 조정의 핵심은 시간이 모자라서가 아니라 전체 과정에 대한 이해와 책임을 바탕으로 일어나야 한다는 점이다.

독립적인

연결감과 보편적 인간성을 경험하는 것은 집단 환경의 중요한 속성이고, 참가자의 학습, 이완, 신뢰 및 치유 능력을 높인다. 하지만 프로그램에 참여하는 참가자의 자율성과 전념에 호소하는 것도 필요하다. 결국 회기가 끝난 후 일상으로 돌아왔을 때, 자기감sense of self이 경계를 개방하거나 설정하면서 세상을 항해해야 할 것이다. 이런 부분이 도전에 맞닥뜨릴 때 필요한 개인 자원을 보유하게 만든다.

독립성을 함양하는 한 가지 방법은 개별적으로 참가자에게 접근하여 도전 과제를 스스로 해결하는 임무를 부여하면서 참가자 각자의 개인적 책임감과 독창성에 호소하는 것이다.

다른 누군가가 이걸 어떻게 다루는지는 상관없습니다. 당신에게 가장 잘 맞는 것이 중요합니다.

편안한 자세를 선택하세요. 의자에 앉아야 가장 좋은 자세가 나온다면 그렇게 하세요.

이런 표현은 참가자가 장애물을 헤쳐 나가는 데 책임이 있음을 느끼도록 한다. 참가자를 도전에 직면하게 만드는 것 외에도 참가자가 가진 독립성, 자율성, 창의성을 존중해 준다. 이렇게 하면 참가자는 지도자가 자신의 개성을 인정한다고 느낄 것이다.

결과 지향적인

참가자는 어떤 특정 결과를 마음에 품고 마음챙김 훈련에 나선다. 따라서 결과에 초점을 맞추는 것도 때로 의미가 있다. 훈련을 시작할 때 "이 훈련을 통해서 이루려는 게 무엇인가요?"라고 간단히 질문을 던져볼 수 있다. 그런 후에 훈련을 마무리할 때 다시 이 질문으로 돌아와 참가자에게 무엇을 배웠고 무엇을 집으로 가져갈 것인지 물어본다.

물론 과정이 곧 결과라는 말도 맞다. 수행으로 고요함을 경험하는 것이 실제로 가치 있는 결과라고 확인해 줌으로써 이를 밝힐 수 있다.

참가자   단순히 호흡을 기억하는 것만으로도 이미 진정되기 시작해요.
지도자   잘했습니다.

같은 측면에서 기술 개발도 결과로 여겨질 수 있다. 다음은 이를 어떻게 강조하는지 보여 주는 두 가지 간단한 대화이다.

참가자   마음이 헤맨 후 다시 돌아오는 데 훨씬 더 능숙해졌어요.
지도자   당신은 같은 명상을 하고 있고 계속해서 다시 돌아옵니다. 그렇지만 그게 점점 쉬워지고 있습니다. 얻는 게 있습니다.
참가자   생각은 여전히 이리저리 돌아다닙니다. 하지만 그것 때문에 자책하는 건 멈추었어요.
지도자   대단합니다! 경험이 같은 상태에 머물고 있지만 그 경험의 질은 좋아진 것 같습니다.

결과에 초점을 맞추는 것이 결과 중심적인 태도를 이끌어 내어 예상치 않은 경험에 대한 개방성을 방해하는 일만 생기지 않는다면 결과는 정당하고 인정받을 만하다.

변화하는

마음챙김 훈련은 정확하게 바라보기, 정확하게 느끼기, 신체로 경험하기, 마음을 헤아리기, 자세가 마음에 미치는 영향을 숙고하기, 자기 성찰하기, 놓아두기 등으로 구성된다. 이는 매우 집중적인 과정이다. 집단 탐구는 종종 30분 이상 걸리고 전체 회기는 대개 2시간 30분에 걸쳐 진행된다. 주의는 개인별로 자연적인 리듬에 맞춰 한 대상에 줌 인, 그 대상을 놓아 버림, 다른 대상으로 주의를 옮김, 그런 다음 다시 줌 인, 놓아 버림 사이에서 반복된다. 지도자는 이런 리듬에 맞추기 위해 집중과 이완을 교대해야 한다.

줌 아웃과 이완의 순간은 단순히 사람의 주의 지속 시간을 맞추는 데 그치지 않는다. 집중과 집중 사이에 있는 고요한 간격의 순간은 보고 느낀 것을 처리할 수 있게 해 준다. 신체 경험과 감정 경험은 통찰과 마찬가지로 스며들거나 정착하는 데 시간이 걸린다. 종종 대화보다 행선 등이 이런 흡수를 더 쉽게 촉진한다.

지도자가 교대할 시점을 결정한다. 지도자는 조정자이다. 주의의 리듬에 맞춰 춤을 춘다. 말하기와 침묵, 수행과 탐구, 앉아 있기와 움직임, 집중과 이완, 주제를 언급하기와 다시 놓아두기, 또는 교훈적 제시와 참가자가 자기 경험을 탐색하도록 자극하기 등 다양한 차원에서 교대할 수 있다. 심지어 진행 중인 지도 모드(안내 명상, 탐구 또는 교훈적 제시) 안에서도 교대할 수 있다. 예를 들어 탐구의 순서를 길게 한 번씩 갖기와 짧게 여러 번씩 갖기, 논의를 이어 나가기와 논의를 짧게 자르기, 또는 주제를 지도자가 정하기와 집단이 정하기 등의 사이에서 변화를 줄 수 있다.

물론 개인적인 표현 방식도 매우 진지하게 하기와 농담하기, 따뜻하게 말하기와 차분하게 말하기, 속도 내기와 속도 늦추기, 부드럽게 말하기와 소리 높여 말하기, 분위기를 가볍게 하기와 무겁게 만들기 등의 사이에서 변화를 줄 수 있다. 개별 참가자에게 줌 인 하기와 집단 전체로 줌 아웃하기, 무언가를 깊게 탐색하기와 더 큰 그림 보기, 어떤 주제로 되돌아가기와 내버려 두기 등의 사이에서 변화를 주는 것도 다른 가능한 사항이다.(4장 '보조적인 대화 기법' 절에서 이런 춤을 어떻게 출 수 있는지에 관한 실용적인 제안을 많이 보게 될 것이다.)

가능하다면 교대 전 침묵이나 짧은 휴식 같은 이행의 순간을 넣어라. 그렇지 않으면 간단히 개입해라. 예를 들어 특정 논의가 너무 오래 이어지면 지도자는 이를 중단시킬 수 있다. 다만 부드럽고 매끄럽게 하려고 노력해야 한다.

이야기가 중단되었던 부분에서 다시 시작해 볼까요?

여기서 결론을 내립시다.

이 정도로 해 두고 싶습니다. 흥미로운 주제여서 틀림없이 다시 돌아올 겁니다.

다른 걸 할 시간입니다.

이제 마무리할까요? 논의가 끝나지 않았다고 느껴지지만, 꽤 광범위한 주제이니까요. 나중에 다시 돌아올 수 있습니다.

생각하는

마음챙김 훈련은 '올바로 경험하기'뿐만 아니라, '올바로 이해하기'에 관한 것이기도 하다. 올바로 이해하려면 적어도 부분적으로는 생각하는 마음과 분석하는 능력이 있어야 한다. 마음챙김 훈련 과정은 개념, 이론, 설명 및 정보를 포함한다. 이는 유인물과 화이트보드나 다른 게시된 것 모두에 나와 있다. 더불어 교훈적 제시의 주제와 훈련 과정 워크북은 심리학 관점에서 보는 인간 마음에 관한 짧은 교육 과정을 포함한다.

게다가 탐구는 명백히 마음에 의지한다. 그 마음은 생각, 느낌, 반응, 패턴을 서로 관련짓고 통찰에 이르는 새로운 연결을 만든다. 그래서 훈련 환경에서 참가자의 인지 능력이 종종 작용한다. 괜찮다. 마음이 원래 하게 되어 있는 일을 하게 내버려 두는 것은 좋은 일이다.

진지한

가벼움이 과하면 전념과 초점은 흔들린다. 이는 필요한 집중과 노력을 모을 수 없고 어려움을 피하려는 상태로 이어진다. 해독제는 진지함이다. 진지해지는 것은 우리 대부분에게 쉬운 일이다. 진지함은 보통의 마음 모드인 듯하다. 그러므로 어느 정도 진지함을 유지하려면 유머, 장난기, 또는 비슷한 다른 속성이 일어나지 않게 막기만 하면 된다. 이는 유머, 풍자 또는 무언가를 가볍게 여기는 것이 회피 기술로 이용될 때 특히 중요하다.

참가자　아이는 울고, 남편은 화가 나 있고, 저는 청소 도구와 어울려 다녀요. 마치 강박장애 같아요. 강박 청소 장애요!

지도자	지금 그것을 가볍게 여기고 있지만 그 이면에 있는 문제는 가볍지 않습니다. 여기서 실제로 일어나고 있는 것을 설명할 수 있을까요?
참가자	그때 '있는 그대로 받아들이지 뭐.'라고 생각했어요. 마음챙김에서 말하듯이 말이죠!
지도자	잠시만요. 거기서 조금 더 살펴볼 수 있을까요? '있는 그대로 받아들이지 뭐.'라는 생각이 정확히 언제 떠올랐나요?

복잡한

삶은 단순하다. 이는 궁극 원인과 가장 큰 통찰이 단순하다는 의미이다. 그 외 나머지 대부분은 복잡하다. 뛰어난 지도자는 진리를 한 단어나 문장으로 표현할 수 있다. 하지만 그 표현에 함축된 미묘한 분위기를 설명하는 데 그들 삶의 나머지를 소모해야 할 것이다.

어떤 경험도 단순한 동시에 복잡하다. 그것은 삶에서 화두[역주: 원문은 koan으로 공안(公案)으로 번역되기도 한다.]처럼 나타난다. 색깔, 냄새, 스쳐 가는 감정이나 생각처럼 무언가를 단순히 경험할 때 이 작은 경험이 아우르고 있는 전체를 묘사하려고 시도해 보라. 이렇게 시도해 봐야 비로소 그 작은 경험 속에 얼마나 많은 층과 함축성 그리고 역동이 있는지를 발견한다. 묘사하려면 끝이 없을 것이다. 그렇기에 참가자에게 실재를 있는 그대로 보라고 안내하면서 참가자가 실재의 단순함에만 국한해서 머무르게 내버려 둘 수 없다. 참가자 역시 실재의 복잡성을 살펴보고 존중해야 한다.

지도자	당신은 통증 같은 단순한 경험으로 시작했습니다. 그리고 5분이 지난 지금, 우리는 수많은 감각, 생각, 느낌, 경향, 그리고 마치 불 주위를 맴도는 불나방처럼 이들 주위를 떠도는 분위기를 발견했습니다. 그건 제게 평범한 건포도 하나와 그 건포도가 가진 수많은 뉘앙스를 떠올리게 합니다……

집단의 힘

사람이 집단을 이룰 때마다 '무언가' 발생한다. 마음챙김 훈련에서 집단은 원circle(圓)이라는 매우 분명한 형태를 취한다. 우리는 참가자들끼리 서로 마주 앉아, 그들이 어떻게 어려움을 다루는지, 또 마음챙김 수행을 어떻게 탐색하는지에 시간과 주의를 쏟도록 요청한다. 집단 구성원은 함께 탐색하고, 서로서로 들어주고, 자기 경험을 다른 사람의 경험과 비교하고, 들은 것을 통합한다. 수행은 공동 탐사가 되어 일반적인 회의나 모임 구성에서 전형적으로 일어나는 것을 초월한 특별한 무언가를 만들어 낸다.

원은 아주 오래전부터 모임과 학습을 위해 내려온 형식이다. 2천 년 전 붓다 시대 사람들은 함께 앉아 진리를 탐구했다. 사실 이런 관행은 더 오래전으로 거슬러 올라간다. 힌두교 이전의 일부 전통에서는 지도자 주위로 둘러앉아 함께 진리를 탐구하는 것이 일반적이었다. 이를 *삿상*satsang이라고 한다. 산스크리트어로 sat은 '진리'를 의미하고 sang은 '함께'라는 의미이다. 따라서 satsang은 '진리 안에서 함께 모이는 것'을 의미한다. 또한 sang은 *승가*sangha(僧迦)의 어원이다. 승가는 통찰로 향하는 길에서 서로 접촉을 유지하면서 서로에게 자양분을 나눠주고 지지하는 구도자들이 모인 집단이다. 승가는 지도자의 안내를 받을 수도 있고 받지 않을 수도 있다.

마음챙김 전통에서 가르침은 수직보다는 수평으로 전달된다. 지도자, 아마 더 정확하게는 훈련 시키는 사람은 '아는' 사람이 아니라 집단을 안내하면서 집단과 함께 수행하는 사람이다. 이는 원의 3가지 특별한 속성과 더불어 훈련 환경에 큰 가치를 부여하고 훈련을 특별하게 만든다. 3가지 특별한 속성은 공명과 집단 지혜 그리고 연대 감이다. '공명'은 한 개인의 경험이 다른 이의 경험과 직접 연결되는 것을 의미한다. 집단 지혜가 발달하기 시작할 때 참가자는 혼자서 찾는 것보다 훨씬 더 많은 가능성이 집단 지혜에 있다는 사실에 눈을 뜬다. 연대감은 참가자에게 어려움과 고통이 개인적인 것이 아니라, 인간이 가지는 더 큰 보편적인 어려움과 고통의 일부일 뿐임을 느끼게 가르친다. 이런 속성들이 함께 모여 마음챙김 훈련 환경에 헤아릴 수 없을 만큼 큰 힘을 더한다.

공명

참가자는 종종 집에서보다 집단에서 하는 명상 수행이 더 수월하다고 얘기한다. 집단에서는 침묵이 더 강렬하게 느껴지고 통찰이 더 깊어진다. 집에서 혼자 명상하면 다소 가라앉고, 덜 강력하고, 덜 풍부한 느낌이 든다. 이는 부분적으로 상황에 따른 조건화에서 기인한다. 상황에 따른 조건화는 어떤 상황을 인식하면 그 상황과 관련된 연상을 되살리는 신경망이 촉발되는 현상이다. 이런 조건화의 예로는 다른 나라 언어에 익숙해졌던 적이 있으면 그 나라를 방문할 때 그 나라 언어가 다시 떠오르는 일을 들 수 있다. 현금 자동 입출금 기기를 이용할 때는 생각하지 않고도 비밀번호를 누를 수 있지만, 다른 상황에서 비밀번호를 생각해 내려면 애를 써야 하는 것도 또 다른 예이다. 같은 식으로 참가자가 명상실에 발을 들여놓자마자 이전 회기와 관련된 연상이 되돌아온다.

여기서 끝이 아니다. 대니얼 골먼Daniel Goleman은 그의 저서 『감성의 리더십』 (2002)에서 감정의 '개방 루프' 체계라는 개념을 제시한다. 그에 반해 혈액 순환은 닫힌 체계이다. 혈액 순환의 요인은 모두 우리 신체 안에 있다. 그러나 감정 조절 체계는 열려 있다. 우리는 감정을 겉으로 드러내고 다른 사람으로부터 되돌려 받은 후 다시 그 감정을 내면화한다. 감정은 여러 사람이 마음을 한데 합치는 중요한 방법이다. 그리고 감정은 초기 인간 진화에서 집단 구성원 사이의 원시적인 의사소통 체계를 맡았다. 아마 사람들로 가득 찬 방에 들어갈 때 감정이 어떻게 바로 긴장을 느끼게 하는지 경험한 적 있을 것이다. 이때는 말을 주고받거나 심지어 눈길을 주고받을 필요도 없다.(감정을 나란히 맞추면 소통 촉진과 더불어 강력한 결속 효과가 생긴다. 이것이 초기 인간 문화에서 노래와 율동을 갖춘 의례가 두드러진 이유이다.)

또한 우리는 신경학적 조건을 통해 다른 사람과 맞춘다. 다른 사람의 행동을 보면 당신이 그 행동을 할 때 사용하는 신경세포가 당신 뇌에서 활성화된다. 존 카밧진은 이런 신경 미러링을 상호주관적 공명이라 불렀다(2010, p.xviii). 또한 대니얼 시겔 Daniel Siegel은 이런 공명이 사회 혹은 대인관계 수준뿐 아니라 개인 안에서도 일어난다고 설명했다(2007). 즉 어떤 특정 자세나 호흡법은 같은 자세나 호흡법이 일어났던 이전 상황과 공명을 일으킨다. 분명히 이 현상은 상황에 따른 학습을 떠올리게 한다. 그리고 명상을 시작할 때 주파수를 맞추는 방법으로 이용할 수도 있다.(미러링을 통한 학습에 관해 추가 정보를 얻으려면 Iacoboni, 2008를 참조하라.)

신경 미러링은 때때로 공명, 일관성, 조율 또는 명상에서는 자기 조율self-attunement 로도 불린다. 공명은 자신이 열망하는 것을 행하는 상상만으로도 일어날 수 있다. 음악가는 종종 실제로 곡을 연주하는 것처럼 상상하는 연습을 한다. 스포츠에서도 이런 상상이 선수의 기량을 높이고 부상 후 더 빠른 회복을 가능하게 한다고 믿는다.

신경 활성화(점화)와 이를 반복하는 과정(신경 사이의 연결을 더 강하게 만듦)을 통해 학습한다는 사실과 공명과 미러링에 관한 정보를 모두 함께 고려해 보면 주목할 만한 사실이 나타난다. 사람은 누군가 무엇을 보여 주는 것을 관찰함으로써 마치 자신이 그런 행동을 하는 것처럼 학습할 수 있다. 그리고 이것은 겉으로 드러난 행동을 관찰하는 것에 국한되지 않는다. 집단 구성원은 서로의 침묵에 공명하기 때문에 함께하는 명상이 더 효과적이다.(그런 점에서 아마도 지도자의 물리적 존재를 통한 직접적인 전달에 이런 미묘한 공명이 역할을 맡는다. 이는 일부 전통에서 중요한 지도 방법이다.) 다시 말해 개인의 내부 회로를 서로 간의 공명 회로와 연결하는 개방 루프가 있다.

공명의 신비한 힘은 베다의 인드라망(網) 신화에 잘 기술되어 있다. 베다 신 인드라의 궁전에는 궁전 전체에 드리워진 커다란 그물이 있다. 그 그물은 그물코마다 보석이 달려 있고 그 보석들은 서로서로 비춘다. 한 보석이 반짝이기 시작하자마자 다른 모든 보석이 그 반짝임을 비춘다. 첫 번째 보석의 반짝임으로 그물 전체가 공명하고 빛난다.

집단 지혜

관심사를 공유하는 것 역시 집단 결속을 강화할 수 있다. 동일한 탐색에 집중하면서 함께 앉아 있는 동안 집단 구성원의 개인적 관찰과 반영된 생각이 합쳐진다. 탐색하기, 관찰하기, 침묵하기, 경험이 스며들게 놓아두기, 확증하기, 탐구하기, 서로의 경험을 보완하기 등이 합쳐진다. 한 사람이 무언가를 확신했지만 다른 사람의 반대 경험에 의해 그 확신이 깨져서 산산이 부서질 수 있다. 이는 다시 제삼자의 깊은 통찰로 이어질 수 있다. 정보는 집단 내에서 소용돌이치면서 입증되거나 혹은 조정된다. 어떤 이는 이전에 알았지만 잊어버렸던 정보가 예상치 못한 단어나 누군가에게서 나온 번뜩이는 통찰에 의해 촉발되어 표면 위로 돌아온다. 이런 방식으로 집단 탐색은 완전히 새로운 수준에 도달할 수 있다. 이는 네트워크에 장치를 연결하는 것과 같다. 집단에 속한 사람은 부분의 합보다 더 많은 것을 아는 하나의 네트워크를 형성한다.

집단 기반의 탐색에서는 함께 모였다가 흩어지고, 일시적인 공통 요소를 정하고, 질문을 열린 채로 두는 등의 과정이 끊임없이 진화한다. 선명함이 뚜렷해지다가 흐려지고 다시 새로운 형태로 나타난다. 대상이 생겨나고, 변형되고, 희미해지고, 다시 생겨난다. 집단 지혜는 인식과 탐구를 포함하는데, 이는 고정된 채 존재할 수 없고 살아 움직인다. 거의 동시에 개인 수준에서는 부산물로 영속적인 통찰이 생겨난다. 이런 개인 통찰과 경험을 한 곳에 모으는 것은 연기가 피어오르는 장작들을 더 가까이 모아두는 것과 비슷하다. 장작들은 예상치 못한 곳에서 몇 번이고 확 타오를 다채롭고 강력한 불을 피우기 위해 서로서로 땔감이 되어준다.

집단 탐색 과정은 다양한 형태를 취할 수 있다. 여기서 지혜가 나온다. 한 사람의 확고한 주장이 다른 사람의 경험에 의해 다듬어질 수 있다. 한 사람의 견해가 다른 사람의 관점에 의해 뒤집어질 수도 있다. 심지어 모순조차도 상대적임을 감안하면 모든 것이 다 가능하다. 이는 월트 휘트먼Walt Whitman의 시집 『나 자신의 노래』 중 '나는 거대하다. 나는 많은 것을 담는다.'라는 구절을 떠올리게 한다(1855, p.55). 집단 지혜도 마찬가지이다. 모두가 각자 자신의 진리를 추구할 때 각 개인의 통찰은 똑같이 타당하다. 결국 참가자 수만큼의 실재가 존재한다. 이것이 바로 풍요로움으로 그득한 통찰을 드러내는 합동 탐색의 다차원적 본질이다.

참가자들의 통찰 사이에서 발생하는 상승 작용은 보편적 진리에 거의 다다른 일종의 집단 지혜를 일으킨다. 하지만 이를 절대적 진리로 오인하지 말아야 한다. 오히려 오랫동안 수행을 했든지 아니면 이제 막 수행을 시작했든지 상관없이 한 개인의 통찰은 다이아몬드의 수많은 단면 중 하나가 살짝 반짝인 것에 불과하다. 집단에서 모아서 맞추면서 이런 개별 통찰을 연결한다. 마치 거대한 조각 그림 퍼즐을 맞추는 것과 같다. 일단 맞춰지면 퍼즐 조각들은 괴로움에서 벗어나는 방법인 담마의 길을 그려나가며 인간에 관한 깊은 앎의 지도를 구성한다.

연대감

슬픔, 스트레스, 질병이 있을 때 사람은 자신을 고립시키는 경향이 있다. 그러면 혼자라는 생각에서 초래된 상처와 원래 고통이 뒤섞인다. 나머지 세상은 마치 아무 일도 없었던 것처럼 흘러가고 그들의 괴로움에 무관심한 것처럼 느껴질 수 있다. 이는 괴로움을 개인적인 것으로 받아들이고 괴로움에 관한 죄책감을 느끼게 하는 경향을 활성화한다.

괴로움을 줄이는 가장 좋은 방법은 괴로움이 공통된 인간 경험에 속한다는 사실을 깨닫는 것이다. 그 누구도 혼자만 고통 속에 있는 게 아니다. 괴로움을 겪을 때 우리는 서로 다르지 않다. 우리는 모두 더 큰 괴로움의 일부이다. 이것이 인간 존재의 한 부분이고 거기에 개인의 잘못은 없다. 이를 경험하고 나서야 우리는 어려운 것과 관계를 수용하는 데 집중할 수 있다.

이는 인도 우화 키사 고타미 이야기에 아주 잘 그려져 있다. 고타미는 아들을 잃은 후 가슴이 찢어지는 고통을 겪었다. 고타미는 붓다를 찾아가 괴로움을 덜어 달라고 요청했다. 붓다는 말했다. "다른 집들을 방문해 겨자씨를 얻어오라. 그렇지만 가족 중 누구도 죽지 않았던 집에서만 얻어와야 한다." 고타미는 기분 좋게 출발했다. 고타미가 찾아간 모든 집에 겨자씨는 있었다. 하지만 가족 중 한 명이라도 죽어 슬퍼한 적이 있는지 물었을 때, 대답은 항상 "그렇다."였다. 고타미는 만난 사람들의 고통과 슬픔에 마음이 움직여 종종 이야기를 더 듣기 위해 머물렀다. 며칠 뒤 고타미는 붓다에게 돌아왔다. 비록 한 톨의 겨자씨도 얻지 못했지만 모든 사람이 슬픔을 지니고 살아간다는 사실을 배웠고 그들과 경험을 나누면서 무언가 변화가 일어났다. 고타미는 붓다에게 말했다. "저의 상실과 슬픔은 가라앉았습니다. 저는 다른 사람을 위문하였고 저의 상실이 모든 이의 상실이고, 저의 슬픔이 모든 이의 슬픔임을 보았습니다."

우리가 괴로움을 공유한다는 인식은 아주 값진 지지를 제공하고 괴로움을 크게 덜어준다. 우리는 진실로 모두 같은 배에 타고 있다. 존 카밧진에 따르면 우리가 서로 다르다는 생각은 단지 망상일 뿐이고, 우리의 통일성에 잠시 주목하는 것만으로도 치유가 된다(1990). 베트남의 선사 틱낫한Thich Nhat Hanh은 이를 '함께 존재함'[역주: 원문은 interbeing으로 연기(緣起)를 번역한 단어이다.]이라는 개념으로 말하고 있고 (1987), 크리스틴 네프Kristin Neff는 보편적 인간성이 자기 자비self-compassion의 중요한 요소 중 하나라고 주목한다(2011).

우리는 모두 연결되어 있음을 인식할 때 가슴이 벅차오르고 "그래!"라고 말하게 된다. 집단 마음챙김 훈련에서 우리는 다 같이 고난을 향해 방향을 돌리고 우리를 고난에 부딪히게 하며 고난의 조각들 사이에 함께 앉음으로써 이 경험을 공유한다.(4장 '괴로움의 원인과 작업하기'에서 이를 더 논의할 것이다.)

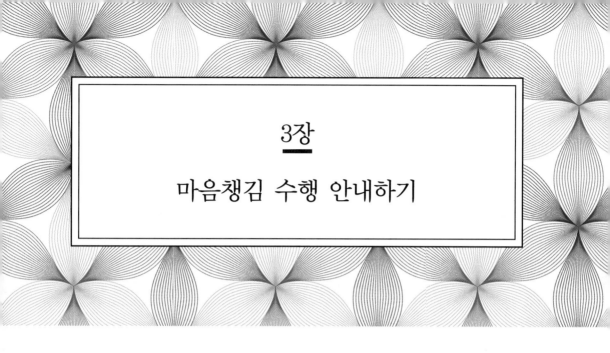

3장
마음챙김 수행 안내하기

명상은 당신을 개선하거나
다른 어떤 성과를 이루게 하려는 것이 아니면서도
의도와 체계를 가진 유일한 인간 활동이다.
명상은 지금 당신이 어디에 있는지 그저 알아차리게 만든다.

— 존 카밧진Jon Kabat-Zinn

. . .

명상은 정말 중요하다. 인간을 소우주로 보는 관점으로
우리가 우리 삶에 가장 중요한 동반자인 마음, 생각, 감정, 신체와 맺는
관계를 보게 한다.

— 크리스티나 펠드만Christina Feldman

마음챙김 훈련은 정규 명상 수행과 같은 것으로 여겨질 때가 종종 있다. 하지만 마음챙김 훈련에는 훨씬 더 많은 게 있다. 약식 수행도 일상에 더 많은 마음챙김을 가져오게 도우므로 똑같이 중요하다. 집단 환경은 마음의 행동 모드가 아닌 존재 모드를 경험할 기회를 제공하고 참가자를 존재 모드에 더 친숙하게 만든다. 게다가 탐구는 통찰을 얻는 강력한 도구이다. 이 모두가 마음챙김 훈련에서 매우 중요하다.

그렇긴 하지만 여전히 회기 진행과 재가 수행에서 명상이 많은 부분을 차지한다. 더구나 명상 경험은 통찰이 일어나게 하는 큰 덩어리의 원재료를 제공한다. 명상 수행은 마음에 와 닿아 마음이 열리게 하고 배움이 일어난 모든 것이 정착하여 처리되는 그릇 역할도 한다. 그리고 궁극적으로 명상은 프로그램이 가진 자기 치유력의 핵심이다. 마음챙김 훈련에서 '프로그램을 믿어라.'는 경구는 기본적으로 '수행을 믿어라.'는 의미이다.

요약하자면 마음챙김 수행은 우리를 더욱더 마음챙김 하도록 초대하는 상황을 만든다. 그것이 바로 훈련의 본질이다.

이 장에서는 수행 안내 시 고려해야 할 핵심 내용을 논의한다. 대개 좌선 맥락에서 논의하나 다른 명상을 지도할 때도 모든 내용이 똑같이 적용된다. 우선 지도자가 명상 동안 주의를 어떻게 활용할지 자세히 다루면서 시작할 것이다. 다음으로 수행 안내문의 구조를 설명할 것이다. 또한 어법, 목소리 특성 및 템포와 같이 명상을 지도할 때 고려해야 할 몇 가지 기술적인 측면을 이야기할 것이다.

이 장을 읽으면서 언어의 표현력에 한계가 있음을 염두에 두어야 한다. 언어는 그 자체로 이미 은유이다. 명상을 안내할 때 내적 경험을 가리키려고 종종 은유적인 의미를 더하곤 한다. 하지만 내적 경험의 실재는 말로 정확히 담아낼 수 없다. 따라서 명상을 안내하는 도구로서 언어는 항상 부족하다. 그렇지만 불행히도 언어가 우리가 가진 전부다. 배움의 길을 떠나야만 하는 사람에게 아무것도 알려주지 않는 것보다는 분명 더 낫다. 언어는 참고 사항, 팁, 상기시키는 것, 단서 등을 제공함으로써 배움으로 가는 길의 표지판 역할을 할 수 있다.

명상 안내에서 주의를 배분하기

지도자는 명상을 안내하는 동안 집단과 글자 그대로의 명상 (대본 또는 말로 하는 안내) 그리고 지도자의 명상 의식 등 세 가지 정보 영역에 주의를 배분해야 한다. 그림 3에서 나타나듯이 이 세 가지 영역은 서로서로 영향을 주고받는다. 그리고 한 영역에 너무 많은 주의를 기울이면 다른 영역에 기울일 주의가 부족해진다. 이 절에서는 먼저 각 영역을 기술한다. 그런 다음 세 가지 영역 모두에 고루 주의를 배분하는 기술을 다루겠다.

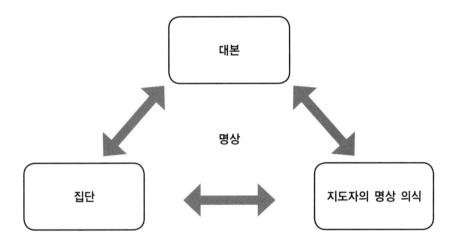

그림 3 명상 동안 지도자의 주의는 집단, 대본, 지도자의 명상 의식에 나뉜다

집단에 주의를 두기

정규 수행 동안 참가자는 집단으로부터 자신을 차단한다. 하지만 지도자는 계속해서 집단에 주파수를 맞춰야 한다. 어쨌든 지도자는 집단을 책임지고 있으므로 적절하게 반응할 수 있게 무엇이 일어나고 있는지 알아야 한다. 참가자가 명상을 어떻게 경험하는지 알아차리는 것은 수행 진행 과정에서 지도자가 선택해야 하는 순간에 영향을 미친다. 이는 그 후 탐구 그리고 훈련 과정 후반부에서도 마찬가지다.

때에 따라 집단이 피로하거나 알아차림이 약해짐을 느낄 것이다. 그러면 지도자는 명상을 서둘러 끝내야 하는가? 어쩌면 한 참가자가 울고 있음을 알아차릴 수도 있다. 그러면 지도자는 이야기를 조정하거나 울음에 관련된 무언가를 말해 주어야 하는가? 어떤 선택을 할지 안내해 주는 구체적인 규칙은 없다. 당신이 가진 직감과 경험을 믿어라. 만약 어떻게 나아가야 할지 확신이 서지 않으면 '프로그램을 믿어라.'는 일반적인 안내를 따를 수 있다. 여기서 '프로그램을 믿어라.'는 일정이 잡혀 있는 계획된 명상을 믿고 참가자에게 도전이 발생해도 문제가 되지 않음을 이해하라는 말이다. 장애물은 명상에서 핵심적인 부분이다. 그러므로 확신이 안 서면 그냥 프로그램에 충실하라.

또한 집단이나 참가자에 대해 갖는 당신의 인상이 주관적일 수 있음을 알아차려야 한다. 어쩌면 조바심, 불안정감 또는 불신을 느낄 때 당신은 이를 집단에 투사할지도 모른다. 집단의 요구라고 여겨지는 것에 맞추어 명상을 조정하려는 태도를 자제하라.

참가자를 만족시키려고 너무 열심히 노력하면 참가자에게서 귀중한 학습 순간을 빼앗게 된다는 점도 고려하라. 참가자에게 해를 끼치는 상황이 생길까 봐 지나치게 두려워하지 말라. 명상은 심장 수술이 아니다. 누군가 잠깐 졸거나, 명상 일부가 와 닿지 않거나, 참가자가 감정에 치우친다고 해서 큰일 나지 않는다. 사실은 이런저런 도전들이 풍요로운 수행 소재를 제공한다.

집단과 접촉을 유지하기 위해 지도자가 자유롭게 이용할 수 있는 세 가지 안테나가 있다. 바로 눈과 귀 그리고 내장(역주: gut의 번역으로 직감을 의미한다.)이다. 주변을 둘러봄으로써 참가자가 어떤 신체 행동을 하는지 볼 수 있다. 귀를 기울임으로써 호흡, 꼼지락거림, 옷매무새 고치기, 기침 등 다른 차원의 정보를 들을 수 있다. 내장을 통한 정보는 설명하기 더 어렵다. 내장은 매우 미묘한 방식으로 주변 환경에 관한 정보를 끊임없이 제공하는 민감한 기관이다. 이는 2장에서 논의한 바와 같이 서로 공명하는 우리의 능력과 관련이 있다. 내장의 더 미묘한 내부 안테나가 안내할 때 자신의 명상 의식에 머물기가 더 쉬워진다.

일반적인 지침은 어려운 집단일수록 보고 듣기 위해 주의를 외부로 향하게 해야 한다. 쉬운 집단일수록 직감을 더 자주 따라가도 된다.

지도자는 직감을 집단에 많은 주의를 기울일 필요가 없을 때 불이 꺼지지 않게 하는 불씨로 여길 수 있다. 집단에 대한 지각을 최소 수준으로 흘러가게 둘수록 자신의 명상 의식에 더 집중할 수 있다. 이렇게 하면 명상 안내를 스스로 체현할 수 있으므로 도움이 된다. 하지만 종종 불씨가 확 타오르고 지도자의 주의도 불타오른다. 그러면 지도자의 각성도가 높아지고 집단 안에서 들리는 소리 그리고 아마 보이는 것에도 주의가 간다. 즉 지도자는 직감으로 집단의 초조함을 감지할 수 있다. 그러면 소리에 집중할 수 있다. 그리고 만약 초조함을 듣게 되면 눈을 뜰 수도 있다.

이런 식으로 직감을 이용하는 것에 덧붙여 명상할 때마다 여러 번씩 소리를 듣거나 주변을 재빨리 훑어봄으로써 의식적으로 주의가 바깥으로 향하도록 하라. 직감은 풍부한 정보의 원천이지만 오로지 직감에만 의지할 수는 없다.

대본에 주의를 두기

대본(정규 수행을 안내하면서 쓰는 말)은 중요한 기능을 갖고 있고 프로그램의 일부인 이유가 있다. 단어와 리듬 그리고 침묵은 모두 신중하게 선택한 것이다. 대본은 의지할 수 있는 주춧돌이다.

그렇지만 대본을 따르는 것에 지나치게 초점을 두면 개인의 요구나 맥락에 맞추지 못하고 경직된 안내가 될 수 있다. 앞서 지도자가 대본에서 벗어나고 싶은 몇 가지 이유(졸음, 초조함, 감정 표현)를 언급하였다. 또 다른 흔한 이유로는 대본을 전개하면서 부드럽게 펼쳐지지 않거나 충분히 외우지 못한 경우가 있다. 후자가 되지 않도록 주의하라. 이런 이유로 대본에서 벗어난다면 명상의 질이 떨어진다. 대본을 그대로 읽고 싶은 유혹이 들 수 있으나 대본을 읽는데 필요한 인지적인 노력은 대개 자신이 명상 의식에 접근하는 것을 막기에 이상적인 해법이 아니다. 명상을 능숙하게 전달하려면 대본을 완전히 터득해야 한다. 이는 이 장 후반부에서 다시 이야기하겠다.

지도자 자신의 명상 의식에 주의를 두기

당신이 사람들에게 이야기를 들려주고 읽어주는 걸 잘할 수는 있다. 하지만 명상 안내는 화술을 넘어선 무언가가 필요하다. 지도자는 자신의 명상 의식에 접촉할 수 있어야 한다. 참가자는 지도자의 명상 의식을 직접 전달 받는다. 참가자는 종종 맞지 않는 문장이나 빠진 단어 같은 것을 알아차리지 못할 수 있으나 명상 지도자가 자신의 명상 의식에 접촉하지 않는 것은 바로 알아차린다. 이렇게 되면 참가자의 명상에 긴장감, 심지어는 불안정한 느낌이 유입될 수 있다. 따라서 지도자가 명상을 체현하는 것이 올바른 단어보다 더 중요하다.

그렇다고 해서 지도자가 자신의 명상 의식에 완전히 빠져 버려도 곤란하다. 특정 상황에 대처하기 위해 정보를 측정하고 균형을 맞추는 인지 기술을 사용하면서 자신의 실용 의식과 접촉을 유지해야 한다. 실용 의식은 자신의 명상 의식이 명상의 의도를 달성하고 현재 상황에 필요한 것을 충족시키는지 평가한다. 본질적으로 지도자로서 우리의 일부는 명상의 내적 경험에 몰두하고 다른 부분은 명상 프로그램과 단어(대본)를 전달하며 또 다른 부분은 외부 세계에서 일어나는 일과 충족시켜야 할 잠재적 요구에 주의를 기울인다. 이 세 가지 영역 사이에서 주의의 균형을 유지하는 기술에는 어느 정도 연습이 필요하다.

우리는 자신이 하는 수행 안내와 자신의 명상 사이를 잇는 연결고리이다. 따라서 명상을 안내할 때 개인 경험에서 나온 요소를 직접 혹은 간접적으로 포함할 수도 있다. 그렇기는 하지만 이는 신중하고 의도한 방식대로 행해져야 한다. 예를 들어 명상하는 동안 우리는 침묵, 깊어지는 통찰 또는 번득이는 영감을 경험할 수 있다. 그 순간이 우리에게 아무리 좋게 느껴질지라도 그 경험을 집단과 공유하는 것이 적절하지는 않다. 집단이나 대본은 우리가 그 순간 경험하는 명상과는 상당히 다른 무언가를 달라고 요구할 수 있다.

세 영역 사이에서 균형잡기: 속성과 과도함

지도자는 자신의 실용 의식을 이용하여 집단과 대본 그리고 자신의 명상이라는 세 가지 영역으로부터 들어오는 정보를 평가하고 균형을 맞추어야 한다. 이런 식으로 실용 의식은 당신이 받아들이는 정보를 평가하고 거르는 공정한 재판관이자 조정자이다. 실용 의식이 무엇을 주의해야 하는지에 대한 일부 지침을 각 정보 형태의 이상적인 속성을 설명한 아래 개요에 제시하였다. 또한 균형을 맞추지 못하고 한 가지 정보 영역에 지나치게 초점을 맞추면 명상에 어떤 영향이 있는지도 함께 설명하였다.

집단에 주의 기울이기

속성: 집단의 요구와 환경에 민감

지나친 초점이 가져오는 결과: 과도하게 명상을 조정, 도움이 되는 마찰을 허용하지 않음, 너무 적은 연습을 제공 혹은 도전적인 연습을 제공하지 않음

대본에 주의 기울이기

속성: 침묵을 포함하여 적절한 단어와 순서를 사용

지나친 초점이 가져오는 결과: 기계적으로 적용해 생생함이 부족, 집단과 감각 접촉을 이루지 않음

지도자 자신의 명상 의식에 주의 기울이기

속성: 생생한 경험과 명상의 체현을 바탕에 둔 안내 제공

지나친 초점이 가져오는 결과: 집단을 무시하고 대본 내용에 주의를 기울이지 않음

특정 초점을 중시하는 게 도움이 될 수도 있음에 주목하라. 때에 따라 상황이 이를 요구하기도 한다. 다시 한번 말하지만 이는 주어진 배움의 순간에 집단이 무엇을 필요로 하는지를 고려하면서 균형을 맞추는 문제이다. 예를 들어 첫 바디스캔 중에는 오디오 녹음으로 진행하는 재가 수행을 용이하게 하기 위해 가능한 대본대로 하는 것이 중요하다. 이후 회기에서는 대본을 정확하게 따르는 게 덜 중요하기에 대본 대신 지도자의 명상에서 저절로 떠오른 무언가를 표현하기로 선택할 수도 있다. 마찬가지로 집단에서 발생한 이슈나 느낌에 대응하여 대본을 조정하고 싶을 수도 있다. 예를 들어 방금 진행했던 탐구 이후 무거운 느낌이 든다면 안내에 좀 더 가볍고 부드러운 표현을 추가할 수 있다. 다만 지도자 개인에게 중요한 무언가에 의해서가 아니라 훈련 의도에 따라 대본에서 벗어나는 선택이 이루어져야 한다. 예를 들어 흥미로웠던 지도자 자신의 명상 경험을 나누거나 집단을 즐겁게 해 주려고 또는 초조감과 싸우려는 시도가 아니어야 한다.

지도자는 실용 의식에 부드럽게 주파수를 맞추고 실용 의식이 가진 조정 능력을 사용함으로써 세 가지 영역의 정보 사이에 적절한 균형을 유지할 수 있다. 가끔 자신에게 '무엇이 내 주의를 끄는가? 그리고 어떻게 하면 거기에 능숙하게 대응할 수 있을까?'라고 물어보라. 이는 정보가 무엇인지 생각하기보다 정보의 무게를 저울질하는 것

에 관한 문제이다. 지도자는 대본에 너무 집중하거나, 집단이 무얼 하는지에 너무 고착되어 있거나, 또는 자신의 명상에 과도하게 몰입하고 있다는 사실을 그저 자각할 수 있다. 이 경우들은 모두 세 가지 영역 전체에 주의를 열고 접근의 균형을 다시 잡아야 하는 순간이다. 이후 회기 녹화본을 혼자서, 아니면 동료 지도자와 함께, 또는 동료 자문가 모임에서 검토하며 자신의 선택을 관찰함으로써 이 기술을 닦아 나갈 수 있다. 자신의 선택을 관찰하면서 그 순간에 다른 선택이 더 균형 잡힌 것이었는지 또는 더 적합한 것이었는지 여부를 고려하라.

자신의 주의가 어디로 갔는지 알아차리기, 현재 순간으로 돌아오기, 그리고 대응하기, 즉 명상을 안내하는 것은 분명 그 자체로 마음챙김 수행이다.

명상 안내의 구조

마음챙김 수행은 주의와 태도라는 두 가지 주요 요소로 이루어진다. 대본이 이를 반영한다. 참가자에게 무엇을 할 수 있을지(무엇을 해야 하는지) 말해 줄 뿐 아니라, 어떤 태도로 하면 좋을지(어떻게 해야 하는지)도 말해 준다. 이후 세 번째 요소인 침묵에 머물기는 참가자에게 이러한 지시사항을 수행할 시간을 준다. 따라서 어떤 안내 명상이든 그림 4에서 묘사한 세 가지 구성요소를 담고 있다.

'무엇을 해야 하는지'는 무엇에 마음챙김을 할지, 주의가 벗어났음을 알아차렸을 때 참가자가 무엇을 할지 등 주의를 기울이는 요소와 관련이 있다. 이런 지시사항은 기술적인 특성에 관한 것이다. 처음에는 집중해야 하는 대상과 주의가 방황할 때 되돌아오기를 강조한다. 시간이 지나면서 집단의 초점을 소리, 신체 경험, 정신 경험과 같은 다양한 영역의 경험으로 개방한다. 더 상급 단계에서는 이름 붙이기 같은 추가 도구를 제공하고 특정 명상 주제를 정교하게 다듬는다.

'어떻게 해야 하는지'는 태도 요소와 관련이 있다. 명상은 단지 지시를 따르는 것만이 아니라 지시를 따르는 방법에 관한 것이기도 함을 상기시키는 말을 수행 지시 사이에 넣는다. 이러한 언급을 달리 표현하자면 명상하는 방식을 강조하는 말이다. 참가자에게 주의가 벗어났음을 일깨워주는 것은 주의 요소와 관련된 지시이다. 반면 주의가 벗어나도 괜찮다고 일깨워주는 것은 태도 요소와 관련된 안내이다.

마지막으로 '그것을 할 시간'은 침묵 요소와 관련이 있다. 지시가 없는 시간은 참가자에게 모든 지시사항을 수행할 기회를 준다.

이 세 부분에 쏟는 시간 비율은 명상마다 다르다. 바디스캔은 무엇을 해야 하는지에 대한 지시와 더불어 어떻게 해야 하는지에 대한 많은 제안으로 가득하다. 그리고 침묵은 상대적으로 적다. 긴 시간 좌선하는 회기는 긴 침묵 사이에 가끔 지시하는 말과 태도에 관한 관찰이 들어간다.

훈련이 진행되면서 구성 요소의 비율은 변한다. 초심자를 대할 때는 주의가 무엇이고, 주의를 가지고 무엇을 할 수 있으며, 주의가 자동으로 하는 것이 무엇인지와 같이 무엇을 해야 하는지를 강조한다. 상급자를 위한 안내 명상은 태도를 더 많이 언급한다. 더불어 무엇을 해야 하는지를 가리키는 지시는 장애(역주: hindrance의 번역으로 불교에서는 아직 일어나지 않은 유익한 법이 일어나지 못하게 막고 이미 일어난 유익한 법을 지속하지 못하게 막는 정신적인 요인을 일컫는다.)나 기분과 같은 미세한 마음챙김 대상에 초점을 맞추는 경향이 있다. 집단이 훈련을 통해 발전할수록 말로 하는 지도가 줄어들고 침묵이 늘어난다.

분명히 세 구성 요소의 비율은 고정되어 있지 않다. 오히려 그것은 대본과 집단 그리고 지도자 자신의 명상 의식 사이에서 일어나는 역동적인 균형의 결과이다. 지도자의 마음 상태가 특정 종류의 지시가 우세하게끔 영향을 미친다는 걸 알아차리게 될 것이다. 초조하면 '무엇을 해야 하는지' 지시를 더 많이 하는 방향으로 기운다. 최근에 집중 수행을 다녀왔다면 태도를 많이 안내하거나 침묵을 많이 넣을 수도 있다.

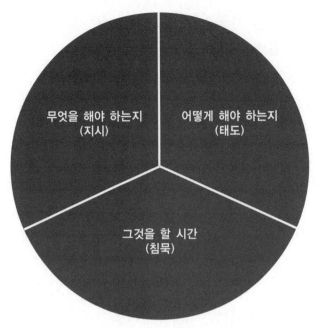

그림 4 명상 안내의 기본 구조. 세 가지 구성 요소의 비율이 명상과 집단에 따라 상당히 달라지므로 이 그림에서 표현하는 비율은 대표성이 없음

주의에 관해 안내하기

주의로 무엇을 해야 하는지에 대한 지시는 몇 번이고 반복하는 표준 표현이다. 이는 매우 간단하다.

……에 주의를 두십시오.

……을 알아차리십시오.

"그리고 주의가 다른 곳으로 벗어난 것을 알아차릴 때마다 그저 다시 돌아오십시오."라고 말하면서 주의가 흐트러질 때 무엇을 해야 하는지를 일깨워주는 것 역시 이 범주에 들어간다. 지도자는 다음과 같이 초대의 형태로 '무엇을 해야 하는지'를 지시할 수도 있다. 예를 들어, "다른 영역의 경험으로 옮겨 볼까요. 소리에 주의를 기울여 보세요."라고 말할 수 있다. 무엇을 해야 하는지에 대한 지시는 대개 매우 표준화되어 있으므로, 더 깊이 다루지는 않겠다.

태도에 관해 안내하기

명상 지시는 지금 어떤 상태인지와 어떤 상태여야 하는지 사이에 있는 모순을 알아차리도록 이끈다. 결국 모든 지시는 참가자가 알아차리거나 실천할 수 있는 무언가를 제시하게 된다. 간단히 말해 '좋은' 무언가를 제시하는 것처럼 보일 수 있다. 참가자는 주의가 덜 떠돌아다니기, 이름 붙이기를 더 많이 하기, 더 많이 알아차리기 등을 '좋은' 무언가로 여길 수 있다. 이렇게 되면 명상은 참가자가 자신의 경험에 평온하게 머물 수 있게 도와주는 것이 아니라 이미 자신이 가진 경험의 본질과 갈등을 일으키게 만드는 위험을 초래할 수 있다. 이런 이유로 나는 '지시instruction'보다 '제안suggestion'이라는 단어를 선호하는데, 제안에도 '이건 이렇게 해야 한다'라는 의미가 여전히 남아 있다.

태도에 관한 안내, 즉 '어떻게 해야 하는지'는 무엇을 해야 하는지에 관한 지시에 적절한 톤을 부여하려는 의도가 있다. 하지만 이 또한 모순을 불러일으킨다. 참가자는 무언가를 하라는 지시를 받는 동시에 다른 일이 일어나도 괜찮다는 말을 듣는다. 마음의 행동 모드를 강조하는 서구 문화가 이런 모순을 낳는다. 마음의 존재 모드는 이런 모순에서 벗어나는 길을 보여 준다.

다행히 말과 눈에 보이는 그 말의 의미보다 안내를 제공하는 지도자의 톤과 태도가 실제 메시지의 훨씬 더 많은 부분을 전달한다. 태도와 관련된 가장 중요한 안내는 명시적으로 주어지지 않는다. 지도자가 어조, 억양, 목소리 크기, 소리, 템포 등과 함께 침묵을 이용하여 적합한 방식으로 메시지를 제시함으로써 이뤄진다. 이러한 속성은 태도와 매우 깊은 관련이 있다. 심지어 "자, 이제 다시 돌아오십시오."와 같은 명령문도 참가자에게 초대하는 듯한 톤으로 이야기하면 부드럽게 전달할 수 있다. 지도자가 말하는 맥락도 똑같이 중요하다. 예를 들어 지시를 제공하기 전에 참가자에게 여지를 주거나, 더 넓은 관점에서 보게 하거나, 침묵을 넣을 수 있다. 이는 그 후에 이어지는 말을 받아들이기 쉬운 분위기로 만든다.

대부분 서양인은 태도에 관한 지시를 계속 받아야 한다. '무엇을 해야 하는지' 지시는 우리를 친숙하고 습관적인 마음의 행동 모드로 들어가게 한다. 심지어 어떤 사람은 수년간 수행한 후에도 오디오 녹음 안내를 계속 이용한다. 행동 모드에 빠지려는 경향에 굴복하지 않기 위해서 이런 점을 일깨워주는 지도가 필요하다고 느끼기 때문이다. 태도에 관한 안내는 주의에 대한 안내만큼, 어쩌면 그 이상으로 중요하다. 왜냐하면 태도에 관한 안내가 수행에 가장 중요한 요소인 부드러움과 수용에 초점을 맞추기 때문이다.

분명히 태도에 관한 안내는 균형을 맞추는 데 결정적인 역할을 한다. 또한 무엇을 해야 하는지에 대한 안내만큼 간단하지도 않으며 맥락적인 요인에 더 많이 좌우된다. 그리고 대본에서는 명쾌하게 다루어지지 않는다. 이런 모든 이유로 이어지는 절에서 태도에 관해 어떻게 말해야 하는지를 보여 주는 몇 가지 요점을 제공할 것이다.

개방성과 공간 만들기

태도에 관한 안내는 개방적이고 여지를 두는 속성으로 표현된다. 예를 들어 이렇게 이야기할 수 있다. "이 제안이 당신에게 어떻게 작용하는지 살펴보십시오." 그런 후에 "이 제안이 도움이 안 된다는 걸 알게 된다면, 그저 당신에게 맞는 방식으로 하십시오. 그래도 괜찮습니다."라고 덧붙인다. 이런 안내는 참가자가 수행과 지도자의 지시를 자기 나름의 방식으로 작업하도록 북돋아 준다.

또한 지도자는 조건문을 써서 여지를 시사할 수도 있다.

어쩌면 ……을 할 수 있을 겁니다.

준비되었으면 언제든지……

당신에게 좋게 느껴진다면……

또한 완전한 개방형 안내를 제공할 수도 있다.

할 수 있는지 살펴보십시오……

고려할 수도 있습니다……

원한다면 할 수 있습니다……

어떻게 이것을 작업할 수 있을지 스스로 탐색해 보십시오.

당신에게 편안한 자세를 찾아보십시오.

언제 되돌아오기가 좋은지 스스로 살펴보십시오.

그리고 다른 방식으로 하고 싶으면 그것도 괜찮습니다.

개방성을 전달하고 참가자에게 여지를 주는 또 다른 방식은 여러 선택지를 제공하는 것이다.

방석 위에 앉으십시오. 아니면 의자가 더 잘 맞으면 의자에 앉아도 됩니다.

호흡, 신체 자세 경험, 경험에 이름 붙이기 등 주의를 둘 수 있는 여러 자원이 있음을 항상 알고 계십시오.

때때로 다음처럼 지시가 상대적인 것임을 강조할 수도 있다. "이 지시는 제안입니다. 이는 당신이 주의와 태도에 관한 작업을 수행할 수 있게 돕고자 주어집니다. 따라서 도움이 되는지 여부를 스스로 살펴보십시오. 도움이 안 되면 그냥 넘기면 됩니다."

태도와 주의 사이의 균형 잡기

태도에 관한 안내는 주의에 대한 지시('무엇을 해야 하는가' 지시)를 더 부드럽고 유연하게 느끼게 만든다. 반대로 주의에 대한 지시는 태도와 관련하여 경계를 제공하고 참가자가 분명한 관찰에 다시 초점을 맞추도록 돕는다.

때로는 두 종류의 지시가 빠르게 번갈아 주어진다. 바디스캔이나 호흡 명상을 하는 동안 주의 깊게 들어 보면 주의에 관한 지시 바로 다음, 태도에 관한 안내가 뒤따르는 경우가 있음을 종종 알아차릴 수 있다. 예를 들어 "그리고 마음이 방황하고 있음을 알아차릴 때마다 다시 돌아옵니다."와 같이 주의에 대한 지시를 준 이후 "그래도 괜찮습니다. 원래 방황은 일어납니다."라고 말할 수 있다.

심지어 한 문장에 두 종류의 지시가 함께 나타날 때도 종종 있다. "당신이 어디에 있었든지 그저 미소와 함께 알아차리고 호흡으로 돌아오십시오." 부드럽게 번갈아 표현하면 참가자는 안내의 본질이 바뀐다고 느끼지 않는다.

이완과 편안함에 접촉하도록 돕기

명상 자세를 설명할 때는 참가자가 이완할 수 있도록 돕는 말을 추가하는 것이 유용하다.

마음이 방황할 때마다 할 수 있는 만큼만 힘을 빼고 주의를 호흡으로 되돌릴 수 있는지 살펴보십시오.

이 자세는 편안합니다.

이러한 지시는 실제 신체 이완을 위해 맞춰진 것이 아니라 존재 모드와 연계를 불러일으키려고 사용했음에 주목하라. 일부 참가자는 자세 유지가 도무지 쉽지 않음을 알아차리고 자세를 유지하느라 애쓰기 시작한다. 이럴 때는 '할 수 있는 만큼만' 같은 구절을 사용하여 지시에 단서를 다는 방식으로 섬세하게 접근해야 한다. 또한 '편안함' 같은 단어와 연계되면 각성의 감소로 이어질 수 있음을 알아야 한다. 조만간 다른 유형의 지시로 균형을 맞추게 될 것이다.

무엇을 경험하든 괜찮음을 일깨워주기

때때로 명상 도중에 더 효과적으로 무언가를 성취하려면 더 열심히 노력해야 한다는 느낌과 함께 행동 모드가 박차고 들어온다. 이는 그 순간의 경험 자체로 충분치 않다는 느낌, 즉 무언가 빠진 것이 있고 따라서 그것을 개선해야 한다는 느낌을 만들어 낸다. 그렇지만 명상은 개인이 경험하는 모든 것이 괜찮다는 점을 수행하는 것이다. 다양한 방법으로 이를 알릴 수 있다.

이것을 하는데 잘못된 방식이란 없습니다.

수행할 때는 자신이 실수하도록 내버려 두세요. 실수는 과정의 일부입니다.

그리고 때때로 판단하는 생각이 들 겁니다. 이러한 생각을 알아차리고, 인정하고, 있는 그대로 내려놓는 것 역시 수행의 일부입니다.

만약 불쾌한 경험을 한다면 자신에게 물어볼 수 있습니다. '지루함, 짜증, 조바심, 두려움 등을 경험해도 괜찮은가? 지금 내가 느끼는 그대로 그저 거기에 놓아둘 수 있는가? 불쾌한 경험과 함께 평온하게 머물 수 있는가?'

비판단적 태도와 친절함을 전하기

끊임없는 판단은 마음의 또 다른 습관이다. 무언가를 얻으려고 애쓰는 행동 모드 속성에서 비롯된다. 즉 이것은 내가 원하는 것이고, 이것은 내가 원하지 않는 것이다. 판단을 자제하면 더 열려 있고 우호적인 방식으로 경험에 접근하는 즉각적인 효과가 나타난다. 다음은 비판단적 태도와 친절함을 전하는 두 가지 예시이다.

그리고 때때로 알아차림과 함께 어떤 느낌이 뒤따라올 수 있습니다. 어쩌면 짜증이나 책망의 느낌, 아니면 생각일 수도 있습니다. '세상에, 또 다른 생각을 하고 있어. 진짜 더 열심히 노력해야 해.' 이럴 때 이를 단지 감정과 판단으로 그대로 놓아둘 수 있는지 한번 살펴보십시오. 당신은 그것을 알아차리고 있습니다. 이런 알아차림 자체가 일종의 거리를 만들고 날카로운 감정이나 생각을 어느 정도 부드럽게 만들 수 있습니다.

당신이 주의를 기울이는 방식에 약간의 친절을 가져올 수 있는지 살펴보십시오. 어쩌면 경험을 판단하는 대신 친절하고 부드러운 태도로 경험을 있는 그대로 바라보고 놓아둘 수 있는지 살펴보십시오.

과정 지향적 태도 기르기

명상의 결과보다 과정에 초점을 맞추라고 상기시키는 것이 종종 도움이 된다. 다음은 어떻게 이런 작업을 표현하는지 보여 주는 몇 가지 예이다.

우리가 반드시 가야 하는 곳은 없습니다. 우리가 반드시 이루어야 할 것은 없습니다.

때때로 올바르게 수행하고 있는지 고민하는 자신을 발견할 것입니다. 그 순간은 수행하는 게 아니라 수행에 관한 생각을 하고 있는 것입니다. 이 또한 알아차릴 수 있습니다. 그 후 그저 이 명상의 원래 대상인 지금 이 호흡, 지금 이 순간으로 돌아오면 됩니다.

과정을 보살피면 과정은 결과를 보살필 것입니다.

우리는 대개 어디로 갈지에 너무 초점을 맞춥니다. 그러다가 어디에 있는지를 잊

습니다. 명상을 통해 현재 순간에 머무는 법을 수행합니다. 자, 이제 이 순간의 경험과 함께 머뭅니다……

어떻게 하면 지금 여기에 더 자주 머물 수 있을까요? 다른 곳에 있었다는 사실을 알아차리는 그 순간 지금 여기에 머무는 일의 대부분을 이미 한 것입니다. 이미 현재 순간으로 돌아왔습니다. 이것이 해야 할 전부입니다.

가벼움을 격려하기

집중은 주의를 유지한다는 의미이다. 마음챙김은 주의를 지닌 채 가볍게 경험과 접촉하는 것을 의미한다. 마음챙김 명상은 수많은 마음챙김에 약간의 집중을 결합한다. 네덜란드의 위빠사나 지도자인 프리츠 코스터Frits Koster는 그의 논문(2010)에서 이를 다루었다. 다음은 코스터의 설명을 대략 번역한 것이다.

심각하게 집중하지 않아도 된다. 주의를 분산하지 않은 채 발이나 배 또는 행하는 어떤 동작에 철저히 파고들어 현재에 머무르려는 완벽한 노력을 기울이지 않아도 된다. 그저 가볍게 이름 붙이고 경험을 알아차리는 것만으로도 충분하다. 이런 이야기를 듣게 되면 명상 수행을 하는 사람들은 종종 명상이 일종의 해방으로 변하는 걸 느낀다. 이는 불편함, 소리 등을 알아차릴 때도 당연히 적용된다. 태국의 위빠사나 지도자 메타비하리Mettavihari가 한 번은 웃으면서 이렇게 말했다. "마음챙김은 매우 얕다. 배나 기분에 깊게 빠져들지 않아도 된다. 그래도 알아차릴 수 있다." 역설적으로, 알아차림을 초점 대상에 깊게 빠져들지 않게 하면 사실은 더 큰 통찰이 일어난다.

명상에 이런 약간의 가벼움을 접목하는 것 자체가 하나의 연습이다. 그리고 훈련 시작부터 이런 점을 알려주는 게 중요하다. 그런 이유로 바디스캔 지시에는 이런 효과를 시사하는 내용이 많다.9 불행히도 가벼움을 언급하는 내용은 참가자의 마음에서 인식될 가능성이 낮아 대부분 쉽게 잊혀진다. 보통 후속으로 이루어지는 추가 훈련처럼 훨씬 더 시간이 지나야 더 편안하고 가벼운 접촉으로 마음챙김을 수행할 수 있는 자유로운 통찰을 가진다. 이는 행동 모드가 얼마나 끈끈한지 보여 준다. 우리가 온 힘을 다해 목표를 이루어야 한다는 행동 모드의 망상은 정말 끈끈하다. 그러므로 다음과 같이 생각보다 덜 해도 된다는 메시지를 반복해서 보내라.

알아차림만으로 충분합니다. 나머지는 저절로 일어납니다.

명상할 때 보통 '수행'이라는 단어를 들으면 떠오르는 것보다 훨씬 덜 해야 합니다. 무엇을 경험하는지 알아차립니다. 그게 전부입니다. 알아차린 것으로 아무것도 하지 않아도 됩니다.

무언가 나타나면 그다음 무슨 일이 일어나는지 알게 될 것입니다. 경험은 나타났다가 사라집니다. 이는 저절로 일어납니다.

알아차리는 것이지 변화시키는 게 아닙니다. 요컨대 당신은 자신에게 이렇게 말하는 것입니다. "이게 그 경험이야. 난 그걸 알아차리고 있어. 그렇지만 그걸로 뭔가를 할 필요는 없어." 경험을 가지고 아무것도 하지 않아도 된다는 개념은 우리에게 익숙하지 않습니다. 그렇지만 자유로워지는 효과가 있습니다. 한번 시도해보십시오!

알아차림은 매우 가볍습니다. 많은 노력을 하지 않아도 됩니다.

방황하는 마음에 대한 죄책감 누그러뜨리기

모든 참가자는 어느 순간 마음의 방황을 깨달은 후 약간의 자기 비난이나 죄책감을 느낀다. 이 느낌은 강렬하지만 참가자가 알아차리지 못한 채 남아있을 수도 있다. 그렇게 되면 수행에 장애가 된다. 그러므로 지도자가 이런 느낌을 가리키면서 이것이 수행 과정에서 정상적으로 겪는 일이라고 말해주면 참가자는 해방감을 느낀다. 다음은 이를 다루는 몇 가지 방법이다.

우리는 마음이 벗어난 것을 알아차리자마자 자신을 비판하기 마련입니다. 하지만 자신에게 비판이 아닌 축하를 건넬 수도 있습니다. 왜냐하면 일단 마음이 벗어난 걸 알아차렸다면 이미 그것을 바라보고 있기 때문입니다. 당신은 돌아왔습니다.

우리는 다시 실패했다는 느낌이 들면 너무나도 빠르게 죄책감을 느낍니다. 마치 아이가 과자 통에 손을 넣다가 들킨 것처럼요. 그 순간에 알아차리고 되돌아오는 게 바로 수행이고 그게 바로 당신이 하고 있는 것임을 기억하세요.

이런 깨어남을 즐기십시오. 차분하게 주변을 둘러보십시오. 당신이 결국 다다른 곳의 풍경을 관찰하는 시간을 가지세요. 생각의 흐름이나 기분 또는 집착 등을 보십시오. 이제 그것을 볼 수 있습니다. 그것에 작별을 고하는 시간을 가지세요. 그러고 나서 호흡으로 돌아오십시오.

태도를 안내할 때 일어나는 함정 피하기

태도를 안내할 때 한 가지 함정은 참가자가 이를 기술적인 지시로 듣고 행동 모드를 사용해 따르려 하는 것이다. 그렇게 되면 참가자를 존재 모드의 특징인 더 수용적인 상태로 이끌기보다 무언가를 추가로 해야 한다는 해석으로 이끈다. 이러면 참가자가 옳고 그른 판단과 평가에 다시 빠질 가능성이 커진다.

이런 식으로 부드러움을 수행하라는 초대가 참가자의 자책을 늘린다면 의도와는 반대 효과가 나타난다. 이는 반발을 초래할 수 있다.

아니, 거기에 더해 온화하고 친절하기까지 해야 하나요!

저는 이게 지루하다고 여겨집니다. 그런 후에 당신은 판단하지 않아도 된다고 말했고요. 그러면 저는 '난 이걸 하는데 형편없이 서툴러.'라는 생각이 듭니다.

이런 반응은 당신이 메시지를 더 섬세하게 전달해야 함을 알려 주는 징후이다. 그렇지만 이런 반응은 참가자가 지나치게 반응적이어서 일어날 때도 있다.

지시 다듬기

명상의 미묘한 경험이 끝없이 다양한 것처럼 지도자 역시 명상 지시를 끝없이 다듬을 수 있다. 집중 수행 동안 지도자는 대개 시간이 지남에 따라 차근차근 지시의 섬세함을 늘려간다. 마음챙김 훈련에서도 이처럼 연속해서 지시를 다듬을 수 있다. 예를 들어 좌선할 때 점점 다른 영역의 경험을 소개한다. 이후 나타났다 사라지는 모든 종류의 경험을 알아차리는 것으로 넘어간다.

이 절에서는 더 섬세한 지시 제공에 관한 조언을 한다. 그렇지만 기술적 지시의 가치는 상대적이다. 궁극적으로 올바른 태도가 그 어떤 특정 기술의 향상보다 훨씬 더 중요하다. 명상 지시를 다듬을 때 또 한 가지 핵심 지침은 참가자의 명상 기술이 향상하는 속도를 과대평가하지 말라는 것이다. 마음챙김 훈련은 일부 전통에서 수년 동안 수행자가 헌신한 이후에야 이루어질 발전 과정을 매주 몇 시간짜리로 압축시켰다. 이마저도 보통 산만하고 바쁘며 스트레스로 가득한 삶 속에서 진행한다.

고려할 또 다른 점은 어떤 특정 기술을 과하게 강조하면 이 기술을 정확히 수행하는 데 붙들리고 그러면 행동 모드의 지배를 받게 된다는 것이다. 그러므로 섬세한 지시는 섬세함과 태도 사이의 상대적 중요성을 강조하는 표현을 함께 제시한다. 모든 요점을 종합하면 지시를 다듬는 데 적용되는 경험 법칙은 너무 많이, 너무 빨리 소개하지 말라는 것이다.

이름 붙이기

경험을 인식하는 것은 보기보다 까다롭다. 특히 이른바 선택 없는 알아차림처럼 머물러 있어야 할 특정 영역의 정보가 제공되지 않는 명상을 할 때는 더욱 어렵다. 경험에 이름 붙이는 것은 참가자가 경험을 더 선명하게 바라보도록 돕는다. 그리고 얼마간의 거리, 즉 명상을 하는 사람과 그 경험 사이에 공간을 만든다. 이는 관찰 대상으로부터 관찰자를 분리하는 데 도움이 된다. 경험과 동일시되는 것이 줄어들고 주의를 다시 가져오기 쉬워진다.(이름 붙이기에 관해 이어지는 논의는 나의 위빠사나 지도자인 프리츠 코스터, 요스트 판 덴 오이벨–라인데르스Joost van den Heuvel-Rijnders, 요티카 헤름젠Jotika Hermsen의 지혜 덕택이다.)

마음속으로 이름 붙이기는 경험에 이름을 짓고 라벨을 붙이는 것이다. 이는 집으로 돌아오는 느낌으로 이어진다. 당신의 주의는 무언가에 의해 붙들렸다. 그 '무언가'에 이름을 붙이면 한 발짝 물러서서 그걸 관찰하고 그것으로부터 자신을 분리할 수 있게 된다. 이름 붙이기는 아래 세 가지 기준을 만족할 때 효과적이다.

분명함: 거기에 무엇이 있는지 바라보고 그에 적절한 단어 찾기

그 순간: 바라보는 것을 붙잡지 않고 다음 순간에 열려 있기

치우치지 않음: 경험의 내용에 따라 치우치지 않기. 즐거운 경험과 고통스러운 경험에 똑같이 이름 붙이기

마음챙김 수행에서 이름 붙이기는 완성된 느낌을 주며 지나가는 경험이 마음을 사로잡는 힘을 줄인다. 마치 생각의 흐름과 느낌을 포함하여 경험의 마법을 깨뜨리는 것과 같다. 명상하면 참가자 자신은 알아차리지 못한 채 짜증이나 질투, 비통한 느낌 등이 오랜 시간 동안 이어질 수 있다. 참가자가 이를 알아차리고 이름 붙이는 그 순간('아…… 짜증이 있구나.') 느낌이 점검되고 느낌의 영향력이 수그러들기 시작할 수 있다. 심지어 어떨 때는 사라지기도 한다.

더 정확하게 이름 붙일수록 더 많은 마법이 깨어진다. 그렇지만 처음에는 이름 붙이는 데 상당히 많은 정신적 노력을 기울여야 한다. 그러므로 경험을 완벽하게 묘사하려고 애쓰는 걸 권하지 않는다. 사실 이름 붙이기의 목적에는 더 구체적이거나 세밀한 라벨보다는 '생각'이나 '느낌' 같은 포괄적인 라벨이 더 적합하다. 포괄적인 라벨을 이용하면 생각이나 느낌의 내용으로 들어가지 않기 때문이다. 수행을 거듭하면서 참가자의 기술이 점차 더 발전하고 적절한 라벨 찾기가 더 쉬워진다.

이름 붙이기에는 후속 단계가 필요 없다. 다음 순간은 자연스럽게 저절로 나타난다. 처음 이름 붙였던 경험이 달라질 수 있다. 더 멀어지거나 작아질 수도 있다. 아니면 이미 전면에 다른 무언가가 떠올랐을 수도 있다. 만약 그렇다면, 그것이 다음으로 이름 붙일 대상이다. 혹은 어쩌면 같은 경험이 계속 전면에 남아 있거나 심지어 더 두드러질 수도 있다. 만약 그렇다면, 그것이 다음으로 이름 붙일 대상이다. 아니면 이름 붙인 경험이 전면에서 사라지고 아무것도 떠오르지 않을 수도 있다. 그것 역시 그저 '무(無)' 혹은 '없음'이라고 이름 붙일 수 있다.

8주 MBSR 과정에서 많은 지도자가 마음속으로 이름 붙이기를 좌선 지도에 포함한다. 어떤 참가자는 이 지도를 받고 즉시 자신의 방식을 찾아내지만 다른 참가자는 이 지도가 방해된다고 느낀다. 불행히도 훈련 기간이 너무 짧기에 집단 안에서 이런 상급 기술에 아주 자세하게 들어갈 수는 없다. 그래서 선택 사항으로 제안해야 한다. 만약 참가자가 자신에게 도움이 된다고 느끼면 이 기술을 쓰면 된다. 도움이 안 되면

그냥 넘어가도 된다. 지도자와 집단이 이 기술과 씨름하느라 수렁에 빠지지 않도록 해야 한다. 단순히 활용 가능한 하나의 자원으로 소개하라.

> **지도자** 경험에 이름 붙이기는 도움이 될 수 있습니다. 그게 무엇이든 마음의 전면에 있으면 단순히 그것에 이름을 붙입니다. 이름 붙이기는 경험을 인식하고 확인하게 합니다. 동시에 당신은 어느 정도 거리를 만듭니다. 경험 그 자체가 당신이 아님을 깨닫습니다. 이렇게만 하면 됩니다. 경험에 이름을 붙입니다. 그런 후 다음 순간에 무엇이 전면에 나타나는지 살펴보면서 기다립니다.

세밀한 지시를 할 때는 뒤이어 태도를 안내하는 게 특히 중요하다.

> **지도자** 이름 붙이기는 하나의 자원입니다. 이를 어떻게 쓸지는 스스로 탐색해 보십시오. 처음에는 잘 들어맞는 방법을 찾지 못할 수도 있습니다. 그냥 실험해 보십시오. 이름 붙이기 자체를 생각하기 시작하거나 이름 붙이기가 긴장을 조성한다고 알아차려지면 그냥 지나가도록 두세요. 그건 목표하는 바를 지나친 겁니다. 이런 일이 일어나면 그저 자신의 방식대로 계속하십시오.

이름 붙이기 수준에 맞춰 어느 정도 방향을 제시하고 싶을 수 있지만 편안함을 강조하는 방식으로 하는 게 좋다.

> **지도자** 마음의 전면에 있는 것에 이름을 붙이십시오. 다리가 떨리는 감각은 '떨림'으로, 열이 나는 감각은 '열'로, 소리는 '소리'로, 생각은 '생각'으로 단순하게 이름을 붙이십시오. 만약 원한다면 더 구체적으로, 즉 되살린 생각을 '기억'으로 혹은 미래에 무슨 일을 어떻게 할지에 대한 생각을 '계획'으로 이름 붙일 수 있습니다. 딱 맞는 라벨이 머리에 떠오르지 않으면 포괄적인 라벨을 붙이십시오. 정확한 이름 붙이기와 포괄적 이름 붙이기 중에 골라야 한다면 포괄적 이름 붙이기로 하십시오. 그게 더 쉽고 정확한 이름 붙이기 못지않게 좋습니다.

또한 이름 붙이기를 하다가 참가자가 언제든지 다시 돌아올 수 있는 기본 단계를 명시할 수도 있다.

지도자　　언제든지 다시 호흡으로 돌아올 수 있습니다. 그리고 원한다면 '들숨'과 '날숨' 또는 '부풂'과 '꺼짐'이라는 배의 감각을 이용해 호흡에 이름 붙일 수 있습니다.

특히 행선은 그 자체가 이름 붙이기에 적합하다. 행선은 각각의 걸음을 부분 동작으로 구분함으로써 간결하고 분명한 경험을 규칙적으로 반복한다. 그러므로 MBSR에서 행선을 안내할 때 이름 붙이기를 다시 설명하는 게 좋다. 약식 마음챙김 연습에서는 마음속으로 이름 붙이기를 하라는 지시를 주지 않는 경우가 많다.

집중 명상과 선(禪) 전통에서는 들숨과 날숨의 숫자를 세기도 하는데 이는 이름 붙이기와 다르다.이름 붙이기는 경험을 분명하게 바라보는 걸 촉진하기 위한 의도로 이용한다. 반면 숫자 세기나 이와 비슷한 기법은 주의 초점을 다시 맞추고 생각에서 생각으로 점프하면서 방황하는 마음의 경향을 줄이려는 단순하지만 의도적인 정신 활동이다. 그러므로 숫자 세기와 유사한 기법은 평온함을 만든다. 마음챙김 명상에서는 우리의 경험에 아무것도 더하지 않는다. 그저 이름을 붙일 뿐이다. 그렇지만 마음챙김 명상에 어느 정도의 집중은 필요하다. 그래서 좌선을 지도할 때 처음에는 호흡 마음챙김에 초점을 둔다.

경험의 자연스러운 흐름에 따라가기

마음챙김 지도에 이용하는 또 다른 상급 기술은 자신을 관찰자로 보는 것이다. 경험의 자연스러운 나타남과 사라짐을 관찰하면서 자신을 이런 경험의 창조자로 여기지 않는다. 마치 경험 자체가 스스로 나타남과 사라짐을 선택하는 것처럼 표현한다. MBSR은 2회기에 루미Rumi의 시 '여인숙The Guesthouse'를 인용하여 일찍부터 그 뜻을 넌지시 암시한다. '인간이라는 존재는 여인숙과 같다. 매일 아침 새로운 손님이 도착한다.'(2005, p. 109). 경험이 자연스럽게 오고 가는 걸 묘사하는 데 은유가 유용하다. 영화 필름이나 무대, 하늘 위 구름, 지나가는 기차나 배 등이 흔히 쓰는 은유다.

이는 마치 편안한 극장 의자에 몸을 푹 파묻고 당신의 경험이라는 영화를 보는 것과 같습니다. 어떤 장면이 전개되더라도, 그저 바라보는 것입니다.

경험은 하늘 위 구름과 같습니다. 구름은 오고 가지만, 하늘은 변하지 않습니다.

이들 은유는 활동하는 행위 주체로서 '나'라는 감각이 명상에 관여할 필요가 없음을 암시한다. 이는 무아not-self, anatta(無我)에 대한 지각을 불러일으키며 놓아 버림(역주: surrender를 번역한 것으로 팔리어 patinissagga 또는 vossagga에서 유래한 단어로 생각된다.)과 수용을 강조한다. 네덜란드의 위빠사나 지도자 요티카 헤름젠은 수행 워크숍에서 "당신은 경험 그 자체가 원하는 대로 경험을 그냥 놓아둘 수 있습니까?"라는 질문으로 이런 자세의 본질을 요약했다.

탐구 도중, 참가자는 때때로 '나' 혹은 행위자가 아닌 이런 측면으로 되돌아온다. 이때가 은유 뒤에 숨은 아이디어를 확장할 기회이다.

당신이 변화하는 구름이 아니라면, 거기서 움직이지 않은 채 머무는 것은 무엇입니까?

자기에 대한 강한 정체성과 통제감을 가진 참가자를 다룰 때, 중심 없이 경험이 나타났다 사라짐을 단순히 관찰하라는 제안은 참가자를 당혹스럽게 만들 수 있다. 이런 때는 이 주제를 더 탐색하지 않는 것이 현명하다. 주제를 더 탐색하면 너무 많은 불안을 가져오고, 이 때는 훈련 범위를 넘어설 수 있다.

적절한 집중을 촉진하기

처음에는 참가자가 자신의 삶에서 겪은 모든 다른 과제와 같은 방식으로 명상에 접근한다. 그리고 대부분 사람에게 서구 문화가 깊게 배어 있어서 '어떻게 해야 하죠?', '목표가 무엇인가요?', '언제쯤 제대로 하게 되나요?' 등과 같은 전형적인 질문이 등장한다. 결과적으로 참가자는 종종 지나치게 몰두한다. 네덜란드의 위빠사나 지도자 프리츠 코스터(2010)는 "명상을 시도하는 서양인의 90%가 시작할 때 지나치게 열심히 하려 들고 필요한 정도보다 훨씬 더 많이 집중하려는 경향이 있다."고 말한다.

훈련 초기에는 연습을 대할 때 마음의 행동 모드의 우세한 양상이 너무나 뿌리 깊다. 그러므로 참가자의 혼란을 막기 위해 행동 모드를 지나치게 엄격한 방식으로 반박하지 않는 것이 최선일 수 있다. 참가자는 보통 훈련 막바지에 이르면 명상에 익숙해진다. 그때는 이런 경향에 좀 더 구체적으로 주의를 끌게 하는 것이 유용하다.

시선을 어떻게 두는지를 보여 주는 것이 이렇게 하는 한 가지 방법이 될 수 있다.

물리적 은유를 사용하여 집중하는 방식과 이완하는 방식으로 관찰하는 것 사이에 어떤 차이가 있는지 설명한다. 누구나 무언가를 골똘히 바라보는 경험에 익숙하다. 그리고 이런 방식의 시선이 열린 시선으로 넓게 볼 때와 다르다는 걸 쉽게 감지할 수 있다. 게다가 집중된 시선은 대상을 간섭하는 것처럼 느껴지지만 열린 시선은 대상을 그대로 놓아두는 것처럼 느껴진다. 이런 점을 눈앞에서 손가락을 좌우로 움직이면서 보여줄 수 있다. 처음에는 눈앞에서 손가락을 좌우로 움직이면서 눈을 그 움직임에 집중하며 따라간다. 그런 다음 손가락의 움직임을 따라가지 않고 손가락이 시야 안에서 움직이도록 그저 놓아둔다. 이 간단한 실습은 참가자가 직접 해보거나 지도자가 안내해 줄 수 있다. 참가자는 손가락을 따라가지 않을 때 훨씬 노력을 적게 들이는 가벼운 방식으로도 여전히 손가락의 움직임을 확인할 수 있음을 경험한다.

쳐다보기looking와 그저 바라보기seeing(역주: 일반적으로 'look'은 의도나 목적을 가지고 노력해서 특정한 무언가를 보는 것을 의미하고 'see'는 자연스레 혹은 우연히 눈에 들어오는 것을 보거나 그것이 보인다는 의미이다.) 또는 찾기seeking와 받아들이기receiving의 감각적 차이를 알면 마음챙김 명상에 알맞은 집중 상태가 어떤 것인지를 통찰할 수 있다. 코스터(2010)는 "충분히 집중하고 있는지를 염려할 필요가 없다."고 덧붙인다. 우리 앞에 놓인 혹은 우리 안에 존재하는 무엇이든 단순히 알아차리는 그 순간, 우리는 이미 적절한 집중을 하고 있다.

주의 변동에 균형 잡기

주의의 강도와 초점은 자연스레 변한다. 참가자에게 이를 알려줌으로써 자연적인 현상과 싸우다 자책하는 일이 없게 도와줄 수 있다. 동시에 역설적으로 주의가 명료한 상태와 표류하는 상태 사이의 균형에 영향을 미칠 수 있다.

이전 절에서, 마음챙김 수행을 하면서 지나치게 집중하는 경향을 설명하였다. 그렇지만 너무 이완된 상태 역시 이상적이지 않다. 과도한 이완은 결국 백일몽, 기분, 혼란, 또는 분석에 휩쓸리게 만들 수 있다. 그리고 알아차려야 함을 기억하고 반복해서 주의를 다시 가져오는 측면을 잃게 된다. 이렇게 되면 명상과 그냥 아무것도 하지 않고 가만히 있는 것 사이의 구분이 희미해진다.

명상은 노력과 이완, 놓아두기와 불러오기로 짜인 춤이다. 수행하면서 균형을 유지하려는 가볍고도 신중한 의도를 유지하는 것이 지극히 중요하다. 훈련 도중 더하지도 모자라지도 않은 평형 상태를 꾸준히 강조하라. 집단이 어느 정도 숙련된 상태라면 불교 전통에서 사용하는 '마차를 끄는 말' 은유로 이를 제시할 수도 있다. 다음은 번안하여 요약한 예시이다.

지도자 명상은 두 마리 말이 끄는 마차로 여행하는 것과 같습니다. 왼쪽 말의 이름은 '집중'이고 오른쪽 말의 이름은 '편안함'입니다. '집중'이 너무 열심히 달리면 마차는 왼쪽으로 기울어지고, '편안함'이 더 커지면 마차는 오른쪽으로 기울어집니다. 어느 쪽이든 마차가 길에서 벗어날 수 있습니다. 당신이 너무 집중하면 지나치게 노력하고 긴장하게 됩니다. 당신의 주의는 마음의 행동 모드에 지배당하게 되고 마치 무언가를 해야만 할 것처럼 경험에 접근합니다. 마찬가지로 지나치게 이완될 수도 있습니다. 주의가 깨어 있지 않으면 깜빡 졸게 되고 시야가 흐려집니다. 명상의 길 위를 계속 달리고 싶다면 집중과 편안함 사이에 균형을 잡아야 합니다.

균형을 잡기 위해 마음챙김을 이용할 수 있습니다. 마음챙김이 바로 마부입니다. 마부는 한쪽 말이 과도하게 달리거나 제 몫을 하지 않을 때마다 고삐를 이용해 두 마리 말 사이의 균형을 잡습니다. 마차의 경로를 왼쪽이나 오른쪽으로 살살 밀어가면서 부드럽지만 분명하게 균형을 맞춥니다. 이런 방식으로 마음챙김은 과도하게 열중하여 긴장이 올라가는 상황이나 너무 편안하게 받아들여 게을러지는 상황 사이에서 균형을 잡을 수 있습니다. 마음챙김은 당신을 명상의 길 한가운데로 다시 데려가 줄 것입니다.

내면 경험에 대한 마음챙김 작업하기

외부 경험에 마음챙김하는 것은 상대적으로 수월하다. 그러므로 MBSR에서 좌선을 지도할 때 호흡에 대한 마음챙김에서 시작한 다음 소리 등의 감각 경험으로 옮겨간다. 이러한 외부 초점 대상은 분명히 실재하고 더 구체적인 것처럼 보이므로 우리 자신에서 어느 정도 떨어뜨려 볼 수 있다. 반면에 생각이나 기분은 자기라는 감각으로 수렴하는 것처럼 여겨져 이런 경험과 자신이 하나가 된 것처럼 느낄 수 있다. 자신과 아주 밀접한 대상을 마음챙김하는 것은 어려울 수 있다. 사람들은 이런 밀접한 경험을 간과하는 경향이 있다. 이는 마치 거실 실내 장식과 같다. 너무 가깝고 친숙해서 알아채지 못할 수 있다. 그렇지만 내적 경험이 사람에게 가장 강력한 영향을 미치는 경우가 많다.

명상을 지도하면서 때때로 생각이나 기분과 같은 현상에 참가자의 주의를 가져올 수 있다. 처음에는 참가자에게 그러한 경험의 속성을 알아차려 보라고 초대하라.

> *지도자*　어떤 경험은 경계가 분명하지 않아 알아차리기 더 힘듭니다. 예를 들어 기분이나 아니면 지루함, 허영심, 자부심, 서두름 또는 약간의 짜증과 같은 경험이 그렇습니다. 이러한 경험을 감지하기 어려운 색안경처럼 쓰고 다른 모든 관찰에 색을 입힐 수 있습니다. 또한 행복, 편안함, 슬픔, 공포, 분노와 같은 감정을 한번 생각해 보십시오. 때때로 당신은 어떤 감정이 살짝 존재하고 있음을 불현듯 알아차릴 수 있습니다. 그러한 내적 경험은 그 자체로는 뚜렷한 형태를 갖지 않고도 다른 경험에 영향을 줍니다… 그걸 알아차리기 전까지는 말이죠.

일단 참가자가 이를 알아차리고 나면 이러한 경험을 통해 무엇을 할 수 있을지를 다루는 후속 작업을 할 수 있다.

> *지도자*　마음속으로 이름 붙이기가 여기서 도움이 될 수 있습니다. '아, 이제 보이네. 여기 짜증…두려움…조바심이 있구나.' 내적 경험을 알아차리면 그 경험에 휩쓸려가는 정도가 줄어듭니다. 그 경험이 당신을 붙잡는 일이 줄어듭니다. 그저 마음챙김하는 걸로 충분합니다.

등잔 밑 경험에 대한 마음챙김 촉진하기

간과하기 쉬운 또 다른 형태의 경험이 있다. 명상을 하다 보면 때때로 상당 시간 마음속에 있었지만 의식에서 알아차리지 못했던 숨겨진 생각의 흐름을 갑자기 알아차리는 때가 있다. 이런 생각은 다음처럼 수행을 설명하는 자막을 단 중계방송이 된다. '*이 바보야, 또 방황하는구나.*' 또는 '*계속해, 잘하고 있어.*' 아니면 '*난 진짜 멍청이야, 절대로 명상을 배우지 못할 거야.*' 등이다. 사람들은 보통 이러한 생각을 알아차림의 레이더로 잡아내지 못한다. 이러한 생각이 명상에 속하지 않는다고 느끼기 때문이다.

참가자가 이런 생각을 명상 바깥에 있는 것이라 여기면 생각으로 인식할 수 없다. 오히려 일종의 객관적인 진실 또는 실재를 관찰한 것으로 여긴다. 이러한 숨겨진 생각의 흐름을 명상 대상에 포함하는 것이 중요하다. 그렇지 않으면 이러한 경험과 그 영향을 알아차리거나 검토하지 못한 채로 두게 된다.

이러한 등잔 밑 경험은 인식하기가 가장 어렵지만 종종 가장 큰 영향력을 가진다. 사람은 자신과 이러한 생각을 동일시하는 경향이 있으며 이러한 생각은 한 개인이 경험하는 모든 측면에 걸쳐 영향을 줄 수 있다. 특히 우울증이나 우울증과 관련된 무거우면서도 강렬한 유형의 생각에 빠지기 쉬운 사람에게 문제가 된다.

심지어는 전형적인 등잔 밑 생각인 '나는 지금 명상한다.'처럼 나쁜 의도가 없는 생각도 큰 영향을 미칠 수 있다. 예를 들어, 이는 '나는 명상을 제대로 해야 해. 나는 여기서 무언가를 얻어야만 해.' 같은 생각으로 이어질 수 있다. 따라서 지도할 때는 이런 등잔 밑 생각과 그 영향이 명상을 하면 어쩔 수 없이 따라오는 경험 중 하나라는 점을 강조해야 한다.

> *지도자*   당신은 때때로 잠시 어떤 생각이 들었지만 그 생각을 알아차리지 못했음을 알게 될 것입니다. 명상 그 자체에 관한 생각이 그렇습니다. 어쩌면 당신은 이러한 생각을 명상의 일부가 아닌 단지 실재를 관찰한 것이라고 여겼을 겁니다. 이제 명상에 관한 생각도 마찬가지로 생각이라 밝혀졌습니다. 당신이 이를 알아차리자마자 이런 생각 역시 이제 명상의 일부가 되어 여느 명상 경험과 똑같이 다룰 수 있습니다.

시작과 마무리의 고정 구조

좌선, 행선, 와선 등 안내하는 명상의 종류와 관계없이 그리고 대본을 따르는지 여부와도 무관하게 모든 명상은 정해진 특정 단계에 따라 시작하고 끝맺어야 한다. 이러한 단계는 참가자가 외부 지향적인 일상 의식을 내면 지향적인 명상 의식으로 전환하고 마칠 때는 이를 다시 되돌리는 기회를 제공한다. 고정 구조로 이런 단계를 진행하면 참가자는 더 부드럽게 전환할 수 있다. 또한 고정 구조는 참가자를 마음의 존재 모드와 명상 상태로 바로 들어가게 만드는 맥락을 형성한다. 이는 조건화의 힘을 긍정적인 방식으로 사용하는 것이다. 따라서 정규 수행을 같은 형식으로 시작하고 끝맺을 충분한 이유가 있기에 여기에 변형을 가하려고 애쓸 필요가 없다.

시작 형식

훈련 초기에는 첫 단계를 매번 구체적이고 자세하게 제시하라. 이는 음악 교사가 처음에 악기 잡는 법을 지겹도록 반복해서 가르치는 것과 비슷한 이치이다. 이런 식으로 단계를 제시하면 참가자는 주의라는 악기에 익숙해질 것이다. 다음은 대부분 명상에서 이용하는 전형적인 첫 번째 단계이다.

1. 명상을 위한 자세 취하기

2. 눈을 감거나 내리깔기

3. 신체, 느낌, 마음 등 무엇이든 그 순간 의식의 가장 전면에 있는 대상으로 알아차림을 가져오기.

4. 알아차림을 신체와 감각으로 향하기

5. 알아차림을 호흡으로 향하기

6. 몇 가지 일반적인 지시를 떠올리기. 예를 들어 마음이 방황하거나 애쓰려는 경향을 알아차리기

7. 곧 있을 수행을 위한 기본 지시에 주의를 기울이기. 예를 들어, "바디스캔은 신체를 통해 발견해 나가는 항해와도 같습니다……"

바디스캔은 첫 단계를 완료하는 데 10분 정도 걸릴 수 있지만 다른 정규 수행은 3~5분가량만 걸릴 수도 있다. 첫 단계에 쓰는 시간을 아까워하지 말라. 결국 제값을 할 것이다.

훈련이 진행되면서 참가자는 더 많은 기술을 개발하게 된다. 훈련 막바지에는 편안하게 명상을 시작하는 자신만의 방법을 개발한다. 이 정도 수준이 되면 시작하는 방법을 따로 지시하지 않아도 된다. 지도자는 참가자가 첫 단계를 다시 새롭게 떠올리도록 알려주기만 하면 된다. 이는 명상을 더 고요하고 덜 기술적인 것으로 만든다.

여러분 모두 명상을 시작하는 단계에 익숙해졌습니다. 이제 이 부분은 빨리 넘어가도록 하겠습니다. 자세를 잡고, 눈을 감고, 주의 전면에 있는 것을 바라봅니다.

우리는 일반적인 단계를 거치면서 시작하겠습니다. 이 단계는 일상적인 생각 모드에서 명상의 존재 모드로 전환하도록 도우므로 각 명상을 시작할 때마다 사용했습니다. 이제 이 단계는 익숙해졌습니다. 이 단계를 스스로 살펴보며 각자의 방식으로 진행하십시오. 여유를 가지고 하세요.

마무리 형식

고정 단계로 각 명상을 시작하는 것이 최선인 것처럼 특정 방식으로 명상을 마무리하는 것도 도움이 된다. 명상 의식 상태에서 부드럽게 전환하고 명상 속성의 일부를 유지한 채 다음 주제로 넘어가기 더 쉽게 만들어 준다는 점에서 이 마무리 과정은 매우 중요하다. 더불어 매번 명상할 때마다 참가자에게 천천히 조심스럽게 마무리하는 것이 중요하다고 가르쳐야 한다. 다음은 대부분 명상에서 이용하는 전형적인 마무리 단계이다.

1. 수행을 마무리할 것임을 알리기. 종을 울려 이를 알릴 수도 있음

2. 눈뜨기 등 여러 신체 변화를 만들라고 지시하기

3. 물리적 환경과 집단에 다시 접촉하라고 안내하기

4. 그 순간 자신에게 필요한 것에 주의를 두기. 예를 들면 앉은 자세 바꾸기, 스트레칭, 물 마시기, 화장실 가기 등

다음과 같이 이야기하며 위에서 개략적으로 설명한 모든 부분을 다룰 수도 있다.

지도자 우리는 곧 수행을 마칠 것입니다. 천천히 눈을 떠도 됩니다. 눈을 뜰 때, 조금 더 오랫동안 눈을 편안한 상태로 유지할 수 있는지 살펴보십시오. 바로 주변을 둘러보지 않아도 됩니다. 이제 지금 내 몸에 무엇이 필요한지 주의를 기울여 보십시오. 따뜻한 담요로 몸을 감싸거나 기지개를 켤 수도 있습니다. 하품하고 싶거나 목이 마를 수도 있습니다. 준비되면 주의를 다시 집단으로 가져오십시오. 그런 다음 프로그램을 계속 진행하겠습니다.

앞서 말했듯이 훈련에 숙달되면 이러한 단계별 안내를 점차 줄여가야 한다.

지도자 종이 울리면 지금 하는 수행을 마무리 짓겠습니다. 다음으로 넘어가기 전에 자신에게 필요한 것이 있는지 살펴보십시오.

기술적 측면

마음챙김 수행을 안내할 때 어법, 목소리, 템포와 시간 조절, 가벼움과 엄숙함, 잠재적으로 고통스러운 영역을 회피하기 또는 다가가기 등 마음챙김 지도의 다양한 기술적 측면은 메시지를 전달하는 방식에 중대한 영향을 줄 수 있다. 이 절에서는 이런 기술적 측면을 포괄적으로 논의하여 지도자가 이를 쉽게 알아차려 의식해서 다룰 수 있게 도울 것이다. 또한 명상 대본을 외우는 것이 유용한지 여부에 대해서도 다룰 것이다.

어법

어법은 분명히 우리가 제공하는 안내와 메시지를 참가자가 어떻게 받아들이는지에 막대한 영향을 준다. 대본과 관련하여 몇 가지 구체적인 고려사항과 전통적인 방식을 다음 절에서 논의한다.

'당신'을 제거하기

지시문을 개인 수준으로 전달하면 개인으로서 '나'(이 경우에는 '당신')라는 감각에 더 많이 주목하게 되고 그러면 명상을 하는 주체인 '자기' 관념을 더 많이 전달하게 된다. 그러나 명상은 무언가와 함께 머무는 것이므로 참가자가 개인으로서 경험에 주의를 둔다는 생각은 도움이 안 된다. 대신 명상 지시문에서 '당신'을 제거함으로써 비(非)인칭 형식을 제공할 수 있다. 이 방식이 훨씬 더 효과적이다. 동명사나 명령문을 사용해 '당신'을 제거할 수 있다.

동명사를 사용할 수 있다는 점에서 영어는 축복받은 언어이다. 동사의 한 형태인 동명사는 일반화된 행동을 표현하고 인칭이나 숫자에 제한받지 않으므로 확장된 느낌을 제공한다. 전형적으로 동명사는 동사의 명사형으로 기능하지만 마음챙김 지도에서는 주어 없는 동사로 사용된다. 문법은 정확지 않을 수 있지만 매우 효과적이다.

몸이 바닥에 가라앉도록 내버려 두십시오.

감각에 주의를 활짝 여세요

명령문 사용하기

'당신'을 제거하는 또 다른 방법은 주어가 필요 없는 명령문을 사용하는 것이다. 명령문의 단점은 명령처럼 들린다는 것이다. 하지만 억양을 조절하거나, '괜찮다고 느 낀다면, ……로 알아차림을 가져오십시오.'처럼 명령문에 선택 가능성을 나타내는 절 을 덧붙여 부드러운 표현을 만들 수 있다. 또 동사를 신중히 선택함으로써 명령문의 강압적인 속성을 보완할 수도 있다. 예를 들어, '살펴보다' 혹은 '시도하다' 등 여지를 주는 의미가 내재된 동사를 사용할 수 있다.

……을 할 수 있는지 살펴보십시오

이것에 대해 자신만의 방식을 찾으려 시도하십시오.

명령문을 사용할 때 체육관이나 교실과 같이 지시받는 상황을 떠올리게 하는 구 조는 피해야 한다. 호흡, 움직임 또는 기타 구체적인 신체 활동과 관련하여 명령문을 사용하면 이런 연상이 유발되거나 행동 모드를 불러일으킬 가능성이 매우 높아진다. 예를 들어 단순히 '숨을 들이마시고…… 숨을 내쉬세요……'라고 말하면 호흡 요법이 나 스포츠와 관련된 연상을 촉발할 수 있다. 그러므로 명령문은 신중하게 사용하라.

그렇기는 해도 엄밀히 말해 명령문을 사용하는 옳은 혹은 틀린 방법은 없다. 대부 분 억양이 문장 구조보다 중요하고 명령문의 영향력을 결정한다. 예를 들어, '주의를 왼쪽 발로 가져오세요.'라는 지시는 지도자의 억양에 따라 매우 다양한 인상을 준다.

다른 선택지는 '감각을 알아차리십시오.'처럼 단순히 문장에서 주어를 없애는 것 이다. 이렇게 하면 짧게 끊어지는 리듬이 되기는 하지만 리듬과 속도를 다양하게 만들 기 위해 다른 구문과 엮어 준다면 문제없다.

본질적으로 가장 효과적인 지시는 비(非)인칭 표현이다. 이런 방식으로 말하는 게 처음이라면 비인칭 표현에 익숙해지는 데 도움이 되는 몇 가지 요령이 다음에 나 와 있다.

- 동료 지도자가 명상을 안내하고 비인칭 언어를 사용하는 방법을 들어 보라. 안내 명상 녹음을 들어볼 수도 있다.

- 당신이 지시를 전달하는 방식을 들려주고 동료의 의견을 받아 보라.

- 당신과 다른 사람이 사용하는 비인칭 언어에 꾸준히 주의를 기울여 보라. 결국 이 새로운 언어 형식에 능숙해질 것이다. 익히는 데 시간을 들여야 한다.

- '제대로' 하려고 애쓰지 말라. 어떤 형식을 고수하는 것보다 자연스럽게 들리는 게 더 낫다.

- 지시가 힘겹게 느껴지거나 난해하게 들리는지 확인하라.

- 분명치 않은 발음에 주의하라.

신체 감각에 은유 단어를 이용하기

서양 언어는 내면 관찰을 나타내는 어휘가 부족하다. '알아차리다notice', '이름 붙이다note', '등록하다register'와 같이 다소 차갑고 딱딱한 기술적인 용어만 몇 가지 있을 뿐이다. 그러므로 마음챙김을 지도할 때, '바라보기seeing', '느끼기feeling', '듣기hearing'와 같이 외부 관찰에 쓰는 단어를 빌려 쓴다.

이런 단어는 은유적으로 쓰인 것이기에 단점이 있음에 유념하라. 참가자는 이를 글자 그대로 받아들여 지도자가 외부 감각을 지칭하고 있다고 여길 수 있다. 예를 들어, "경험을 바라보십시오. 가까이서, 멀리서, 자세히, 그리고 배경도 바라보십시오."와 같이 말하면 참가자는 어디를 보아야 하는지 모를 수도 있다. 이 때 "모든 경험을 알아차려 보십시오. 가까이서, 멀리서, 자세히, 그리고 배경도 알아차려 보십시오."처럼 지시하는 게 더 낫다.

마찬가지로 바디스캔을 하는 동안 "배에서 알아차릴 수 있는 것을 느껴보십시오."라고 말하며 신체 감각 알아차리기를 은유적으로 표현할 수 있다. 그러나 영어에서는 '느끼다feel'가 감정 경험에도 쓰이기 때문에, 이 지시는 참가자를 배의 신체 경험을 인식하는 대신 감정을 관찰하도록 이끌 수 있다. 그러므로 '느끼다'라는 말은 알아차림에 대한 은유로 사용하기 까다롭다.

시각은 은유로 가장 자주 사용되는 감각이다.

거기에 어떤 감각이 있는지 바라보십시오.

무엇이 존재하는지 그저 바라보십시오.

하지만 '그러한 영역의 경험에 귀를 기울이십시오.'와 같이 청각 역시 사용할 수 있다. 또 때로는 '모든 경험을 음미하십시오…… 좋은 와인을 맛보듯이 하나하나 풍미를 느껴보십시오.'와 같이 미각을 불러올 수도 있다.

지도자는 자신의 선호에 따라 한 가지 감각을 고수하고 싶을 수 있다. 그러나 참가자의 감각 지향이 각기 다를 수 있으므로 지도할 때 다양한 감각을 사용하는 것이 가장 좋다. 어떤 사람은 청각 유형, 다른 사람은 시각 유형, 또 다른 누군가는 촉각 유형일 수 있다.

일반적으로 은유적인 말을 사용하기

하지만 더 넓게 보면 은유는 드물게 사용해야 하고 사용할 때는 뜻이 분명해야 한다. 기본 규칙은 간단한 일상 은유가 도움이 된다는 점이다.

……바다의 파도처럼

……소리의 교향곡

곧바로 이해되지 않는 긴 은유는 주의를 산만하게 할 뿐이다.

생각은 개구리와 같습니다. 개구리가 도랑에서 기어 나와 당신 의식의 연잎 위에 앉아 있습니다. 개구리가 목을 길게 내밀고 주의라는 햇볕을 쬐며 기분 좋은 기지개를 켜고 있습니다. 그러다 갑자기 개구리는 연잎에서 뛰어내려 무의식이라는 물속으로 사라집니다.

은유가 모든 사람에게 전달되지 않는다는 점 역시 유의하라. 따라서 은유를 사용할 때는 참가자가 은유를 받아들일 수 있게 여지를 제공하는 표현을 덧붙이는 것이 좋다. 만약 은유가 참가자에게 효과가 없다면 받아들이지 않을 수도 있다.

이를 이용할 수 있을지 살펴보십시오.

이 은유는 도움이 될 수도 있습니다. 도움이 안 되면 그냥 내버려 두십시오.

실체로 초월에 접근하기

어느 지도자 훈련에서 마크 윌리암스가 "실체적인 것이 실제로 메시지를 전달한다."라고 말하는 걸 들은 적이 있다. 마음챙김은 실체성이 없는 것 즉 알아차림, 수용, 신뢰, 자비 등을 수행하는 것이므로 그의 말이 모순처럼 들릴 수 있다. 이런 것들은 실체적 경험을 기반으로 하기보다는 초월적 통찰에서 나온 결과이기 때문이다. 그런데도 초월적 통찰은 실체적 경험에 달려 있다. 예를 들어 신뢰는 실체적 경험을 초월적으로 해석하는 데 기반을 둔다.

여기서 요점은 실체적인 것에서 초월적인 것으로 가는 길을 우리 모두 스스로 여행해야 한다는 사실이다. 마음챙김 훈련은 실체적 경험에서 초월적 통찰을 조금씩 모을 수 있도록 참가자를 자극하는 과정을 제공한다. 지도자의 역할은 실체적 경험을 제공하는 것이다. 통찰을 개발하도록 촉진하는 경험과 과정을 제공하기만 하면 참가자는 자신만의 초월적 경험에 도달할 수 있다.

참가자가 신뢰, 수용, 인내 또는 통찰과 같은 경험으로 다가가도록 몰아붙이는 말은 제한하는 것이 최선이다. 이러한 말이 참가자의 경험과 공명하지 못하면 공허하게 느껴진다. 게다가 초월적인 것을 지칭하는 말은 개념적이다. 반면 마음챙김에서는 지금 여기에 주의를 가져오는 수행에 초점을 둔다. 개념은 지금 여기에서 멀리 떨어진 곳을 가리킨다.

어쩌면 지도자가 영적으로 풍요로운 삶을 누리고 있고 이를 전달하고 싶을 수 있다. 마음챙김 훈련은 지향하는 바가 다름을 유념하라. 마음챙김은 참가자가 자신의 고유한 초월성을 구축하고 확장할 기회를 제공한다. 게다가 지도자의 초월적 알아차림을 명상 지시에 섞어버리면 참가자는 마음챙김 훈련의 본질에서 멀어질 것이다. 이는 또한 지도자와 집단 구성원 사이에 거리감을 만들거나 심지어 이질적인 느낌을 불러일으킬 수도 있다.

이런 점은 매우 미묘한 방식으로 나타날 수 있다. 예를 들어, "나타나는 것을 신뢰하십시오."라는 표현은 신뢰와 어떤 연결된 느낌도 없는 참가자에게는 공허하게 들릴 수 있다. 또는 "바닥에 닿은 발바닥을 느껴보십시오. 어머니인 대지Mother Earth와 접촉해 보십시오."라는 표현을 생각해 보자. 문제없는 것처럼 들리지만 "바닥에 닿는 발바닥을 느껴보십시오. 땅과 접촉해 보십시오." 처럼 단순한 말이 훨씬 더 낫다. 명상 전통이나 동양의 명상 지혜 등에서 나온 복잡한 개념을 언급할 때도 마찬가지다.

'당신의 신체', 아니면 '신체'?

이 절의 시작에서 '당신'을 제거(인칭 대명사 사용 피하기)하면서 얻는 이점을 언급한 바 있다. 소유 대명사 사용을 제한하는 것도 같은 맥락이다. "*당신의* 주의를 *자신의* 왼팔로 가져오십시오."와 "*당신의* 주의를 왼팔로 가져오십시오." 그리고 "주의를 왼팔로 가져오십시오."는 서로 차이가 있다. 마찬가지로 "어쩌면 *당신은 자신의* 가슴에서, *자신의* 심장이 뛰는 것에 대한 무언가를 느낄 수 있을 것입니다."와 "어쩌면 *당신은* 가슴에서 심장이 뛰는 것에 대한 무언가를 느낄 수 있을 것입니다." 그리고 "어쩌면 가슴에서 심장이 뛰는 것에 대한 경험이 있을 것입니다."는 서로 차이가 있다.

각각의 경우에서 첫 번째 문장은 더 개인적이다. '거기서 나는 무엇을 느끼고 있는가? 그것이 나에 대해 무엇이라 말하는가?'처럼 참가자가 관찰에 자기 개념을 포함하는 단점이 있다.

다른 선택지는 자기와 더 떨어져 있도록 제시하는 것이다. 이런 관점에서는 지각을 행하는 자기는 없다. 오직 지각의 기능만 존재한다. 위빠사나 지도자인 프리츠 코스터는 종종 훈련 때 "마음챙김을 하는 상태가 마음챙김이다."라고 이야기한다. 따라서 "지금, 이 순간 그 영역에서 무엇을 경험합니까?"와 같이 자기 지향성이 덜한 지시문을 사용하여 마음챙김으로 더 열린 방식의 초대를 하라. 이러한 어법을 사용하면 알아차림을 알아차리는 '자기'의 결과로 보지 않게 된다. 그러므로 정신 활동이 정확히 무엇인지 더 빨리 알아차리게 해 준다. 정신 활동은 그저 정신 활동이다.

종합하자면 비인칭 선택이 선호된다. 그러나 둘(인칭과 비인칭)을 혼용해야 한다는 주장도 있다. 그런 주장을 하는 한가지 이유는 사람이 개인적 관점에서 신체를 느끼고, 생각하고, 말하는 것에 익숙하다는 점이다. 소유 대명사를 사용치 않는다면 신체와 동떨어진 느낌을 줄 수 있다. 또한 인위적이라 느낄 수 있다. 특히 이렇게 하려고 지도자가 지나치게 열심히 노력하는 듯이 보일 때 더 그렇다. 참가자는 인위적이라 느껴 쉽게 산만해질 것이다. 그리고 아마도 가장 중요한 이유는 일부 참가자가 조기 외상이나 자폐 스펙트럼 장애로 인해 신체 감각을 온전히 가져 본 적이 없다는 점이다. 그들에게는 비인칭 언어가 안전하지 않을 수 있다. 어린 시절 건강한 애착을 경험한 사람만 건강한 분리를 경험할 수 있다.

목소리

지도자가 목소리를 최대한 활용하려면 실용 의식과 명상 의식 사이에서 균형을 유지해야 한다.(이 장 앞부분에서 설명한 바 있다.) 이는 특히 처음에는 쉽지 않다. 대본을 따라가면서 집단 명상을 안내하는 것이 긴장을 가져오기 때문이다. 또한 명상과 관련하여 어떤 특정 분위기를 조성해야 한다는 생각이 방해가 될 수도 있다. 명상이 주의와 알아차림을 특정한 방식으로 작업하는 과정이라는 점을 고려하면 안내하는 목소리 또한 특별해야 하고 일종의 엄숙함마저 필요하다고 생각하는 것이 당연하다. 이러한 이유로 명상 지시는 때로 느리고 단조롭다. 게다가 만일 목소리 크기마저 작으면 참가자는 잠들거나 아니면 적어도 덜 명료한 의식 상태가 될 것이다.

또 다른 일반적인 함정은 태도에 관한 지시를 목소리를 통해 암묵적으로 전달하려고 지나치게 열심히 애쓰는 것이다. 이렇게 되면 지나치게 부드럽고 친근한 목소리가 되어 영향력이 미미해질 수 있다. 특별한 목소리 톤을 사용하지 않아도 된다. 당신 내면에서 적절한 균형을 찾는다면 목소리 톤은 자연히 따라온다.

효과적인 명상 지시는 분명하고 생생하다. 심지어 공영 라디오 방송 아나운서처럼 차분하고, 신선하고, 또렷하고, 적당한 크기와 기분 좋은 억양 그리고 멜로디까지 갖춘 목소리와 맞먹을 수도 있다. 지도자는 참가자에게 현재에 머무르고 호기심을 갖도록 요청하고 있음을 기억하라. 목소리에 이런 초대를 반영하는 것이 좋다.

명상 지시문을 낭송하는 것은 기술이다. 다른 대부분의 기술처럼 누구나 배울 수 있다. 단지 학습 과정에 시간과 노력을 투자해야 할 뿐이다. 다음은 목소리를 함양하는 몇 가지 방법이다.

• 다른 사례를 들어 보라.

- 자기 목소리를 녹음해서 들어 보라. 처음에는 약간 어색하게 느껴질 수 있지만 자신의 전달력을 기술적으로 평가하는 것은 전문적 수련의 일부이다.

- 동료에게 당신의 전달력을 검토해 달라고 부탁해 보라. 친구에게 의견을 물을 수도 있다. 하지만 참가자에게는 피드백을 요청하지 않는다. 참가자의 비판적 의견은 당신의 전달력보다 학습 과정에서 비롯된 것일 수 있다.

- 이 기술 개발을 지속하라. 숙련되려면 적어도 2년은 걸린다. 그렇지만 처음에는 실력이 빠르게 는다. 다섯 번째 명상은 첫 번째 명상보다 훨씬 더 유창하고 수월하게 느껴질 것이다.

템포와 시간 조절

시간 조절은 명상을 전체 프로그램에 적합하게 만드는 내부 시계이다. 템포는 이용할 수 있는 시간 안에서 작업 속도를 얼마나 빠르게 가져갈지와 관련이 있다. 앞서 언급했듯이 일반적인 규칙은 시간 조절이 절대 템포에 영향을 주면 안 된다는 점이다. 템포가 적절하지 않으면 지도자는 명상에 대한 감각을 잃어버린다. 서두르든지 아니면 지나치게 긴 간격을 두든지 간에 지도자와 집단 모두 각성과 이완 사이에 꼭 필요한 균형을 잃어버린다. 알맞은 템포를 유지하는 가장 좋은 방법은 지도자가 프로그램 안에서 명상에 사용할 수 있는 시간을 편안하게 느끼는지 확인하는 것이다. 또 명상할 때 말하는 단어 수나 심지어 명상의 특정 부분보다 템포가 우선한다는 점을 기억하라. 좌선은 5분, 바디스캔은 15분으로 진행할 수 있다. 부자연스러운 템포에 빠지는 것보다 대본에서 벗어나는 편이 낫다.

가벼움과 엄숙함

엄숙함은 사람을 진지하게 만드는 데 도움이 된다. 이는 집중, 의도, 결심, 심지어 휴식까지 증진시킬 수 있다. 하지만 명상 지시는 지나치게 엄숙하게 진행되는 경향이 있다. 종종 명상 안내를 시작하자마자 지도자 목소리의 음역이 낮아진다. 엄숙함은 문제와 장애물을 과도하게 강조하므로 명상의 수많은 좋은 측면이 드러나지 못할 수도 있다.

이런 식으로 엄숙함과 도전을 강조하는 방식은 명상을 작업이라는 개념과 연합되도록 만들어 결국 막대한 노력을 들여 성취해야 할 힘든 과정의 무언가로 믿게 만들 수 있다. 이는 도움이 안 된다. 결국 명상은 주의를 다른 곳으로 옮기고(따라서 그 자체가 본질적으로 가벼운 것이고), 동일시를 내려놓고, 명상이 가져다주는 편안함을 경험하고, 그러는 동안 통찰력을 발달시켜 가는 수행이다. 따라서 선택의 여지가 있을 때마다 엄숙함 대신 가벼움을 선택하라. 참가자가 명상이 예상보다 쉽다고 말하면 이를 칭찬이라 여겨라.

다음은 명상을 지도할 때 가벼움을 유지하는 데 도움이 되는 몇 가지 지침이다.

- 목소리가 충분히 크고 활력으로 가득 차 있는지 확인하고 명상 의식 상태에서 말하는 전형적인 톤보다 약간 더 높은 음역으로 말하려고 노력하라. 이런 접근 방식을 실험하면서 동료로부터 피드백을 받아 보라.

- 구체적이고 일상적인 것이 접지감(역주: sense of grounding의 번역으로 현재 순간을 온전히 알아차리고 그것을 의식하고 있다는 감각을 뜻한다.)을 제공한다. 이는 고귀한 개념이나 단어들보다 가볍게 느껴진다. 따라서 명상 지시에 건포도의 사라지지 않는 맛, 창틀에 떨어지는 빗방울 소리 또는 집단 안에서 들리는 기침같이 참가자가 늘 경험할 수 있는 구체적이고 일상적인 사건을 언급하라.

- 가끔 분위기를 가볍게 만드는 표현을 해 보라. 그렇긴 하지만 유머 사용은 신중해야 한다. 이 주제는 4장에서 더 자세히 다룰 것이다.

- 우리의 보편적 인간성을 명상 지도에 통합하라. 당신이 범한 어떤 실수라도 인정하고 일상적인 언어를 사용하여 이를 바로잡아라.

잠재적으로 고통스러운 영역을 회피하기 또는 다가가기

명상 지도에서 참가자의 취약성을 어느 정도 고려해야 하는지 궁금할 수 있다. 우리는 수행 재료로 사용할 수 있으면서도 참가자가 좌절하지 않는 정도로 도전의 문을 열어 놓길 원한다. 그렇다면 직면과 지지 사이 어디쯤에서 선을 그어야 할까?

일반적으로는 도전을 극대화하려고 노력해야 한다. 결국 고통이 없으면 얻는 것도 없다. 불편함을 직면하게 되겠지만 이 또한 우리에게 알려주는 게 있다. 장애물과 어려움을 우회하면서 통찰을 깊게 하는 방법은 없다. 동시에 당신은 참가자에게 너무 많은 걸 요구하고 싶지는 않을 것이다. 사람은 압도당하면 탐색을 중단하고 그러면 배우기가 중단된다.

특정 도전 과제나 취약함을 공유하는 집단과 작업할 때 도전과 지지 사이의 균형은 일반 집단과 작업할 때와 다르다. 일반 집단의 경우 지도자는 평균에 맞추어야 한다. 특정 집단에서는 참가자끼리 공유하는 취약성이 공통분모가 된다. 따라서 훈련 과정에서 이런 점이 매우 확연하게 드러난다. 이럴 때 지도자의 역할은 참가자끼리 공유하는 취약성에 통찰과 돌봄을 제공하는 것이다. 공유하는 어려움을 가진 집단에서는 한편으로는 목표에 초점을 맞춘 도전을 제공하면서도 다른 한편으로는 참가자의 한계를 더욱 심사숙고해야 한다. 예를 들어 만성 두통으로 고통받는 참가자 집단과 작업할 때 지도자는 바디스캔 중 머리 부분에 대해서는 특별한 배려를 보일 수 있다. 또는 ADHD 환자 집단을 훈련시키는 경우 초반에 침묵과 비움으로 안내할 때 더 많은 지지를 제공할 수 있다. 그런 다음 천천히 그리고 신중하게 이러한 지지를 줄여 나가면서 집단이 이런 특정 취약성에 대한 작업을 수행할 수 있도록 해 준다.

앞서 언급했듯이 일반 집단에서는 집단 평균을 기준으로 방향을 정할 것이다. 참가자도 이런 점을 잘 알고 있다. 심지어 특정 취약성 때문에 훈련하러 왔음에도 불구하고 특정 상황에 대해 특별한 배려를 기대하지 않으며 대개 원하지도 않는다. 예를 들어 유방 제거 수술을 한 참가자의 경우 지도자가 바디스캔을 진행할 때 재가수행용 오디오 녹음 파일과 다르게 가슴 부위를 피한다는 것을 알게 되면 오히려 불편하게 느낄 수 있다. 그러므로 특정 취약성에 대한 지도자 자신의 불편함을 알아차리고 참가자에게 이상적인 배움의 기회를 만드는 데 기반을 둔 선택을 하려고 노력하라.

특정 취약성은 급성일 수도 있고 만성일 수도 있다. 취약성이 급성이면 지도자는 참가자의 투쟁이 일시적임을 안다. 반면 만성적인 취약성은 회복될 전망이 그다지 없기 때문에 지도자는 참가자가 수용 과정 중임을 안다. 우울증 첫 삽화 이후 회복 중인 사람과 만성 기분장애를 겪는 사람에게는 다른 배려가 필요하다. 누군가 일시적으로 어려움을 겪고 있다는 걸 알게 되면 심지어 명상하는 도중이라도 지도자가 그 사실을 알고 있음을 당사자가 알 수 있게 해야 한다. 수행 과정을 변경하지 않고서도 지지적인 언급을 끼워 넣음으로써 그렇게 할 수 있다.

그리고 아마도 누군가는 지금 명상의 몇몇 단어에 감정이 동요되어 명상 지시를 따라오지 못할 수도 있습니다. 만약 그렇다면 그것에 마음챙김 하면서 그러한 감정을 돌볼 수 있는지 살펴보십시오. 그것이 당신의 명상이 되게 하십시오.

요약하면, 일반 집단에서는 만성이 아닌 급성 취약성에 주의를 기울여라. 특정 집단에서는 급성이나 만성 여부와 관계없이 모든 집단 구성원이 마주한 공유하는 어려움에 초점을 맞추어라.

개인적 편향 인식하기

당연하게도 지도자의 편향은 수많은 방식으로 명상 지시 전달에 영향을 미친다. 그중에서도 특히 고려해야 하는 두 가지 되풀이되는 문제가 있다. 바로 반복한다는 느낌과 우리의 말이 효과가 있기를 바라는 기대감이다.

반복한다는 느낌 다루기

명상 지도를 효과적으로 만드는 것은 다양한 표현법보다 표현의 적절한 선택에 달려 있다. 여러 차례 같은 명상을 지도한다는 점을 감안할 때 반복은 마음챙김을 지도할 때 피할 수 없다.

때때로 지도자는 너무 많이 반복한다고 느낄 수 있다. 이는 경험이 갖는 자연스러운 결과일 수도 있다. 이전 집단에서 본질적으로 동일한 내용을 말했을지라도 현재 집단은 이전 집단과 다른 사람들로 구성된다. 게다가 참가자는 반복에 익숙해진다. 재가 수행용 오디오 녹음 파일은 틀 때마다 똑같을 뿐 아니라 특정 문구를 자주 반복한다.

또한 당신이 정말로 반복하는지 생각해 보라. 자신도 모르는 사이에 집단이나 자신의 마음 상태에 따라 대본을 어느 정도는 항상 변형하고 있을 수 있다. 예를 들어 숙련된 집단에서는 명상 상태에 들어가도록 상기시키는 말을 덜 해도 되지만 초보자 집단에서는 대본을 더욱 원래대로 고수해야 한다. 따라서 각 안내 명상은 서로 다를 수

밖에 없다. 즉, 단조로운 느낌은 일반적으로 지도자의 주관적인 경험이다. 반복한다는 느낌이 들 때마다 이런 점을 상기하라. 지루하다는 개인적 느낌으로 인해 표현을 바꾸지 말아야 한다.

그렇다고 해서 표현을 바꾸는 것을 두려워할 필요는 없다. 닳고 닳은 문구를 고수하고 싶지는 않을 것이다. 요점은 표현의 변형을 알아차리는 것이다. 일반적으로 표현을 바꾸기에 적절한 시점은 그렇게 함으로써 명상의 질이 향상될 거라고 느낄 때이다.

명상 스승이 사용했던 대본에는 많은 경험과 지혜가 담겨 있다. 당신이 이를 사용한다면 단지 변형만을 위해 바꾸지는 말라. 만약 그렇게 변형한다면 아마 개인적 편향에 기초한 것이기에 명상의 효과를 줄일 것이다. 경험상 가장 좋은 방법은 의식해서 대본을 선택하고 정당한 이유 없이 바꾸지 않는 것이다.

기대감 다루기

때로는 명상이 말 그대로 대박을 터트릴 때가 있다. 집단은 감동 어린 침묵 속에 잠기고 탐구 동안 지도자가 특별히 강조하고 싶었던 단어를 떠올린다. 물론 늘 이렇지는 않다. 또한 지도자가 아무리 명상 지도에 숙련되어도 때로는 바라던 효과가 일어나지 않는다. 지도자가 적절한 순간에 제시한 적절한 단어라고 느껴도 참가자는 인식하지 못하거나 심지어 혐오감이 들 수도 있다.

당연히 그럴 수 있다. 어쨌든 명상 중에 들리는 지도자의 목소리는 참가자에게 자기 생각과 감정, 신체 경험이나 주변에서 나는 소리 등과 함께 경험하는 많은 것 중 하나일 뿐이다. 게다가 참가자의 기분은 지도자의 기분과 다르고 종종 각성과 이해 수준도 지도자와 다르다. 이 점에서 명상은 의사소통과 매우 흡사하다. 지도자는 분명하게 이해시켰다고 느낄 수 있지만 그 평가가 지도자의 관점에 기초한 것이라면 다른 이는 지도자의 말로부터 전혀 다른 메시지를 끌어낼 수도 있다. 보내는 사람과 받는 사람은 각기 자기 세계에 속해 있다. 더욱이 어떤 말이 참가자를 촉발할지는 예측할 수도 없다. 예를 들어 저자의 동료 중 한 사람은 명상 중 사용했던 '닻'이라는 표현이 물을 심하게 두려워하는 참가자에게 장애물이 된 경험을 한 적이 있다.

명상 지도의 영향력은 지도자가 보장할 수 없다. 지도자의 지시는 기본적으로 지도자 능력의 한도 내에서 최선을 다해 공들여 만들고 편집한 초대장이다. 지도자의 지시가 제대로 적중하고 참가자가 그걸 알아보는 것은 지도자 손에 달려 있지 않다. 이런 알아차림을 참가자와 공유하는 것이 도움이 될 수 있다.

명상에 도움이 되는 무엇이든 가져다 사용하고 나머지는 걱정하지 마십시오. 와 닿지 않는 구절은 그저 내버려 두고 와 닿는 구절로 작업하십시오.

지도자의 모든 것을 안내 명상에 쏟아 부어도 항상 의도가 받아들여지거나 화답을 받지 못한다는 걸 경험하는 것이 지도자로서 수행의 일부이다. 이는 개인적인 현상이 아님을 기억하라. 또한 참가자가 자신도 알지 못하는 사이에 종종 지도자의 안내와 의도를 스스로 깨달은 것보다 더 많은 것을 내면화한다는 점도 기억하라.

기타 명상 안내

마음챙김 명상 외에도 MBSR은 심상을 이용하는 산(山) 명상이나 자애 명상(metta, loving-kindness)과 같은 특별한 명상을 제공한다. 이들은 무엇이든 일어나는 것과 함께 머물라고 하기보다 특정 경험을 불러일으킨다는 점에서 마음챙김 명상이라고 할수 없다. 이처럼 다른 유형의 명상을 제시할 때는 항상 참가자에게 미리 알려 주어야한다. 또한 심상 또는 자애 명상에서는 호흡 알아차림이나 다른 마음챙김 명상에 비해대본이 정확해야 한다. 신체 경험이나 심상, 또는 자애처럼 감정 상태를 제공할 때는표현이 정확해야 한다. 특히 참가자가 힘들어하거나 취약하다고 느끼는 무언가를 불러일으키도록 초대할 때에는 더욱더 그렇다. 부정확한 표현이나 예시를 사용하면 참가자는 지도자가 의도한 바와는 아주 다른 무언가를 경험할 수 있다. 이런 이유로 특별 명상에서는 대본을 읽으면서 안내하는 것이 받아들여질 수 있다.

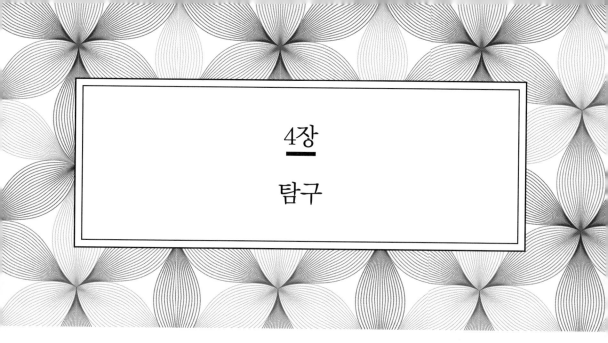

4장

탐구

우리는 함께 탐색하고 있다.
뜨거운 태양을 등진 채 함께 정원을 가꾸고 있다.
의문들이 손에 쥔 괭이가 된다.
우리는 삶의 비옥한 땅에 이르기 위해 두껍고 단단한 표면 아래를 파고 있다.

— 파커 J. 파머Parker J. Palmer

· · ·

사람들은 각자 자기 경험에 관한 전문가이다.

— 멜리사 블래커Melissa Blacker, 밥 스탈Bob Stahl, 플로렌스 멜레오-마이어Florence Meleo-Meyer

탐구는 개인의 수행 경험을 집단에서 논의하고 탐색하는 것이다. 수행 경험에 대한 반응, 그 반응의 패턴, 그런 패턴을 관찰할 수 있는 더 넓은 맥락 그리고 그것들의 영향을 논의한다. 개인 명상이 끝나면 탐구가 시작된다. 수행 경험을 집단과 함께 탐색하면 참가자는 개인적으로 지각할 수 있는 것보다 더 풍부한 의미와 통찰에 접근할 수 있다. 개인 수행의 경험에 더하여 회상하기와 심화하기 그리고 확대하기를 통해 명상하는 동안 종종 개인으로서 잠재적으로 인지한 것을 지지하고 확장하는 틀을 만든다. 표준 MBSR 수행에서 말하는 탐구의 목적은 '학습과 성장 그리고 치유를 방해할 수 있는' 지각과 정신 및 행동의 습관과 패턴을 탐색하는 데까지 확장된다 (Santorelli, 2014, p.4).

탐구는 마음챙김 훈련에 반드시 필요한 강력한 요소이다. 이 장에서는 우선 무엇이 탐구이고 무엇이 탐구가 아닌지를 설명할 것이다. 다음으로 지도자를 위한 훈련에서 탐구가 왜 그렇게 어려운 부분인지 살펴보고 다른 두 가지 지도 방법인 명상 안내 및 교훈적 제시와 어떻게 관련되는지 설명할 것이다. 그런 다음 한 걸음 물러서서 탐구에 관여하는 단계들을 고찰할 것이다. 먼저 데이비드 콜브David Kolb의 경험 학습 모델의 관점에서 고찰하고, 그다음 불교 전통에서 반응성의 원인, 즉 괴로움의 원인으로 여겨지는 다섯 가지 장애의 관점에서 고찰할 것이다. 이후 트라우마를 다룰 때를 포함하여 집단과 지도자 모두가 겪는 탐구의 어려움을 설명할 것이다. 마지막으로 도움이 되는 대화 기법을 상세히 기술하면서 이 장을 마무리한다.

탐구인 것과 탐구가 아닌 것

방금 탐구를 개인 수행을 탐색하는 것이라 설명했다. 맞는 말이지만 완전한 설명은 아니다. '마음챙김'이라는 용어와 마찬가지로 '탐구'라는 단어는 많은 층을 포함한다. 이 절에서 그 층들을 조금 확장할 것이다. 탐구는 단 1분 만에 끝날 수도 있고 1시간이 걸릴 수도 있다. 탐구는 일반적으로 명상 경험에 초점을 맞추지만 일상 경험이나 현재 순간도 탐구의 대상이 될 수 있다. 그리고 탐구는 처음의 경험에 머물 수도 있지만 평생 이어지는 문제나 모든 인간이 겪는 존재의 괴로움과 같은 더 넓은 맥락으로 확장할 수도 있다.

탐구에는 고정된 구조가 없다. 탐구 과정은 참가자의 경험과 이에 대한 통찰 개발을 따라간다. 현재 문제 또는 맥락으로서 발생하는 모든 것을 다룬다. 왜냐하면 그것이 실제 학습하는 순간이기 때문이다. 이 장 뒷부분에서 설명할 콜브의 경험 학습 순환 과정은 맥락에 대한 지도를 제공한다. 이는 방향을 잡는 데 적합하지만 그렇다고 고정된 경로를 따르는 것은 아니다. 그리고 이 장 끝에 기술한 대화 방법이 구조화를 위한 몇 가지 자원을 제공하지만 그것에 집착할 필요는 없다. 학습 과정에 관한 일반적인 이해는 탐구 과정에 관한 정보를 알려 줄 수 있다. 하지만 학습 과정과 다르게 탐구는 변화를 추구하기보다 탐색에 기반해야 하고 행동보다 통찰을 믿는 것에 기반해야 한다. 이런 방식으로 탐구에 접근하는 것이 반응적 패턴을 이롭게 변화시키는데 가장 좋은 방법이다.

구성 개념

우리의 목적에 따라 '탐구'를 다음과 같이 정의한다. '개인의 수행 경험과 그 경험에 대한 반응을 탐색하는 것을 목표로 하는 대화 방법이다. 일반적으로 보는 방식을 초월하도록 요청함으로써 참가자가 다른 관점을 취하도록 한다. 이를 통해 무의식적 패턴에 대한 통찰을 얻고 삶의 도전과 마주할 때 반응을 덜 할 수 있게 된다.' 이 정의를 구성하는 개념을 분석해 보자.

대화 방법: 탐구는 일종의 대화 기법으로 말과 문답으로 이루어진 도구이다. 그러나 탐구는 경험의 본질과 경험에 대한 반응으로 돌아가기 위해 일반적인 대화의 연상 흐름을 중단시키기 때문에 특별한 종류의 대화 기법이다.

탐색하기: 경험 탐색은 정확하고 자세히 설명할 수 있는 적절한 단어를 찾음으로써 경험을 더 넓은 맥락에서 철저히 조사하는 것이다. 마음챙김 훈련에서 우리는 때때로 '살펴보다examine'라는 동사를 사용하긴 하지만, 이는 더 기술적이고 표적화된 행동을 시사하며 '탐색하다explore'보다 덜 개방적이고 덜 자유로운 것처럼 보인다.

개인 경험: 탐구는 참가자의 경험에서 시작한다. 이는 탐구의 핵심 특징이다. 탐구는 참가자의 구체적인 경험과 참가자가 그 경험을 어떻게 다루었는가에 관한 것이다. 그

다음 단계는 참가자의 경험을 가로지르는 공통 맥락을 밝히는 것일 수도 있지만 그게 시작점은 아니다. 직접적인 개인 경험에 토대를 두는 것이 탐구를 매력적으로 만든다. 탐구는 개인과 지금 여기에 대한 것이다. 이런 방식으로 탐구는 사전 녹화가 아닌 생방송이라는 생생함을 담는다.

다른 관점: 탐구는 다른 방식으로 바라보고, 생각하고, 행동하는 법을 드러내며 이를 대안으로 제시한다. 참가자가 이런 대안과 공명하는지 여부는 개인의 문제이다. 이런 대안이 실행 가능한지 살펴보는 것도 마찬가지로 개인의 문제이다. 그런 의미에서 탐구는 다소 무작위적인 접근을 취하는 것과 같다. 다르게 볼 수 있는 다양한 가능성을 제공한다. 이런 대안은 다른 단어, 다른 수준의 관념, (상상이나 다른 사람 혹은 지도자에게서 나온) 예시들, 은유와 같은 다양한 형태로 전달된다.

덜 반응하기: 반응성은 경험 이후 이를 통제하거나 바꾸기 위해 반응하는 성향을 말한다. 이는 보통 무언가를 밀어내거나(혐오) 붙잡으려(집착) 시도하는 형태로 드러난다. 반응은 일반적으로 상황을 통제하기 위한 뿌리 깊은 조건화의 결과지만 대개 괴로움을 막는 가장 효과적인 전략이 되지 못한다.

혐오적 반응성은 어떤 의미에서 탐구에서 목표로 하는 대상이기에 이것이 명상 동안 참가자에게 어떻게 나타날 수 있는지 몇 가지 예를 살펴보자.

가만히 앉아 있으려 하는데 가만히 있지 못하게 하는 느낌이 점점 커지고 '이건 무의미한 짓이야.'라는 생각이 들어요.

노력했지만 할 수 없었어요. 이걸로 아무것도 얻지 못했어요.

제 마음은 엉망이에요. 그 훈련은 저에게 효과가 없어요. 저는 대신 다른 걸 하기로 했어요.

반응적 대응reactive response은 존 카밧진이 『마음챙김 명상과 자기치유』(1990)에서 제시한 마음챙김 수행의 일곱 가지 기본 태도에 반대되는 것으로 설명할 수 있다.

비반응적 대응	반응적 대응
비판단	"좋아!" "좋지 않아!"
인내심	"그건 변해야만 해."
초심	"그건 전에 들어봤어."
신뢰	"도와줘! 나는 붙잡을 게 없어."
애쓰지 않음	"뭐라도 해!"
수용	"이거 말고!"
내려놓기	"나는 계속해야만 해."

탐구는 다른 형태의 대화와 어떻게 다른가

탐구가 일반적인 대화와 어떻게 다른지 살펴봄으로써 탐구를 정의할 수도 있다. 일상 대화는 광범위한 사회적, 심리적 기능을 가진다. 우리는 서로 메시지 전달, 문제 해결, 경험 처리, 감정 전달 또는 관심, 인정, 호감을 얻기 위해 이야기한다. 우리는 이야기할 때 정신적 연상, 즉 생각을 서로 연결하는 흐름을 따른다. 사실 일상 대화는 종종 진정한 연결을 거의 이루지 못한 채 각자 자유롭게 연상하는 두 사람의 마음이 합류하는 것처럼 들린다. 경영 코치인 프레드 코프만Fred Kofman은 이런 종류의 대화를 '중첩된 독백'이라고 불렀다(2006, p.135). 그런 대화는 각 화자의 마음 차원에 머무는 경향이 있어 예측할 수 있다. 우리가 이야기를 시작하는 건 종종 음반을 트는 것과 같다. 이미 존재하는 연상의 홈 위로 턴테이블의 바늘이 놓이고 이것이 합쳐져 이야기를 구성한다. 비록 이런 게 바람직하지 않은 듯 들리지만 대화가 지닌 중요한 사회적 목적에서 벗어나는 건 아니다. 인간은 이야기로 이루어진 존재다. 우리는 이야기 속에 살고 있고 이야기는 중요한 목적에 기여한다.

그러나 탐구는 마음의 일상적인 연상에 관한 것이 아니다. 탐구는 참가자의 가공되지 않은 경험을 살펴본다. 즉, 그 경험의 구성요소, 구성요소가 경험에 어떻게 연관되어 있는지, 그리고 참가자가 그 경험에 어떻게 반응하는지를 살펴본다. 따라서 일반적으로 다음과 같은 질문으로 탐구를 시작한다. *어떤 경험이 있었나요? 좀 더 자세히 설명해 주시겠어요? 그다음에 무엇이 일어났나요? 그것에 어떻게 대처했나요?*

탐구는 치료 대화와도 상당히 다르다. 치료는 일상 대화의 패턴을 중단시키지만 이는 주로 내담자의 느낌과 행동을 더 잘 이해하기 위해 더 깊고 덜 의식적인 연상의 연결을 드러내려는 목적이다. 간단히 말해서 일상 대화와 치료 대화 모두 연상의 연결을 따른다. 탐구는 다른 방향으로 진행된다. 탐구는 경험의 연상에서 되돌아 나와 작동하고 경험에 대한 반응뿐 아니라 경험의 요소를 탐색한다.

다음은 이 세 가지 종류의 대화 사이에 존재하는 몇 가지 차이점을 요약한 표이다.

탐구, 일상 대화, 치료 대화의 차이

주제	탐구	일상 대화	치료 대화
길이	짧다	짧거나 길다	길다
유형	서술하기	서술하기, 설명하기, 또는 둘 다	설명하기
초점	경험을 바라보기	경험과 동일시하기	경험을 바라보기
목적	탐색	주고받음	해석
개인 이야기의 기능	중요도 낮음	중심적 위치 차지	분석을 위한 자료 제공
결론	열린 결론	마무리 짓기	마무리 짓기
결과의 기능	중요하지 않음	중요함	중요함

수행에서 제공된 정보

명상 수행은 '아, 마음이 떠돌아다녔음을 방금 알았다.'처럼 실제 그 순간에 어떤 일이 벌어지고 있는지를 분명히 알도록 이끈다. 명상 수행은 '나의 알아차림은 호흡에 머물러 있었고 갑자기 오늘 아침 일찍 일어났던 일을 생각하고 있었다.'처럼 방금 일어난 알아차림의 움직임을 드러낸다. 그다음에 집중의 대상인 호흡으로 알아차림이 되돌아온다. 명상은 보통 방금 일어난 사건이나 그 사건의 의미를 숙고하는 것을 포함하지 않는다. 우리는 그저 주의를 되돌린다. 이 때에는 호흡으로 주의를 되돌린다.

명상하는 동안 참가자는 자신이 하고 있는 것에 마음챙김하고 마음의 방황에 대한 반응이나 알아차림의 움직임에 대한 통찰을 경험하며 그 후 명상 방식에 따라 명상 대상이나 열린 알아차림으로 되돌아간다. 이런 과정의 일부가 통찰이란 점을 감안하면 마음챙김 명상은 일종의 자기 탐구self-inquiry이다. 벨기에의 마음챙김 지도자 에델 맥스Edel Maex는 이를 "탐구를 가장 먼저 배울 수 있는 곳은 우리 자신의 명상 수행이다. 일어나는 것에 주의를 기울인 채 판단하지 않고 친절하게 앉거나 누워있는 건 강력한 훈련이다. 탐구에서 일어나는 것과 정확히 일치한다."고 했다(2011, pp.167–168).

명상을 통해 얻은 통찰은 순간적인 성질을 지닌다. 명상의 기본 가르침은 '마음이 방황하거나 반응하는 것을 알아차리자마자 주의를 되돌려라.' 이다. 그러나 이 과정과 관련하여 깊은 통찰을 얻으려면 추가 탐색이 필요하다. 탐구는 명상이 멈춘 곳을 찾아내고 이런 방식으로 명상과 탐구가 서로 긴밀히 연관된다. 또한 탐구를 통해 얻은 통찰이 이후의 명상에 이용되면서 명상과 탐구는 서로서로 기반으로 삼는다.

다음은 통찰로 향하는 길에서 명상과 탐구 사이의 주요 차이점이다.('맥락' 및 '영향' 등 탐구를 기술하는 용어 중 일부는 이 장의 뒷부분, 콜브의 학습 순환 과정에 관한 절에서 다룰 것이다.)

통찰로 향하는 길에서 명상과 탐구의 차이

	명상	탐구
맥락	개인 내면	개인과 개인 사이
안내	명상 지시라는 형태로 내면을 향함	지도자가 안내하는 형태는 외부를 향함. 그리고 무엇이든 떠오르는 것을 대상으로 함은 내면을 향함
경험 탐색	탐색하지 않음	탐색함
통찰 처리	통찰을 내려놓고 현재 순간 경험으로 돌아가기	통찰이 충분히 이해되도록 하고 이를 더 넓은 개인적 혹은 개인간의 맥락으로 연결하기
수행 재료	현재의 개인 경험	이전 수행에서 했던 개인 경험, 탐구 도중 현재의 개인 경험, 다른 참가자의 경험에 공명
통찰의 범위	찰나, 현재 순간 경험	현재 순간 경험, 과거, 그리고 영향이 닿는 미래

흥미에 기반을 두기

탐구는 항상 참가자의 경험에서 시작한다. 지도자는 제삼자의 경험에 초점을 맞춘 탐구를 이끌어 갈 수 없다. 물론 참가자는 기꺼이 자기 경험을 탐색하고 이것에 흥미를 느껴야 한다. 또 다른 요건은 탐구가 호기심을 불러일으켜야 한다는 점이다. 한 주제가 어떠한 흥미나 호기심도 불러일으키지 않을 때 그 주제에 관한 탐색은 마치 학문적인 연습처럼 느껴질 것이다. 탐구가 불꽃이라면 흥미는 불꽃에 연료를 공급하는 산소이다. 흥미가 없으면 불꽃이 꺼진다. 기꺼이 경험을 탐색하려는 마음 또한 마찬가지이다. 과정이 전개되는데 전적으로 이런 마음이 필요하다. 원칙적으로 흥미나 호기심을 유발하는 모든 참가자의 모든 경험을 탐구에 이용할 수 있다. 경험이 회기 내 공식 수행 동안 나타났는지 공식 혹은 약식 재가 수행 동안 나타났는지 탐구하는 동안 나타났는지 여부는 상관없다.

경험과 동일시에서 벗어나는 방법을 제공하기

경험을 설명하려면 경험을 관찰하는 능력이 전제되어야 한다. 이는 우리가 경험에 몰두해 있을 때는 어렵다. 우리가 자신을 경험과 동일시하면 그 경험과 합쳐진다. 이러한 현상은 특히 두려움, 분노, 짜증과 같은 강한 감정이나 생각이 있을 때 일어날 가능성이 높다.

사람들이 경험과 강하게 동일시할 때 그들의 말에 그 경험이 무겁게 꽉 차 있을 것이다. "두려움이 있다."고 말하는 대신, "나는 두려워."라고 말하며 자신을 경험과 같은 것으로 여긴다. 어떤 의미에서는 그들 자신이 곧 두려움이고 말은 이를 반영한다. 따라서 참가자가 자기 경험에 이름을 붙이도록 돕는 것이 첫 번째 단계다. 자기 경험을 관찰하고 이름을 붙일 수 있게 되는 순간 참가자는 경험으로부터 어느 정도 거리를 갖게 될 것이다. 참가자에게 자기 경험을 확인하고 설명하도록 하는 질문은 모두 이를 이루는 데 도움이 될 수 있다.

경험을 묘사할 수 있나요?

지금 의식의 전면에 무엇이 있나요?

감정과 연결할 수 있나요?

그것을 살펴볼 수 있나요?

몸과 같은 다른 무언가로 주의를 옮길 수 있나요?

수평적 탐구 대 심층 탐구

탐구는 경험을 살펴보아야 하고 이를 위해 경험에 깊이 파고들라고 제안한다. 그러나 경험을 간략하게 알아차리고, 다루고, 거기에 그대로 두는 것도 가능하다. 이는 종종 수평적 탐구라 불린다. 경험에 이름 붙이기는 그 경험을 강조하고 그 경험을 다른 경험이나 그것을 경험한 사람과 분리해 주며 경험을 공유하는 데 도움을 준다. 참가자가 경험을 설명하는 걸 도움으로써 지도자는 이 장 뒷부분에서 설명하는 콜브의 학습 순환 과정에서 개념화하는 것처럼 경험 학습의 기초를 활용하게 된다. 지도자는 참가자의 경험을 확인함으로써 이 과정 안에서 참가자를 지원할 수 있다.

지도자 　마지막 수행 동안 어떤 경험이 여러분 앞에 있었는지 한 단어나 짧은 문구를 사용해서 말해 보세요.

참가자1 　고통.

지도자 　그 고통은 어디에 있었나요?

참가자1 　허리요.

지도자 　네. 허리에 통증.

참가자2 　침묵.

지도자 　침묵.

참가자3 　지루함.

지도자 　그리고 다른 것은 없었나요?

참가자3 　여기 말고 다른 곳에 있는 생각.

지도자 　지루하고, 여기 말고 다른 곳에 있는 생각. 좋습니다. 다른 분은요?

참가자에게 짧게 기술하도록 부탁하면 시간이 오래 걸리지 않기 때문에 모든 집단 구성원이 함께하는 기회를 가질 수 있는 이점이 있다. 많은 경험이 언급되고 지지를 받을 수 있다. 반응은 기분, 느낌, 신체 감각으로 표현되는 경향이 있다. 수평적 탐구는 집단의 발언이 불쑥 튀어나오는 방식 때문에 때때로 '팝콘'이라고 불린다.

수평적 탐구는 큰 집단에서 사용하거나 시간이 제한될 때 사용할 수 있는 도구이다. 수평적 탐구는 다양한 템포가 가능하며 모두가 참여하고 있다고 느끼게 한다. 수평적 탐구는 간단한 기법이므로 이 책에서 더 설명하지는 않을 것이다. 대신 이 장의 나머지 부분을 심층 탐구에 할애할 것이다. 그렇다고 해서 수평적 탐구에 중요한 기능이 없다는 의미는 아니다.

심층 탐구는 참가자 한 사람의 경험을 확대해 들어간다. 그 결과 집단의 다른 구성원들은 종종 그 대화에 동등하게 참여한다고 느끼지 못할 수 있다. 이를 막을 수는 없다. 그러나 지도자는 심층 탐구에서 다루는 주제들이 극히 예외적인 것이 아님을 확실히 할 수 있다. 또한 대부분 혹은 모든 집단 구성원이 앞으로 인식할 무언가를 다루기 위해 이따금 범위를 넓힐 수도 있다. 그리고 심층 탐구 동안 지도자는 경험을 탐색하고 있는 사람과 집단의 나머지 사람들 사이에서 지도자 자신의 주의를 계속 분배하는 것이 중요하다. 이를 위한 한 가지 방법은 집단을 둘러보며 눈을 맞추는 것이다. 이는 탐구가 집단의 나머지 사람에게 미치는 영향을 파악하는 데도 도움이 될 것이다. 궁극적으로 심층 탐구의 어떤 특정 단어나 주제보다 지도자가 자신의 주의를 한 사람에게 확대해 들어가는 방식 그 자체가 집단이 지도자와 함께 머물지에 훨씬 더 큰 영향을 미칠 것이다.

탐구로 전환을 표시하기

다른 사회 활동처럼 마음챙김을 가르치는 것은 일상적인 대화로 둘러싸여 있다. 한 참가자가 들어왔을 때 우리가 그녀에게 "어떻게 지냈어요?"라고 묻고, 그녀가 "잘 지냈어요."라고 답하면 우리는 그게 무슨 의미인지 묻지 않을 것이다. 일상 대화 중에 무작위로 탐구 질문을 하는 것은 아주 부자연스럽다. 또한 참가자를 언제라도 질문을 받을 수 있다는 느낌으로 이끌면 불안감을 조성한다.

탐구를 시작하는 순간 지도자는 사회적 관례와 게임의 규칙을 바꾼다. 침묵을 더 길게 가져가고 태도를 다르게 하는 등 지도자가 묻는 말은 일반적인 대화에서 묻는 말과 다르다. 집단이 이 전환을 이해하도록 하려면 명시적 또는 미묘하고 암묵적인 방식으로 전환을 표시하라.

정해진 순서대로 훈련하는 것도 그러한 표시의 한 방법이다. 참가자는 명상 직후 탐구가 뒤따른다는 점을 빠르게 이해한다. 지도자의 태도, 침묵, 템포 변화 또는 그저 동일한 첫 문장을 사용하는 것으로 전환을 표시할 수도 있다. 지도자가 탐구를 하나의 활동으로 설명할 수는 있다. 하지만 '탐구'라는 단어를 포함하여 전문용어 사용은 피하라. 예를 들면 "이 연습으로 경험을 공유하면서 시간을 보냅시다."와 같이 친숙한 용어를 사용하라.(같은 맥락으로 탐구에서 교훈적 제시로 전환을 표시하는 것도 유용하다. 이는 5장에서 다룰 것이다.)

왜 지도자에게 탐구가 어려운가?

종종 특정 참가자에게 무엇이 좋을지가 매우 분명해 보이고 우리는 돕고 싶은 마음이 매우 간절하다. 그러나 참가자만이 자신에게 좋은 점을 발견할 수 있다는 점을 고려할 때 많은 경우 우리가 참가자에게 줄 수 있는 가장 좋은 도움은 우리가 하는 대답이나 반응으로 상황을 통제하려 시도하지 않는 것이다. 탐구는 훈련의 다른 어떤 측면보다 지도자가 명상과 탐색의 자기 치유 효과를 믿도록 요구한다. 서양의 사회적 조건화가 우리를 반응성과 통제 그리고 해결책을 찾는 쪽으로 몰아갈 수 있음을 고려하면 지도자에게 탐구가 어려울 수 있다.

반응하지 않음

마음챙김 지도자의 핵심 과제는 참가자가 더 넓은 관점을 취하고 반응성에서 벗어날 수 있는 길을 찾도록 계속 초대하는 것이다. 이 과제를 완수하기 위해 마음챙김 지도자는 자신의 반응 경향에 대한 깊은 이해와 그 경향을 능숙하게 다루는 능력이 필요하다. 우리 자신의 반응성에 의해 생긴 맹점으로 방해받는다면 어떻게 다른 사람을 입구에서 출구로 안내할 수 있을까?

통제하지 않음

탐구는 우리가 '해야' 하는 무언가가 아니라는 점이 탐구의 또 다른 도전적인 측면이다. 탐구는 무엇이 일어나든지 상관없이 열려 있고 우리는 탐구가 어떻게 될지 전혀 알지 못한다. 의지할 수 있는 프로토콜도 없고 뒤에 숨을 수 있는 역할이나 공식도 없다. 마음챙김 훈련의 다른 어떤 부분보다도 탐구는 현재 순간에서 작업을 필요로 한다. 그리고 현재 순간 발생하는 것은 지도자를 포함하여 집단 내 모두의 경험과 배경을 합친 결과물이다. 일어난 무언가에 대한 우리의 반응은 경험에 따른 추측이므로 무작위와는 거리가 멀다. 거기에다 모든 탐구는 익숙하지 않은 춤이다. 이 춤을 추는 유일한 방법은 이제까지 배우고 경험해 온 모든 것과 함께하는 우리 자신을 그 순간으로 가져올 것이라는 믿음을 바탕에 둔 채 춤에 몸을 내맡기는 것이다. 그 순간 우리에게 반응이 일어날 것이라 믿어야 한다. 그리고 만약 반응이 일어나지 않더라도 좋은 결과가 일어날 것이라 굳게 믿어야 한다.

숙련된 지도자는 대본을 자유자재로 활용하고 집단 전체를 만족시키며 아주 편안하게 명상을 지도할 수 있다. 탐구는 전혀 다른 문제다. 탐구는 결코 정해진 과정을 따라가지 않을 것이다. 우리는 어떤 상황이 어떤 결과를 가져올지 그리고 어떤 반응이 일어날지 결코 알 수 없다. 우리는 그 순간과 공명하기 위해 지혜의 모든 원천과 의식의 모든 층들을 이용하여 깨어나서 개방된 마음으로 있어야 한다. 본질적으로 탐구는 마음의 존재 모드로 그 순간을 보아야 한다.

답을 주지 않음

탐구는 참가자가 스스로 통찰을 발견할 수 있게 한다. 따라서 지도자가 어떤 답을 하느냐 보다 어떤 질문을 하느냐가 더 중요한 때가 많다. 사실 많은 경우 탐구 중 나온 질문에 답을 주지 않는 것이 최선이다. 우리의 통찰은 참가자의 통찰이 아닐 수 있다. 우리의 선한 마음가짐은 종종 우리가 답을 하도록 이끈다. 하지만 답이 이론적으로는 '올바르지만' 그 답이 다른 사람의 개인적이고 생생한 경험에 반영되지 않아 경험의 탐색을 줄이게 되면 그게 무슨 가치가 있겠는가?

모르는 것을 채우려는 모든 경향을 경계해야 한다. 이는 긴장에 의해 유발된다. 예를 들면 '도와줘. 나는 답을 갖고 있지 않아!' 또는 '이건 내가 가고자 하는 방향이 아니야!' 와 같은 생각에 대한 반응으로 나타난다. 이런 때 우리는 속도를 높이거나, 모든 공백을 메우거나, 상황을 '수습'하려고 할 가능성이 있다. 이런 경향을 알아차리고 가능하면 우리 자신을 위한 공간을 만드는 것이 중요하다. 호흡을 가다듬고 가만히 머무르며 답을 가지고 있지 않다고 말하라. 과정을 통제하고 싶은 마음이 들겠지만 그럴 필요가 없다. 솔직히 말하면 통제할 수 없다.

간단히 말해서 가장 좋은 답은 답을 주지 않는 것이다. 이 격언을 따르려면 몇 번이고 되풀이해서 헌신, 용기, 놓아 버림이 필요하다.

콜브의 경험 학습 모델

학습은 경험이 미래의 행동에 영향을 미치도록 하는 과정이다. 사람은 배우기 위해 흥미를 느낄 필요가 있다. 흥미롭지 않은 무언가는 주의를 끌지 못하고 따라서 충분히 경험하지 못할 것이다.[10] 학습에는 두 가지 방식이 있다. 개념 학습은 개념에서 시작하고 경험 학습은 경험에서 시작한다. "자신의 경험으로 무엇이 진실인지 와서 보라."라는 불교식 접근은 후자를 출발점으로 삼는다. 마음챙김 훈련도 경험 학습에 크게 의존한다. 어쨌든 훈련은 설명이 아닌 건포도 먹기로 시작된다.

이 절에서는 교육 이론가 데이비드 콜브(1984)가 개발한 경험 학습 모델을 자세히 설명할 것이다. 이 모델은 성인 교육에 널리 사용되며 특히 지도자가 탐구 중에 따라야 할 몇 가지 태도를 제시하기에 마음챙김 훈련에 상당히 도움이 된다.[11] 콜브 모델은 4단계로 구성되어 있고 마지막 단계는 첫 단계로 되돌아와 순환 과정을 만든다.

모방 기반 학습과 탐색 기반 학습

대부분의 서양식 교육 시스템은 체계적으로 조직된 이론과 개념으로 배우는 것에 초점을 맞추고 있다. 하지만 우리가 삶에서 배우는 대부분은 그렇지 않다. 결국 우리는 태어나는 순간부터 주로 관찰, 모방, 놀이, 탐색을 통해 배운다.[12] 경험 학습은 새로운 경험을 통합하거나 실험을 통해 자신의 통찰을 확대하는 것이 특징이다. 이는 아이들에게 쉽게 관찰되는 것처럼 직관적 학습 과정을 활용한다.[13] 경험 학습은 정보를 인지적으로 처리하는 것뿐만 아니라 감각, 근육, 감정, 신경계와 같은 정신-신체의 전반적인 체계를 통해 경험하는 것을 포함하기 때문에 이론을 통한 학습보다 훨씬 더 영향이 크다.

경험 학습에서는 모든 과거 경험이 수업, 훈련, 실험의 역할을 하게 된다. 경험은 흔적을 남기고 이는 사람이 현재 순간을 어떻게 다룰지에 영향을 미친다. 경험 학습은 기본적으로 경험과 뒤이은 평가 그런 다음 실행의 순서로 이루어진다. 데이비드 콜브는 1970년대에 경험 학습 모델을 개발했다.[14] 이 모델은 개인 경험이 가장 좋은 학습 자료를 제공하며 학습 과정은 경험에 몰입하는 것으로 시작한다는 개념을 중심으로 한다. 결국 그런 경험은 개인의 정신-신체 체계 속에서 신뢰를 얻고, 알아지고, 단단히 뿌리를 내린다. 통찰과 행동 변화는 개념 전달보다는 개인 경험을 평가한 후에 만들어진다.

경험 학습의 순환 과정

또한 콜브 모델이 가진 순환적 특성은 이론을 통한 학습과 구별되는 점이다. 원 circle과 대조적으로 순환 과정은 매번 시작점이 더 높거나 더 낮을 수 있으므로 순환 과정을 진행하면서 상승 또는 하강 나선 움직임을 만들 수 있다. 이러한 관점에서 각각 새로운 학습 경험의 결과는 다른 학습 경험의 시작을 나타내며 역동적이고 지속적인 학습 과정을 이끈다. 콜브 모델에서 순환 과정은 그림 5에 묘사된 것처럼 4개의 순차적인 단계를 거친다. 마음챙김 훈련의 맥락을 반영하기 위해 이 단계들의 설명을 수정했다.

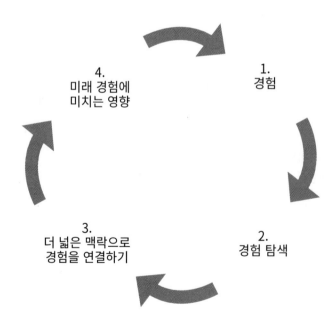

그림 5 콜브의 학습 순환 과정

1단계: 경험

모든 학습은 경험으로 시작한다. 이것이 첫 번째 단계다. 이러한 경험을 사전에 의도적으로 조직화할 때 우리는 이를 실험, 수행, 연습이라 부른다. 마음챙김 훈련에서 이 첫 번째 단계는 탐구의 기초를 이루는 수행 경험이다. 비록 경험이 탐구의 일부는 아니지만 경험 학습 순환 과정의 첫 번째 단계이므로 통찰을 향한 첫걸음이다.

2단계: 경험 탐색

학습 과정의 두 번째 단계는 이러한 경험을 탐색하면서 경험의 겉모습 너머를 살펴보는 일이다. 우리는 익숙한 구멍에 꼭 들어맞는 익숙한 모양을 찾으면서 경험을 재빨리 분류하는 경향이 있다. 그러나 그렇게 함으로써 우리는 개인 경험의 독특함을 무시하고 경험의 탁월한 본질을 가볍게 여긴다. 경험을 철저히 조사하지 않으면 경험에서 배울 수 없다. 경험 하나하나를 새롭고 신선한 것으로 바라보아야 한다.

우리는 경험을 설명하기 위해 말을 사용하지만 말은 관념 또는 개념이다. 이상적인 마음챙김 훈련 2단계에서는 가능한 가장 기본적인 단어를 사용하여 직접적이고 구체적인 용어로 경험을 묘사해야 한다.

개념 제거하기

즐겁든 불쾌하든 우리에게 어떤 일이 일어나면 마음에서 즉각적인 반응이 일어나 경험을 해석하려고 한다. 우리는 그 경험을 익숙한 다른 경험과 관련짓고 그 경험과 어울리는 개념을 찾으며 그 경험에 개념을 단단히 묶으면서 개념에 관한 연상을 촉발시킨다. 그렇기에 우리는 종종 과거 이야기로 귀결된다. 주의가 고유한 경험과 그 경험의 새로움과 가능성으로부터 기존의 범주와 개념으로 이동한다. 뚜껑으로 항아리를 막는 것처럼 개념은 경험의 추가 탐색을 막는다. 학습 순환 과정 2단계의 목적은 항아리의 뚜껑을 벗기는 것이다.

탐구에서 우리는 있는 그대로의 경험 그 자체로 되돌아갈 수 있는 길을 찾는다. 우리는 이야기를 풀어서 해체한다. 우리는 일차적인 감각, 즉 경험을 만들어 낸 원재료의 가닥으로 되돌아간다. 우리는 경험을 감싸고 있었던 생각인 개념과 연상 그리고 기억의 층들을 제거하면서 베일을 벗겨 낸다. 그림 6은 경험에 개념을 자동적으로 적용하는 과정과 탐구를 통해 이를 제거하면서 되돌아오는 전체적인 역동을 묘사한다.

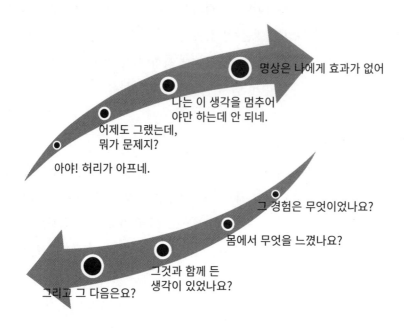

명상은 나에게 효과가 없어

나는 이 생각을 멈추어
야만 하는데 안 되네.

어제도 그랬는데,
뭐가 문제지?

아야! 허리가 아프네.

그 경험은 무엇이었나요?

몸에서 무엇을 느꼈나요?

그것과 함께 든
생각이 있었나요?

그리고 그 다음은요?

그림 6 경험에서 멀어졌다가 되돌아오는 움직임

2단계를 촉진하는 질문

참가자를 원래 경험으로 돌아가게 하려고 지도자가 하는 질문이 많이 있다. 여기
서는 단지 몇 가지만 제시한다.

그 순간 무엇이 일어났나요?

몸에서 무엇을 느꼈나요?

그것과 함께한 어떤 생각이 있었나요?

그래서 그것의 시작은……

정확히 어떻게 그것이 일어날까요?

어떻게 그것을 알아보았나요?

그것에 대해 좀 더 말해 주시겠어요?

그리고 그것은 어떻게 더 발전할까요?

그 순서를 단계적으로 설명해 주시겠어요?

정확히 무엇이 일어났는지로 돌아가 보겠습니다.

순수 경험으로 나아가기

경험에서 베일을 벗기면 모든 수행 경험은 개인의 신체, 감각, 감정, 정신적 지각에 이르렀던 자극, 즉 원래의 순수 경험으로 거슬러 올라갈 수 있음을 명심해야 한다. 경험이 가깝고 비교적 단순할 때 베일을 벗기는 과정이 더 쉽다. 참가자의 감정과 기분을 물어보면 참가자는 곧장 경험의 본질로 재빨리 이동하기보다 종종 경험 주위를 빙빙 맴돌며 설명하고 주제에서 벗어난다.

우리는 구체적인 질문을 통해 참가자뿐만 아니라 우리 자신의 이런 경향을 줄일 수 있다. 따라서 "그것에 관해 어떻게 느꼈나요?"와 같은 모호한 질문은 피하라. 그런 질문은 "그건 이모를 만나러 갔을 때를 생각나게 했어요. 긍정적인 경험이었어요. 저는 사탕 하나에 기뻐하는 어린아이 같았어요."와 같이 지나치게 모호하거나 경험과 단지 간접적으로 연관된 대답을 낳을 수 있다. "그것에 무슨 감정이 같이 따라오나요?"와 같은 대상이 분명한 질문을 목표로 삼아라. 그러면 참가자는 경험을 설명할 것이다. "기쁨. 즐거움. 배에 간질간질한 감각이 들면서 행복했어요."

다음은 수행 중 꽤 흔히 나타나는 지루함에 초점을 맞춘 더 긴 예다.

참가자   지루했어요. 저기에 그냥 누워서 훈련을 제외한 모든 것을 생각하고 있었어요. 이건 효과가 없어요. 너무 오랜 시간이 걸려요.

지도자   그 지루함을 좀 더 자세히 살펴봐도 될까요? 그 경험은 무엇으로 이루어져 있나요?

참가자   모르겠어요⋯⋯ 안절부절못하고⋯⋯ 그냥 짜증 났어요. 정말이에요. 그리고 생각하기 시작했어요. '도대체 여기서 뭘 하는 거지?' 저도 제가 제대로 하고 있지 않다고 생각하고 있었어요. 그때 긴장감이 올라왔어요.

지도자	안절부절못하고…… 짜증…… 몸 어디서 그걸 느꼈나요?
참가자	움직이고 싶은 욕구. 가만히 누워있기 어려움. 씰룩거리는 근육. 달아오르는 피부. 그건 실제로는 생각에 더 가까웠어요.
지도자	어떤 생각이죠?
참가자	'나는 움직이고 싶다.'는 생각.
지도자	신체적 욕구와 생각 중 어떤 것이 먼저였는지 확인할 수 있나요?
참가자	아니오. 그것들은 동시에 일어났어요. 제 생각에는요.
지도자	좋아요. 그럼 생각과 신체 감각이 있었고 그것들이 함께 모여 '지루함'이라고 부르는 경험을 이루었네요.
참가자	네.

앞선 대화는 상당히 전형적이다. 물론 경험은 결코 정확히 분리되어 존재하지 않는다. 경험과 반응은 일반적으로 빠르게 잇달아 거듭 일어난다. 사실 시간이 흐름에 따라 나타나는 이러한 경험의 전개는 훌륭한 탐구의 대상이다. 앞서 중단했던 지점에서 다시 시작하는 다음 대화는 이를 보여 준다.

지도자	그리고 지루함은 어떻게 이어지나요?
참가자	'이건 재미없어. 더 오래 걸릴까? 이걸 하는 목적이 뭐지?'라고 생각하기 시작해요.
지도자	맞아요. 수행에 대한 생각이 있네요. 그다음은요?
참가자	그다음은 '나는 이걸 어떻게 할지 감을 잡지 못해. 이걸 할 수 없어. 훈련을 그만두는 것이 더 낫겠어.'라고 생각해요.
지도자	와! 그건 생각과 신체 감각으로 시작하고 뒤이어 당신이 지루함이라 부르는 경험, 그다음은 얼마나 더 오래 걸릴 것인가 그리고 얼마나 도움이 될 것인가에 대한 생각 그리고 마지막으로 더 큰 과정, 즉 훈련에 대한 의구심이 들어요. 그리고 이 모든 것이 단 몇 초 안에 일어나요. 이것들이 어떻게 일어나는지 보는 게 흥미롭지 않나요?

참가자가 수많은 경험 또는 경험의 다양하고 복잡한 구성 요소를 나열하기 시작하면 한 부분을 선택하여 논의를 하나의 구체적인 경험으로 이끈다. 생략하고 넘어간 경험에 관해 걱정하지 않아도 된다.

참가자	사실 저는 아직도 아버지를 잃은 고통을 피하고 있어요. 저는 항상 아버지 그리고 형제들과 싸웠어요. 그게 절 외톨이로 만들었어요. 그리고 갑자기 아버지가 돌아가셨어요. 저는 상관하지 않았어요. 적어도 그렇게 생각했어요. 하지만 명상하는 동안 선생님이 고통을 피하는 것에 대해 이야기할 때 저는 아버지를 생각했어요.
지도자	고통을 느꼈나요?
참가자	그건 생각에 가까웠어요.
지도자	그 생각과 함께하는 신체 반응이 있었나요?
참가자	아니요.
지도자	그리고 그 생각 다음에 무엇이 왔나요?
참가자	제가 완전히 다른 사람, 동료를 생각하고 있다는 것을 알았어요.
지도자	네. 고맙습니다.

경험이 너무 복잡해서 한 가지 요소를 골라낼 수 없을 때, 경험이 너무 오래되어 더 이상 생생하지 않을 때, 자신이 아닌 다른 사람에 관해 말할 때는 더 이상 탐구하지 않아도 된다.

참가자	저는 딸과 함께 명상합니다. 때때로 딸이 명상하면 머리가 아프다고 합니다. 그럴 때 무슨 말을 해야 할지 모르겠어요.
지도자	저도 그렇습니다.

때때로 발생하는 또 다른 어려움은 참가자가 경험을 탐색할 의향이 없거나 탐색할 능력이 없을 때이다. 이런 때 참가자에게서 설명을 끌어내려고 계속 시도하는 것은 무의미하다. 더 나은 방법은 어쩌면 초대하는 방식으로 더 큰 흥미를 자극하는 것이다.

지도자	안절부절못하는 느낌이 많이 있었습니다. 이 안절부절못하는 느낌을 더 자세히 설명할 수 있을까요? 그건 무엇으로 이루어져 있나요?
참가자	그러니까 그냥 안절부절못하는 거예요.
지도자	어쩌면 그 안절부절못함을 탐색해 보면 흥미로울 수도 있겠네요.

참가자가 깊은 통찰에 쉽게 도달할 때도 있다.

방금 문득 어떻게 제가 아이들에게 항상 화를 내는지 알았어요. 그건 이 무력감에 대한 반응이었어요.

물론 저는 거기에 서 있고 모든 사람이 저에게 박수를 보내고 있죠. 하지만 이제 저는 그 순간 제가 기본적으로 다시 관심받고 싶어 하는 작은 아이가 됨을 압니다.

이러면 경험 학습의 순환 과정이 완성된다. 단지 통찰이 안착하도록 조성하고 거기에 그대로 두면 된다. 참가자에게 통찰을 어떻게 얻었는지 물어보면서 순환 과정을 뒤집지 않아도 된다.

대안에 문을 열어 두기

경험을 탐색하는 2단계 과정의 본질은 생각을 생각(정신적 에너지)으로, 감정을 감정(정신과 신체의 복합 상태)으로, 신체 경험을 신체 경험(진동, 움직임, 따뜻하거나 차갑거나 눌리는 감각)으로 보면서 오직 순수 경험만 남을 때까지 자기 경험에 붙어 있는 모든 개념을 벗겨내는 것이다. 대개 경험에 대한 반응은 정신-신체 체계에서 일어나며 반응 자체가 정신적, 감정적, 신체적 요소로 구성된 또 다른 경험을 만든다.

얽힌 것을 풀어 나가는 과정을 통해 경험의 근본적인 핵심을 되찾고 그 결과 경험을 더 구체적이고 객관적이며 중립적인 무언가로 되돌린다. 개념이라는 층들을 벗겨내면 자유로워진다. "이것, 오직 이것만이 순수 그대로의 정수(精髓)다." 참가자는 자신이 다른 모든 층들을 더하는 것을 볼 수 있다. 이를 통해 참가자는 중요한 관점에 접근할 수 있다. 실제 경험과 자신이 더한 것의 차이를 알게 되면 참가자는 무언가 다른 것을 추가하거나 아무것도 추가하지 않는 것 사이에서 선택할 수 있다.

요컨대 순수 경험으로 돌아가면 반응성의 패턴에 대한 통찰을 얻고 대안 반응에 문을 연다. 이것이 탐구가 그려 나가는 기본 모양이다.

3단계: 경험을 확장된 맥락에 연결하기

경험 학습 순환 과정의 세 번째 단계는 경험을 이미 아는 것에 연결하는 것이다. 우리는 경험을 이전에 했던 유사한 경험 또는 유사하지는 않지만 연상을 통해 어떤 특정 속성이 비슷해 보이는 경험과 비교한다. 예를 들어 수행하는 동안 가슴 두근거림을 경험하면 아마 힘들 것이다. 이는 이전에 가슴이 두근거렸던 경험을 연상시킬 수 있고 이전 수행에서 겪었던 다른 힘든 순간을 연상시킬 수도 있다. 이 때 '힘듦'이라는 속성이 연상을 불러일으키는 연결 고리가 될 것이다. 이러한 방식으로 현재 순간 경험은 의미를 얻으면서 다양한 맥락에 연결된다. 한 무리의 과거 경험이 활성화되면 핵심 기제나 원칙이 드러날 수도 있다. 이것이 통찰이다. 가슴 두근거림이 불안한 생각과 연결되어 불안한 생각을 불러일으키는 듯 보이는 것이 바로 통찰일 수 있다.

따라서 콜브의 순환 과정 세 번째 단계는 특유한 경험을 맥락에 연결하는 것이다. 우리는 확립된 반응 패턴의 맥락 안에서 우리가 반응하는 것을 보는 법을 배운다. 이러한 반응 패턴은 홀로 동떨어져 있지 않다. 이는 개인의 맥락과 집단의 맥락 그리고 크리스틴 네프Kristin Neff(2011)가 *보편적 인간성*이라 불렀던 맥락으로 이루어진 다중적 맥락의 산물이다.

개인의 맥락

참가자가 작은 범위(예를 들면 명상 또는 일상 행동)에서 인식하는 패턴은 더 중요한 상황에도 적용된다. 영향력은 다를지라도 패턴은 같다. 이 원리를 통해 작은 범위에서 하는 수행을 더 큰 범위에도 적용할 수 있기에 마음챙김 훈련과 정규 수행은 강력하다. 예를 들어 명상하는 동안 공허한 느낌을 피하는 경향이 있다는 통찰을 얻는다면 이는 삶을 즐기지 못하고 삶에 온전히 참여하지 못하고 있다는 통찰로 자라날 수 있다.

참가자	명상하는 동안 공허함을 경험했어요. 그 뒤 생각들이 마구 떠오르고 몸을 안절부절못하겠어요.
지도자	삶의 다른 부분에서도 당신 안에 있는 공허함을 인식하나요?
참가자	저는 공허할 때마다 행동으로 그걸 채웠어요. 이러면서 일상적인 일을 즐길 수 없었고 경솔한 결정을 했어요. 저는 삶을 낭비했어요.

집단의 맥락

맥락을 확장하는 또 다른 방법은 다른 사람도 자기 안에서 이러한 패턴을 인식하는지 살펴보면서 범위를 집단 전체로 확대하는 것이다. 집단 안에서 일어나는 이러한 인식은 참가자가 혼자만 이런 어려움과 씨름하는 것이 아님을 알 수 있게 돕는 강력한 방법이다. 또한 이런 방식으로 범위를 넓히면 다른 참가자도 참여시키게 되고 그들도 학습 경험을 만들어낼 수 있다.

사람들은 대개 어려운 감정과 경험을 다루는데 왠지 자신만 서툴다고 느낀다. 이는 자책과 고립감으로 이어지곤 한다. 참가자가 혼자만 이런 어려움을 겪는 게 아니라는 사실을 알면 큰 위로가 된다. 그리고 어려움이 가지고 있는 뉘앙스와 좀 더 가벼운 측면을 보는 데도 도움이 된다. 이는 자신을 다른 방식으로 보게 하고 학습에 마음을 열도록 돕는다.

지도자는 단지 '우리'라는 단어를 사용하는 것만으로도 이러한 공통 경험을 강조할 수 있다. "그것이 우리가 불편한 것에서 벗어나려고 노력하는 방법입니다. 곧바로 촉발될 수 있는 자동 반응이지만 우리에게 늘 도움이 되는 건 아닙니다. 여기 있는 다른 분들도 이를 인식할 수 있을까요?" 또는 다른 집단 구성원이 비슷한 무언가를 경험한 적이 있는지 직접 물을 수도 있다. "다른 분들도 비슷한 경험을 했나요?" 다른 집단 구성원이 그렇다고 한다면 지도자는 "이렇게 이것을 우리 대부분이 경험합니다. 우리가 정신적 '공허함'을 알아차리자마자 공허함은 다시 생각으로 채워집니다."라고 말할 수 있다.

이 접근법에 한가지 주의 사항이 있다. 반드시 명백히 일반적인 것이라 여겨지는 경험과 어려움 그리고 반응에만 사용해야 한다. 만약 지도자가 참가자의 경험이 독특하다고 생각하면서도 집단의 인정을 구하면 반대 효과가 일어난다. 오히려 차이를 강조하고 비교를 불러들이며 고립감을 만든다.

또한 괴로움이나 힘든 느낌을 다룰 때 이를 다른 집단 구성원의 경험과 연결하는 것은 더 까다로우니 주의해야 한다. 다양한 개인 반응은 종종 괴로움과 힘든 느낌을 감출 수 있다. 따라서 서로 공통된 측면을 쉽게 인식할 수 없을 수도 있다. 다음 절에서 논의하듯이 이런 때는 개인 경험을 괴로움의 보편적 속성과 연결하는 것이 더 낫다.

그렇긴 하지만 참가자들이 서로의 경험에 공명하여 맥락을 집단으로 자연스럽게 확장하는 일도 자주 일어난다.

참가자1 저는 잠시 온전한 침묵의 순간을 경험했어요.

지도자 그리고 무엇이 일어났나요?

참가자1 제가 그것을 알아차렸을 때 '야, 이거 좋은데.'라는 생각이 들었어요. 그런 다음 침묵에 관해 생각하고 있었음을 깨달았어요.

참가자2 네. 저도 그랬어요. 참 어리석지요? 마침내 침묵이 있었는데, 그런 다음 그 침묵에 관해 생각하기 시작해요. 정말 짜증 나요.

보편적 인간성

'*나는 이걸 할 수 없어.*' '*이건 나와 맞지 않아.*' '*다른 사람은 나보다 훨씬 앞서 있어.*' 등 우리는 개인적인 장애물과 투쟁을 실패로 여기곤 한다. 장애물을 우리 대부분이 마주하는 일반적인 어려움이라 경험하면 우리가 남에게 없는 결점을 가진 게 아니라 우리가 정말 '정상'임을 깨닫는 데 도움이 된다. 우리가 투쟁함에도 불구하고 보편적 인간성을 느끼는 것이 아니다. 우리가 투쟁하기 때문에 같은 배를 탔다는 보편적 인간성을 느낀다. 더 커다란 전체의 한 부분으로 존재한다는 경험은 편안함의 근원이다. 이는 평화로운 마음과 지지를 제공해 우리에게 마음챙김 수행과 전반적인 삶을 계속할 수 있는 용기를 준다.

다음은 참가자가 보편적 인간성에 대한 감각을 얻도록 도울 수 있는 몇 가지 예이다.

참가자 그 일은 전에도 너무 많이 겪었어요. 그래서 이제는 제가 교훈을 배웠다고 생각했어요. 하지만 그런 후에도 또다시 같은 일을 반복해요. 할 마음이 안 생기네요.

지도자 그건 인간이란 어떤 존재인가에 관한 것이네요. 우리는 무엇을 해야 하는지 안다고 생각하고 나서도 똑같은 실수를 반복합니다. 그런 다음 실망하죠. 이건 우리가 모두 겪는 일입니다.

참가자 저는 버려진 것 같고, 너무 외로워요.

지도자 적어도 외롭다고 느낀다는 면에서는 당신이 혼자가 아닙니다. 수많은 사람이 지금 이 순간 똑같은 경험을 하고 있습니다. 그것이 우리를 연결하는 부분입니다. 우리 중 많은 이가 외로움이라는 이 크고 고통스러운 감정을 함께합니다.

지도자 마음은 늘 방황합니다. 그것이 마음의 본질입니다. 이는 모든 사람에게 적용됩니다.

탐구가 공통으로 기본이 되는 인간 반응이나 기제까지 도달하면 지도자는 맥락을 전체 세상으로 넓히는 것을 고려할 수 있다. 보편적 인간성을 강조하는 무언가를 읽어주거나 예시를 제공하면서 자유롭게 이를 위한 공간을 만들어라. 집단의 현재 경험이 그 주제에 대한 관련성을 불어넣을 것이라는 사실을 고려하면 생생한 흥미를 기대할 수 있다. 이러한 확장은 집단이 어느 정도 보편적인 주제로 작업하는 중임을 집단 스스로 알아차리는 데 도움이 될 것이다. 또한 좀 더 교육적인 접근을 위한 시간을 갖는 것은 약간의 휴식이 될 것이다. 이는 참가자가 다른 활발한 탐구 과정에서 얻은 정보나 생각을 조용히 받아들이는 순간이 된다.

지도자 그리고 이 집단에 적용되는 것은 우리를 둘러싼 세상에도 적용됩니다. 우리 모두 시간이 돈이고 시간을 유용하게 써야 한다는 망상을 지지합니다. 풍요와 빠름을 가져다주는 모든 것을 긍정적으로 여깁니다. 하지만 그것이 삶의 질에 어떤 의미를 줄 수 있을까요? 최신 통신 수단을 예로 들어 보겠습니다. 더 많은 정보를 소비하고 더 빠르게 대응할 수 있게 해주지만 실제로 우리를 더 행복하게 만들었나요?

그러나 이 접근법에는 일부 함정이 있다. 참가자가 자신의 불만을 사회적 병폐라는 더 넓은 맥락으로 투사할 수 있다는 점이다. 그러면 그 불만을 다루는 책임을 쉽게 다른 사람에게 전가해버릴 수 있다.

참가자 네. 요즘은 모든 사람이 컴퓨터 화면에 갇혀 있어요. 30분 안에 이메일 답장을 할 거라 기대하죠. 서로 얼굴을 마주하고 이야기하는 건 옛날 일이에요. 사람들은 더는 개인적인 만남을 가지지 않고 모든 것이 너무 빨리 진행되어요. 계속 따라가야 하고 그렇지 않으면 끝이에요. 우리가 병에 걸리는 게 당연해요.

이러한 유형의 대화는 우리를 통찰로 가는 길에서 멀어지게 한다. 탐구가 사회적 토론으로 빠지지 않게 해야 한다.

4단계: 미래 경험에 미치는 영향

콜브의 학습 순환 과정 네 번째 단계에서는 2, 3단계에서 배운 것을 미래 상황에 적용한다. 미래에 마음챙김을 적용하는 것이 모순처럼 들릴 수도 있다. 어쨌든 마음챙김은 미래에 적용하는 것이 아닌 지금 그리고 여기 경험을 다루기 때문이다. 그러나 통찰은 미래에 영향을 미칠 때 가장 가치가 있다. 하지만 이런 영향력을 알게 된다고 해서 마음의 행동 모드를 활성화하는 구체적인 계획이나 전략으로 이어져야 한다는 뜻은 아니다.

통찰을 얻으면 학습은 저절로 뒤따른다. 4단계의 목적은 통찰을 명료화하고 확인하여 통찰에 닻을 내리는 것이다. 말하자면 미래에 이용할 가능성을 높이는 것이다. 인간은 자신에게 도움이 되는 것을 자연스럽게 받아들인다. 그러므로 지도자가 구체적 전략을 제시하지 않아도 된다. 지도자가 전략을 제시하면 오히려 외부에서 해결책을 주입하는 것으로 받아들여질 수 있다. 이는 저항을 촉발할 수 있고 참가자가 자신의 통찰을 믿음으로써 일어나는 학습에 방해가 된다. 일반적으로 참가자는 통찰이 경험에 대한 대안 반응을 이끌어낼 수 있음을 스스로 파악한다. 이 과정이 그림 7에 그려져 있다.

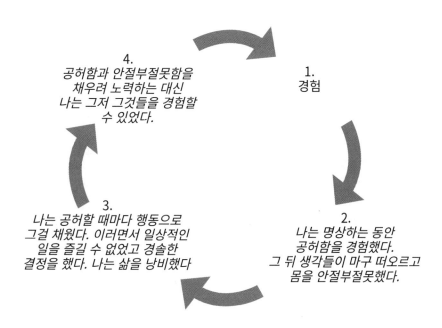

4.
공허함과 안절부절못함을 채우려 노력하는 대신 나는 그저 그것들을 경험할 수 있었다.

1.
경험

3.
나는 공허할 때마다 행동으로 그걸 채웠다. 이러면서 일상적인 일을 즐길 수 없었고 경솔한 결정을 했다. 나는 삶을 낭비했다

2.
나는 명상하는 동안 공허함을 경험했다. 그 뒤 생각들이 마구 떠오르고 몸을 안절부절못했다.

그림 7 통찰은 경험에 대한 대안 반응을 이끌어낼 수 있다

4단계 동안 지도자는 이제까지 달려왔던 관성의 힘으로 나아간다. 참가자가 이미 가지고 있는 통찰로 작업한다. 지도자가 꼭 해야 하는 일은 명료화하고 확인하는 것이다.

안절부절못하는 느낌이 듭니다. 움직이고 싶은 충동이 있습니다. 일단 그 점을 알아차리면 그것을 관찰할 수 있습니다. 그런 다음 충동에 따라 행동하지 않아도 안절부절못하는 느낌이 빠르게 줄어들 수 있습니다. 이제 당신은 현재에 머무른다는 다른 선택권을 가집니다. 이제 그것을 압니다.

기분이 갑자기 달라졌다고 느끼는데 당신은 그 이유를 알 수 없습니다. 그런 다음 돌이켜보면 이전에는 알아차리지 못했던 부정적인 생각이 거기 있었음을 봅니다. 부정적인 생각은 기분이 달라지기 바로 직전에 슬며시 들어왔었습니다. 이를 볼 수 있어서 다행입니다. 그렇지 않나요?

지도자는 참가자가 배웠던 것에 주목함으로써 참가자가 지니고 있는 통찰의 중요성을 확인해 준다. 마음챙김을 통해 배운 경험이 종종 믿기 어려울 정도로 단순하다는 점을 고려하면 이는 엄청난 도움이 될 수 있다. 예를 들어 많은 어려움의 경우 가장 좋은 반응은 아무것도 하지 않는 것일 수 있다는 통찰을 상상해 보자. 이는 믿기 어려울 정도로 간단해서 참가자가 평가절하하기 쉽다. 참가자는 그동안 분투해 왔던 문제에서 그렇게 쉽게 벗어날 수 있음을 믿기 어렵다. 마음은 이를 속임수라고 생각한다. '그렇게 간단할 리 없어!' 복잡함과 분석으로 향하는 인간의 경향성은 단순한 진실을 놓치게 한다.

게다가 그렇게 오랫동안 고민해 온 '문제'가 실제로는 해결하지 않아도 된다는 사실을 받아들이기 어려울 수 있다. 다음은 이런 상황을 다루는 방법이다.

짜증, 뒤이은 생각, 그러고 나서 그 생각에 대한 판단, 그런 다음 찾아오는 자신에 대한 나쁜 느낌. 이런 식으로 진행됩니다. 이것이 쌓이고 이를 스스로 알아차리기도 전에 자신에게 문제가 많은 것처럼 보입니다. 당신이 이 모든 것을 알아차리는 순간 이 모든 것이 근거 없는 것 즉, 거품임을 깨닫게 됩니다. 정말 아무것도 할 게 없습니다.

때로는 "이제 당신은 이것이 어떻게 작동하는지 알고 있습니다."라는 간단한 말 한마디면 충분하다.

지도자는 참가자에게 통찰이 도움이 되는 미래 상황에 주의를 기울이도록 지시함으로써 이런 간단한 언급을 조금 더 확장할 수도 있다. 다음은 몇 가지 예이다.

이제 당신은 이전 전략이 도움이 되지 않는다는 걸 알 수 있습니다. 이 정도 통찰이면 충분합니다. 다음번에는 이를 기억하고 다른 과정을 선택할 수도 있습니다.

다음에 같은 상황이 또 발생하면 '아니, 그 방법은 아니야!'라는 경고등을 켤 수 있습니다.

다음에 당신이 지루한 느낌을 알아차릴 때 그 지루함이 어떻게 느껴지고 어떻게 생각이 지루함과 함께 하는지 등 더 자세히 탐색할 수 있게 될 것입니다. 그러면서 아마 깨닫게 될 것입니다. '그래. 나는 이걸 알아. 이건 지루함이야.' 반응하는 대신 지루함을 단지 일어나는 경험 중 하나로 인식할 수 있습니다.

이제 당신은 이곳이 강력한 촉발 요인을 가진 위험한 영역이고 집중을 유지하기 힘들다는 걸 압니다. 다음에 이 영역에 들어가게 될 때 그것을 한번 살펴보세요.

순환 과정이 전부는 아니다.

방금 끝난 명상을 검토할 때, 우리는 비록 생생하기는 해도 여전히 지나간 경험을 이야기하게 된다. 탐구하는 동안 이 경험을 불러오지만 이것은 명상 중에 했던 경험과 더 이상 같지 않다. 불러온 경험은 기껏해야 다시 체험하거나 생생하고 선명한 기억일 뿐이기에 생각과 느낌 그리고 신체 반응으로 이어지는 어떤 과정이 항상 진행된다. 이는 가능한 한 원래 경험으로 돌아가는 것이 더 나은지 아니면 가공된 경험 버전으로 작업하는 것이 더 나은지에 대한 의문을 불러일으킨다.

일반적으로 원래 경험으로 돌아가는 것이 더 좋은 상황은 그 과정이 수행 경험을 덮거나 감추어 버려서 수행 경험의 강렬함과 풍부함을 감소시키는 듯 보일 때다. 이럴 때 명상 경험으로 주의를 되돌리게 지도하면 참가자가 아마도 회피하고 있는 대상으로 향하도록 초대할 수 있다.

참가자	그건 벌써 끝났어요. 저는 지금 다른 각도로 그걸 보고 있어요.
지도자	벌써 끝났다는 게 무슨 뜻일까요? 좀 더 구체적으로 말할 수 있을까요? 그 순간에 들었던 느낌을 표현해 보세요.
참가자	아 네. 그건 약한 충격이 잠깐 있는 거예요. 나타났다가 사라집니다.
지도자	느꼈던 충격에 대해 좀 더 말해 주세요. 정확히 무엇이 일어났나요?
참가자	그때 저는 다시 호흡으로 편안하게 돌아올 수 있었고 느낌은 사라졌어요. 잘 되고 있어요.
지도자	호흡과 함께 사라졌던 그 느낌. 그 느낌에서 무엇이 그렇게 어려웠나요?

이와는 대조적으로 참가자가 명상 중에 경험한 것보다 경험과 관련된 것이 경험 이면의 주제에 더 생생하게 생명을 불어넣을 수도 있다. 그럴 때 더 선명하고 가공된 경험을 이용한다. 이 때 명상 경험은 매우 두드러져 보이는 무언가에 대한 탐구로 들어가는 입구 역할을 한다.

참가자	선생님께서 "지금은 자신을 돌보는 시간입니다."라고 말했을 때 저는 저 자신에게 그런 면을 허용하지 않았다는 생각이 갑자기 들었어요.
지도자	자신을 돌보는 데 충분한 시간을 들이지 않았다는 사실을 깨달았군요.
참가자	네. (울기 시작) 죄송해요…
지도자	중요한 문제는……
참가자	(흐느껴 움) 그런 생각이 갑자기 들었어요… 예상치 못하게…
지도자	(침묵)
참가자	저도 알아요……
지도자	(침묵)
참가자	보통 때 저는 절대 울지 않아요. 다른 사람들은 늘 울려고 저에게 오곤 했지만요. 좋아요. 이제 계속해요.
지도자	계속하는 대신 지금 느끼는 것에 조금 더 머무를 수도 있습니다. 어쨌든 지금 여기에 있는 건 바로 그 느낌이니까요.

때때로 참가자가 명상하는 동안 들었던 생각을 말하고 그 생각의 내용이 중요한 개인 문제와 관련되어 있음이 금세 분명해지기도 한다. 만약 당신이 명상 경험을 고수한다면 참가자가 그 생각으로 작업하는 것을 무심코 막을 수도 있다.

지도자	당신에게 어떤 생각이 들었군요. 그리고 그 생각 후에 무엇이 일어났나요?
참가자	저는 그것을 생각이라 알아차렸고 그러고 나서 생각은 곧 떠돌아다닐 것 같았어요. 그때 저는 주의를 편안하게 호흡으로 돌렸어요.

게다가 중요한 개인 문제와 관련된 생각을 탐색하는 것은 중요한 통찰로 이어질 수 있기 때문에 명상 경험으로 돌아가는 것을 고수하지 않아도 된다. 탐구는 경험에서 시작해 그 주위를 돌지만 참가자의 지금 여기 진행을 놓쳐서는 안 된다. 만일 놓친다면 탐구는 단지 학문적 훈련이 될 것이다. 궁극적으로 명상 경험은 탐구의 대상이지 목적이 아니다. 목적은 통찰이다.

통찰은 더 넓은 맥락을 찾기 시작하는 이유이고 더 넓은 맥락을 위해 수행 경험을 놔두고 가는 것이다. 참가자가 경험 학습 순환 과정 3단계를 밟는 것을 도울 때마다 어쨌든 우리는 기본적으로 명상 경험에서 멀어진다. 2단계에서 3단계로 넘어가면 경험 그 자체에서 패턴으로 넘어가고 토론은 더 일반적인 양상을 취한다. 여기서 일어날 수 있는 한 가지 함정은 탐구를 생생한 경험에서 너무 멀리 떨어지게 만들어 참가자가 결국 자기 패턴에 대한 이야기로 마무리하게 되는 것이다.

참가자	그건 '이걸 하고 싶은 느낌이 안 들어.'라는 생각이 든 때였어요. 그래서 그만뒀어요.
지도자	당신은 그것을 자신 안에서 인식하나요?
참가자	네, 이게 제 삶입니다. 저는 모든 일을 시작은 하지만 결코 끝을 맺은 적이 없어요. 집에 모든 사진 촬영 도구들이 갖추어져 있어요. 하지만 구입하고 몇 달 뒤 흥미를 잃었어요. 체육관 회원권도 마찬가지예요. 늘 회원권을 사지만 체육관에 절대 안 갑니다. 그런 면에서 저는 희망이 없어요. 너무 많은 돈을 썼어요. 하지만 선생님이라고 뭐 어떻게 할 수 있나요? 그렇죠? 이건 정말 패턴이에요. 그동안 저는 아주 여러 번 저 자신에게 말해왔기 때문에 이번에는 견뎌보려 했어요. 하지만 결국 늘 그만두게 되어요. 남자친구는 저에게 이렇게 말해요……

이야기를 시작함에 따라 그 과정 어딘가에서 턴테이블의 바늘이 홈에 놓인다. 더 빠르고 더 단조롭게 말하기 시작하고 지엽적이고 개인적인 이야기를 끼워 놓으며 결

론을 내리고 특정 구절을 반복한다. 경험으로부터 이야기하는 대신 경험에 관해 이야기하는 것으로 변한다. 이때 지도자는 개입해서 참가자를 지금 여기로 데려와야만 한다. 더 넓은 맥락에 관해 토론할 때도 마찬가지로 참가자와 관련된 경험이 얼마나 생생한지에 주의를 기울여야 한다. 만약 개념적인 긴 토론으로 끝난다면 통찰로 가는 길에서 벗어나게 될 것이다.

괴로움의 원인과 작업하기

탐구는 뒤죽박죽 얽힌 경험, 반응, 개념을 풀어가는 과정이다. 이 과정은 어디로 향할까? 데이비드 콜브의 경험 학습 모델에서는 미래의 선택에 정보를 주는 순환 고리를 언급한다. 하지만 통찰의 길은 미래에 미치는 영향을 학습하는 것에 국한되지 않는다.

통찰은 분리 대신에 전체에, 이원성 보다는 단일성에 눈을 뜨는 '아하'하는 깨달음의 순간에 찾아온다. 이는 집에 온 것 같은 따스한 느낌을 줄 수도 있고 우리가 어떻게 우리 자신을 방해하고 고통을 야기해 왔는지를 볼 때는 대개 약간의 고통이 따른다. 얽힌 것을 풀어가는 과정 또한 때때로 대단히 중요한 통찰을 만들어 낸다. "이는 삶이 무엇인지에 관한 것이다. 삶은 통제할 수 없고 만족스럽지 않으며 영원하지 않다. 한편으로는 이를 가지고 싶은 내 욕망을 알아차린다. '나는 원한다.'에 매달렸다는 것을 알아차린다. '나는 원한다.'를 고집하기 위해 무엇을 하는지를 알아차린다. 그리고 이런 노력이 실패할 수밖에 없음도 알아차린다. 나는 이것이 내 괴로움을 어떻게 일으키는지 알아차린다."

이런 굉장한 통찰에 어떤 새로운 정보가 들어있는 게 아니다. 그보다는 우리가 이미 마음속 깊은 곳에서 알고 있었던 무언가와 새롭게 만나며 일어난다. 깊은 지식과 이렇게 다시 연결되는 것을 종종 '심층 학습deep learning'이라고 부른다.

괴로움의 원인 발현

괴로움의 근본 원인인 반응성에는 '나'와 '원한다'가 포함된다. 기본적인 형태는 '나는 이 경험의 본질이 달라지길 원한다.'에서처럼 '나는 원한다.'이다.[15] 이는 현재 순간에 삶 그 자체가 나타나는 방식에 대해 '싫어.'라고 말하는 것이다. '나는 원한다.'

는 다섯 가지 다른 형태로 나타날 수 있다. 욕망('나는 원한다I want.'), 혐오('나는 원하지 않는다I don't want.'), 해태와 혼침('나는 아무것도 원하지 않는다I don't want anything.'), 들뜸('나는 다른 것을 원한다I want something else.'), 의심('나는 내가 무엇을 원하는지 모른다I don't know what I want.')이 그것이다. 불교 전통은 이러한 형태의 반응성을 마음챙김 수행 중 나타나는 장애로 언급하며 다섯 가지 장애[역주: 불교에서는 정신적 발전 혹은 수행의 길을 막는 장애물을 다섯 가지로 압축하여 '오개pañca-nīvarana(五蓋)'라고 부른다.]로 표현한다.16 탐구는 반응성의 뿌리를 탐색하는 것이기에 이 절에서는 이러한 장애를 탐색할 것이다. 우선 아래 간단한 개요를 통해 각각이 어떻게 표현되는지를 보자.

욕망('나는 원한다.'): 현재 있는 것에 집착, 현재 없는 것을 갈망, 그리고 이것에 대해 계획하거나 공상에 잠기느라 바쁨.

혐오('나는 원하지 않는다.'): 현재 있는 것에 저항. 화, 판단, 지루함, 두려움, 증오, 슬픔으로 뒤섞여 있음.

해태와 혼침('나는 아무것도 원하지 않는다.'): 수동성, 무관심, 느림, 졸음, 흥미 저하, 쉽게 주의가 산만해짐.

들뜸('나는 다른 것을 원한다.'): 성급함, 움직이고 싶음, 끊임없는 생각.

의심('나는 내가 무엇을 원하는지 모른다.'): 질문, 불만을 가짐, 포기하는 경향.

이 다섯 가지 장애를 각각 제시하며 상세하게 논의하겠지만 장애의 정확한 표현에 너무 사로잡히지 마라. '나는 원한다.'의 모든 버전이 순수 경험의 본성과 나란히 놓일 수 있고 괴로움의 원인을 나타내는 다양한 변형이다. 예를 들어 불만은 혐오, 들뜸, 의심의 표현일 수 있다. 요컨대 불만은 '나는 이 경험이 달라지기를 원한다.'라는 '나는 원한다.'의 한 가지 표현이다.

욕망

욕망은 삶에 빛을 더하는 훌륭한 능력이다. 욕망은 우리를 특정한 방향으로 인도

하고 움직이게 할 수 있다. 욕망은 즐거움을 가져다줄 수 있고 피난처를 제공하기도 하며 어려운 시기에 처해 있을 때 위로를 주는 장소이기도 하다. 욕망을 나타났다 사라지는 마음의 한 형태로 인지하는 한 생각이나 스트레스 그 자체가 잘못된 것이 아니듯이 욕망도 잘못된 것이 아니다. 욕망을 이롭게 사용하려면 우선 특정한 발현을 욕망으로 인식하고 이를 신체 반응을 촉발하는 마음의 반응 혹은 반대로 마음의 반응을 촉발하는 신체 반응으로 보아야만 한다. 이러한 깨달음은 우리가 자신을 욕망과 동일시하는 정도를 조절할 수 있게 해 준다. 우리는 작용하고 있는 기전을 알아차리는 것에 머무는 동안 욕망의 효과를 이용할 수 있다. 우리가 영화를 보고 있다는 사실을 알아차리면서도 줄거리의 흥분과 긴장감에 짜릿한 기분을 느끼며 영화를 즐기는 것처럼 욕망을 즐길 수 있다.

그러나 우리는 종종 욕망을 꼭 일어나야 하는 어떤 것으로 오해하기도 한다. 우리는 욕망의 대상을 가져야 하는 무언가로 생각한다. 이렇게 되면 욕망은 유혹으로 바뀌고 즐거움으로 가장하여 우리가 지금 여기에 편안하게 머무는 것을 막고 결국 불만족으로 이끈다. 위빠사나 지도자 조셉 골드스타인Joseph Goldstein과 잭 콘필드Jack Kornfield 의 말에 따르면 "욕망은 우리를 속여 우리가 '…… 이면 좋을 텐데'라는 사고방식을 취하도록 만든다. '내가 이것을 가질 수 있다면 좋을 텐데.', '내가 좋은 직업을 가졌다면 좋을 텐데.', '내가 좋은 관계를 맺을 수 있다면 좋을 텐데.', '내가 좋은 옷을 가졌다면 좋을 텐데.', '내가 좋은 성격이었다면 행복할 텐데.'"(2001, p.40). 다른 장애와 달리 욕망은 탐구하는 동안 표면 가까이 존재하는 경향이 있다. 그렇기에 참가자가 이를 분명히 표현하도록 유도할 필요가 없다. 오히려 참가자가 다음과 같이 진술하면서 자연스럽게 드러낼 것이다.

그런 모든 생각이 들 때면, "나는 단지 머릿속이 조용하고 평화롭기를 원할 뿐이야!"라고 혼자 생각하게 돼요.

작업 중인 그림에 대한 생각을 멈출 수가 없었어요. 저는 한창 창의력을 뿜어내는 중이고 그게 제 안에서 끓어오르고 있어요. 빨리 제 그림으로 돌아가고 싶어요.

다음에 제가 명상하기 위해 자리에 앉았을 때 이 같은 고요함이 다시 오기를 바람

니다. 제가 그 느낌에 얼마나 매달리는지 알아차리면 웃게 돼요.

마찬가지로 일반적으로 참가자는 느낌을 욕망으로 명확하게 식별하는데 거의 어려움이 없다. "제가 명상할 때 제 마음은 종종 성적 환상 속을 방황해요. 마치 제가 명상을 시작하려고만 하면 침묵이 바로 욕망으로 채워지는 것 같아요."

혐오

혐오는 무언가를 얻고자 하는 것이 아닌 무언가를 없애고자 하는 것이라는 점만 빼면 욕망과 정확히 같은 방식으로 작동한다. 혐오하는 경험보다 더 좋은 무언가가 있는 것처럼 느껴질 때가 종종 있다. 우리가 밀어내고자 하는 것이 이미 현실에 존재하기에 혐오가 대개 욕망보다 더 강렬하다. 우리는 지금 여기에서 부정적인 무언가를 경험하는 대가를 치르고 있다. 그것은 우리를 괴롭히고 불쾌하게 만든다. 부정적인 무언가를 가지는 건 긍정적인 무언가를 놓치는 것보다 더 강하게 느껴지고 혐오가 더 강력한 힘을 가지게 만든다.

마음챙김 훈련을 할 때 학습 과정에 거는 기대가 충족되지 않으면 혐오가 더 복잡해질 수 있다. 사람들은 훈련에 등록할 때 훈련이 무엇을 가져다줄지에 관해 대개 서로 다른 생각을 가진다. 참가자는 아마 '나는 기분이 더 나빠지는 게 아니라 더 좋아져야 해.'라고 생각할 수 있다. 참가자는 회기에 참석하기 위해 노력했고 집에서 수행하는 시간도 가졌지만 참가자가 받은 것은 고통과 안절부절못함 그리고 머릿속 대혼란이다. 참가자는 마음챙김에 투자할 준비는 되었지만 이러한 도전을 받아들이고 포용하며 도전에 공간을 주는 건 어렵다고 느낄 수 있다.

혐오는 종종 참가자가 완전히 동일시하는 경험으로 나타나 참가자를 흡수해 버린다.

제가 느낀 건 고통뿐이에요.

저는 생각에 사로잡혔어요. 저는 앉아서 오직 생각만 해요. 멈출 수가 없어요. 이건 전혀 명상이 아니에요!

이러면 혐오를 대항할 수 없는 것으로 느낄 수 있다. 이는 앞으로 나아가기 전에 반드시 장애를 제거해야 한다는 믿음에 뿌리를 둔다. 참가자는 이런 경험에 머무를 것이라 기대했던 것이 분명 아니었다고 느낀다. 이런 건 마음챙김이 아니라고 느낀다. 참가자는 수용보다는 구원을 추구한다. 이처럼 혐오의 대상은 마음챙김을 수행하는 데 장애물로 보이므로 제일 먼저 다루어야 한다.

여기서 지도자의 역할은 이 믿음을 완화시키기 위해 약간의 개방된 마음을 도입하도록 노력하는 것이다. 혐오의 대상과 혐오 그 자체가 명상의 대상이 될 수 있다는 깨달음의 씨앗을 뿌리는 것이 가능할까? 첫 번째 단계는 참가자가 어려움을 대항할 수 없는 것으로 여기는 철문을 여는 것이다.

고통 외에 다른 알아차림의 경험은 전혀 없었나요?

명상하는 동안 이러한 생각을 알아차렸을 때가 있었나요?

만약 이것이 어느 정도 개방과 알아차림으로 이어진다면 우리는 혐오를 고통을 야기하는 원인으로 다루는 방향으로 나아갈 수 있을 것이다. 하지만 이 장 뒷부분에서 논의하는 것처럼 거기까지 가는 길이 아마 쉽지는 않을 것이다.

해태(懈怠)와 혼침(昏沈)

괴로움의 원인으로서 해태와 혼침은 에너지 부족, 흐트러진 주의, 흐릿한 알아차림, 흐릿함 등과 같이 마음챙김에 필요한 각성 수준을 달성하려는 시도를 좌절하게 만드는 모든 것을 포함한다. 흐트러진 주의는 쉽게 알아볼 수 있다.

지도자 이번 명상 동안 당신의 경험은 무엇이었나요?

참가자 엉망이었어요.

지도자 엉망이요?

참가자 생각들, 느낌들… 저는 그것들에 이름 붙이기도 어려워요. 마치 그것들 모두가 서로 합쳐지는 것 같아요.

지도자 엉망인 것을 알아차릴 수 있었나요?

참가자 아니요. 저는 그것에 사로잡혔어요.

흐릿한 알아차림은 분명하지 않은 감각, 생각 및 느낌에 수동적으로 휩쓸리는 것으로 나타난다. 알아차림이 명확하게 볼 수 있는 능력이기 때문에 흐릿한 알아차림은 인식하기 어려울 수 있다. 따라서 알아차림이 흐릿해지면 이를 인식하는 능력이 제한된다. 일을 더 복잡하게 만드는 것은 흐트러지게, 멍하게, 또는 흐릿하게 알아차리면 수동성이나 졸림을 불러일으키는데 이는 그 사람 마음 상태의 결과라기보다는 원인으로 볼 수 있다. 사실 혼침이 원인이지 뒤따라오는 졸음이나 수동성이 원인이 아니다. 탐구하는 동안 그 원인을 밝히는 것이 지도자의 솜씨다.

참가자	저는 언제나 잠에 빠져요.
지도자	언제나요?
참가자	단 1분이라도 할 일이 없으면 눈을 감는 순간 잠에 빠져버려요.
지도자	잠에 빠지는군요.
참가자	(잠시 조용히 운다.) 저는 마치 러닝머신 위를 계속 달리는 것처럼 느껴져요. 그리고 제가 잠시 멈추면 러닝머신이 제 발을 바로 휩쓸어 버려요. 제가 해야만 하는 모든 것들을 생각하면 제 삶을 통제하지 못하는 것 같아요.
지도자	그러면 어떤 기분이 드나요?
참가자	갇혀 있는 것처럼 느껴져요. 다람쥐가 쳇바퀴를 도는 것처럼요. 낮 동안에는 그렇다는 걸 전혀 알아차리지도 못해요. 그때는 제가 마냥 달리고만 있을 때죠……(멈춤) 그리고 이게 나쁜 점은 온종일 어두운 느낌이 든다는 거예요. 어떤 일에도 마주할 에너지가 전혀 없다는 느낌이에요. 지쳐 있을 때 우리가 하는 모든 일은 기본적으로 살아남으려는 거죠. 어차피 모든 것은 결국 하루의 끝으로 이어지는 길 위에 있는 장애물이에요.
지도자	참 힘드네요. 그렇죠? 다른 길로 가고 싶지만 어디로 가든 졸음이 있습니다. 아마도 졸음이 그 순간을 모두 차지하는 것 같습니다. 당신이 다른 것을 원하더라도 명상은 정말 필요한 것에 눈을 뜨게 합니다. 지금도 당신은 어떤 의미에서는 여전히 달리고 있습니다. 당신은 깨어 있기를 원합니다. 졸음에 굴복하고 싶지 않습니다. 어쩌면 당신은 자기 의지를 몸에 강요하는 대신 자기 몸에 귀를 기울이는 연습 방법으로 명상을 이용할 수도 있습니다. 졸음을 받아들이며 몸이 필요로 하는 것을 주는 건 어떨까요?

경험에 대한 흐릿함이 뚜렷하지 않을 때가 있다. 그게 반드시 분명한 알아차림이 없음을 시사하는 것은 아니다. 경험 그 자체가 가끔 흐릿하고 막연하거나 뚜렷하지 않

을 수 있는데 이 경우 영국의 마음챙김 지도자 트리쉬 바틀리Trish Bartley가 때때로 훈련 때 하는 것처럼 수행은 '안개 탐색하기'의 일종이 된다. 흐릿한 주의가 해태와 혼침 때문인지 아니면 단지 경험의 본질을 반영하는 것인지 판단하는 것은 가치가 있다. 만약 후자라면 그 경험에 많은 시간을 할애할 필요는 없겠지만 그것을 진지하게 받아들여야 한다. 그것 또한 가치 있는 경험이고 다른 것보다 절대 열등하지 않다.

들뜸

들뜸은 해태, 혼침과 많은 공통점이 있는데 주된 차이는 에너지 수준이 줄어들기보다는 늘어난다는 점이다. 마음챙김 수행 동안 들뜸은 초조, 신경질, 빠르고 격렬하면서도 집중이 안 되는 생각으로 이끈다. 들뜸에 대한 탐구는 해태와 혼침에 대한 탐구보다 쉽다. 왜냐하면 참가자가 대화 중에 들뜸의 에너지를 끌어낼 수 있기 때문이다. 참가자는 행복하지 않고 해결책을 원한다. 그리고 혼신의 힘을 다하고 있다.

전혀 효과가 없어요. 온몸이 근질거려요. 바지에 개미가 있는 느낌이에요. 명상을 시작하자마자 잠시도 가만히 못 있겠어요. 이게 도대체 뭔지 모르겠어요.

가만히 앉아 있을 수가 없어요!

제 생각은 호흡을 제외한 다른 모든 것에 집중되어 있어요. 마음속으로 몇 번이나 지하철을 탔고, 파트너와 오해를 풀었고, 동료를 다시 그의 자리에 앉히고, 집으로 가는 길을 그리고, 내일까지 해야 하는 과제를 생각했어요. 저는 그 시간 동안 많은 다양한 일을 했지만 명상을 하지는 않았어요.

이런 동요하는 에너지는 참가자를 함정에 빠뜨려 자기 경험과 동일시하게 만들며 개방적이고 탐색하는 태도를 가져오기 어렵게 만든다. 그 결과 들뜸에 대한 탐구는 종종 참가자에게 만족감을 주지 못한다. 그런데도 여기서 지도자가 해야 할 책무는 참가자가 순수 경험을 알아차리는 쪽으로 향하도록 요청하는 것이다.

지도자　　자, 당신은 긴장된 근육, 배에서 느껴지는 신체 자극, 움직이고 싶은 경향에 관해 말했습니다. 명상하는 동안 그 모든 것에 대해 어떤 알아차림이 있었나요?

참가자	물론이요. 그러나 그게 저를 도와주지는 않아요. 그건 제가 원하는 것이 아니에요.
지도자	그건 당신이 원하는 것이 아니군요. 그리고 여전히 존재하고 있는 경험이고요. 정말 어려운 일이네요!
참가자	온갖 생각이 서로 뒤엉켜 있어요.
지도자	그리고 당신은 '온갖 생각이 서로 뒤엉켜 있다.'는 생각을 때때로 알아차릴 수 있나요?
참가자	아니요. 전 그저 이런 생각의 흐름에 휩쓸려 다녔어요. 그게 절 끌고 다녔어요. 마치 모든 시간 내내 제가 없었던 것처럼요.
지도자	그렇게 당신은 경험에 휩쓸려 다니고, 끌려다니고, 모든 시간 내내 없었다······ 와!
참가자	저는 이것에 대한 해결책이 없어요.
지도자	저도 그래요. 아마도 이것은 당신의 명상 반대편에 있는 무언가는 아닙니다. 아마도 이것이 바로 당신의 명상일 것입니다. 생각이 서로 뒤엉켜 해결책이 없습니다. 그럼 그것과 함께 앉아 있는 건 어떨까요? 이것이 바로 일어나는 일이고 뒤엉킨 생각에 관한 명상 외에 다른 것은 하지 않아도 됩니다.

의심

모든 장애 중에서 의심이 함께 작업하기 가장 힘든 것일 수 있다. 조셉 골드스타인과 잭 콘필드는 이를 잘 설명한다(2001, pp.43-44).

우리가 그것을 믿고 그것에 사로잡히면 우리의 수행은 갑자기 딱 멈춘다. 우리는 마비된다. 우리 자신과 능력에 대한 의심, 지도자에 대한 의심, 법dharma(法) 그 자체에 대한 의심과 같이 모든 종류의 의심이 우리를 괴롭힌다. '정말 효과가 있을까? 나는 여기 앉아 있는데 무릎이 아프고 안절부절못하는 느낌밖에는 일어나지 않아. 어쩌면 붓다는 자신이 무엇에 대해 이야기를 하는지 정말 몰랐을 수도 있어.' 우리는 수행 자체를 의심하거나 우리에게 맞는 수행인지를 의심할 수도 있다. '너무 힘들어. 어쩌면 수피 춤을 시도해 보는 게 낫겠어.' 아니면 수행은 올바르지만 때가 잘못되었다고 생각한다. 또 다르게는 올바른 수행이고 적절한 시기이지만 우리 몸이 아직 좋은 상태가 아니라고 생각한다. 대상이 무엇인지는 중요하지 않다. 회의적이고 의심하는 마음이 우리를 사로잡으면 우리는 갇히게 된다.

의심에는 두 가지가 있다. 바로 근본적인 의심과 기술에 대한 의심이다. 후자는 종종 통제나 안전 또는 완벽함에 대한 욕망의 표현이다. 자세와 기술 그리고 목적에 대한 실제적인 질문에서 드러난다. 우리는 일반적인 탐구 기술을 이용하여 이를 다룰 수 있다.(이 의심의 형태는 이 장 후반부에서 논의할 것이다.)

근본적인 의심은 포기할 생각을 중심으로 돌아가므로 다루기 더 어려울 수 있다. 일반적으로 말하는 내용에서 의심을 즉시 끄집어내 공개하는 것이 최선이다.

참가자   그때 저는 자신에게 이렇게 말해요. "이게 무슨 소용이지? 이것 역시 나한테 도움이 되지 않아. 또다시 선택을 잘못했어."

지도자   당신은 자신 안에서 이런 종류의 생각을 인식하나요?

참가자   네. 뭔가를 시작하고 얼마 후 그게 저한테 맞는지 의심하기 시작하고 그러고 나서는 포기해요.

지도자   그것이 의심이 작동하는 방식이에요.

참가자   (한숨) 너무 파괴적이에요…

지도자   그게 의심이에요. 그게 바로 의심이 우리에게 하는 방식입니다. 의심은 수행의 주요한 방해 중 하나입니다. 우리는 의심에 굴복하자마자 길을 잃습니다. 의심은 우리의 전념을 약하게 만듭니다.

혼란은 의심의 한 형태이고 명상하는 동안 종종 서양 문화에서 널리 퍼진 그릇된 믿음, 예를 들어 우리가 시간을 어떻게 사용해야 하는지에 대한 믿음과 같은 것에 바탕을 두고 있다. 하지만 믿음은 생각일 뿐이다. 이러한 믿음은 내용이 있으므로 비교적 쉽게 탐색할 수 있다.

참가자   저는 바디스캔 오디오 녹음이 시작되는 동안 빨래를 개곤 해요. 그 도입부는 왜 그렇게 길죠? 이제는 충분히 들었어요.

지도자   그렇게 당신은 '그 도입부는 왜 그렇게 길지?'라는 생각을 합니다. 그러고 나서 당신은 빨래를 개고 바디스캔 시간을 좀 줄이기로 결정합니다. 그 도입부가 무엇 때문에 있다고 생각하나요?

또한 건강한 의심도 있다. 몇몇 참가자가 훈련을 시작할 때 가지는 의심에는 이점이 있다.(이 장 후반부에 이를 자세히 다룰 것이다.)

길을 함께 나아가기

괴로움의 원인을 밝혀주는 길이 항상 분명하거나 간단하지는 않다. 하지만 참가자는 이러한 원인에 대한 좀 더 나은 통찰을 얻으려고 한다. 괴로움의 원인에 접근하는 것은 절제와 인내 사이에서 놀라울 정도로 정중한 균형을 요구한다. 이는 결국 세심함을 필요로 한다. 괴로움을 손에 잡을 수 있고 심지어 눈으로 볼 수 있게 되면 남는 것은 그 주제를 풀어헤쳤을 때와 마찬가지로 세심하고 정중하게 괴로움과 함께 앉아 결국 그 주제를 다시 매듭짓는 것이다.

길을 열기

괴로움의 모든 원인이 작업하기가 똑같이 수월하지는 않다. 흔히 욕망은 인식하거나 인정하는 것이 꽤 간단하다. 혐오는 좀 더 어려울 수 있다. 혐오의 에너지가 마음챙김에 반하는 것처럼 여겨져 혐오를 괴로움의 원인으로 알아차리기 어렵게 만든다. 예컨대 지도자가 "이것은 혐오입니다." "이것이 혐오인지 볼 수 있습니까?"와 같이 언급할 때 참가자가 "당연히 볼 수 있습니다. 하지만 그렇게 하는 게 저한테 뭐가 좋나요? 혐오가 사라지지는 않잖아요!"라고 이야기하면 오도 가도 못하는 상황이 될 수도 있다. 분노와 같이 혐오에 깔린 감정은 대개 아주 강력하다. 문제는 참가자가 자신의 혐오에 관해 마음챙김을 할 수 있을 만큼 좌절에 대한 충분한 내성을 가졌는지 여부이다. 하지만 참가자가 내성을 가졌는지와 무관하게 우리는 여전히 참가자의 경험에 친절하게 방향을 가리켜 줄 수 있다.

> **지도자** 자, 고통이 있고 당신은 그걸 알아차렸습니다. 그리고 자신의 혐오에 대해 마음챙김하고 있습니다. 그리고 자 보세요... 무엇을 하고 있나요?
>
> **참가자** 맞아요. 무엇을 하냐고요? 저는 저 자신과 싸우는 중이에요.
>
> **지도자** 그리고 당신은 그것을 보고 있습니다. 본다는 것은 안다는 것입니다. 당신이 하는 모든 것은 불에 기름을 붓는 격입니다. 거기에는 불쾌한 무언가가 있습니다. 싸움이 있네요. 그저 그것에 마음챙김 할 수 있을까요? 괜찮을까요?

참가자	네, 그런데 고통을 경험할 때, 저는 고통에 대해 무언가를 해야 해요!
지도자	아주 잘 설명했습니다. 그게 바로 우리 모두에게 일어나는 일입니다. 우리는 고통에 대해 무언가를 해야 하고, 바꿔야 하고, 그대로 두지 못합니다. 그런 반응이 힘든 것을 더 쉽게 만드나요? 아니면 더 어렵게 만드나요?
참가자	더 어렵게 만들어요.
지도자	다른 선택지가 있을까요?
참가자	아무것도 하지 않기.
지도자	혐오와 함께 앉아 있기…… 상당한 도전입니다. 혐오가 있습니다. 그리고 혐오는 달라지지 않아도 됩니다. 그것이 하나의 선택지가 될 수 있을까요?
참가자	모르겠어요.
지도자	아마 이 말이 위안이 될 수도 있습니다. "다행히도 그건 달라지지 않아도 된다. 해야 할 것도 없고, 바꿀 것도 없다." 괜찮습니다. 정말 다행스럽게도 심지어 혐오를 거기 그대로 두어도 됩니다.

초조의 요소 때문에 의심과 들뜸의 발현은 욕망의 발현보다 원인으로 이해하기가 대체로 더 어렵다. 해태와 혼침은 그 반대, 즉 에너지의 부족이라는 문제 때문에 다루기 어렵다. 하지만 모든 경우에 제안은 동일하다. "들뜸(또는 의심, 또는 해태와 혼침)이 있음을 볼 수 있나요? 어떻게 느껴지나요? 이를 촉발하는 것은 무엇인가요? 그것과 함께 있는 건 괜찮을까요?"이다.

연결하기

탐구에서 괴로운 경험을 괴로움의 원인으로 옮겨갈 때 몇 가지 단계를 밟는다.
첫 번째, 경험을 있는 그대로 인정하라.

자, 여기 들뜸(고통, 불편, 걱정……)이 있습니다.

이런 식이죠. 들뜸이 있었고 그것은 당신의 경험이었습니다.

두 번째 단계는 반응을 인정하는 것이다.

당신은 그것을 원치 않기에 그것과 싸웁니다.

거기에 판단이 있고, 그 후 그 판단을 판단합니다.

세 번째 단계는 경험의 속성과 참가자의 관계를 부드럽게 만들도록 초대하는 것이다.

당신은 그 모든 것을 보고 깨닫습니다. "이것이다. 이것이 여기 있는 것이다. 이것이 나의 지금 여기다……" 그것과 함께 머물고 그것과 함께 호흡합니다.

이 경험이 이미 여기에 있다는 것을 깨달을 때 아마도 당신은 이 경험과 더 편안하게 함께 있는 방법을 알 수도 있습니다…… 어쨌든 그것이 이미 여기 있기에 여기에 있는 것과 함께 편안하게 있습니다.

이러한 세 단계가 참가자를 괴로움의 원인과 연결하도록 돕기 위한 청사진이다. 이를 마음 한구석에 새겨 두는 것이 좋긴 하지만 탐구하는 동안 종종 이 과정이 명확히 구분되지는 않음을 알아야 한다.

참가자   저는 시계 보는 것을 멈출 수 없고 '아직 20분이나 남았어, 어떻게 이 20분을 견디지?'라고 생각했어요. 앉아 있긴 하지만 안에서 개미가 기어 다니는 것 같아요.

지도자   들뜸.

참가자   지금 되돌아보면 공간이 조금 있지만 하는 도중에는 어떻게 대처해야 할지 모르겠어요.

지도자   그게 바로 정확히 들뜸이 작용하는 방식입니다.

참가자   맞아요……

지도자   이런 식으로 볼 수 있으면 어떨까요? '이건 들뜸이다. 이런 식으로 작용한다. 그리고 때로는 나에게 밀려온다.' 이런 점을 깨닫고 나면 그 깨달음이 들뜸이 일어나는 그대로 들뜸과 관계하는 방법을 열어주지 않을까요?

비록 단계가 뒤섞일 수는 있지만 반응성을 부드럽게 만드는 역할을 하는 세 번째 단계로 탐구를 끝낼 수 있는지를 확인해야 한다.

절제를 연습하기

괴로움의 원인은 항상 가까이에 있다. 비록 보지 못하고 혼란의 층들로 둘러싸여 있긴 하지만 결국 탐구를 하는 동안 논의했던 모든 반응의 기저에 괴로움의 원인이 있다.

지도자는 대개 반응의 기저에 있는 원인을 찾아낼 수 있다. 우리가 원인을 둘러싼 층들을 걷어낼 수 있는 범위는 참가자, 집단, 프로그램 등과 같은 환경에 달려 있다. 예를 들어 상급 참가자 집단은 이제 막 발견의 여정을 시작한 집단보다 고통의 패턴과 괴로움의 원인을 더 잘 연결할 수 있을 것이다. 초심자 집단에서는 한다 해도 기저의 원인이라는 주제를 가볍게 건드리는 정도가 최선일 것이다.

참가자 저는 내내 짜증이 났어요.

지도자 짜증이 있었군요. 짜증과 어떻게 함께 있었나요?

또 다른 문제는 우리가 다른 주제를 다루고 있거나 시간이 없을 때 이러한 중요하고 무거운 문제가 나타날 수 있다는 점이다. 이런 경우 참가자가 그것을 제시했다 하더라도 의식적으로 그 주제를 다시 좀 더 작게 나누는 것이 최선일 수 있다.

참가자 명상을 하면 저의 마음은 종종 성적 환상 속에서 헤맵니다. 제가 명상을 시작하기만 하면 침묵은 욕망으로 가득 차는 것 같아요.

지도자 그럴 수 있습니다. 환상 또한 생각입니다. 최선을 다해 인내를 가지고 판단하지 않은 채 그것을 단순히 알아차릴 수 있는지 보십시오. 그러고 나서 준비가 되면 명상 대상으로 돌아오세요.

대신 시간이 충분하고 좀 더 상급 집단과 작업 중이라면 과감하게 괴로움의 원인에 대해 논의할 수 있다.

지도자 욕망은 그렇게 올라옵니다. 아마도 당신은 그것이 어떻게 나타나는지 알아차릴 수 있습니다. 그것이 어떻게 매력적인 생각과 함께 시작하는지 그리고 이것이 어떻게 당신의 주의를 빨아당기고 번성하며 확장하는지를 알아차릴 수 있습니다. 아마도 당신의 기분과 몸에서도 알아차릴 수 있을 것입니다. 그것이 바로 욕망이 작동하는 방식입니다. 우리를 홀리는 것이죠.

인내를 수행하기

참가자는 괴로움의 원인으로 뛰어드는 것에 갈등을 느낄 수 있다. 한편으로는 탐구해 볼 의향이 있지만 다른 한편으로는 어려운 패턴을 마주하는 것을 주저한다. 때로는 참가자가 초반의 주저함을 극복할 수 있도록 지도자에게 일정 정도의 인내가 요구된다. 이는 참가자를 자신이 생각했던 것보다 조금 더 나아가게 해 준다. 하지만 참가자가 이렇게 하는 데 관심이 있고 이 길을 우리와 함께 갈 수 있는 용기와 능력을 갖추고 있다고 느낄 때만 이 경로를 밟아야 한다. 우리는 위험을 무릅쓰고 위태로운 영역으로 들어가 사람들이 기꺼이 갈 수 있는 범위의 한계에서 작업한다. 그 이상은 넘어서면 안 된다.

아래 예에서 지도자는 인내를 수행하는 중이다. 뒤따르는 기울임꼴 문장은 참가자가 한계에 이른 것으로 보일 때 그 한계를 넘어가지 않도록 하기 위해 지도자가 사용할 수 있는 대안이다.

참가자   이혼에 대해 계속 생각했어요. 그건 저를 슬픔, 분노, 화로 가득 차게 합니다. 계속 그 생각으로 돌아가네요.

지도자   그리고요? (*자, 생각이 있었고 그 후 감정이 있었네요.*)

참가자   전 했던 생각을 또 반복하고 싶지 않아요. 그건 오래전에 있었던 일이고 그 문제로 오랫동안 치료를 받아왔지만 아직도 항상 제 인생을 지배하고 있어요. 이제 이걸 끝내고 싶어요. 앞으로 나아가고 싶어요.

지도자   어쩌면 당신은 그것을 끝낼 수 없을 겁니다. (*그것을 끝내고 싶다는 욕망과 함께 현재 그것에 머무를 수 있는지를 보세요.*)

참가자   벌써 너무 힘들어요. 전 여기서 어느 정도 평화롭고 조용한 침묵을 찾고 싶다고 생각했어요.

지도자   명상 중에 일어난 것을 당신이 선택할 수 있나요? (*때로는 다른 무언가를 얻기 위해 들뜸과 불편을 통과해야 합니다.*)

참가자   아니요.

지도자   그런데 지금 당신의 말을 들어보면 당신은 어떤 명상 경험에 대해 엄청난 혐오를 가진 것처럼 보입니다. (*여기에 대해 당신이 아무것도 통제할 수 없다면 당신의 선택은 무엇입니까?*)

참가자	그 점은 선생님 말씀이 맞을 거예요.
지도자	그렇다면 어떻게 평정을 얻을 수 있을까요? (좋습니다. 고맙습니다.)
참가자	(침묵을 지킴)
지도자	자, 혐오가 있습니다.
참가자	그건 정말로 원하지 않는 것이에요.
지도자	네, 이것이 핵심입니다. 그렇죠? 핵심은 원하지 않는다는 것입니다. 이것을 제외하면 당신은 어떤 것이든 받아들이고 마음챙김 할 수 있습니다. 다시 마음챙김이 가능해지려면 당신은 먼저 그것을 제거해야 한다고 느끼는군요.

일반적으로 괴로움의 원인으로 향하는 길을 시작할 때 자연스럽게 하는 것이 좋다. 집단의 수준과 우리에게 맞는 접근인지 확인해야 한다. 당신의 직감과 관심을 따라가는 것이 좋다. 그리고 과정의 흐름을 지키면서도 어쩌면 다른 형태의 탐구와 번갈아 할 수도 있다.

괴로움의 뿌리에 도달하기: 탐구의 마무리

탐구 과정에서 무엇이 실재인지 또 대상이 달라지길 바라는 마음이 어떤 것인지에 대해 알아차림에 도달하면 얽힌 것이 풀어지는 과정은 결론에 도달했다. 우리는 탐구를 내려놓고 무엇이든 올라오는 것이면 그것의 가장 분명한 형태와 함께 머물면서 집단과 더불어 그저 앉아 있을 수 있다. 그런 다음 집단은 이것과 어떻게 관계를 맺을 수 있는지 탐색을 시작할 수 있다. 허상은 걷혔다. 이 지점에서 우리는 단순히 "자, 여기 있습니다. 이것이 바로 들뜸[욕망, 불만……]의 모습입니다."라고 말할 수 있다.

어려움과 함께하기

어려움이 바깥으로 드러나자마자 참가자가 이 어려움과 맺고 있는 관계를 추가로 탐색하는 질문을 던질 수 있다.

그리고 통찰의 번득임과 그것을 보는 그 짧은 순간 당신은 자신에게 이렇게 말할 수 있나요? "그래, 이건 걱정이군. 이제 알겠어." 당신은 그 주변에 이를테면 약간의 공간, 아주 작은 공간이라도 만들 수 있을까요?

그러고 나서 그 고통이 거기에 있습니다. 그리고 당신의 관심이 그 고통에 계속 끌리고 있다는 것을 압니다. 이때 "이건 고통이야. 한 번 느껴보자. 이 고통도 괜찮아."라고 말해 볼 수 있을까요?

괴로움의 원인을 보는 것은 많은 경험을 불러일으킨다. 참가자는 자신을 스스로 어떻게 가두었는지 그리고 이로 인한 고통과 이것이 사람을 자주 슬프게 한다는 걸 깨닫는다. 무엇보다 더 큰 맥락에서 이것을 볼 수 있다. 즉, 자신을 스스로 가두는 것은 보편적이고 다른 사람도 마찬가지라는 것을 알게 된다. 이는 잘못이 없다고 느끼게 하고 안도를 가져온다. 또한 이 모든 경험이 집단과 공명할 것이기에 연결감을 가져다준다.

괴로움의 패턴이 겉으로 드러날 때 말은 더 이상 중요하지 않다. 더 이상 말할 것도, 해야 할 것도 남아 있지 않다. 그 집단은 공통의 경험을 나누면서 함께 앉아 있다. 함께 보고 느끼며 경험하는 것은 집단 안에서 강한 결속을 만든다. 집단을 묶어 주는 감정 또는 느낌을 묘사하는 가장 좋은 단어는 '자비'일 것이다. 이는 우리가 타인의 고통과 괴로움을 보고 그것이 우리를 지나갈 때 나타나는 자연스러운 반응이다.

그런 순간 방은 자비로 가득 찬다. 말은 대개 너무 길어지고 그 순간의 강렬함을 분산시킨다. 이러한 상황에서는 질문을 짧게 하고 어려운 경험과 참가자의 관계를 연결한다.

참가자   오직 고통만 있어요.

지도자   그리고 고통과 함께하는 것은 무엇과 같은가요?

참가자   생각이 있어요. 분노와 쓰라림이 있어요. 그때 저는 '나는 계속하고 싶지 않아.'라고 생각해요.

지도자   그리고 지금은 거기에 무엇이 있나요?

참가자   모든 것이 한꺼번에 다 있어요. 고통과 제가 전에 말했던 모든 것이요. 너무 힘들어요…

지도자   힘들죠. 그것에 대해 아무것도 할 필요가 없습니다. 그냥 느껴 보세요.

욕망, 혐오, 들뜸은 모두 그런 분투 속에서 생겨난다. 그것들은 모두 드러났다. 모든 사람이 이미 이런 감정을 느끼고 있음을 강조하는 것 외에 덧붙일 말은 없다. "이점에 관해서는 우리 모두 같습니다. 여기 머무는 것이 우리가 할 수 있는 전부이고 우리 자신에게 제안할 수 있는 유일한 것입니다."

'자비'라는 말은 '같이 괴로워하다.' 또는 '함께 괴로워하다.'라는 뜻이다. 어려움에 대해 함께 개방하는 경험이고 치유 효과를 가진다. 이 자비의 공간에 도착했음을 표현하기 위해 필요한 것은 그저 무엇이 일어났는지 짧게 말하는 것이다. "바로 그겁니다.", "있는 그대로 받아들이세요." 또는 그냥 "네."도 좋다. 때로는 침묵이 최선이다. 그리고 때로는 공간을 지지적이고 보듬어 주는 속성으로 구성하기 위해 몇 마디 말을 덧붙일 수도 있다.

단지 느껴 봅시다. 어려움이 무엇인지, 투쟁이 무엇인지, 최선의 마음가짐이 무엇인지, 그리고 이런 것들을 고려했을 때 우리가 느끼는 무력감이 무엇인지.

있는 그대로 받아들이세요. 우리가 그렇게 되기를 간절히 원한다고 해도 다른 방법은 없습니다. 그리고 자, 여기 있습니다.

이제 우리는 그것이 어떻게 작동하는지 볼 수 있습니다. 우리가 그것에 의해 움직이고 그것이 괴로움을 일으키는 것을 볼 수 있습니다. 이를 보고, 들어오도록 허용하고, 함께 머뭅니다……

우리는 어려움을 친절하게 대하라고 강조하고 싶거나 이러한 접근에 대한 의견을 표현하고 싶을 수도 있다.

여기 들뜸이 있습니다. 그것이 당신을 어떻게 움직이고 건드리는지, 흔들어 대는지, 그리고 엉망으로 만드는지 알아차릴 수 있습니다. 이제 묻겠습니다. 이 모든 것과 함께해도 괜찮을 수 있습니까? 저항하는 대신 그것에 필요한 공간을 내어줄 수 있습니까? 그것을 놓아버리고 경기장에서 나와 들뜸이 하고 싶어 하는 것을 다 해 보라고 내버려 둘 수 있습니까?

그때가 바로 감정이 나타나고 그 후 감정이 사라지거나 바뀌기를 원하는 반응 모두를 당신이 알아차릴 때입니다. 그런 후 어쩌면 깨달을 수 있습니다. '이것이 이 순간 나의 경험이다. 지금 내 수행은 이 경험과 관계를 맺는 것이다. 어떻게 하면 나 자신에게 다정함을 지닌 채 열린 방식으로 나와 이 경험 사이를 친절하게 관계

를 맺을 수 있을까?'

그리고 그것에 대해 아무것도 할 필요가 없다는 깨달음이 있습니다. 실재보다 더 좋아야 하는 것도 아닙니다. 어렵고 아프고 벅차지만 그렇다고 해도 괜찮습니다. 당신은 훌륭하게 하고 있고 이러한 어려움의 파도를 잘 타고 있습니다. 다행스럽게도 경험은 있는 그대로에서 달라지지 않아도 됩니다.

또한 우리는 이를 보편적 인간성의 좀 더 넓은 맥락에 놓음으로써 그 순간을 인식하고 환영할 수 있다. 일반화는 주의를 흐트러뜨리지 않고 대상 주위에 공간을 만들어 참가자가 바라는 대로 자유롭게 작업할 수 있도록 한다.

존 카밧진은 '마음챙김 명상과 자기 치유'라는 책을 썼습니다. 태풍의 눈 속에서 사는 삶에 관한 내용입니다. 누구에게나 삶이 때론 재앙처럼 느껴지기에 우리 자신 그리고 서로를 꽉 붙들게 함을 인식할 수 있습니다. 자, 이제 우리가 태풍의 눈 안에 앉아 있습니다.

참, 힘듭니다. 그렇죠? 우리는 여기서 중요한 문제를 다루고 있습니다. 당신만이 아니라 모든 사람이 가지고 있는 괴로움의 원천에 대해서요. 그것으로 눈을 돌려 그것이 우리에게 어떻게 영향을 주는지 그저 바라봅니다……

이것은 고요함이나 다소간의 휴식을 찾으려는 게 아닙니다. 이는 삶의 커다란 문제에 관한 것입니다. 이 문제와 함께하는 평화를 찾는 것이 삶에서 우리가 해야 할 임무 중 하나입니다.

우리가 침묵을 지키든 말을 하든 우리의 비언어적 현존은 강력해야 한다. 이런 강렬한 순간에는 비언어적 현존이 핵심이다. 우리의 세심함과 확고함이 합쳐지면 참가자가 자신의 취약성과 계속 접촉하는 데 필요한 보살핌과 안전을 제공할 수 있다. 여기서 눈맞춤이 중요하다. 고개를 끄덕이거나 신체 자세를 통해서도 우리의 존재를 느끼게 할 수 있다.

실제로 이런 순간은 불과 몇 분 동안만 지속될 것이다. 하지만 그 강렬함은 시간을 응축한다. 마치 공기가 무거워지고 시간이 느려지고 침묵이 깊어지는 것처럼 느껴질 것이다. 마음챙김 훈련에 치유력이 있다면 그것은 집단이 어려움과 함께 더불어 앉아 있는 이 순간에 달려있다. 이 순간은 신성하다.

이럴 때 집단은 마음챙김 훈련에서 가장 필수적이고 가치 있는 부분에 도달한다. 그들 경험의 본질, 진정한 삶의 본질과 함께 평화를 찾아가는 수행이다. 그러고 나서 마음챙김 훈련은 학습 순환 고리의 미래에 미치는 영향으로부터 있는 그대로 존재하는 기술을 연마하는 쪽으로 이동한다. 참가자는 통제할 수 없음에 대한 좌절이 놀라움으로 변하고 불만족의 있는 그대로의 완전함을 음미하게 되며 불안정감이 삶의 끊임없는 변화와 일시적이고 어느덧 사라지는 속성에 대한 놀라움으로 바뀌는 관점의 근본적인 변화를 경험한다. 경험을 있는 그대로 본다는 것이 종종 쉽지 않지만 이는 항상 진정시키는 효과가 있다. 마음챙김 지도자 트리쉬 바틀리Trish Bartley가 한 말을 한 마디로 요약하면 '어려움과 함께 부드럽게 존재하는 것'이다(2012, p.150). 이는 기술로는 가져올 수 없는 무언가를 요구한다. 자비가 그 예이다. 갈라져 나온 괴로움의 패턴들 가운데 함께 앉아 있으면 고통을 경험한다. 고통을 향해 일종의 온화함을 모으는 것 외에는 달리 도리가 없다.

탐색을 완료하기

탐색을 완료하고 모든 것을 말하고 느낀 후에는 강렬한 분위기를 깨는 것이 좋다. 무거움 후에는 가벼움이 필요하다. 한번은 집단과 내가 강렬한 탐색 후에 고통스러운 경험과 함께 앉아 있는데 시끄럽게 우는 까치가 지붕에 앉았다. 누군가 그 소리에 대해 말을 했고 이는 다른 집단 구성원이 까치에 대한 약간의 일반적인 정보를 말하도록 자극했다. 이후 수 분간 우리는 까치에 대한 이야기를 나누었다. 이는 실제로 탐색을 마무리하는 아주 좋은 방법이었다.

다음 주제로 단호히 넘어가는 것 또한 분위기를 새롭게 할 수 있다.

좌선으로 넘어갑시다.

과제 검토로 가 봅시다. 저는 궁금한데요. 지난주 집에서 수행하면서 힘든 점이 있었나요? 아니면 그저 관심을 가지지 못했나요?

너무 크거나 갑작스러운 움직임일 수도 있다고 느껴지면 집단이 다음으로 넘어갈 준비가 되었는지 확인하면 된다.

무언가를 추가할 분 있나요? 계속 진행할까요? 괜찮은가요?

다음으로 넘어가면서 무거움은 가시고 연결감은 그대로 남아 회기의 다음 부분에 헌신, 고요함, 강렬함이 느껴지는 분위기를 가져올 수 있다.

그렇지만 때로는 이렇게 하는 대신 그 순간에 더 깊이 들어가 보고 싶을 수 있다. 감정이 표면으로 올라와 처리하기 위한 시간이 좀 더 필요할 때 특히 더 그렇다. 이런 것은 참가자가 자신에게 한 것들에 대한 슬픔이나 분노처럼 힘든 감정일 수 있다. 그러나 이러한 감정도 더 가벼워질 수 있다. 예를 들면 참가자가 자신을 계속 힘들게 만드는 방식의 모순을 알아차리고 기쁨을 느끼거나 통찰이 참가자에게 본질에 대한 감각을 주고 참가자를 핵심에 더 가까이 다가가게 만들면서 따뜻함을 줄 수도 있다.

이 모든 감정은 부드럽게 빛나는 통찰에 의해 틀이 잡힌다. 감정이 일어나고 감정을 함께 느낄 수 있는 공간을 주는 것이 감정을 처리하고 담아두는 과정의 일부이다. 이 작업은 시간이 걸린다. 주요 주제를 집단으로 함께 작업해 가는 것이 중요하다. 이 순간 우리가 마음챙김 훈련의 본질에 도달했다는 점을 기억해야 한다. 필요하다면 프로그램을 내려놓아도 된다. 새로운 주제로 너무 일찍 넘어가지 않아야 한다. 다음번에 이런 기회가 또 올지 결코 알 수 없다.

이런 순간에 또 다른 선택은 현재에 머물기와 다음으로 옮겨가는 것 사이에 다리를 놓아줄 수 있는 짧은 명상을 제안하는 것이다. 우리는 이 명상을 어떤 일이 일어나든 간에 개인의 요구에 맞출 수 있다. 예를 들면 참가자에게 느껴지는 고통과 연결된 채 머무르고 그것과 함께 호흡하도록 지도할 수도 있다. 그 후 우리는 경험을 탐색한 참가자에게 특별한 주의를 기울이면서 모두에게 어땠는지 간단히 탐구할 수 있다.

누군가 특별히 이 주제에 마음이 움직여 처리할 시간이 더 필요하다면 참가자에게 필요한 것을 물어보면서 그가 어떻게 하고 있는지를 확인하는 것이 좋다. 그런 다음 진행해도 괜찮은지 확인해야 한다. 만약 더 필요하다면 회기가 끝난 후 그 사람과 개인적으로 이야기하는 쪽을 선택할 수도 있다.

어느 순간 집단은 좀 더 가벼운 것을 진행할 준비가 될 것이다. 이는 강렬함과 이완의 파도, 그리고 집중의 리듬에 있어 본질적인 부분이다. 이 순간에 다다르고 탐구를 정리할 때가 되면 다른 어떤 새로운 것도 추가하지 않아야 한다. 결론을 내리는 것조차 참가자의 진행을 방해할 수 있다.

괴로움의 원인과 작업할 때 고려할 점

괴로움의 원인을 작업하는 데 능숙해지려면 훈련이 깊이를 더할 수 있는 최적의 기회를 만났을 때 이를 인식하는 것이 시작점이다. 이는 멋지고 일종의 흥분과 열망을 느낄 수 있다. 하지만 동시에 우리가 이 길을 기꺼이 걸을 수 있을지 솔직하게 평가하는 것이 중요하다. 무엇을 선택하든 명심하고 고려해야 할 두 가지 점이 있다. 하나는 참가자가 경험할 어려움에 세심해야 한다는 것이고 다른 하나는 우리가 기본적으로 잘 알지 못하며 어떤 것도 할 수 없음을 인식하는 것이다.

참가자에게 세심하기

기본적인 규칙은 참가자가 더 힘든 경험을 할수록 접근은 더욱 조심스럽고 배려가 있어야 한다는 점이다. 따라서 참가자가 도전적이고 취약한 무언가를 나눌 때 처음에는 간단하게 그 주제의 범위만 인정할 수도 있다.

이것을 알아차려서 좋습니다. 이는 사람들이 흔히 분투하는 것 중 하나입니다.

이는 우리의 명상을 넘어서는 것으로 보입니다. 그렇지 않나요? 이것은 명상의 범위 안에서 작업할 수 없어 보입니다.

어려운 것이네요. 맞나요? 당신에게 아주 깊게 영향을 미칠 거 같습니다. 그런가요?

중요한 문제네요. 그리고 그것에 대해 할 수 있는 게 아무것도 없다는 무력감이 연결되어 있습니다. 저도 그 느낌을 이해할 수 있습니다. 그 무력감은 이제 막 알아차림으로 붙잡은 것입니다. 그렇지 않나요?

그러고 나서 역시 사려 깊은 톤과 속도로 좀 더 탐구해도 될지 허락을 구할 수 있다.

차분하게 이것을 들여다봅시다.

여기에 조금 더 시간을 가지고 좀 더 깊이 들어가 보는 것이 괜찮을까요?

우리 목소리의 톤, 신체 언어, 말에 더하여 침묵으로 반영되어야 하는 이러한 조심스러운 접근은 힘든 무언가를 만난 참가자를 있는 그대로 보고 존중함을 반영한다. 참가자는 취약하다. 참가자에게 힘든 무언가가 지금 겉으로 드러나고 있고 잠재적으로 탐색의 주제가 되는 것이다. 이것은 불편할 수 있다. 우리와 함께 탐색을 할 수 있을 것인가 아니면 뒤로 물러날 것인가? 마음을 열고 인내를 가진 채 결과에 대한 어떤 기대도 하지 말고 진행하는 것을 목표로 하는 것이 좋다.

무지와 인간적인 한계를 인정하기

때때로 우리는 참가자의 괴로움과 우리를 연결하기 힘들거나 단순히 우리의 자비심이 부족하다는 느낌을 받을 수 있다. 그럴 경우 그 사실과 함께 머물러라. 우리의 무지와 능력의 한계를 인정하고 받아들임으로써 솔직해지는 것이 좋다. 진정성을 가지는 것이 다른 수준에서는 자비로움을 여는 문이 될 수 있다. 그리고 우리는 여전히 가장 중요한 단계를 밟을 수 있다. 무엇이든 참가자가 가져오는 것에 관심을 기울이고 우리가 그들의 무력함과 괴로움 안에서 그들을 볼 수 있다는 것을 알게 해야 한다.

저는 만성적인 고통에 익숙하지 않습니다. 고통에 대한 저의 경험은 치통 이상을 넘지 않습니다. 당신이 얼마나 힘들어하는지 보면서 유감이라는 말 밖에는 다른 무슨 말을 해야 할지 모르겠습니다.

저도 잘 모르겠습니다. 저는 당신 안에서 일어나는 일이나 촉발된 느낌에 관해 당신이 말하는 것, 그리고 당신이 그것에 닿을 수 없음을 어떻게 느끼는지는 충분히 이해합니다. 정말 힘들겠어요.

저는 당신의 슬픔을 느끼고 그건 저에게 영향을 미칩니다. 저의 느낌을 당신과 나누는 것 외에 제가 할 수 있는 일이 없습니다. 무슨 말씀을 드려야 할지 모르겠어요.

괴로움의 원인과 작업할 때 함정

이제 우리는 아마 괴로움의 원인을 탐색하는 것이 아주 섬세한 작업임을 잘 알 것이다. 통상적으로 거기에는 많은 잠재적 함정이 있다. 다음 절에서 가장 흔한 위험 몇 가지를 다룬다.

자신의 감정을 앞세우기

말할 필요도 없겠지만 마음챙김 훈련의 목적은 지도자의 감정을 처리하는 것이 아니다. 탐구를 우리의 감정을 처리하는 기회로 삼는다면 그동안 기껏 공들여 쌓아 온 안전과 경계를 위협할 수 있다. 게다가 지도자가 감정적으로 되면 균형이 깨지고 집단에게 필요한 것을 보는 능력이 흐려진다. 물론 체현, 자비와 같이 지도자로서 필수 자질은 취약성을 바탕으로 한다. 하지만 전문 직업성은 의식적으로 자신의 취약성을 다루고 그 안에서 자기를 잃지 않는 것이다. 따라서 이 장의 뒷부분에서 설명한 자기 공개에 대한 지침은 특히 우리가 지나치게 감정적으로 되었을 때 적절하다.

괴로움에서 한발 뒤로 물러나기

앞에서 말했듯이 괴로움의 원인으로 곧장 나아가는 기회를 전부 잡을 필요는 없다. 프로그램, 맥락, 참가자 자체의 속성에 따라 그렇게 하지 않을 정당한 이유가 있다. 그러나 우리에게도 괴로움의 원인에 접근하는 방법을 이용하는 것에서 멀어지게 만드는 개인적 이유가 있을 수 있다.

지도자는 때때로 참가자의 무력감이나 괴로움에 접촉하면 마음이 축 처진다. 특히 참가자가 이를 매우 가슴 아프게 표현하면 더 그렇다. 아마도 이러한 어려운 경험을 어떻게 다루어야 할지 혼란스러울 것이다. 어쩌면 그 경험은 너무 강렬하거나 벅찰 것이다. 어쩌면 우리가 너무 급작스럽게 경험하는 것일 수도 있다. 아마 우리는 '이건 판도라의 상자일 수 있겠다. 상자가 열리면 난 압도당할 것이며 무엇이 나오든 나는 인도할 수 없을 거야.'라고 생각할지도 모른다. 결과적으로 우리는 어려움을 가볍게 하고 싶어서 어쩌면 농담을 건네거나 짧게 자비를 표현하고 다른 것으로 넘어갈 수도 있다. 어느 쪽이든 기본적으로 어려움에서 한발 뒤로 물러나는 것이다.

이러한 반응은 이해할 수 있다. 결국 마음챙김 지도자 또한 인간이다. 이러한 반응이 일어날 때 나중이라도 이를 되돌아보도록 노력해야 한다. 이 주제에서 한발 뒤로 물러나는 것이 최선의 선택이었는지 아니면 주로 우리의 두려움이나 불안정감에 의해 이끌린 것이었는지 자신에게 물어보아야 한다. 이를 다르게 다룰 수 있었을까? 이를 다루는 방법이 자동 반응에서 나온 것이었다면 탐구해 볼 가치가 있다. 우리 자신의 반응에 대한 이런 성찰은 해결책을 찾는 것과는 크게 관련이 없지만 우리의 인간성과 지도자로서 가능성에 대한 통찰을 확장하는 것과는 관련이 있다.

지나치게 애쓰기

너무 뒤로 물러나는 것과는 반대로 너무 열정적일 수도 있다. 우리는 '아하, 이제 문제의 핵심에 다가가고 있구나.'라고 생각할 수 있다. 그렇게 되면 우리는 이것이 어떻게 작용하는지 그리고 어떻게 되어야 하는지 설명하기 시작한다. 그러다 보면 참가자가 따분해하는 것을 보게 되고 학습의 순간이 필요로 하는 것과 연결이 끊어졌음을 알게 된다. 설명하려는 열정이 자비의 시간을 놓치게 만든다. 설명하기보다는 느껴야 한다.

또 다른 형태의 과도한 열정은 결의에 차서 참가자를 직면하게 만드는 것이다.

그때 오로지 생각만 있고 당신은 완전히 사라져 버렸네요. 그건 당신의 명상입니다. 있는 그대로 받아들이세요. 받아들이는 것이 중요합니다.

고통이 있습니다. 그리고 당신은 고통이 달라지기를 원합니다. 이것이 혐오입니다. 그걸 인식했나요?

이런 접근은 참가자에게 자신이 무엇을 하고 있는지 어떻게 자신을 스스로 막고 있는지를 매우 분명하게 보여 준다. 하지만 힘든 방법이다. 끈질기게 가르치고 있지만 그런 다음 참가자를 거기 내버려 두고 있다. 참가자가 이를 어떻게 느낄까? 어려움과 관계를 탐색하는 데 지지받는 느낌이 들까? 아마도 아닐 것이다. 아마도 말해야 할 것 같은 대답을 해 버리고는 물러날 것이다.

직면은 위험한 전략이다. 진전을 이룰 수 있는 유일한 방법이라는 확신이 들 때만 사용해야 한다. 또한 참가자와 나머지 집단 구성원이 직면을 다룰 수 있는지에 대해서도 확신이 있어야만 한다.

진부한 표현에 기대기

괴로움의 원인을 다루는 것은 특정 표현이 지나치게 많거나 받아들이기 어려울 수 있는 민감한 과정이다. 신중하지 못한 말은 해를 끼칠 수 있다. 이는 지도자를 무력한 느낌이나 마음챙김이 없는 순간으로 이끌어 표준 문구에 기대게 한다. 어떤 상황에서는 표준 문구가 효과적인 초대나 두 눈을 뜨게 해 주는 경험이 될 수 있지만 다른 상황에서는 상투적인 느낌을 줄 수도 있다.

그리고 이제 당신이 그것을 봅니다.

그게 당신 패턴입니다.

그냥 있는 그대로 두세요.

여기서 어떤 원칙을 제안할 수는 없다. 알맞은 표현은 상황과 사람에 따라 다를 것이다. 어려움과 함께 앉아 있을 때 현존 및 느낌이 함께 하는 가장 기본적인 최소한의 말만 전달해야 한다. 이런 현존과 느낌은 과도하게 사용한 표준 문구에서는 일어나지 않는다. 확신이 서지 않으면 진부한 표현에 기대기보다는 차라리 아무 말도 하지 않는 편이 낫다.

탐구가 도전이 될 때

참가자는 탐구를 통해 내면을 들여다보고 내적 실재를 탐색하게 된다. 그곳은 아직 구체화되지 않았고 느낌과 생각이 때로는 강렬하게 혹은 피상적으로 때로는 빠르게 혹은 느리게 때로는 분명하게 혹은 모호하게 검열되지 않은 채 서로 엎치락뒤치락하고 있다. 탐구는 이러한 경험을 겉으로 드러내어 상대적으로 낯선 집단원들에게 전하는 것이다. 또 이를 전달하기에 충분하지 않은 언어를 사용해야 하고 결과는 불확실하다. 이처럼 탐구는 참가자를 취약하게 만드는 초대이다. 그렇기에 탐구를 위해서는 고요하고 넓으면서도 안전한 상황이 필요하다. 힘든 순간에는 참가자가 탐색의 민감한 과정에 굴하거나 그 힘든 순간을 장애 요소로 경험하지 않도록 하기 위해 특히 조심스러운 지도가 필요하다. 이 절에서는 탐구의 맥락에서 참가자가 마주하는 가장 흔한 유형의 도전 몇 가지를 논의하고자 한다.

무능하다는 느낌을 의식

대부분 참가자에게 마음챙김 훈련은 첫 번째 탐구 경험일 것이다. 이는 매우 가깝고도 멀게 느껴질 수 있는 내적 경험을 색다른 시선으로 보고 이런 경험을 표현하는 말을 찾아야 하는 과정이다. 처음에는 이러한 새로운 인식과 표현 방식을 적용하는 것이 느리고 힘들다. 참가자는 자신 없음, 망설임, 불편, 어색함을 느끼고 때로는 절망까지 느낄 수도 있다. 학습 능력의 한계를 느끼고 무능함을 의식하게 된다. 참가자에게 배울 수 있는 시간을 주면서 친절하고 지지적인 방식으로 이 단계를 넘어가도록 지도해야 한다.

참가자　　느낌이…… 뭐라고 말해야 할지 모르겠네요.

지도자　　이런 일이 가끔 일어나죠? 분명한 경험인데 표현할 말이 없는.

참가자　　어려움, 어두움…… 모르겠어요……

지도자　　이해합니다. 우리는 새로운 영역에서 길을 찾으려는 중입니다. 우리 문화에는 내적 경험을 묘사하는 단어가 많지 않습니다. 우리는 적절한 말을 찾으려고 분투하지만 막상 찾아도 부적절해 보입니다. 우리 모두 어둠 속을 더듬고 있습니다.

또한 참가자의 서투른 느낌을 지지하고 이러한 분투에 보편적 인간성을 부여하라.

지도자　　우리는 모두 서툽니다. 우리는 이것을 다룰 도구나 어휘가 부족합니다. 마치 맨손으로 벽돌 공사를 하는 것과 같습니다.

참가자　　이건 공간에 대한 감각인데…… 느낌을 완화해 줍니다. 바보같이 들리겠네요. 어떻게 말해야 할지 모르겠어요.

지도자　　아주 잘 표현 했습니다. 무슨 뜻인지 알겠습니다.

참가자　　저는 '좋다.'라고 말하지는 않으려고요. 그건 판단이니까요.

지도자　　그렇습니다. 그것이 우리가 말하는 방식입니다. 우리 자신을 표현할 말이 필요합니다. 그리고 의미에는 단계적 차이가 있습니다.

참가자에게 집단으로 작업하는 것이 얼마나 중요하고 특별한지 상기시키는 것이 도움이 될 수도 있다.

> *지도자* 만약 어떤 사람이 지금 여기 들어온다면 우리가 무슨 말을 하고 있는지 전혀 모를 겁니다. 하지만 우리는 가장 중요한 것을 이야기하고 있습니다. 바로 우리가 어떻게 우리 자신과 우리 내면의 경험과 만나는지를요. 우리는 그것을 말로 표현하려고 노력하고 있습니다. 아마도 살면서 처음으로 말이죠. 정말 놀라운 일입니다. 그렇죠?

갇힌 느낌

때때로 참가자들은 갇힌 느낌을 받는다. 마치 마음챙김 수행 요령을 터득하지 못해 갇혔다고 느끼거나 갇혀서 어떤 진전도 이루어 내지 못하는 것처럼 느낀다. 예를 들어 명상 내내 졸고 나서 "모든 노력을 해 보았지만 저는 갇힌 느낌이에요."라고 말하는 참가자를 생각해 보자. 어느 정도 표준 반응은 이런 것이다. "이런 갇힌 느낌을 어디서 느끼나요? 어떻게 느껴지나요? 그것과 함께 머무는 건 어떤 것 같나요?" 하지만 참가자는 이렇게 반응할 수 있다. "그냥 할 수가 없어요! 잠들지 말았어야 하는 건 분명하죠."

기본적으로 참가자는 우리에게 어떤 해결책을 달라고 요청한다. 이는 참가자가 좌절하고 있거나 절망하기 시작할 때 특히 강하다. 이 순간 가장 중요한 것은 우리가 참가자의 어려움을 이해하고 인정한다는 점을 참가자가 알게 하고 참가자가 어려움에 부닥쳤을 때 함께 있을 거라고 전달하는 것이다. 약간의 유머를 넣거나 수행이 잘 되었던 순간 또는 더 큰 맥락을 언급하면서 다소간의 안도감과 가벼움을 도입하는 세심한 시도를 덧붙일 수도 있다.

만약 이러한 시도로도 탐색에 필요한 공간을 만들어 내지 못한다면 그대로 두고 참가자가 느끼는 지속적인 불만족감을 언급하면서 마무리 짓는다. 하지만 탐색에 대한 개방성이 증가하는 것을 느낀다면, 우리가 탐구를 진행하면서 취할 수 있는 몇 가지 다른 각도의 방법이 있다. 도전하기, 설명하기, 질문하기, 자비롭게 대하기가 바로 그것이다. 각각의 예를 조금 전 대화에서 참가자의 마지막 말에 대한 지도자의 반응으로 들어 볼 것이다. "그냥 할 수가 없어요! 잠들지 말았어야 하는 건 분명하죠."

도전하기: "잠자는 게 무슨 잘못인가요? 자는 동안 많은 일이 일어납니다. 그냥 누워서 자도 됩니다. 그래도 당신의 마음은 여전히 당신에게 중요한 것을 선택할 겁니다."

설명하기: "당신이 잠들고자 한 것은 아닙니다. 우리가 수행하기로 마음먹을 때 자겠다고 결심하지는 않습니다. 그렇다고 하더라도 잠든 것이고요. 그건 그저 가끔 저절로 일어납니다. 나중에 잘못했다는 느낌이 더해지죠. 이는 기본적으로 자신을 판단하는 겁니다. 판단이 자신에게 도움이 되는지 스스로 물어볼 수 있습니다. 어쨌든 판단은 일어났습니다. 수행할 때처럼 '판단…… 판단……' 이라고 마음속으로 이름 붙여 볼 수 있습니다."

질문하기: "잠을 자는 동안에는 알아차릴 수 없습니다. 그건 사실이에요. 하지만 자신이 언제 잠에 빠져드는지 알아차리지 못해요. 그렇다면 그 누가 좋다 나쁘다 말할 수 있을까요?"

자비롭게 대하기: "당신은 잠들고, 나중에 수행을 제대로 하지 않았다고 느낍니다. 이건 꽤 흔한 일입니다. 어떻게 하면 그 느낌을 가장 잘 돌볼 수 있을까요?"

하지만 때로는 그야말로 더 이상 탐색할 공간이 없을 때가 있다. 이는 참가자가 수행에 대한 자신의 소망에 매달릴 때 특히 그렇다.

참가자1 전 여기 앉아 있었고 비행기들이 계속 날아다녔어요.

지도자 그래서 어떻게 했나요?

참가자1 쳐다보았어요. 아주 근사했어요. 매우 큰 비행기였죠. 평소에 보던 그런 게 아니었어요.

지도자 그리고 다른 것은요?

참가자1 제가 할 수 있는 명상이 많지 않았어요. 그래서 포기했어요. 거기에는 휴식이 없었어요.

지도자 아, 휴식 말이군요. 훌륭합니다. 하지만 휴식이 없으면요? 당신은 앉아 있고 비행기들이 계속 날아다닐 때 여전히 명상을 할 수 있을까요?

참가자1 명상은 때때로 제가 평온해지도록 해 줍니다. 그래서 평온해지지 않을 거라는 걸 알면 계속하는 건 의미가 없어요.

참가자2 저는 전혀 집중할 수가 없었어요. 그냥 추웠어요.

지도자 그것은 당신 몸 어디에서 느껴졌나요?

참가자2 음, 그러니까, 다 추웠어요.

지도자 추위를 탐색할 어떤 공간이 있었을까요? 어디서 그것을 느꼈나요? 그것이 어떻게 느껴졌나요?

참가자2 저는 추위에만 집중하면서 이것이 얼마나 오래갈까 생각했어요. 일어나서 담요를 집으려고 했어요.

지도자 당신은 추위를 경험한 것이네요. 그리고 담요를 집어서 뭔가를 할 생각을 했습니다. 그 이후에 어떤 일이 일어났는지 설명할 수 있을까요?

참가자2 저는 일어나지 않기로 했어요. 다른 사람을 방해하고 싶지 않았으니까요.

지도자 네. 처음에는 일어나려는 생각이 당신 마음에 들어왔습니다. 그러고 나서는 다른 사람을 방해하지 않으려고 일어나지 않는 게 좋겠다고 생각했습니다. 흥미롭군요. 그러고 나서는 어땠나요?

참가자2 끝까지 누워서 그곳에 머물러 있었어요. 제 마음에는 '춥다.'만 있었어요. 즐거운 경험은 아니었어요.

지도자 마음에 '춥다.'만 있었군요. '이것은 춥다는 감각이다. 그리고 이것들은 추위에 대한 나의 반응이다.'라는 감각을 알아차린 순간이 있었을까요?

참가자2 아니요. 솔직히 말해서, 그 순간 저에게 그 어떤 좋은 게 있었는지 모르겠어요.

이 사례들에서 참가자는 마음챙김에 대한 개방성이 부족하여 자기 경험과 반응에서 벗어나기 어려웠다. 다음에는 다를 수도 있고 전혀 다르지 않을 수도 있다. 우리는 지도자로서 이를 그대로 두고 참가자가 여전히 계속해 나갈 수 있도록 지지할 수 있을까? 참가자에게 과정을 믿도록 요청한 것처럼 우리도 이런 상황에서 그 과정을 믿을 수 있을까?

주의를 분산시키는 기법

탐구를 하는 동안 참가자는 명상을 위한 올바른 자세, 방석을 사용하는 것과 의자를 사용하는 것의 차이와 바디스캔을 하는 동안 움직임이 허용되는지, 마음속으로 이름 붙이는 것과 생각하는 것이 같은지, 알아차림의 전경에 정확히 무엇이 있는지, 숲에서 걸으며 명상하는 것이 괜찮은지, 실습이 특정 불교 전통과 어떻게 관련이 있는지, 손을 모으고 앉는 게 나은지 아니면 손바닥을 위로 향한 채로 앉는 게 나은지 등을 물어본다. 이런 질문은 기법 쪽으로 편향된 탐색 질문이다. 이는 참가자가 수행을 장애물로 경험하고 있거나 수행과 맞서 싸우고 있음을 암시한다. 어떤 경우에는 적절한 대답으로 그 장애물을 즉시 없애 줄 수 있다. 그러나 대부분 단지 적절한 대답이 없거나 적절한 대답을 알지 못하므로 없애 줄 수 없다.

기법에 관한 대답은 매우 지엽적인 부분이며 수행과 수행의 도전으로부터 참가자의 주의를 분산시키기에 대개 최선의 선택이 아니다. 게다가 때로는 기법에 관한 질문이 완벽주의나 의심 같은 더 깊은 장애물을 은폐하거나 감춘다.

경험에 따르면 기법에 관한 질문에 간단명료하게 대답해 줄 수 있으면 그렇게 하는 게 좋다. 만약 그렇지 않다면 대답하려는 시도조차 하지 않으며 그렇게 할 것임을 분명히 한다. 그런 다음 '이 질문이 얼마나 중요한가요?', '그 질문을 불러일으킨 동기는 무엇인가요?'와 같이 그 주제를 포괄하는 더 넓은 맥락을 다루도록 해야 한다. 마지막으로, 필요하다면 그리고 가능하다면 참가자가 수행으로 돌아오도록 지지를 제공해야 한다.

이런 문제는 흔히 발생하므로 바로 앞에 설명했던 응답 방식, 즉 기법에 관한 질문에 기법에 관한 답하기, 질문의 상대적 중요성 언급하기, 질문의 기저에 있는 동기나 주제를 확인하고 탐색하기 등에 관해 상세히 논의할 것이다.

기법에 관한 질문에 기법에 관한 답하기

기법에 관한 답을 할 때는 "바닥에서 명상하는 것은 동양의 전통에서 유래한 관습입니다."처럼 참가자가 나아가는데 필요한 정보로만 대응을 국한해야 한다. 또한 "바닥에 누워서 하면 뒤통수가 아플 수 있으니 베개를 받치세요." 또는 "호흡에 집중할 때 호흡이 불규칙해지거나 빨라지면 두려움을 느낄 수 있습니다. 하지만 실제로 위험하지는 않습니다. 질식하지 않습니다."처럼 실용적으로 대답해야 한다.

기법의 경계를 정하고 목적을 설명할 때는 가능한 한 명확하게 해야 한다. 다음처럼 지시적으로 하는 것도 괜찮다. "통증을 느끼거나 불편하면 자세를 바꾸세요. 그건 아무런 문제가 되지 않습니다. 이건 고행이 아닙니다. 이를 의식적으로 선택하는 한 이것도 명상의 일부입니다."

또한 지도자의 능력에 한계가 있음을 분명히 해야 한다.

저는 물리 치료사가 아니고 그 분야의 전문가도 아닙니다. 저는 그 점에 유의할 것입니다.

저는 깨달음이 무엇인지 모릅니다. 저는 마음챙김이 무엇이며 그것을 어떻게 수행하는가에 대한 어떤 견해를 가지고 있을 뿐입니다. 저는 그 외 다른 것에 대해서는 많이 알지 못합니다.

불교에서는 틀림없이 그것에 의미를 부여하겠지만 저는 실제로 불교를 공부하지는 않았습니다.

저는 당신이 고통을 느끼면서 계속 진행하는 것이 유익한지 확신할 수 없습니다. 스스로 탐색해 보고 만약 어떤 의심이라도 들면 하지 않아도 됩니다. 우리는 더 나빠지려는 게 아니라 더 나아지기 위해 이곳에 있습니다.

때로는 우리가 특히 흥미를 갖고 있던 분야나 자기 전문 분야에 해당하는 기법에 관한 질문이 나올 수도 있다. 이런 경우에는 더 자세히 설명할 수 있다. 예를 들어 만약 당신이 물리 치료사라면 위빠사나 지도자, 요가 지도자, 심리 치료사와 달리 자세에 관한 질문에 대답할 수 있다. 훈련에 자기 전문성을 가져오고 참가자는 이를 안다. 게다가 우리의 개인적인 열정과 흥미를 전달하는 것은 훈련에 가치를 더한다. 단, 반드시 의식적이고 사려 깊은 방식으로 그렇게 해야 한다. 우리의 전문 분야로부터 너무 많은 정보를 가져다 제공하면 참가자는 마음챙김 수행이라는 훈련의 핵심에서 주의가 분산될 수 있다.

질문의 상대적 중요성 언급하기

참가자는 기법의 중요성을 과대평가하는 경향이 있다. 그럴 때는 참가자가 제기한 문제가 수행과 관련하여 더 넓은 관점에 들어맞는 지점을 가리켜야 한다.

많은 사람이 바닥에 놓인 방석에서 명상하는 것을 선호합니다. 이는 평상시 자세로부터 전환을 가져오고 안착되는 느낌을 줄 수 있습니다. 하지만 의자에 앉은 채 명상해도 좋습니다. 어떤 자세가 명상을 위한 마음가짐을 가장 잘 뒷받침하는지 탐색하는 것은 당신에게 달려 있습니다.

외형과 지시가 가장 중요한 것은 아닙니다. 이는 단지 제안일 뿐입니다. 당신에게 어떻게 도움이 되는지는 직접 살펴보세요. 그것 말고는 외형과 지시에 대해 그리 많이 생각하지 않아도 됩니다.

명상 지시를 너무 많이 생각하기 시작한다면 그 지시는 당신에게 도움이 되는 지시는 아닐 수 있습니다. 어쩌면 그 지시는 필요하지 않다는 것을 의미합니다. 지시가 장애물이 되어서는 안 됩니다.

지시가 강박 관념이 되는 순간 중요한 점을 놓치게 됩니다. 그러면 분투하기 시작하고 마음챙김 자세를 잃게 됩니다. 그런 일이 생기면 어떻게 자신을 편하게 해줄 수 있을지 살펴서 다른 경험과 마음챙김을 위한 공간을 되찾아 보세요.

기법에 관한 질문의 기저 동기를 탐색하기

참가자가 수행을 제대로 하고 있는지 확신이 없을 때 기법에 관한 질문을 하는 경우가 많다. 이는 수행을 그만두게 만드는 '큰 의심'은 아니지만 수행 내용을 의심한다는 의미로 '작은 의심'이라 부를 수 있다. 때로는 완벽하게 하거나 통제하려는 열망이 기법에 관한 질문의 기저에 있다. 이런 경우 참가자는 지시에 지나치게 집중하고 정확히 무엇을 해야 하는지 궁금해하며 일부 단어나 기타 여러 가지가 무엇을 의미하는지에 집착한다. 이 모든 것은 인지적 방식으로 수행하려고 분투하는 함정으로 이어진다.

아래 질문으로 무엇이 특정 기법에 관한 질문을 유발했는지 알아보아야 한다.

명상 중에 이 질문이 떠오르는 것을 알아차렸나요?

이 질문을 하기 전에 특정 경험이 있었나요?

그 경험을 어떻게 다루었나요?

떠오른 질문을 어떻게 다루었나요?

다음은 더 구체적인 예시이다.

참가자　바디스캔 중에 움직여도 괜찮나요?

지도자　그 질문이 수행 중에 떠올랐나요?

참가자　저는 다리를 가만히 두기 힘들어요. 다리를 움직이지 않으려고 애를 썼어요.

지도자　그건 마치 다리가 스스로 움직이길 원하는 것처럼 들립니다.

참가자　전 그렇게 느꼈어요.

지도자　그리고 그때 움직이지 않으려 애를 써야만 한다는 생각이 들었나요?

그 뒤 바디스캔을 하는 동안 가만히 있기 힘들다고 느낄 수 있다는 정보를 제공해 줄 수도 있지만 그것보다 이런 현상이 마음챙김 수행의 일부라는 점을 짚어 주는 것이 더 중요하다. "방금 자신이 설명한 것을 알아차렸다면 그것이 바로 마음챙김의 모든 것입니다. 마음챙김은 그 경험과 그 경험 후 이를 어떻게 의식적으로 관련지을 수 있는지 살펴보는 것입니다. 이것이 수행입니다."

교훈적 제시로 이어지는 기법에 관한 질문

기법에 관한 질문에서 마지막으로 고려할 사항은 때로는 이 질문이 교훈적인 주제로 이어질 수도 있다는 점이다. 교훈적 제시에 관한 주제는 5장에서 다룰 것이다. 지금은 질문을 통해 때때로 자연스럽게 교훈적 제시로 넘어갈 기회를 가질 수 있다는 점만 기억하면 된다.

지도자　때때로 당신은 명상의 외적 측면에 많은 시간을 보내고 있음을 발견할 수 있습니다. 이는 해야 하는 '무언가'로 쉽게 변할 수 있습니다. 마치 올바른 형태를 갖췄을 때만 올바르게 할 수 있다고 여기는 것처럼요. 명상 중의 안내는 항상 특정 형태와 은유가 들어있는 제안입니다. 거기에는 이유가 있습니다. 우리는 대부분 사람에게 이런 제안이 도움이 됨을 경험으로 배웠습니다. 하지만 특정 형태나 은유가 당신에게 맞지 않을 때는 의식적으로 자신만의 방법을 찾아야 합니다. 이 또한 마음챙김을 수행하는 것입니다.

훈련에 관한 의심 표현

사람에 따라 처음에는 훈련을 거의 신뢰하지 않기도 한다. 그러나 그런 사람이 프로그램에 의심의 이점을 제공하고 이는 적당한 출발점이 될 수 있다. 사전 면접 동안 그들은 과정이 종료되어 실험이 끝난 후까지 어떠한 판단도 미루겠다고 다짐한다. 그런데도 이런 참가자에게는 해결되지 않은 중요한 질문이 훈련 현장에서 맴돈다. '마음챙김이 나에게 맞나?', '이게 나에게 무슨 소용이지?'

그들은 훈련을 마치고 나서야 결론을 끌어낼 수 있다. 중간쯤 진행했거나 자기 욕구에 맞게 실험을 조정했을 때는 올바른 결론을 내릴 수 없다. 그러므로 중간에 의심을 다루는 것은 생산적이지 않다. 한 가지 예외는 현실적인 이유로 의심이 시작된 참가자를 다룰 때다. 예를 들어 질병이 생겼거나, 가족 문제를 돌보아야 하거나, 몸 상태가 상당히 악화되기 시작한 경우이다. 이러면 어떻게든 프로그램을 조정할지 혹은 중단하는 것이 나을지 결정하기 위해 참가자와 개별적으로 훈련을 평가하는 것이 논리적이고 종종 이렇게 하는 것이 필요하기도 하다.

다른 모든 참가자에 대해서는 훈련에 관한 의심을 차가 고장 난 것처럼 대하는 것이 좋다. 참가자가 여행을 계속하려면 어떻게 해야 할지 살펴보아야 한다. 필요한 경우 타이어를 때우거나 교체해서라도 여행을 계속하도록 방향을 조정해야 한다. 다음과 같은 훈련 효과에 대한 참가자의 의심을 경계해야 할 때가 종종 있을 것이다.

이건 아무 도움이 안 돼요. 다른 사람들은 어떤지 궁금해요.

여전히 어떤 변화도 알아차리지 못하고 있어요.

만약 효과가 없다면 해 볼 수 있는 다른 수행도 있나요?

이러한 질문은 그 내용은 매우 다양하지만 메시지가 같다. "제가 희망했던 대로 저에게 작용하지 않아요. 이제 어쩌죠?" 질문을 존중하면서 기저에 있는 의심을 확실하게 다루어야 한다.

참가자   우리가 정말로 이걸 왜 해야 하나요?

지도자   좋은 질문이기에 더 깊이 들어가 보고 싶습니다. 그러나 그 질문 못지않게 흥
         미로운 부분은 그 질문이 어디서 나오는지 살펴보는 것입니다. 그것에 대해 좀
         더 말씀해 주시겠어요?

먼저 질문 내용의 중요성을 인정한 다음 그 기저에 있는 동기로 이동해야 한다.
질문 내용으로 먼저 들어가 볼 수도 있다.

지도자   우리가 이것을 하는 이유는 전통적으로 행선도 좌선과 똑같이 중요한 수행으
         로 간주하기 때문입니다. 참가자가 이런 형식에 익숙해질 수 있도록 일종의 변
         형으로 제공한 겁니다. 나중에 선호하는 자기만의 도구 세트를 스스로 엮을
         수 있도록 하기 위해 이 짧은 시간 동안 일종의 도구상자처럼 많은 다양한 훈
         련을 제공할 겁니다. 그러나 저 또한 질문이 있습니다. 이런 의문이 든 이유가
         무엇인가요? 왜 그것이 마음에 떠올랐나요?

만약 참가자가 기저의 의심에 대한 통찰을 갖는 데 도움이 된다면 약간의 설명으
로 대답을 구성할 수도 있다.

지도자   비판적인 마음에 귀를 기울이는 건 전적으로 괜찮지만 그렇게 할 때 그것을 알
         아차릴 수 있어야 합니다. 의심에 귀를 기울이는 이유가 무엇일까요? 그 순간
         이 정말 평가하기에 좋은 순간인가요? 아니면 알지 못하는 상태라서 불편함이
         느껴지기 때문일까요? 아니면 당신 뜻대로 되지 않아서 그런 걸까요? 의심을
         믿고 받아들이기보다 도약해서 장애물을 극복하면 아마 더 많은 것을 가져다
         줄 것입니다.

가짜 친구들에 의한 혼란

불교 전통에는 마음의 힘 혹은 사무량심(四無量心)으로 알려진 자애(慈), 연민
(悲), 더불어 기뻐함(喜), 평온(捨)이라는 네 가지 특성이 있다. 이 특성들은 우리가
계발할 수 있고 머물 수 있는 마음의 상태이다. 이런 이유로 이를 '거룩한 머묾'이라는
의미를 지닌 범주brahmavihara(梵住)로 부르기도 한다.

이를 이용하여 자신의 길을 찾을 때 현혹되기 쉬운 부작용이 있다. 이들 각각은
가진 힘이 유사하지만 바람직하지 않은 마음 상태인 이기적 사랑, 동정pity, 이기적 기

쁨, 무관심으로 오인될 수 있다. 이들은 치유적이지 않고 오히려 해롭다. 불교 전통에서 '가까운 적'이라 부르는 이들은 진정한 마음의 힘으로 가장한다. 나는 '적(敵)'이라는 용어가 다소 심하다고 생각해 '가짜 친구'로 부르기를 선호한다.

의심과 마찬가지로 가짜 친구들도 참가자를 옳은 길에서 벗어나도록 이끌 수 있다. 마음챙김 수행을 지속하면 대개는 혼란이 해소되고 건강한 마음 상태로 이끌리게 된다. 그런데도 때로는 의도치 않게 건강하지 않은 마음 상태를 키우는 것으로 끝난다. 이런 마음 상태는 참가자가 올바른 길로 가고 있다고 생각하는 바로 그 순간 그들의 명료함을 방해한다. 이것은 마음챙김의 자기 교정 능력을 약하게 만든다.

숨어 있는 이기적인 관심으로 가짜 친구들을 인식할 수 있다. 연민과 대조적으로 동정은 다른 사람을 내려다보게 하고 자아를 팽창시킨다. 평온과 달리 무관심은 자기 중심주의에 의해 채워진다. 그리고 자애나 더불어 기뻐함과 달리 이기적 사랑과 이기적 기쁨은 기본적으로 개인의 자아나 관심사를 채운다. 예를 들면 분리 불안을 덮기 위한 사랑이나 다른 사람의 성공에 순수한 기쁨을 느끼기보다 다른 사람의 성공이 자신에게 어떤 이익이 되는지를 기준으로 기쁨을 느끼는 것 등이 있다.

마음챙김 훈련에서는 종종 마음챙김의 기초를 형성하는 일곱 가지 태도를 언급한다. (이 장의 시작 부분에서 제시한) 이러한 태도에는 각각 상응하는 가짜 친구가 있다. 그것들의 특성을 면밀하게 살펴보면 마음챙김에 도움이 되지 않음이 드러나고 마음의 행동 모드의 특징을 보인다.

마음챙김 태도	가짜 친구
비판단	무관심
인내	고집스러움
초심	순진함
신뢰	자유분방함
애쓰지 않음	목적 없음
수용	단념 또는 극기
내려놓기	붕괴

무관심, 목적 없음, 단념이 마음의 행동 모드의 특징으로 뽑힌 이유가 궁금할 수도 있다. 그 이유는 이것들이 행위와 달성한 결과에 의해 촉발된 마음의 행동 모드의 다른 측면을 표현하기 때문이다.

기본적으로 이 모든 가짜 친구들과 함께하게 되면 마음의 존재 모드의 관점에서 기인한 단어들이 마음의 행동 모드로 옮겨가게 된다. 그러면 존재 모드의 목적은 사라지고 판단과 경직에 이르게 된다. 마음챙김 태도를 각각 상응하는 가짜 친구와 혼동하는 위험은 특히 습관적으로 자신에게 엄격하고 비판적인 사람에서 크게 나타나는 듯 보인다. 그들은 행동 모드의 흑백논리에 대한 대안에 그리 개방적이지 않다. 열심히 하는 것 아니면 실패밖에 없다.

가짜 친구의 또 다른 예는 친절과 상냥함을 욕망의 만족과 혼동하는 것이다. 이런 혼동이 일어나면 아래의 참가자 말에서 알 수 있듯이 자신을 돌보는 일이 짧은 순간 동안 기분을 좋게 해 주는 무언가를 탐닉하는 것으로 바뀐다.

지난주에는 저 자신을 잘 돌보았어요. 그리고 수행은 너무 어렵게 느껴져서 하지 않았어요.

만약 제가 저 자신에게 친절하다면 저는 그냥 일하러 가지 않을 거예요.

만약 참가자에게서 이런 혼란을 감지한다면 이를 다루기 위해 어느 정도 시간을 갖는 것이 중요하다.

지도자　좋은 기분을 느끼려고 행동하는 것과 당신에게 좋은 행동을 하는 것 사이에는 차이가 있습니다. 자신에게 무엇이 좋은지 스스로 묻고 멈추어 생각해 보면 처음 반응과는 다른 답을 얻게 될 가능성이 높습니다. 그러면 피상적인 저항 또는 즉각적인 만족을 향한 욕망과 장기적으로 자신에게 좋은 것과의 차이를 알 수 있습니다. 비록 후자가 가장 행동하기 쉬운 선택이 아닐지라도 말이죠. 오직 당신만이 이것을 알아낼 수 있습니다. 그리고 더 깊은 앎에 연결함으로써 이를 해낼 수 있습니다. 그러면 그 과정에서 경직되거나 굳어 있지 않으면서 자신에게 좋은 것을 행하는 에너지를 찾을 수 있는지 살펴볼 수 있습니다. 자신에게 무엇이 좋은지 살펴보는 법을 배우는 건 그 자체로 마음챙김 수행입니다.

이해받지 못하는 느낌

휴식, 공간, 안전 같은 조건 외에도 배움을 위해 준비해야 하는 또 다른 기본 조건은 이해받는 느낌이다. 이해받지 못할 때, 위축되거나 경계하는 경향이 생김을 때때로 느꼈을 것이다. 심지어 나쁜 뜻이 전혀 없는 대화에서도 이해받지 못한다고 느끼면 매우 감정적인 반응을 불러일으킬 수 있다.

우리가 참가자에게 친밀한 관심을 보일 때 그들은 이해받는다고 느낄 것이다. 그렇다고 각 참가자를 30분마다 개별적으로 점검해야 한다는 뜻은 아니다. 핵심은 반드시 아무도 제외되지 않도록 하고 개인적으로 주의를 기울여야 하는 참가자에게는 그 순간에 주의를 기울이는 것이다. 즉 우리는 누군가가 초조한 듯 움직이는 소리를 들으면서 알아차릴 수도 있고 단순히 우리의 레이더가 집단 구성원의 긴장을 눈치챌 수도 있다. 하지만 개인에게 집중하는 동시에 나머지 집단 구성원에게 일어나는 일에 대해서도 이중으로 초점을 유지해야 한다.

탐구 중 힘들어하는 어떤 사람을 알아차리게 되면 짧게 눈을 마주치거나 끄덕이거나 미소를 지을 수 있다. 그 사람의 어려움이 중요하다고 느껴진다면 나중에 그 사람에게 다시 돌아올 수도 있고 아니면 그 문제를 해결하기 위해 탐구를 멈출 수도 있다.

마를렌, 괜찮은가요? 당신에게서 많은 것이 일어나고 있다고 느껴집니다.

상당히 초조해 보입니다. 혹시 하고 싶은 말이 있는지 궁금합니다.

진행자 같은 역할로 참가자에게 개별적으로 주의를 기울일 수도 있다. "존, 당신은 어떤 경험을 했나요?" 조용한 성향의 참가자에게도 반드시 의견을 구해야 한다. "아직 말을 하지 않은 사람에게서 들어봅시다. 페트라, 가능할까요?"

또 다른 고려 사항은 그리 대단치 않은 경험에도 가치를 부여하는 게 중요하다는 것이다.

참가자　　제가 한 경험은 그리 특별하지 않았어요.

지도자	어쨌든 우리가 그것을 함께 살펴봐도 괜찮을까요? 종종 인상 깊은 경험이 초반에 나올 수 있어요. 그러고 난 후 처음에 그리 특별하게 보이지 않는 경험에 대해서는 공간을 만드는 것을 잊어버리지요. 그런 경험 또한 흥미로울 수 있음에도 불구하고 그냥 지나칠 수 있어요.

참가자가 이해받는 느낌이 들게 도울 수 있는 또 다른 접근법은 칭찬하거나 지지하는 말을 하는 것이고 심지어 도전하는 말도 도움이 된다.

잘 말했어요. 그 많은 것을 간단하게 말해 주었네요.

그건 쉽지 않습니다. 당신 말에 전적으로 동의합니다.

힘을 내요! 당신도 명상을 했어요, 그렇죠? 그걸 들어봅시다!

존중하는 태도를 보이는 것도 이해받는 느낌이 들게 돕는 한 방법이다. 허락을 구하고, 지도자의 해석에 대한 확인을 요청하고, 참가자의 노력과 열린 자세에 감사를 표하며 존중을 나타낼 수 있다.(이 장 뒷부분에서 이를 자세히 설명할 것이다.)

결국 우리가 진정한 관심과 열린 자세를 전달하는 몸짓과 언어의 조합으로 대할 때 참가자는 이해받았다고 느낄 것이다. 짧은 순간일지라도 진정으로 누군가를 위해 존재한다면 놀라운 효과를 경험할 수 있다. 그것은 잠시 자신의 상황과 자기 존재 안에서 이해받는 느낌이 들도록 돕는다. 또한 휴식과 지지를 제공하고 참가자에게 활기를 불어넣을 수 있다. 이런 방식으로, 이해받는 느낌은 훈련에 관한 새로운 헌신과 마음가짐을 가능하게 한다.

예상치 못한 사건

훈련은 진공 상태에서 진행되는 것이 아니다. 재가수행은 어쩌면 옆집에서 벽에 구멍을 뚫는 소리가 들리는 것처럼 예상치 못한 소리로 번잡할 수 있다. 예상치 못한 사건은 집단 회기의 진행 과정에도 영향을 줄 수 있다. 이러한 사건은 참가자가 넘어지거나 다치는 것과 같은 구체적인 사건부터 집단 외부 혹은 내부에서 발생하여 구성원의 감정에 영향을 주는 무형의 사건에 이르기까지 정말 다양한 형태로 나타날 수 있다.

예를 들어 참가자는 이전 외상 기억과 만날 수도 있다. 특히 민감한 구조로 이루어진 탐구를 하는 동안 우리는 '그 사건을 어떻게 다룰 것인가?'라는 질문과 마주하게 된다. 그것을 과정에 통합시킬 것인가? 그렇게 하지 않을 것인가? 통합시킨다면 그 과정은 어떻게 진행하고 원래 프로그램으로는 어떻게 되돌아갈 것인가?

실체적 사건

일반적으로 예상치 못한 구체적 사건을 다루기는 어렵지 않다. 해결책은 종종 주위의 실제 환경에서 찾을 수 있다. 전화벨 소리, 양탄자 위로 떨어지는 컵, 창밖에서 지저귀는 새, 밖에서 울려 퍼지는 경찰차 사이렌 소리, 화재경보기 울리는 소리, 누군가가 의자를 접는 소리 등 이런 모든 사건은 주의를 수행에서 잠시 벗어나게 만든다. 비록 프로그램 진행이 몇 분간 늦춰질 수도 있지만 집단 구성원의 자연스러운 반응을 따라가면서 다시 주의를 부드럽게 회기 주제로 되돌려 올 수 있는 격식에 얽매이지 않는 방법을 찾아보면 된다. 회기로 돌아올 때 짧은 휴식을 갖고 전환할 수도 있다.

감정적 사건

예상치 못한 감정적 사건을 다루는 것은 좀 더 복잡하다. 이런 상황에서는 종종 참가자나 집단 구성원의 요구를 민감하게 느끼는 것이 중요하다. 좀 더 확장된 예로 설명해보면 회기 초반에 탐구를 시작하려는 상황에서 누군가 이렇게 말했다고 해 보자. "전 지금 여기 있지만 여기에 온 게 잘한 일인지 모르겠어요. 여기에 더 머물 수 있을지 모르겠어요. 어제 일 때문에 정말 화가 나요."

이 예상치 못한 상황을 평가할 수 있는 시간은 별로 없지만 여러 의문이 들 것이다. '그녀가 여기에 온 것이 정말 좋은 일이었나? 그녀가 말한 걸 다루어야 하나? 그렇다면 그 일이나 감정에 관해 물어봐야 하나? 계획했던 프로그램에는 어떤 영향을 미칠까?' 예상치 않은 상황에 대한 자신의 반응을 알아차리고 잠깐 시간을 가져야 한다. 주어진 상황에서 최선의 방법은 대개 저절로 생긴다.

앞 사례를 계속 이어가자면 이 참가자가 임신 사실을 알게 되어 너무 행복했다고 말하는 모습을 상상해 보자. 그녀는 너무 흥분해서 직장에 있는 모든 사람에게 말했다. 이 소식이 상사에게 전해졌을 때 상사는 그녀를 해고했다. 그녀는 눈물을 흘리며 힘겹게 이야기를 이어간다. 다른 참가자들은 연민을 표현하고 방 안에 정적이 흐른다.

그러는 동안 더 많은 생각, 질문, 고려 사항이 우리의 머릿속에서 소용돌이친다. 이 이야기 속으로 깊게 빨려 들어가지 않으면서 지지해 줄 수 있는 말은 무엇일까? 어떻게 하면 이 사건이 회기 전체를 지배하지 않게 하면서 올바로 다룰 수 있을까? 그 순간 다른 참가자들이 보인 연민을 어떻게 함께 다룰 것인가? 이 사건에 어느 정도 비중을 두는 게 좋을까? 원래 주제와 무관한 이 사건이 회기를 주도할 것인가?

"좋은 소식이네요! 그리고 상사로 인해 감당하기 어려운 반응도 있군요."라며 감정을 확인하는 것이 첫 단계일 수 있다. 또한 "그렇게 해고되는 것이 꼭 이야기의 끝이 되라는 법은 없죠."라고 하며 너무 깊게 들어가지 않고도 그 이야기를 다루는 시작을 만들 수 있다.

물론 집단의 반응도 있을 것이고 이 또한 다루어야 한다. 누군가는 임신했다고 해고하는 것이 불법이기에 맞서야 한다는 식으로 이야기의 세부 사항을 언급할 것이다. 몇몇은 애정 어린 제안을 하거나 도움을 줄 수도 있다. 또 다른 이는 비슷했던 경험을 나눌 수도 있다. 이 모든 반응은 감정과 전념에서 나온 것이다.

이제 지도자 또는 집단 구성원의 질문이나 의견에 대한 대답으로 그 참가자가 더 상세한 이야기를 꺼내는 상황을 상상해 보자. 그러나 그렇게 하는 건 그녀가 실제로는 그 경험을 처리할 필요를 느끼지 않음을 보여 준다. 마침내 당신은 논의를 줄이고 계획된 주제로 대화를 옮기는 것이 그 참가자를 버리는 게 아니라는 점을 알게 된다.

지도자	그렇게 이 모든 일이 벌어졌군요. 그리고 오늘 저녁에도 여전히 훈련에 나오기로 결심했고요. 그런데 무엇이 훈련에 나오도록 결심하게 했나요?
참가자	저는 '어쩌면 지금 당장 내게 필요한 건 이것이야. 집에 있으면 벌어졌던 일들만 떠올리게 될 거야.'라고 생각했어요. 그리고 스트레스 받는 상황을 다루는 더 나은 방법을 배우기 위해 이 훈련에 등록했다는 사실도 떠올렸어요. 이 프로그램을 포기하고 싶지 않았어요. 오늘 밤 어떻게 되는지 한번 보려고요. 만약 그렇게 할 수 없다면 집에 일찍 갈 겁니다."
지도자	와줘서 기쁩니다. 당신에게 좋은 것을 자유롭게 선택하세요. 집에 일찍 가는 게 맞다고 느껴지면 중간에 가도 됩니다. 또한 그 이야기를 꺼낸 것도 기쁩니다. 그렇게 한 덕분에 그 이야기를 이 자리에서 제외할 필요가 없어졌습니다.

그 일을 지금 여기 이 집단 안에서 그리고 이 훈련의 주제와 함께 연결해 볼 수 있을 겁니다. 감사합니다.

그런 다음 그날의 프로그램 내용에 들어가기 전에 그 참가자와 전체 집단 모두를 빠르게 확인하라.

지도자　지금은 어떻습니까?
참가자　시작할 준비가 되었어요.
지도자　다른 분들은 어떻습니까?

앞선 예의 상황에서 우리가 사건을 통제할 수 있는지를 생각해 보아야 한다. 일어난 일을 지휘할 수 있는가? 그렇기도 하고 그렇지 않기도 하다. 그 참가자나 집단의 감정과 요구를 통제할 수 없었다. 그러나 진행자로 존재하며 그 사건이 마음챙김 훈련 환경 안에서 전개될 수 있도록 하였다. 역설적으로 들릴지 모르지만 이는 때때로 지도자가 잠시 비켜서서 지도를 멈춰야 함을 의미한다. 그렇게 해야 앞의 예처럼 특정 순간에 지도자가 방향을 제시할 수 있게 된다.

지도자를 움직이는 힘은 무엇이었나? 아마도 그 참가자에게 이야기를 물어보고, 집단에게 대응할 공간을 주고, 그리고 나서 프로그램으로 관심을 돌릴 적절한 순간을 선택하는 것이었다. 그러나 이것 중 어떤 것도 지시하지 않았다. 궁극적으로 그것은 사건의 흐름 속에서 무엇이 나타나는지를 보고, 우리 내면에서 일어나는 어떤 행동이나 말에 대한 경향을 알아차리고, 이런 경향을 우리의 실용주의적 의식과 비교하여 확인하고, 우리가 적합하다고 생각하는 대로 반응할 적절한 순간을 찾아내고, 그 후 그렇게 실행하는 것이다. 때로는 이미 다른 사건이 벌어졌기에 실행하지 않을 수도 있다. 그리고 이 모든 일이 일어난 뒤 또 다른 선택 사항들이 스스로 나타날 것이다.

외상과 작업하기

예상치 않게 일어나는 또 다른 유형의 감정적 사건은 참가자가 외상과 연관된 감정 또는 경험과 연결될 때 나타난다. 심지어 훈련 전 인터뷰에서 다루어졌더라도 그렇다. 외상은 거대한 '위험' 표시가 붙어 있고 굳게 잠긴 문처럼 느껴질 수 있다. 그러나 외상은 그 사람 삶에서 중요한 경험이기에 개인의 반응 패턴을 알기 위한 노력에서 무시할 수 없다. 따라서 이 절에서는 외상 발생 기전에 대한 약간의 배경지식을 제공하고 훈련의 일부로서 (제한적인 수준에서) 외상 작업을 하는 방법에 대해 논의할 것이다. 또한 어떤 종류의 지원을 제공할지에 대해 조언할 것이다.

건강한 생존 반응의 부산물

외상이란 한 개인의 정신-신체 체계가 위협이라고 여겨서 차단해 버린 경험이다. 외상 반응은 대처할 수 없는 현실에서 그 사람이 무너지지 않도록 지켜주므로 그 자체로는 건강하다. 외상 경험을 따로 떼어 마음속 구석진 방에 고립시키고 잠그면 그 사람은 기본적으로 이 작은 방의 존재를 무시한 채 앞으로 나아간다.

당신은 잘 준비된 상태, 예를 들어 사건이 지나간 후 조용하고 안전한 환경이 되면 즉시 외상 처리 과정을 시작할 걸로 예상할지도 모르겠다. 하지만 이런 일은 일어나지 않는다. 사람은 계속해서 외상을 피한다. 그것은 마치 문 뒤에 무엇이 숨어있건 그것이 삶을 위협한다고 배웠으므로 그 작은 방의 문이 계속 잠겨 있어야 한다고 여기는 것과 같다. 자물쇠가 철컥거리거나 심지어 문에 가까이 가기만 해도 마치 위협이 여전히 실제로 존재하는 것 같은 외상 느낌이 촉발되면서 강력한 혐오 반응이 일어난다. 문에 가까이 가지 않는 한 두려움을 느끼지 않을 것이다. 마치 존재하지 않는 것 같고 모든 것이 괜찮아 보인다. 하지만 그 방을 피하고 문을 잠가 두려면 에너지가 필요하다. 이것이 생존 반응의 대가다.

우리는 '외상'이라는 말을 들으면 전쟁 경험, 교통사고, 폭행, 성적 학대와 같은 큰 일을 생각하는 경향이 있다. 그러나 심각한 외상 반응은 친구들 앞에서 무언가를 하지 못하거나 회의나 파티에서 당혹스러운 경험을 하는 등 작은 일에 의해서도 일어날 수 있다. 물론 일반적으로 그런 경험이 그 사람의 안녕과 일상 기능에 큰 영향을 주진 않지만 그 기전은 같다.

외상을 다시 경험하더라도 죽지는 않는다. 그러나 충분한 준비 없이 외상이 다시 활성화되면 방어 반응이 전면적으로 재점화된다. 먼저 잠긴 방의 실제 내용을 탐색하는 것이 중요한데 그렇지 않으면 그 외상 기억의 영향만 확인하며 다시 외상을 입는다. 따라서 외상 치료에서 가장 좋은 접근은 그 사람에게 통제를 유지하고 있다는 느낌을 주는 안전한 무언가와 접촉을 유지하면서 천천히 단계적으로 방어 반응과 갇힌 에너지를 알게 하는 것이다. 이 안전 닻은 문을 조심스레 열었을 때 압도당하지 않게 하려는 의도이다. 이런 식으로 '안에 갇힌 비밀이 널 해칠 수 있으니 그 문에서 떨어져!'라는 두려운 메시지는 조금씩 중화된다.

마음챙김 훈련 시 외상 수용의 한계

외상 처리는 전문 치료 영역에 속하며 마음챙김 훈련의 영역이 아니다. 만약 훈련 참가 희망자가 외상의 영향으로 고통을 받고 있는 게 의심되면, 이는 방해가 될 수 있다. 마음챙김 훈련은 모르던 것을 드러내는 접근이다. 주의를 자기 안으로 돌리라는 지시를 하고 무엇이 나타나든 자신만의 방법을 찾도록 요청한다. 수행 동안 참가자는 자신이 나아가는 여정과 자기 관리에 책임을 진다. 이는 어느 정도의 자아 안정성과 자아 강도가 필요하다. 훈련 전이나 훈련 중 특정 참가자에게 외상이 있는 게 의심되면 직접 이런 우려를 전하고 다른 훈련이나 치료로 보내는 것이 가장 좋다.

그렇게 하더라도 참가자는 훈련 중에 여전히 과거 트라우마에 직면할 수 있다. 그것이 처리되지 않았던 주요 외상이라면 훈련 환경 안에서는 다루지 못할 수도 있다. 그 순간 가능한 한 최선을 다해 경험을 다룬 다음, 회기를 마친 후 이 집단에 계속 참여가 가능할지 혹은 다른 가능한 선택지가 있을지를 두고 참가자와 논의해야 한다. 외상은 참가자가 이전부터 어느 정도 알고 처리해 온 것일 수도 있고 비교적 가벼운 외상일 수도 있다. 이 두 경우는 마음챙김 훈련 맥락에서 외상을 다루는 방법을 찾아볼 수 있다. 그러나 이런 상황에서도 조심하는 것이 최선이다.

기본 규칙은 잠긴 문을 어떻게 다룰지, 또 그 문에 얼마나 가까이 다가가고 싶은지를 참가자에게 맡겨 참가자가 안전하다고 느끼게 하는 것이다. 이 한계에 도전하거나 압박을 가하면 압도당할 것 같은 두려움이 너무 커져서 결국 참가자가 떠난다. 어쩌면 실습을 한 번 빠지거나 아니면 훈련 전체를 그만둘 수도 있다. 또는 참가자가 억지로 반응할 수도 있는데 이는 압도당하는 느낌과 상당한 재외상화로 이끌 것이다.

반면 도전이 충분하지 않으면 참가자가 계속해서 그 문을 완전히 피해버리도록 이끌 수 있다. 따라서 일반적으로 마음챙김 훈련과 집단 과정 내에서 가장 좋은 방법은 참가자가 통제를 유지할 수 있도록 하면서 그 문에 접근하라고 완곡하게 초대하는 것이다. 참가자가 자유롭게 그 초대를 응하거나 거절할 수 있게 하고 안전한 환경을 외상 처리보다 우선하도록 한다. 어쨌든 참가자는 외상 치료를 받는 것이 아니다.

때때로 이는 우리가 외상을 피하거나 돌아가야 함을 의미한다. 또는 참가자가 특정 주제를 피하거나 특정 훈련에서 빠지는 것을 의미하는데 특히 강하게 느끼는 감정일수록 더욱 그렇다. 외상으로 고통받는 참가자는 훈련을 멈추어도 좋다. 외상을 다루는 방식에 따라 신중하게 탐색했고 아무것도 발견하지 못했는데도 이런 일이 일어났다면 우리는 할 수 있는 일은 다 했다는 것을 알게 될 것이다. 그 외상은 단지 훈련하는 그 시점에 맞춰 그 사람에게 찾아온 것이다. 훈련에 어느 정도로 참가했든지 간에 훈련은 그 사람에게 도움이 될 것이다. 아마 그에게는 다시 외상을 입지 않고 온화한 방식의 알아차림과 함께 외상에 다가가 본 첫 경험일 것이다. 그것이 치유를 향한 첫 걸음일 수도 있다.

걸음마 배우기

탐구의 영향에 대해서 말하자면 참가자가 극도로 민감한 영역의 경계를 꺼낼 때 우리가 할 수 있는 유일한 일은 지지와 안전을 제공하는 것이다. 더 많은 지지를 제공하면 할수록 참가자는 이 무서운 곳을 더 많이 탐색할 수 있다고 느낄 것이다. 참가자가 자신의 안전한 경계를 유지하도록 돕는 동시에 지지를 표현할 수 있는 몇 가지 방법은 다음과 같다.

당신은 항상 닿을 수 있는 단단한 닻을 가지고 있습니다. [편안한 무언가를 눈으로 보는 것처럼 닻을 구체화하라.] 파도가 당신을 닿을 수 없을 정도로 멀리 데려가도록 두진 마세요. 파도가 당신을 너무 멀리 데려가는 것 같으면 되돌아오세요.

언제나 가속 페달에서 발을 뗄 수 있음을 기억하세요. 예를 들면 눈을 뜨거나 몸을 조금 움직여 볼 수도 있고 호흡이나 자리에서 느껴지는 몸의 무게에 주의를 기울여 안전한 닻으로 되돌아갈 수 있습니다.

얼마나 오랫동안 그것에 머물 수 있는지 그저 지켜보세요. 그것만으로도 이미 대단합니다. 바로 외면해 버리지 않고 이 영역에 들어온 게 이번이 처음일 것입니

다. 단지 거기에 머무는 것만으로도 조금씩 그것을 다룰 수 있는 것입니다.

아기가 한 걸음 한 걸음 옮기듯 매우 조심스럽게 움직이세요. 당신의 더듬이를 밖으로 내민 다음 오므리세요. 안전한 땅을 벗어나지 않고 물 온도를 재기 위해 발가락을 수영장에 담그는 것처럼요.

여기서 당신에게 자산이 될 수 있는 것은 무엇인가요? 그 힘든 영역 속에 있다고 상상해 보세요. 안전한 피난처로 사용하기 위해 어떤 이미지나 생각을 떠올릴 수 있을까요?

예상치 못함을 예상하기: 두려움 없는 현존

외상과 만나는 것을 포함하여 감정적인 순간이 지나가면 다양한 시나리오가 펼쳐질 수 있다. 그러나 훈련 맥락에서 가능한 변화 모두를 면밀히 검토할 필요는 없다. 사실 프로토콜이나 계획으로는 예상치 못한 것에 대비할 수 없다. 훈련이 예상치 못한 방향으로 흘러갈 때 따를 수 있는 정해진 방향은 없고 환경에 따라 미리 준비할 수 있는 선택도 없다. 예상치 못한 일에 대비하는 가장 좋은 방법은 준비하지 않음을 연습하는 것, 즉 열린 자세와 믿음을 연습하는 것이다.

어쨌든 우리는 인간일 뿐이며 민감성, 취약성, 반응성을 지니고 있다. 때때로 우리는 나중에 후회할 말이나 행동을 할 것이다. 이는 가르치는 과정에서 핵심적인 부분이다. 예상치 못한 사건에 대한 반응이 자신의 의도와 일치하지 않음을 깨달을 때 그 순간 그것을 능숙하게 다룰 기회를 얻는다. 예를 들면 나중에 그 사건으로 되돌아와 개입이나 대응을 통해 집단에 새로운 학습 순간을 제시할 수 있다. 모든 상황을 신중하고 진실하게 다루려는 의도를 지니는 것이 중요하고 정서적으로 취약한 순간에는 특히 진정성이 중요하다. 다시 말해 무엇을 하느냐가 아니라 어떻게 하느냐가 중요하다. 진실하다면 실수하더라도 예상치 못한 순간을 다루는 방식이 '잘못'되지는 않는다. 예상치 못한 사건에 우리는 언제나 모든 직관, 경험, 기술을 불러올 수 있다고 믿어야 한다. 그 믿음이 잭 콘필드가 말한 '두려움 없는 현존'(2008, p.99)으로 예상치 못한 사건에 맞설 수 있게 할 것이다. 그것이 최선의 준비다.

요약하면 예상치 못한 일을 다루기 위한 규칙은 딱 한 가지밖에 없다 시간을 우리편으로 만들어라. 예상치 못한 사건은 통제 욕구를 불러일으킨다. 통제 욕구로 인한 스트레스는 우리를 성급한 개입, 오래된 습관과 반응으로 되돌아가게 만든다. 항상 통제할 필요는 없다는 점을 명심해야 한다. 정말 그건 역효과를 낳을 수 있다.

그러니 속도를 늦추려고 노력하라. 이는 우리의 경향을 알아차리게 한다. 그리고 경향을 따라야 하는지 아니면 더 나은 선택을 찾아야 하는지를 알아차리기 위한 공간을 제공해 준다. 그리고 시간을 두고 보아도 명확해지지 않을 때 항상 들어맞는 매우 훌륭한 답변이 여기에 있다. "저는 지금 모르겠습니다."

피드백

탐구 도중 참가자는 때때로 프로그램이나 지도자에 대한 피드백을 제공한다. 피드백이 훈련 범위를 넘어서게 될 수도 있다. 따라서 엄밀히 말하면 피드백은 탐구의 일부가 아니다. 피드백의 특히 까다로운 측면은 지도자에게 개인적인 영향을 미쳐 반응성의 함정을 여는 것이다.

피드백이 탐구를 방해하는 방식

집단의 학습 과정 측면에서 회기 동안 피드백을 자세히 조사하는 것은 거의 도움이 되지 않는다. 참가자는 모든 요소를 갖춘 훈련에 이미 전념했다. 지도자는 전문성을 최대한 발휘하여 준비해왔고 지금은 가르침을 제공할 때이다. 우리가 무엇을 하고 어떻게 하는가에 관해 토론을 열면 지도자와 과정에 대한 참가자의 신뢰가 떨어질 수 있다. 그것은 또한 다른 참가자에게 평가를 시작하도록 초대하는 역할을 할 수도 있다. 이것은 탐구에 필요한 태도를 방해할 것이다.

그렇다고 탐구 중 피드백이 항상 부정적인 것은 아니다. 그것은 우리의 작업과 피드백 제공자의 과정에 가치 있는 정보를 담고 있을 수 있다. 따라서 우리는 아마도 작업에 관한 이러한 정보를 고려하고 싶을 것이다.

참가자	마지막 실습은 별로 좋지 않았어요. 저는 거기에 머물 준비가 되지 않았어요. 이전 실습 후 너무 빨리 진행되었어요. 이전 실습이 매우 강렬했고 여전히 제 마음속에 남아 있었거든요.
지도자	좋습니다. 당신에겐 그런 방식으로 작동했군요. 피드백을 주셔서 감사합니다. 그 부분을 고려하겠습니다.

이 짧은 대화에서 지도자는 피드백 제공에 감사를 표했지만 항상 그렇게 할 필요는 없다. 때로는 피드백에서 제공된 정보를 탐구의 시작점으로 사용할 수 있다. 앞의 예에서 지도자는 "당신은 거기에 머물지 못했다고 느꼈습니다. 어떤 경험으로 그것을 알아차렸나요?"라고 말할 수도 있다. 그러나 참가자의 말을 피드백으로 받아들인다는 점을 분명히 하지 않으면 방어적 인상을 줄 위험이 있다. 그러면 그 참가자 혹은 다른 참가자가 그 지점을 되풀이하여 말해야겠다고 느낄 수도 있다.

참가자1	그 실습들은 너무 가까이 붙어 있어요. 그렇게는 아무것도 못 하겠어요. 어쨌든 너무 빨랐어요.
참가자2	네. 저도 그랬어요. 그렇게 빨리 전환할 수 없어요. '왜 이렇게 할까?'라고 생각했어요. 주제도 너무 달랐어요.

논의가 이제 명백하게 피드백 자체에 관한 영역에 들어섰고 지도자도 그 수준에서 대응해야 할 것이다. 이를 방지하기 위해 언제나 피드백에 감사를 전하고 집단에게 논의에 들어갈 때가 아니라는 점을 분명히 해야 한다. 때에 따라 확실히 방어 전략으로 보이지 않을 거라 여겨지면 참가자가 표현한 근본적인 주제에 초점을 맞추어 피드백에서 바로 탐구로 돌아갈 수 있다.

긍정적 피드백

긍정적 피드백과 부정적 피드백 모두 우리에게 영향을 미칠 것이다. 피드백은 우리의 자아를 자극한다. 이 과정을 잘 알아차리고 능숙하게 다루는 것이 중요하다.

긍정적 피드백을 받으면 자아가 부풀어 오름을 느낄 것이다. 아마 그 주제를 확장하고 싶은 충동을 느끼거나 심지어 거기에 빠져들게 될 것이다. 하지만 우리가 칭찬을 강조하든 혹은 경시하든 그건 여전히 모두 우리에 관한 것이다. 결과적으로 우리는 칭찬의 다른 측면을 놓칠 수 있다. 예를 들어 칭찬은 그 사람이 칭찬하는 이유에 관해 많은 것을 말해 준다. 아마도 칭찬은 다른 감정을 피하거나 우리의 관심을 끌기 위한 시도로 행해질 것이다.

이렇게 칭찬의 이면을 살펴볼 수 있어도 칭찬은 여전히 탐색하기 어렵다. 칭찬은 탐구의 믿을 만한 시작점이 아니다. 왜 그런지 알기 위해 한 참가자가 "당신 목소리가 너무 듣기 좋네요."라고 말했다고 상상해 보자. 만약 우리가 "무엇이 당신의 경험을 기분 좋게 만드나요?"라고 말한다면 이는 자연스럽게 들리지 않는다. 그러므로 긍정적 피드백은 그 속으로 더 들어가지 않고 받아들이는 게 좋다. 간단한 감사 표시가 최선의 반응일 수 있다.

부정적 피드백

부정적 피드백은 긍정적 피드백보다 작업하기 더 어렵다. 우리에게 더 많은 영향을 미칠 뿐 아니라 집단을 긴장시킨다. "뭐가 잘못됐나요?", "제가 그것에 동의해야 하나요?", "선생님은 어떻게 반응하나요?"라는 말에 갑자기 모두의 신경이 곤두선다. "너무 천천히 말해서 졸려요." 같이 기법적 특성이나 훈련에 필수적인 특성과 관련된 피드백은 받아들이기가 그나마 쉽다.

피드백이 지도자, 프로그램, 참가자 중 어디로 향한 것인지 확실하지 않다면 구체적으로 묻기보다 그저 감사를 표하는 것이 좋다.

参가자　때때로 너무 빠르다고 느껴져요. 우리가 다음 주제로 넘어가는 동안에도 저는 여전히 선생님이 좀 전에 칠판에 썼던 주제를 처리하고 있어요. 아니면 저는 무언가를 말하고 싶은데 적절한 말을 못 찾아요. 그 순간이 지나고 나서야 찾아요.

지도자　피드백을 주셔서 감사합니다. 당신이 어떻게 경험하는지를 듣는 건 저에게 중요합니다. 그 점을 고려해 보겠습니다.

비판

때때로 피드백은 기술적인 말이 아닌 인신공격적인 말로 표현되는데 이는 비판적인 인상을 준다.

참가자1   수행하는 동안 입 좀 다물어 줄래요? 명상할 짬이 없어요.

이와 같은 피드백이 주어진다면 우리는 더 당황할 수 있고 피드백 주변의 내적 공간을 찾기가 어렵다. 만약 인신공격적인 비판으로 느껴진다면 집단이 알게 하라.

지도자   저에게 온갖 반응이 일어나고 있습니다. 지금은 무슨 말을 해야 할지 모르겠습니다. 저는 이를 충분히 이해하는 시간을 두고 나중에 다시 그것으로 돌아가 보겠습니다.

이런 응답으로 우리는 피드백을 받아들였고 그것을 진지하게 여김을 표현한다. 즉시 피드백으로 더 들어가거나 준비된 반응을 보일 필요가 없다. 비판이 우리에게 인신공격으로 다가오면 반응하기 전에 내적 공간을 만드는 시간을 가지는 것이 최선이다.

비판을 받을 때 때로는 다른 참가자가 도움을 준다. 다른 참가자의 반응은 비판이 서로 다를 수 있다는 점을 보여 주며 겉으로 드러나지 않은 집단의 긴장을 해소한다.

참가자2   네, 하지만 그 짜증은 아마 당신 문제에 좀 더 가깝지 않을까요? 저는 그런 문제가 전혀 없었어요.

참가자3   저도 그게 그렇게 나쁘다고 생각하지 않아요.

하지만 이런 지지에 주의해서 대응해야 한다. 이런 '도움이 되는' 의견에 기대면 우리의 자율성이 줄어든다. 또한 훈련에 관한 대화로 이어져 우리를 탐구로부터 더 멀어지게 할 수도 있다. 참가자들이 우리나 훈련에 관한 의견을 나누기 시작할 때 다시 지휘봉을 잡기 위해 너무 오래 기다리지 말아야 한다. 보통 새로운 경로 설정이 가장 좋은 방법이다.

지도자   지금 상황을 있는 그대로 놓아둘까요? 이 훈련은 때때로 강렬하고 감정도 자극될 수 있습니다. 그리고 지도자로서 저는 최선을 다해 프로그램을 제공할 따름입니다. 저를 포함한 모두가 이 피드백의 어떤 부분이 자신에게 적용되는지 그리고 어떤 부분은 적용되지 않는지 살펴볼 수 있습니다. 그대로 놓아두어도 괜찮을까요?

때때로 참가자가 매우 개인적이고 직접적인 비판을 할 수도 있다. 다음은 한 가지 예이다. "방금 샌드라에게 한 말은 너무 지나쳤어요. 샌드라가 슬퍼하는 동안에도 선생님은 질문을 계속했어요. 전 마음챙김은 친절에 관한 것으로 생각했어요." 우리가 어떤 말을 해도 대화는 논쟁의 소용돌이로 빠지게 될 것이다. 게다가 지도자로서 우리는 방어하자마자 패배한다.

그래서 제가 친절하지 않다고 생각했군요.

저 역시 인간일 뿐입니다. 최선을 다하려 노력합니다.

그것은 당신의 견해이고 다른 사람은 동의하지 않을 수도 있습니다. 샌드라는 어떻게 생각하는지 알고 싶습니다.

처음에는 중립적인 말로 대응함으로써 시간을 벌 수 있다. "아주 예리한 말입니다. 깜짝 놀랐습니다." 그러나 이런 첫 마디는 여전히 다른 대답이 있어야 하고, 따라서 피드백을 떠나 훈련의 범위를 넘어서는 대화를 해야 한다. 마음을 모두 열어 두고 대화에 참여해야 한다. 이런 맥락에서 우리에게 물러섬은 없다. 우리는 불 속에 앉아 있고 우리에게 남은 것은 마음챙김의 체현뿐이다.

이런 상황에서 따라야 할 지시 사항은 없다. 단지 다음의 지침만 있을 뿐이다. 여기서 과제는 이기고 지는 것이 아닌 진실성이다. 이런 상황에서 성공은 투쟁에서 이기는 것이 아닌 온전한 진정성과 함께하는 투쟁으로부터 나온다. 그런 관점에서 우리의 한계를 인정하는 것이 옳다고 느껴지면, 그게 가장 좋은 방법이다. "당신 말이 맞습니다. 저는 감정적 측면을 충분히 고려하지 않고 논의에 너무 집중했을지도 모르겠네요. 죄송합니다."

참가자 대화

참가자 대화는 참가자들 사이의 대화이다. 참가자 대화를 위한 공간을 마련하고 심지어 이를 하도록 요청하는 마음챙김 지도자도 있다. 그리고 전념을 주된 이유로 삼아 참가자 대화를 찬성하는 주장도 있다. 어떤 면에서 지도자가 유도하지 않았음에도 자기들끼리 대화하는 집단은 그 과정에서 끈끈한 관계가 맺어진다. 이는 또한 지도자가 현명한 조언을 독차지하지 않는다는 사실을 강조하기도 한다. 아마도 참가자들은 탐구의 특성을 나타내는 호기심과 질문을 익히고 이 관점과 과정을 적용하기 시작할 수 있을 것이다.

다른 한편으로 많은 지도자는 탐구가 마음챙김 훈련에서 가장 어려운 부분 중 하나이고 많은 수행과 경험이 필요하다고 느낀다. 이 견해에 따르면 참가자가 자기들끼리 탐구를 하게 내버려 두는 것은 대개 바람직하지 않아 보인다. 다음 질문을 제기하면서 한 가지 고려 사항이 참가자 주변을 맴돈다. '그들은 여전히 자신의 과정에 필요한 관심과 개방성을 가지고 있는가? 아니면 어쩌면 다른 참가자에게 일어나는 일에 적극적으로 초점을 맞추기 때문에 깨닫지 못한 채로 그들 자신의 탐구 과정에서는 벗어나 버릴 것인가?'

다른 고려 사항은 참가자 대화가 프로그램 환경에 어떤 영향을 미치는지 여부이다. 참가자 대화가 허용되면 지도자는 최소한 어느 정도는 물러나서 참가자에게 발언권을 준다. 누구든, 아마도 어떤 방식으로든 관여할 수 있게 된다. 이것이 훈련에 가장 좋은 방법일까? 아니면 "당신의 질문은 제 질문만큼이나 훌륭합니다."라고 은연중에 말하는 것인가? 이로 인해 지도자가 참가자를 안내하는 능력에 대한 참가자의 믿음이 약화될 위험이 있다. 게다가 여러 사람이 사방에서 개인적인 질문을 할 때 참가자는 떠오르는 대로 말할 만큼 안전하지 않다고 느낄 수 있다. 혹은 다른 사람이 무엇을 생각하거나 물어볼지 예상하기 시작할 수도 있다.

어떤 참가자는 다른 집단 구성원을 도와주고 조언하려는 동기를 가질 수 있다. 또 다른 참가자는 다른 사람에게 관심을 집중시킴으로써 다른 사람을 이용하거나 개인적인 불안을 완화하려고 시도할 수도 있다. 이러한 종류의 동기는 대화를 탐구하기에 바람직하지 않은 방향으로 이끌 수 있다. 그렇게 되면 우리는 정상 궤도로 되돌릴 방법을 찾아야 하는 상황과 마주하게 된다. 대개 처음부터 대화가 사방팔방으로 흩어지게 놔둔 다음 다시 고삐를 당기는 건 에너지 낭비다.

참가자 대화에 반대하는 많은 분명한 이유가 있다. 많은 위험을 동반하고 탐구의 목적 측면에서 이득이 너무 적다. 그렇지만 때때로 참가자들이 서로에게 질문을 하도록 하는 것은 가치가 있다. 핵심은 이것이 탐구 과정에 어떤 영향을 미치는지 예의주시하는 것이다. 로베르타와 알렉스의 다음 대화를 고찰해 보자.

로베르타   알렉스, 무슨 일이 일어나는지 좀 보세요. 명상할 시간을 찾지 못하네요. 그리고 명상을 해도 졸고 있군요. 당신은 너무 열심히 일해요!

알렉스   제 삶은 꽉 차 있어요.

로베르타   그러게요. 하지만 명상할 때마다 조는 건 당신이 지나치게 바쁘다는 의미에요. 그게 신경 쓰이지 않나요?

알렉스   지금 상황은 그런 거 같네요.

로베르타   알렉스, 제안을 하나 할게요. 저도 예전에는 많이 졸았어요. 하지만 이제는 아침에 명상하니까 절대로 졸지 않아요.

알렉스   그러려면 6시 15분에 일어나는 대신 5시 반에 일어나야 하는데 그건 너무 빨라요.

로베르타   그건 당신이 그렇게 할 준비가 되어 있느냐에 달려 있어요.

알렉스   전 아침형 인간이 아니에요.

이런 대화는 알렉스와 지도자 사이에서 일어날 수도 있지만 그건 동료 참가자의 질문과 제안과는 느낌이 다를 것이다. 그렇긴 해도 어느 경우든 알렉스는 결국 방어적 태도를 취할 수 있다. 지도자로서 참가자 대화가 도움이 되는지 깊이 생각하라. 만약 도움이 되지 않는다면 개입하라.

참가자1   알렉스, 무슨 일이 일어나는지 좀 보세요. 명상할 시간을 찾지 못하네요. 그리고 명상해도 졸고 있군요. 당신은 너무 열심히 일해요!

지도자   잠시만요. 이 부분은 명확히 하고 싶습니다. 때때로 서로 질문을 하는 것은 괜찮지만 모든 사람은 자신만의 상황과 가능성이 있습니다. 그렇기에 우리는 서로의 선택을 판단할 입장에 있지 않습니다.

만약 집단 안에서 서로 질문하는 습관이 생긴다면 이를 제한하기 위해 규칙을 제안하는 것도 고려해 볼 수 있다.

지도자	확실하게 짚고 넘어갈게요. 분명하게 하려고 서로 질문하는 것은 괜찮지만 조언을 하거나 선택에 대해 논의하는 것은 자제하려고 노력하세요. 그렇지 않으면 우리는 아주 빠른 시간 안에 서로의 문제를 해결하려는 식으로 끝나게 될 것입니다. 여기서는 그걸 하려는 게 아닙니다.

보조적인 대화 기법

탐구가 대화의 한 형태임을 감안할 때 일반적인 대화 기법을 활용할 수도 있다. 다른 도구와 마찬가지로 효과 여부는 기법을 얼마나 능숙하게 사용하는지, 적절한 맥락에서 사용하는지에 달려있다. 큰 해머는 액자를 걸 때 도움이 되지 않고 핀셋은 콘센트를 수리할 때 적절하지 않다.

다음 절에서 탐구에 도움이 되는 여러 전통적인 대화 기법에 대한 간략한 개요를 제공할 것이다. 이 책의 다른 곳에서도 부분적으로 논의했지만 이 절의 완전성을 위해 여기에 모든 대화 기법을 정리했다. 기능에 따라서 지지하기, 개방하기, 도움주기, 구조화하기, 활성화하기, 제한하기로 분류하였고 마지막에 다른 유용한 기법들을 기타 범주로 분류하였다.

지지하기

지도자로서 우리가 하는 일은 참가자가 경험을 철저하게 조사하고, 명확하게 살펴보고, 반응 패턴과 경향에 통찰을 갖게 하는 등 힘든 노력을 하도록 돕는 것이다. 이런 식으로 집단 구성원을 돕는 확실하고 강력한 방법은 지지적인 말을 제공하는 것이다.

공간 만들기

참가자가 애를 쓰고 긴장하면 대개 마음의 행동 모드에 빠진다. 우리는 과정 안에서 신뢰가 묻어나는 말을 함으로써 참가자가 마음의 존재 모드로 되돌아가서 공간을 만드는 것을 도울 수 있다.

모든 것을 한꺼번에 해결할 필요는 없습니다.

당신이 과정을 돌본다면 과정이 결과를 돌볼 것입니다.

풀은 스스로 자랍니다. 풀잎이 땅속에서 나오게 꾀어낼 수 없습니다.

알아차림이 가장 중요합니다. 해결책은 스스로 나타날 것입니다.

우리의 패턴은 너무 강합니다. 마음챙김은 다만 자라날 시간이 필요합니다.

칭찬하기

대부분 참가자에게 완전히 새로운 것을 가르치고 있음을 기억해야 한다. 즉 이전에 살펴보지 않았던 내적 영역을 탐색하고 이전에 마음에 새기지 않았던 경험에 흥미를 기르며 익숙한 경험을 새로운 방식으로 다루는 것이다. 칭찬은 이 새로운 영역을 비옥하게 만드는 중요한 방법이다. 탐구 중에는 칭찬하기가 제2의 천성이 되어야 한다.

좋습니다. 좋습니다.

잘 설명했습니다. 무슨 뜻인지 정확히 알겠습니다.

그것을 잘 알아차렸네요.

맞습니다. 그게 전부이죠. 멋진 표현입니다.

잘하고 있습니다. 단지 관찰하기, 설명하기, 이름 붙이기. 이것이 마음챙김입니다. 그 이상은 없습니다.

회기가 끝날 때 이를 강화하고 참가자에게 그들이 잘하고 있다는 끝맺음 메시지를 제공하는 것이 중요하다.

오늘 잘했습니다.

모두가 개방된 마음과 헌신으로 공헌하는 것을 보는 건 멋진 일입니다. 그렇게 함으로써 당신은 집단에 무언가를 주었고 저는 그것에 감사하고 싶습니다.

인정하기

수행과 탐구에 참여하는 참가자의 전념을 지원하는 한 가지 방법은 인정을 제공하고 노력을 수긍하는 것이다. 이는 특히 결과가 바로 명백하게 나타나지 않을 때 도움이 된다.

우리는 여기서 많은 경험을 탐구했습니다. 정말 잘했습니다!

당신의 명상은 여러가지 것들이 매우 많았네요.

확인하기

이 장 앞부분에서 참가자가 한 사람으로서 인정받거나 이해받는 느낌이 중요하다고 논의했다. 우리는 탐구를 하는 동안 참가자의 말을 확인함으로써 이를 전달할 수 있다. 가볍게 고개를 끄덕이거나 그저 '으응'이라고 추임새를 넣어 주는 것만으로도 참가자에게 우리가 함께하고 있고 참가자가 말한 것을 들었음을 알리는데 충분할 때가 많다. 물론 이런 확인을 말로 할 수도 있다.

당신 설명이 딱 들어맞았네요.

맞습니다.

그렇죠. 그렇죠.

그렇군요. 그것이 당신 경험이군요.

우리는 한 걸음 더 나아가 경험을 확인하면서 그 경험에 이름을 붙이거나 간단히 설명할 수도 있다. 이는 인정을 제공하는 것을 넘어서 참가자가 경험을 마음에 새기고, 더 명확하게 보고, 경험에서 약간의 거리를 두는 데 도움이 될 수 있다. 예를 들어 참가자가 이름 붙이기를 사용하지 않고 감정을 느끼거나 언급하고 있는 것처럼 보인다면 "거기서 감정을 느꼈군요."라고 말할 수 있다. 그렇게 함으로써 거기에 감정이 있었음을 참가자가 깨닫도록 도와줄 수도 있다.

공통성 확립하기

집단 전체에게 개인의 경험에 공명하는지를 묻는 것은 모든 참가자에게 수많은 분투가 보편적 인간성의 일부라는 통찰을 준다. 게다가 개인 경험에 대한 집단의 관점을 구하는 것은 개인이 어려운 경험과 투쟁하는데 혼자가 아니라는 것을 느끼는 데 도움을 주기 때문에 지지를 제공할 수도 있다. 집단에 이러한 의견을 구하는 것은 탐구에 필수적이다.

그것은 누구나 인식할 수 있는 걸까요?

당신만 그런 경험을 했는지 궁금합니다.

동의를 구하고 감사하기

탐구하는 동안 우리는 참가자에게 매우 개인적인 것, 즉 참가자가 그들 자신과 함께하는 방식에 접근하도록 요청한다. 서양 문화에서는 사회적 겉모습 뒤에 있는 감정을 꽤 직설적으로 공유한다. 그렇다고 해서 그것에 한계가 없다는 의미는 아니다. 사실 우리는 대개 다른 사람이 우리의 내면을 들여다보고 싶어 할 때 상당한 취약함을 느낀다. 바로 이 개인적인 공간에 들어갈 때 조심스러움과 깊은 존경심이 꼭 필요하다.

마음챙김 지도자인 우리에게는 내적 경험을 드러내고 작업하는 것이 목수가 톱질하고 나무를 자르는 것처럼 매일 접하는 일상이다. 그러나 참가자에게 이 과정은 대개 새롭고 때로는 어색하게 느껴질 수 있다. 그런데도 참가자는 종종 더 기꺼이 탐구에 참여해 당혹감, 죄책감, 자기 비난, 비탄으로 가득 찬 경험을 공유한다. 심지어 그들은 가장 친한 친구와도 나누지 않은 것을 공유할 수도 있다. 우리가 안전하고 존중받는다고 느껴지는 환경을 더 정성 들여 만들수록 참가자는 더 기꺼이 공유할 것이다. 그런 분위기를 만드는 한 가지 방법은 먼저 동의를 구하는 것이다.

조금 더 깊게 들어가도 괜찮을까요?

조금 더 자세히 물어봐도 괜찮을까요?

당신은 그것을 '짜증'이라고 불렀습니다. 그것이 어떻게 작동하는지 좀 더 살펴보면 흥미로우리라 생각합니다. 괜찮을까요?

참가자는 개인 경험을 공유함으로써 집단에 무언가를 제공하고 훈련에 강렬함과 깊이를 더하고 있다. 이는 존중과 감사를 받을 가치가 있으므로 참가자가 공유한 후에 반드시 감사를 표현해야 한다.

당신의 기여에 감사드립니다.

매우 개인적인 일인데도 그것에 대해 우리가 자세히 보게 해 주어 정말 감사합니다.

때때로 참가자의 공유에 감사하는 것이 부자연스럽게 여겨질 수 있다. 특히 평범해 보이는 경험과 관련해서 그렇다. 그러나 공유하면서 어떤 감정을 느꼈는지는 정말로 알 수 없다. 간단한 사건 속에 중요한 감정적 함의가 있을 수 있다. 그렇기에 감사 표현은 항상 좋다. 이 영역에서의 세심함은 항상 가치가 있고 안전과 존경이 담긴 전체 분위기에 기여한다.

개방하기

탐구가 경험을 새로운 방법으로 보도록 초대하는 것임을 감안할 때 개방적인 분위기를 만드는 것은 매우 중요하다. 다음은 대상을 개방적으로 보는 방법을 지원하는 몇 가지 대화 기법이다.

개방형 질문하기

질문의 종류는 탐구 과정이 나아갈 방향에 큰 영향을 미칠 수 있다. 질문의 종류에 따라 내면 탐색을 특정 방향으로 이끌거나, 중단하거나, 더 개방할 수 있다. 물론 마지막이 탐구의 목적에 가장 효과적이므로 반드시 다음과 같은 개방형 질문을 하라.

이 명상 중에 무엇이 일어났나요?

무엇을 경험했나요?

거기에 어떤 경험들이 있었나요?

그것에 관해 좀 더 말해 주시겠어요?

무엇에 직면했나요? 그것이 어떻게 진행되었나요?

개방형 질문은 참가자가 탐색을 계속하도록 이끄는 데도 도움이 된다.

그것을 깨닫게 한 것은 무엇인가요?

그리고 그다음에는 무엇이 일어났나요?

계속 그런 상태였나요? 아니면 바뀌었나요?

'어떻게' 질문은 개방형 질문으로 보이지만 일반적으로 그렇지 않다. "그건 어땠나요?"는 참가자가 결론을 도출하거나 평가하도록 유도하는 경향이 있다. "좋아요.", "괜찮아요.", "집에서 하는 만큼은 아니에요." 등과 같은 대답이 그렇다. 그러나 참가자가 경험과 어떻게 관련되어 있는지를 물을 때는 '어떻게' 질문을 사용할 수 있다. "거기에 어떤 반응이 있었나요? 그리고 그것을 어떻게 다루었나요?"

'왜'라는 질문은 피하는 것이 거의 항상 최선이다. 이런 질문은 사람을 인지 영역과 마음의 행동 모드로 보내기 때문이다. 예를 들어 "왜 이 명상이 어렵습니까?"라는 질문은 분석을 부추긴다. "무엇이 어렵나요?" 또는 "이 어려운 경험에 대해 좀 더 말해 줄 수 있을까요?"라고 묻는 것이 좋다. 마찬가지로 "명상 중에 왜 자세를 바꾸었나요?"라고 묻기보다 "명상 중에 어떤 경험이 자세를 바꾸게 했나요?"라고 질문하는 것이 좋다.

알지 못함

질문에 답을 주지 않음으로써 참가자가 더 많은 내적 탐색에 참여하도록 유발할 수 있다. 실제로 우리가 질문에 답을 주지 않을 때 그 질문이 더 중요해질 수 있고 참가자의 마음속에 울려 퍼지기 시작할 수 있다. 그러나 답을 주지 않는 것이 아무 말도 하지 않는 것을 의미하지 않음에 주의해야 한다.

좋은 질문입니다. 종종 질문이 답보다 더 중요합니다.

저는 모릅니다.

설사 지금 우리가 무엇을 안다고 생각하더라도 나중에 돌이켜 보았을 때 나쁘게 보였던 것이 좋게 변할 수도 있습니다. 그러니 그것이 좋은지, 나쁜지 우리는 모릅니다.

참가자의 질문을 되돌려 주기

탐구 관점에서 질문에 답함으로써 논의를 마무리 짓는 것보다 질문이 어디서 왔는지 탐색하는 것이 더 흥미로운 경우가 많다. 다시 한번 다음은 답보다 질문이 더 중요함을 강조한다.

그것에 대한 당신의 생각은 무엇입니까?

이 질문 뒤에 숨어있는 당신의 관심은 무엇입니까?

그 질문에 대답할 수 있지만 그 질문이 어디서 왔는지 보는 게 더 흥미로울 것 같습니다. 어떻게 이 질문이 일어났는지 말해 줄 수 있을까요?

침묵 지키기

침묵은 탐구의 도구로서 과소평가된다. '올바른' 것을 해야 한다는 욕구에 이끌려 초보 지도자는 종종 너무 일찍 그리고 너무 많이 말한다. 침묵을 지키는 것이 위축되거나 전혀 말하지 못하는 것과 같지 않음을 염두에 두면 이러한 경향을 억제할 수 있다. 침묵은 속도에도 영향을 미친다. 침묵은 속도를 느리게 하고 모두가 마음의 존재 모드를 유지하도록 돕는다.

누군가가 말을 마친 후 종종 잠시 침묵이 흐른다. 대응하기 전에 잠시 기다려야 한다. 말을 하지 않는 상태에 머무르면서 일상 대화 때보다 침묵을 더 길게 늘리는 것이 좋다. 침묵을 지키는 것이 특히 적합한 한 가지 맥락은 한 가지 주제가 거의 마무리되었을 때다.

참가자1 그것이 제가 하는 것입니다. 느끼고 싶지 않은 모든 것을 밀어냅니다.
　　　　[침묵]

참가자2   제 동료가 떠오르네요. 그의 작업이 기대에 부응하지 못한다고 말해 줘야 했지만 말할 기회가 있을 때마다 저는 '개선할 시간을 좀 더 주지 뭐.'라고 생각했어요. 그에게 말하는 게 두려워 계속 미루었어요. 그러는 동안 날이 갈수록 상황은 참기 힘들어졌어요.

지도자   감사합니다.

[침묵]

지도자   혹시 이 주제에 대해 추가하고 싶은 사람 있나요?

[침묵]

이 기법은 대화 도중, 특히 참가자가 탐구 도중 그리고 새로운 영역을 탐색하는 동안 방향을 찾고 있을 때 생산적일 수 있다.

참가자   저는 이것이 좋은 고통인지, 아니면 멈추라고 말하는 고통인지 궁금해요. 여기에 대해 무언가를 말해 줄 수 있나요?

[침묵]

참가자   어쩌면 제가 직접 좀 더 탐색할 수 있겠네요.

[침묵]

지도자   좋은 생각으로 여겨집니다.

[침묵]

참가자   제 몸을 단지 필요한 대로 사용하는 데 익숙했네요. 제 몸에 무엇이 필요한지 물어볼 수도 있다는 생각은 전혀 안 들었어요. 이건 새롭네요.

[침묵]

지도자   말씀해 주셔서 감사합니다. 그렇게 들으니 흥미롭습니다.

참가자가 고통의 원인을 인지하는 경우와 같이 많은 것을 보고 느낄 때 그 강렬한 순간 동안에도 침묵은 효과적이다. 그 순간 침묵은 공간을 만들 수 있다. 이는 새롭고 깊은 통찰이 생길 기회나 탐구가 예상치 않은 전환을 할 수 있는 기회를 제공한다. 우리는 아마도 침묵의 창조적인 효과를 경험했을 것이다. 생각하고, 말하고, 행동하는 것을 멈출 때마다 종종 도대체 무엇이 우리를 바쁘게 했는지에 관한 새로운 통찰을 얻는다. 끊임없이 계속되는 말은 마음을 한계 속에서 맴도는 연상 궤도에 묶어 두지만 침묵은 대화를 다른 궤도로 바꿀 수 있다. 실제로 그레고리 크래머Gregory Kramer의 책 『통찰 대화Insight Dialogue』(2007)에 나와 있는 것처럼 오로지 침묵으로 말하는 것에 기반한 대인 관계 상호작용 접근도 있다.

또 상당히 효과적인 관련 기법은 별 내용이 없는 말을 사용하는 것이다. 본질적으로 그런 말은 시간을 채워서 이전의 더 의미 있는 말이 분명하게 드러날 기회를 주고 통찰에 기여한다.

바로 그겁니다.

원래 그렇습니다.

고맙습니다.

도와주기

특정 질문과 의견은 참가자가 경험을 명확히 하고 경험과 소통하도록 도와줄 수 있다. 단 실제로 도움이 될 때만 사용해야 한다. 또 다음 기법들이 종종 참가자의 경험을 바꾸는 효과가 있음을 인지해야 한다. 따라서 요약하고, 재구성하고, 반영할 때 비교적 정확하게 말했는지 참가자에게 항상 확인을 요청하는 것이 좋다. 경험은 참가자의 것이기에 오직 참가자만 우리가 그것을 잘 포착했는지를 판단할 수 있음을 기억해야 한다.

초대하기, 격려하기, 흥미 돋우기

사람들은 내적 경험을 탐색할 가치가 없는 사소한 일이라 생각하는 경향이 있다. 마음챙김 훈련 동안 우리는 그 반대를 전달하고 있다. 우리는 참가자에게 익숙한 경험을 초심자의 마음으로 살펴보라고 가르치고 있다. 여기에는 흥미가 필요하다. 하지만 평범해 보이는 경험을 다루고 있고 경험을 다르게 보는 것이 눈에 보이는 결과를 바로 가져오지 않는다는 점을 고려하면 이러한 흥미는 저절로 생기지 않는 경우가 많다.

'평범'을 흥미로움으로 평가하는 본보기를 보이는 것은 우리에게 달려 있다. 호기심을 자아내는 환경을 만드는데 지도자의 본보기 역할이 정말 중요하다. 이는 참가자가 다음과 같이 생각하도록 이끌 수 있다. '지도자가 이것을 그렇게 흥미롭게 여긴다면 분명 무언가 있을 거야. 나도 한번 다르게 살펴봐야겠어.'

이 기법의 주요한 도전은 흥미를 보여 줄 때 사용할 수 있는 단어가 비교적 제한되어 있다는 것이다. 다행히도 보통은 간단히 "흥미롭군요!"라고 말하는 것만으로 충분하다. 아니면 거기에 몇 마디 덧붙일 수도 있다.

보통 우리는 그것이 경험의 많은 부분을 결정하는데도 결코 살펴보려 하지 않습니다. 이상하지 않나요? 저는 그것이 놀랍습니다.

당신이 그것을 표현하는 방식은 훌륭합니다. 아주 평범해 보이죠. 그렇지만……

이것이 어떻게 작용하는지 설명한 방식이 굉장히 흥미진진합니다. 저를 한밤중에 깨워도 될 정도로요!

그러나 이런 표현이 너무 자주 반복될 경우 그 깊이와 감동을 잃을 수 있다는 점에 주의해야 한다. 그리고 궁극적으로 우리 감정이 얼마나 진실하냐에 따라 영향이 달라질 것이다. 흥미는 특정 단어보다 태도를 통해 표현된다.

요약하기와 반복하기

훈련 중 특히 탐구 과정에서 참가자는 경험을 새로운 관점으로 보고 있다. 결과적으로 참가자는 종종 관찰하고 있는 것을 표현할 수 있는 말을 찾으려고 애쓴다. 이런 경우 요약하기가 도움이 될 수 있다.

당신이 한 말은……

제가 당신을 제대로 이해했다면……

다음과 같이 요약할 수 있을까요?……

그러니까 기본적으로 당신은 이렇게 말하고 있군요……

요약할 때 참가자가 한 말을 사용하고 항상 확인을 구하라.

이게 맞나요?

제가 제대로 말했나요?

제가 잘 요약했나요?

참가자의 말을 정확히 말한 그대로 반복할 수도 있다. 하지만 이를 무신경하게 반복한다면 단지 앵무새처럼 따라 하는 것에 지나지 않는다. 제대로 하면 그 사람이 한 말을 확인하는 것과 이야기의 이어짐을 늦추는 것, 이 두 가지 중요한 목적을 이루는 데 도움이 된다. 이는 또한 참가자가 비록 처음에는 경험을 다소 무심하게 표현했더라도 그 경험이 가치 있다는 점을 알아차리도록 도울 수도 있다. 그러면 참가자가 그 경험에 적절한 알아차림을 줄 수 있다.

> **참가자** 그런 후에 그 생각 또한 사라졌어요. 그리고 잠시 침묵이 흐르고 그 외에는 아무것도 없어요.
>
> **지도자** 침묵이 흐르고 그 외에는 아무것도 없군요……
>
> **참가자** 저는 모든 걸 시도했고 다른 무엇을 할 게 있는지 모르겠어요.
>
> **지도자** 당신은 다른 무엇을 할 게 있는지 모르겠군요……

문장에서 반복되는 부분을 뽑아내 강조하는 효과가 있다. 이상적으로는 반복되는 말 다음에 침묵이 뒤따른다. 이는 참가자에게 방금 했던 말과 이 말에서 언급된 경험에 대한 이해와 탐색을 깊게 할 기회를 준다.

적절해 보인다면 반복하는 말 이후 추가 질문을 할 수도 있다.

당신은 다른 무엇을 할 게 있는지 모르겠군요…… 그것과 함께하는 감정도 있을까요?

재구성하기

재구성은 요약하기와 반복하기를 넘어 그 사람의 말에 무언가를 추가하는 것이다. 재구성은 그 사람의 말을 특정 관점에 둔다. 이 기법은 인지행동치료에서 내담자의 심리 작용 중 비합리적이고 때로는 부정적인 편견을 중화하기 위해 자주 사용된다. 또한 해결 중심 치료와 코칭과 같은 보다 적극적인 접근법에서도 널리 사용된다. 다음은 코칭이나 치료에서 재구성하기를 하는 전형적인 예이다.

> **내담자**　저는 무엇이 이 대화를 유용하게 만들 수 있는지 이해하지 못했어요.
>
> **코치 또는**　당신은 무엇이 이 대화를 유용하게 만들 수 있는지 여전히 궁금해하고 있
> **지도자**　군요.

그리고 다음은 탐구 중에 재구성하기를 사용할 수 있는 방법을 보여 주는 예이다.

> **참가자**　저는 내내 생각하고 있었고 그 순간을 거의 알아차리지 못했어요.
>
> **지도자**　많은 생각이 있었고 마음챙김을 했던 몇몇 짧은 순간이 있었군요.

이 기법을 사용할 때 참가자가 한 말을 가공하고 있고, 어떤 면에서는 경험을 다시 정의하고 있음을 인식해야 한다. 원래의 말을 바꾸어 말하는 방법이 도움이 되는지를 반드시 고려해야 한다. 만약 도움이 되지 않는다면 참가자는 우리의 대안에 공감할 수 없기에 물러나려고 할 수 있다. 극단적인 경우 참가자는 심지어 조종당했다고 느낄 수도 있다. 참가자가 우리의 발언에 공명하지 않을 때 한 걸음 물러서는 것이 좋다.

이 설명이 맞나요? 아니면 제가 완전히 틀렸나요?

제가 그것을 정확하게 설명하지 않은 걸 알았어요. 당신이 '거의'라고 말할 때 그건 어쩌면 '결코'라는 뜻이었나요?

재구성하기와 해석하기의 차이에 신경을 써야 한다. 참가자의 현재 경험을 물을 때 다소 감지하기 어려운 해석이 슬그머니 들어가지 않도록 주의해야 한다.

> **참가자**　이 명상은 매우 좋았어요. 저는 모든 순간 거기에 있었습니다.
>
> **지도자**　'거기에 있었다.' 그것에 대해 조금 더 자세히 말씀해 주시겠어요?
>
> **참가자**　마치 제가 거기에 완전히 깊이 빠져 있는 것처럼… 마치 다른 모든 게 잠깐 사라지고 심지어 제 생각 그리고 생각에 대해 생각해야 하는 것까지도 사라지고요. 그게 전부에요.

지도자   그걸 현재 순간 경험으로 부를 수 있을까요?

참가자   네…… 음, 그게 정확히 무슨 뜻인가요?

지도자의 '현재 순간 경험' 개념이 참가자의 개념과 일치하지 않아 참가자를 '그건 무슨 뜻이지? 내가 무언가를 놓치고 있나?'라는 생각으로 이끄는 것처럼 보인다. 이는 참가자를 개념적 수준으로 이동하게 만들 수 있다.

구조화하기

구조화 기법은 근본적인 인지 틀을 분명히 보여 주는 데 도움된다. 이 기법을 사용할 때 우리는 교훈적 제시에 잠깐 발을 담근다.

연결 확립하기

연결을 확립함으로써 참가자가 훈련의 기본 구조를 더 잘 알 수 있게 도울 수 있다. 예를 들어 통찰을 이전 수행이나 이전에 논의한 경험과 연결할 수 있다. 이는 훈련과 마음챙김 수행을 일관성 있는 전체로 만든다.

이것이 바로 건포도 실습이 우리에게 보여 주었던 것입니다.

어쨌든 당신은 계속 명상을 하는군요. 명상은 믿음과 인내를 수행합니다. 그렇지 않나요? 그러한 자질은 마음챙김 수행의 핵심입니다. 지난 시간에 제가 칠판에 쓴 마음챙김의 태도가 기억나나요?

판단 이용하기

어떠한 판단도 하지 않고 가르칠 가능성은 미신에 가깝다. 만약 지도자로서 우리가 아무것도 판단할 수 없다면, "한편으로는…… 그리고 다른 한편으로는……"라는 표현만 사용할 수 있을 것이다. 이렇게 하면 일반적으로 참가자에게 방향을 제시하기가 거의 어렵고 지나치게 신중한 인상을 준다. 지도자가 안내하려면 판단이 필요하다. 지시는 판단을 내재한다. 심지어 가장 중립적인 대답도 그렇다. 다음 대화를 고찰해 보자.

참가자　제가 제대로 하고 있나요?

지도자　저는 당신이 제대로 하고 있는지에 대한 너무 많은 생각을 하지 않으려 합니다.

이 답변은 제안, 선호, 그리고 결국은 (제대로 하고 있는지에 대한 생각으로 바쁜 것은 옳지 않다는) 판단을 담고 있다.

판단할 때는 비난하지 않아야 한다. 참가자가 무언가 잘못하고 있다고 느끼게 하는 것은 학습 과정을 좌절시킬 뿐이다. 아주 작은 비난의 뉘앙스가 있는 모호한 발언도 일부 사람에게는 큰 낙담을 줄 수 있다. 따라서 다음과 같은 발언을 주의해야 한다.

이해하지 못하는군요.

잘못하고 있어요.

실수했네요.

지시에서 벗어나고 있어요.

이런 발언은 참가자에게 '나는 제대로 할 수 없어. 이건 나와 맞지 않아.'라는 느낌을 줄 수 있다. 이렇게 되면 참가자는 말이 없어지고 위축된다. 순수함, 취약함, 호기심, 개방성을 불러일으키는 분위기를 조성하려는 우리의 작업은 이루어지지 않을 것이다. 수행에 잘못된 방법은 없고 우리가 그들 편에 설 것이라고 한 후 이러한 탐색의 결과를 비난하는 말을 하면서 참가자에게 그저 경험을 탐색하고 공개적으로 나누라고 요구할 수는 없다.

그렇다고 하더라도 비난하지 않고 명확한 방식으로 수행 지침을 이야기하면서 참가자의 수행 방식을 조정할 수 있다.

당신이 설명하는 방법도 한 가지 선택지입니다. 또한 다음과 같은 선택을 고려할 수도 있습니다.

명상 중에 평온했군요. 훌륭합니다. 하지만 마음챙김 명상이 단지 평온함에 관한 것만은 아니라는 사실을 고려해 보면 더 많은 것을 얻을 수 있지 않을까요?

무엇이 지시를 따르지 않도록 했는지 한번 볼까요? 거기서 흥미로운 무언가가 일

어났을 수도 있어요.

활성화하기

2장에서 논의했듯이 좋은 학습 환경은 마음의 존재 모드 특성과 그것이 주는 안전감에 확고한 기반을 두고 있다. 하지만 때로는 수동성과 무기력을 막기 위해 마음의 행동 모드 특성도 장려한다. 다음의 활성화하기 대화 기법은 탐구에 활기와 더 높은 에너지를 가져다줄 수 있다.

직면하기

때로는 집단에 활기가 없거나 게을러져 어느 정도 자극할 필요가 있다. 그럴 때는 약간 따끔한 말을 사용하는 데 주저하지 않아야 한다.

'괜찮아요.', '좋아요.' 이런 말은 저에게 아무런 의미가 없습니다.

실제로는 무슨 뜻인가요?

어떠한 경험도 없었나요?

과호흡이 시작되는군요. 그대로 두세요. 저를 믿으세요. 죽지 않습니다.

만약 집단이 '다 괜찮아.'라는 분위기 때문에 약간 나른해졌다면, 참가자들은 다시 깨어날 것이다! 우리는 이런 접근이 어색한 분위기를 조성할까 봐 우려할 수도 있다. 하지만 직면에 사용한 말이 긍정적 맥락 안에서 표현되는 한 그런 경우는 드물다.

때로는 참가자들을 각각 따로 직면해야 한다. 이것은 쉽지 않다. 특히 그런 직면이 참가자의 마음을 닫게 할 우려가 있다면 더욱 어렵다. 그럴 경우 간접적으로 접근하고 피드백과 함께 집단 전체를 직면할 수도 있다. 아니면 그 직면에 똑같이 해당하면서도 이를 받아들일 수 있는 다른 참가자로 방향을 돌릴 수 있다. 정말 의도했던 그 사람은 직접 직면을 당하지 않지만, 그 메시지를 받게 될 가능성이 생긴다.

예를 들어 한 참가자가 계속해서 다른 사람 이야기를 방해하는 패턴을 보인다면 집단 전체에 다른 사람이 말하도록 놔두는 것이 중요하다고 설명할 수 있다. 또는 한 참가자가 재가수행을 하지 않았고 이 사실에 직접 접근하기 어려우면, 똑같이 재가 수행을 하지 않았지만 지적을 좀 더 잘 받아들일 것 같은 참가자에게 재가수행이 얼마나 중요한지 설명함으로써 간접적으로 그 사람을 지적할 수 있다.

물러나기

때로는 집단이 활기가 없고 수동적인 분위기로 가득 찰 수도 있다. 만약 이에 대한 명확한 외부 원인이 없다면 지도자가 그 이유일 수 있다. 우리가 지도자로서 너무 과하게 행동하고 지나치게 주도해서 집단이 편안하게 뒤로 기대어 쉬었을지도 모른다. 어쨌든 스스로 발견하는 것보다 건네지는 것을 받는 편이 훨씬 더 쉽다.

이런 상황에서는 어떤 식으로든 개입해서 집단이 다시 작업으로 돌아갈 수 있도록 해야 한다. 직면하기도 가능하고 물러나기도 또 다른 가능한 방법이다. 이 접근에서 우리는 단지 아무것도 하지 않을 뿐이다. 집단에게 모든 걸 건네주는 것을 그만둔다. 예를 들어 지도자가 질문을 했는데 아무런 답도 없었다고 해 보자. 침묵을 지켜라. 몇 초 후 집단은 상황이 더 이상 순조롭게 진행되지 않는다고 느끼면서 깨어날 것이다.

또한 말로 할 수도 있다. 그들에게 무슨 일이 일어나고 있는지 적절하다고 느껴지는 만큼 말을 해도 괜찮다.

제가 이것이 일어나도록 할 수는 없습니다.

당신이 작업하도록 하는 건 저에게 달려있지 않습니다. 이건 당신 훈련이지 제 훈련이 아닙니다.

우리는 이 경험을 탐색하기 위해 여기 있습니다. 그렇게 하려면 먼저 자기 경험을 보고 이를 말로 표현해야만 합니다. 제가 그것까지 해 줄 수는 없습니다.

재가수행에 수동적인 태도를 보이는 한 가지 가능한 원인은 권위적인 무언가와 관계에서 문제가 있을 때이다. 이런 때 재가 실습에 대한 제안이나 지시는 과거의 불쾌한 과제(예: 학교)와 연결을 불러일으키고 무의식적으로 지도자와 과거의 권위자를 동일시한다. 만약 이런 상황이라고 느껴지면 우리에게 부여된 권위적인 역할에서 물러날 수 있다.

저 때문에 할 필요는 없습니다.

좋습니다. 그러면 하지 않아도 됩니다.

다른 접근법은 참가자에게 처음의 마음가짐을 다시 돌아보고 이를 명확히 하도록 요청하는 것이다.

스스로 물어보세요. '나는 왜 이 훈련을 받는가? 나 자신을 위해서인가 아니면 다른 사람을 위해서인가?' 거기서 답을 찾을 수 있을 겁니다.

조언 요청하기

한 특정 참가자가 분투하고 있는 무언가에 대해 언제든지 집단에 조언을 구할 수 있다. 이는 서로 간의 연대감을 북돋우고 지도자만이 유일한 전문가가 아니라는 점을 강조함으로써 훈련의 자유로운 특성을 지지한다.

생각에 이름 붙이는 것은 생각하기의 한 형태일까요? 아닐까요? 다들 어떻게 생각하나요?

제가 당신에게 들은 건 조바심과 그에 따르는 긴박한 느낌입니다. '나는 계속할 수 없어.'라는 느낌이죠. 그럼 그 지점에 도달했을 때 어떻게 해야 할까요? 여러분은 그럴 때 어떻게 하나요?

그러나 '참가자 대화'에서 논의한 바와 같이 참가자끼리 서로 조언할 때는 위험성을 동반하기에 주의해야 한다. 어떤 주제는 다른 주제보다 집단의 조언이 더 적합하다. 고통과 작업하기, 바른 명상 자세 찾기, 적절한 명상 시간 찾기와 같은 구체적인 주제에 대한 조언은 아래처럼 너무 빨리 해결책 위주로 흐르게 될 것이다.

아침에 해야죠. 그때가 가장 기운이 넘치잖아요.

그냥 알람을 맞춰 놓고 일어나세요. 아주 간단해요.

쥐오줌풀이 엄청 도움되었어요.

그러나 집단의 조언을 덜 실제적인 문제로 돌리면 탐구를 깊게 하는 풍부한 논의로 이어질 수 있다.

지도자	자, 당신은 이름 붙이기가 어렵다는 것을 알았습니다. 다른 분들은 어떻게 하고 있나요?
참가자1	전 딱히 이름을 붙이지는 않아요. 제 앞에 있는 생각을 있는 그대로 봐요. 그러고 나서 울타리를 보고 그 생각을 울타리 너머로 던져요.
참가자2	저는 정말 명상에서 설명하는 그대로 '떠다니는 구름'으로 봅니다. 그리고 때로는 구름에 이름표가 붙어 있거나 구름이 생각과 같은 색깔을 가집니다.
참가자3	저는 언제나 '생각'이라는 같은 단어를 사용하고 이를 반복해요. 하지만 생각이 많고 어느 정도 생각에 거리를 두고 싶을 때만 그렇게 해요.

제한하기

대화를 제한하는 기법은 시간과 에너지를 효율적으로 쓰는 데 도움된다. 또한 때로는 개방성을 요청하는데도 균형 맞추기가 필요하다. 길잡이 없는 개방성은 정처 없는 방황으로 이어질 수도 있다.

중단시키기

누군가 계속 말하고 있고 이를 중단시키고 싶지만 적절한 때를 알 수 없는 상황에 놓인 경우가 아마 있었을 것이다. 참가자가 매우 개인적인 내용을 공유하고 있음을 고려하면 마음챙김 훈련 동안 중간에 끊는 것은 더 어렵게 여겨진다. 그러나 때때로 탐구하는 동안 중단시키기가 필요하다. 참가자가 탐구 대상에 주의를 집중하는 게 아직 서툴 수 있다. 그리고 어떤 사람은 그냥 갑자기 옆길로 새고 부차적인 문제에 빠져버리는 습관을 보인다.

만약 개인이 주제에서 너무 벗어나는데도 그대로 두면 집단은 귀중한 탐구 시간을 빼앗기게 된다. 또한 주의가 느슨해지기 시작할 수도 있고 되돌리는 데 더 많은 시간이 걸릴 것이다. 게다가 자신의 이야기에 빠져버린 사람은 이런 일이 일어난 것을 가끔 깨닫지만 어떻게 정상 궤도로 돌아오는지 모른다. 그럴 때 중단시키기는 집단뿐만 아니라 말하는 사람 또한 자유롭게 한다.

그런데도 많은 지도자는 참가자를 중단시키기가 어렵다고 생각한다. 명상을 체현해야 한다는 생각과 중단시키기가 일치하는 않는 것처럼 보이기 때문이다. 게다가 치료자와 코치는 때때로 끼어들지 않으려는 조건 반사를 갖고 있다. 그러나 판단이나 조바심 없이 도움이 되는 방법으로 중단시킬 수 있다. 내적 지표를 사용해 중단시킬 적절한 순간을 찾아야 한다. 신체에서 긴장을 느끼거나 이야기에서 흥미를 잃는 것 등이 그런 지표이다. 이러한 지표를 믿어도 된다. 그런 후 마치 날카로운 칼로 밧줄을 자르는 것처럼 말을 가로막아야 한다. 즉 빠르고 분명하며 깨끗하게 그러면서도 지나치게 힘을 주지 않아야 한다. 목소리를 높이지 말고 그 사람이 말했던 내용 안으로 들어가지 말아야 한다. 적절했거나 흥미로웠던 마지막 기준점으로 돌아가기만 하면 된다.

……로 돌아가도 될까요?

그리고 ……에 대한 질문은 어땠나요?

잠깐 중단해도 될까요? 어떤 이야기인지는 알겠지만 ……로 돌아가 보려 합니다.

어떤 때는 처음으로 돌아가야만 할 수도 있다.

잠시만요. 원래 질문은……

처음으로 돌아가려고 합니다. 당신은 이렇게 말하며 시작했죠……

다른 경우에는 새로운 주제로 넘어가는 것이 최선일 수 있다.

여기서 멈추고 다음 경험으로 넘어가고 싶습니다. 괜찮을까요?

말씀해 주셔서 감사합니다. 다음은 누가 말해 볼까요?

말을 중단시킴으로써 단호함을 보여 준다. 경계를 설정하고 대화 공간을 관리한다. 우리의 존재와 개입은 중재자로서 우리의 역할을 강화하고 과정을 안내하는 우리 능력에 대한 참가자의 믿음을 강화할 것이다. 중단시키기가 이러한 긍정적인 효과를 가져오려면 마치 회의 의장을 맡은 것처럼 참가자에게 압박을 가해서는 안 된다. 어떤 말은 조급함과 스트레스만 줄 뿐이다.

짧게 부탁드립니다.

이야기의 본질만 말씀해 주시겠어요?

신체 포함하기

이야기할 때 우리의 주의는 마음에 집중된다. 특히 집단으로 경험을 나누는 대화처럼 어느 정도 긴장감이 있으면 더욱 그렇다. 그러한 상황에서 사람은 신체 경험에서 빠르게 벗어난다. 하지만 대부분 이러한 신체 경험은 마음의 어떤 이야기보다 훨씬 더 풍부한 정보를 제공한다. 특히 감정이 포함되어 있으면 더욱 그렇다.

마음에서 나온 말을 지나치게 많이 하는 참가자를 중단시키려면 요령 있는 접근이 필요하다. 다음 대화에서 볼 수 있듯이 중단시킨 이후 참가자가 좌절하거나 다시 계속하기 어려울 위험이 크다.

지도자	잠시만요. 당신은 마음에서 나온 말을 하고 있네요. 당신의 몸을 포함할 수 있을까요?
참가자	음……
지도자	몸에서 무엇을 느끼나요?
참가자	그러니까…… 그게 무슨 말이죠? 지금은 제가 했던 말이 기억 안 나요.

핵심은 적절한 말을 사용하는 것이다. 지나치게 엄격하지도 가볍지도 않아야 한다. 적절한 톤과 속도를 맞춰야 한다. 신체에 주의를 기울이는 것은 일반적으로 속도 늦추기를 의미한다. 이러한 중단시키기로 인해 참가자가 생각을 완전히 놓아버리지만 않는다면 생각의 흐름을 놓쳐도 괜찮다. 예를 들어 직전 대화에서 지도자는 다음과 같은 접근으로 탐구를 가능하게 할 수 있다.

지도자	제안을 하나 해도 될까요? 당신이 말하고 있는 경험은 매우 가치 있습니다. 그리고 계속 진행하기 전에 시간을 좀 더 가지고 그 경험에 몸을 포함시킬 수 있는지도 확인한다면 훨씬 더 가치 있게 만들 수 있을 것입니다…… (침묵하며 멈춤) 천천히 하세요…… 우리는 그것에 익숙하지 않습니다…… (침묵하며 멈춤) 단지 거기에 무엇이 있는지를 봅니다…… 그리고 당신의 몸을 포함시킵니다. 무엇을 알아차렸나요?

주제를 열린 채로 두기

탐구를 하는 동안 주제를 깔끔하게 정리하고 끝낼 필요는 없다. 사실 열린 주제는 그 완성되지 않는 속성이 만족스럽지 못한 마무리를 제공하므로 반향을 불러일으킨다. 하지만 이 만족스럽지 못한 마무리는 양날의 검이 되어 지도자가 오랫동안 너무 끈질기게 되풀이하도록 부추길 수도 있다. 특히 지도자가 참가자를 만족시켜야 한다는 욕구에 사로잡힌 경우에 더욱 그렇다. 주제가 마무리 지어지지 않다고 느껴져도 탐구를 끝내도록 연습해야 한다.

이것은 아직도 말할 것이 많은 심오한 주제입니다. 일단 지금은 여기까지 할까요?

아직 완전히 결론이 났다고 느껴지지 않지만 여기서 끊겠습니다. 어느 순간에는 반드시 이 주제로 돌아올 것입니다. 지금 우리는 다음 주제를 진행할 것입니다.

그렇지만 논의를 여기서 끝내려고 합니다. 한 번에 모든 것을 끝낼 수 없습니다. 이렇게 하는 것이 당신에게 어떤 느낌을 주는지 탐색해 보세요. 다소 불만족스럽게 느껴질 수도 있습니다.

중단시키기와 달리 이러한 표현은 주제를 타당성 있는 것으로 인정한다. 논의를 끝내려는 이유가 타당성이나 흥미가 부족해서가 아니라 시간이 부족하기 때문임을 인식시킨다.

부수적인 주제 다루지 않기

주제를 다루지 않는 것은 주제를 열린 상태로 두거나 질문에 답하지 않는 것과는 다르다. 이는 주제에 타당성이 없음을 집단에 분명하게 밝힌다. 주제가 훈련의 범위 안에서 흥미롭지 않거나 타당성이 없음에도 그 주제를 품고 있다면 집단의 시간과 주의를 낭비한다. 변명이나 지나치게 사교적인 대답으로 시간을 낭비하지 말아야 한다. 이런 것은 정말 하지 말아야 한다. 분명한 표현은 주제를 제시한 사람, 나머지 참가자 그리고 우리를 위한 가장 훌륭한 선택이다. 이는 탐구 과정을 분명하게 하고 집중 대상과 환경을 생생하게 유지한다.

흥미로운 주제지만 이번 훈련의 범위를 벗어납니다.

흥미를 자아내지만 우리의 틀 안에서 그것을 더 철저하게 조사할 시간이 없습니다.

그것을 탐색할 수 있는 다른 과정들이 있습니다.

이 훈련은 우리 삶의 이전 사건이 아닌 이 순간과 회기 동안의 경험을 탐색합니다. 그래서 그것을 상세히 다루고 싶지 않습니다.

무언가를 다루지 않는 것은 탐구 과정의 경계를 설정하고 '아니오.'라는 분명한 말을 전달할 수 있다. 이 기능이 유용할 수 있는 상황은 상당히 많다.

- 질문이 단어 또는 실습의 뉘앙스나 견해의 사소한 부분에 지나치게 신경을 쓰며 탐구를 막다른 골목으로 몰아갈 때: "그건 지엽적입니다. 지엽적인 것에 주의를 뺏기지 마세요." 또는 "저는 그게 중요하다고 생각하지 않습니다."

- 우리 사회에서 잘못된 모든 것에 대한 논쟁과 마음챙김이 그것을 어떻게 나아지게 할 수 있는지에 관한 논쟁으로 지도자를 끌어들이려고 할 때: "그건 우리가 이 맥락에서 작업할 수 있는 게 아닙니다. 그래서 더는 들어가지 않을 것입니다."

- 업이나 윤회를 다루어 주길 원할 때: "저는 이미 이 삶에서 지금 여기를 적절하게 다루기도 상당히 어렵다는 것을 압니다. 지금은 그런 논의는 자제해 주세요."

- 심리학, 요가, 불교와 같은 기초를 이루는 사상에서 나온 개념으로 들어가기를 원할 때: "그건 제 전문 분야가 아닙니다. 또는 지금 그 지식으로 깊이 들어가면 이 회기의 주제에서 너무 멀리 벗어나게 됩니다."

- 지도자의 개인 수행에 관해 물어볼 때: "제 경험은 여기서 그렇게 중요하지 않습니다. 모든 사람은 자신만의 길을 따릅니다. 따라서 당신이 어떤지가 훨씬 더 흥미로운 질문이 될 수 있습니다. 당신 자신을 위해 탐색해 볼 수 있을까요?"

다른 보조적인 대화 기법

인간의 의사소통은 너무 풍부해서 모두 분류하기 어렵다. 앞선 분류에 꼭 들어맞지는 않지만 마음챙김 훈련에서 중요한 더 많은 대화 기법이 있다. 그중 유머로 작업하기, 경구 사용하기, 은유 사용하기가 중요하다.

유머로 작업하기

일반적으로 유머의 기본은 예상에 모순되는 것이다. 유머는 사람을 패턴에서 벗어나게 하는 직접적인 수단이다. 탐구에 유머를 더하면 도움이 될 수 있다. 유머는 주의를 환기시키고, 예상치 못한 무언가로 믿음에 의문을 제기하고, 반응성과 괴로움의 패턴을 바라보는 중압감을 넓게 거리를 두고 보도록 한다. 유머는 또한 그 과정에 재미를 더하고 친절과 자비를 베푸는 도구이다. 이런 식으로 유머는 사람들을 연결할 수 있다.

유머의 기능과 힘은 아무리 좋게 평가해도 지나치지 않다. 하지만 유머가 주의 분산이나 무언가를 감추는 역할을 할 수도 있다. 유머는 상황에 맞아야 하므로 세심함이 필요하다. 게다가 명상에서 알아차림은 사람의 민감성을 높여서 무엇이 적절하거나 적절하지 않은지에 더 까다롭게 만든다.

또한 유머는 모든 사람의 흥미를 끌어야 함을 명심해야 한다. 농담을 이해하지 못하면 소외된 느낌이 든다. 마지막으로 유머는 적당히 사용해야 효과가 있다. 반복되는 농담은 주의를 지나치게 분산시킨다. 그리고 유쾌한 분위기에 지배되는 순간 집단을 필요한 수준의 집중과 노력으로 되돌리기 어렵다. 게다가 훈련은 즐거움이나 오락 목적으로 하는 게 아니고 꼭 재미있어야 하는 것도 아니다. 따라서 참가자가 처음에는 유머로 가득 찬 회기를 환영할 수도 있지만 나중에는 자신이 진정으로 원했던 게 아니기 때문에 실망할 것이다.

무엇보다도 유머를 강요하지 않아야 한다. 유머로 가득한 말이 떠오르면 공유하기 전에 실제 효과가 있을지를 따져 보아야 한다. 위의 모든 사항을 고려할 때 유머를 자제하는 것은 대체로 좋은 생각이다.

경구 사용하기

시와 비유는 훈련에서 참가자가 마음의 인지적 틀을 초월하도록 초대하는 중요한 목적에 도움이 된다. 경구(그리고 다음 절의 주제인 은유)도 마찬가지다. 경구는 간결하고 날카로운 한마디 말이며 종종 재치나 예상치 못한 유추를 포함한다. 경구는 진실을 간결한 방법으로 말한다. 그리고 간결함 때문에 시와 비유와는 다르게 대화에 끼워 넣기 쉽다.

잘 선택된 경구는 궁중에서 활동하는 광대와 같다. 경구는 이성적인 논쟁의 일부는 아니나 다른 무엇보다 그 논쟁의 핵심 진실을 드러낼 수 있다. 게다가 경구는 대게 탐구에 가벼움과 공간을 가져온다. 이는 지나치게 심각한 과정에 경구가 새로운 차원을 추가하며 이루어진다. 동시에 경구는 분명하지만 지나치게 강압적이지는 않은 확고한 말로 주제를 요약한다. 마지막으로 경구는 자연스럽게 주제를 마무리하고 새로운 방향이나 주제를 위한 공간을 만드는 훌륭한 도구이다.

경구는 강력하다. 정치인과 세간의 주목을 받는 사람들이 얼마나 경구에 의지하려는지 생각해 보면 된다. 탐구를 하는 동안 주고받은 이야기는 종종 영향을 미치지 못하지만 이야기를 요약하는 데 사용한 경구는 그렇지 않을 것이다. 우리가 사용했지만 잊었던 경구를 참가자가 갑자기 우리에게 다시 인용할 때 이를 알아차릴 수 있다. 예를 들어 "선생님께서 저번에 '절제는 자원이다.'라고 말씀하셨죠. 제가 하고 싶은 일에 애를 쓰는 저 자신을 발견할 때면 이 말이 제 머릿속에서 계속 울려 퍼져요. 그러면 미소가 지어지죠." 이런 방식으로 경구는 학습에서 편리한 기준점 역할을 할 수 있다.

경구는 참가자의 마음속에 오래 머물면서 학습 과정에 강력한 힘을 부여하고 획기적 통찰을 촉발시킬 수 있다. 즉 완전히 새로운 방식으로 대상을 보도록 할 수 있다. 아래 참가자의 말에서 볼 수 있듯이 경구는 누군가가 한동안 열려고 노력해 온 문을 여는 열쇠가 될 수도 있다.

선생님께서 "우리는 무언가를 배우기 위함이 아니라 배운 것을 잊어버리기 위해 여기에 있습니다."라고 말씀하셨죠. 처음으로 저는 최선을 다하라는 요청 대신 최선을 다하는 것을 그만두라는 요청을 받았어요. 이 말은 저를 아주 자유롭게 합니다.

저의 곁에 가장 오래 머물렀던 건 "당신은 당신의 생각이 아닙니다."라는 말이었어요. 그건 정말 눈을 번쩍 뜨게 만들었어요. 그런 식으로 본 적이 전혀 없었거든요.

다음은 탐구에 쉽게 통합시킬 수 있는 짧은 경구들이다.

작은 것이 절대 작지 않습니다.

적을수록 더 낫습니다.

마음챙김에 머무는 것이면 충분합니다.

깊이 있는 배움은 느린 배움입니다.

경구로 작업하는 것은 능숙한 말 사용의 한 형태이다.(이 주제는 6장에서 논의할 것이다.) 경구 사용에 정해진 규칙은 없다. 경구 사용은 직관적이고 재미있다. 하지만 한 가지 지침은 있다. 부자연스럽거나 기계적이거나 반복적으로 사용하지 않아야 한다. 만약 그렇게 한다면 저항이 일어나고 탐구는 서서히 멈출 것이다. 예로서 한 마음챙김 훈련 학생이 나에게 공유했던 아래 일화를 고찰해 보자.

이전 지도자는 항상 "있는 그대로 받아들이세요."라고 했어요. 우리가 이야기했던 모든 것에 대해 "있는 그대로 받아들이세요."라고 했죠. 3회기가 지나니 저는 그가 언제 그 말을 할지 정확히 알았어요. 누군가가 경험을 공유하면 그는 "있는 그대로 받아들이세요."라고 말하곤 했어요. 얼마 지나지 않아 그가 그 말을 할 때마다 우리는 모두 짜증이 나서 서로를 바라보았어요.

마지막으로, 우리에게 울림이 있거나 자신의 스타일에 맞는 경구를 사용해야 한다. 그러한 경구는 우리가 자동으로 기억하고 적절한 순간에 사용하게 될 것이다.

은유 사용하기

비유적 화법과 은유는 마음챙김 지도자가 가진 기본 도구 세트 중 하나이다. 수천 개의 단어로 설명해도 전달하기 어려운 무언가를 종종 은유 하나로 순식간에 전달할 수 있다. 쉽게 알 수 있고 실제적인 은유일수록 더욱더 효과적이다. 마주한 상황과 어느 정도 눈에 보이는 유사성을 가지고 단순하고 쉽게 알 수 있는 일상적인 예에서 끌어내는 것이 가장 좋다.

그건 마치 가속 페달과 브레이크를 동시에 밟는 것과 같습니다.(때로는 이완하기 위해 지나치게 노력하며 마음의 행동 모드를 가져오는 것을 설명.)

그건 마치 컴퓨터를 사용하지 않을 때 컴퓨터가 디스크 조각 모음과 같은 백그라

운드 작업을 하는 것과 같습니다.(마음의 방황이 뇌의 기본 활동임을 설명.)

그건 마치 자동차 내비게이션처럼 심지어 길을 수천 번 잘못 들어서도 항상 참을성 있게 길을 알려 줍니다.(명상 도중 되풀이해서 주의를 다시 가져오는 데 필요한 친절함과 인내심에 관해 이야기.)

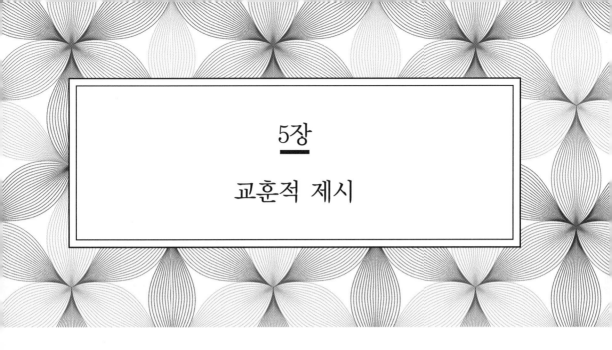

5장

교훈적 제시

가능한 한 많은 이론을 배워라.
다만 살아있는 영혼의 기적과 만날 때는 그 이론을 제쳐 놓아라.

— 칼 구스타프 융Carl G. Jung

• • •

이해와 사랑 그리고 지성이 나타나고 꽃을 피우는 것은
그것이 아무리 오래되고 인상적일지라도
어떤 전통과 관련이 없다.
그것은 시간과 관련 없다.
인간이 두려움, 즐거움, 고통에 빠지지 않고
질문하고, 궁금해하고, 묻고, 듣고, 바라볼 때 그것은 저절로 일어난다.
자기에 대한 집착이 잠시 멈추어 고요해지면 삼라만상이 열린다.

— 토니 팩커Tony Packer

수행과 탐구를 보완하는 교훈적 제시는 마음챙김 훈련의 세 번째 교육 형식이다. 이는 경험 학습과는 가장 거리가 멀고 전통적인 교육 환경에서 전형적으로 나타나는 암기 학습과 유사하다. 왜냐하면 교훈적 제시는 직설적이고 기본적으로 단지 정보를 제공하는 것이며 마음챙김에 특유한 것이 아니기 때문이다. 나는 이 장을 꽤 짧게 쓰는 대신 마음챙김 훈련에서 더 힘들고 특유한 지도 측면에 더 많은 시간과 글을 쓰기로 했다.

교훈적 제시는 일반적으로 실재가 어떤 것인지를 다루면서 초점을 구체적인 현재의 개인 또는 집단 경험에서 더 광범위한 인간 맥락으로 옮긴다. 교훈적 제시는 마음챙김을 왜 그리고 어떻게 하는지를 설명한다. 이것은 통찰의 개발을 북돋우고 그 과정에 대한 전념과 신뢰도 강화함으로써 학습을 촉진한다.

교훈적 제시는 학습 과정에 도움이 될 수 있는 정보를 제공하여 참가자가 자기 경험과 통찰을 해석하여 더 일반적인 맥락에서 이해할 수 있도록 돕는다. 탐구와는 대조적으로 이는 독특한 경험에서 더 일반적인 통찰로 옮겨가는 귀납적 움직임이 아니라 일반적인 지식을 독특한 경험으로 가져온다는 점에서 연역적이다. 따라서 지도자는 다른 역할을 맡는다. 교훈적 제시에서 지도자는 탐색을 촉진하는 코치 대신 그 문제에 대해 권위자이자 아는 사람이다.

비록 교훈적 제시는 지도자가 탐색을 안내하는 역할에서 벗어나기를 요구하지만 그렇다고 해서 이것이 우리가 학생에게 실재가 어떤 것인지 또는 실재에 어떻게 대처하는지를 알려 주는 전통적인 교사가 된다는 의미는 아니다. 우리가 생생하고 현재와 관련성이 있는 주제를 다루고 있고 주제에 대해 활발한 개인적인 관심이 있다는 점을 감안하면 그 주제는 집단의 경험과 계속 연결될 것이다. 이런 식으로 교훈적 제시는 좀 더 상호작용을 하며 가르친다.

마음챙김 훈련은 많은 주제를 가르친다. 마음의 행동 모드와 존재 모드, 생각을 사실로 받아들이는 경향, 또는 장애물을 학습 기회로 만드는 방법 등의 주제는 교육 과정 안에 고정된 위치를 차지하고 있다. 다른 '고정되지 않은' 주제들은 훈련에서 고정된 위치에 있지는 않지만 학습 과정을 지원하기에 중요하다. 이 장의 끝에 이러한 주제를 담은 자료에 관한 추가 설명을 제공하는 참고문헌을 제시할 것이다. 참고문헌에서 이러한 주제들의 목록을 찾을 수 있다.

교훈적 제시의 기능

교훈적 제시는 여러 가지 방법으로 현재 순간의 학습을 굳게 다진다. 다음은 이를 가능하게 하는 몇 가지 기능과 각 기능의 효과를 보여 주는 예시이다.

설명: *이제 나는 그것이 어떻게 작동하는지 볼 수 있습니다. 나는 이제껏 그렇게 보지 않았습니다.*

인식: *이 점을 나만 우연히 발견한 것은 아닙니다. 그건 잘 알려진 주제입니다.*

지지: *내가 경험하는 괴로움은 더 넓은 괴로움의 일부분이며 보편적 인간성의 일부분입니다. 우리는 모두 같은 배를 탔습니다.*

연결: *이제 나는 내 삶의 패턴 안에서 더 넓은 맥락을 볼 수 있고 나의 투쟁에서 어떻게 내가 혼자가 아닌지를 볼 수 있습니다.*

등록: *이론적 맥락은 이 패턴을 쉽게 기억할 수 있게 해 주어, 다음번에 이 패턴을 더 잘 인식할 수 있습니다.*

훈련 과정의 자료와 맞추기

교훈적 제시에서 다루는 주제는 훈련 주제를 중심으로 삼는다. 대부분 주제는 참가자가 집에서 읽고 검토할 수 있는 유인물로 제공하는 것이 좋다. 서론에서 언급한 바와 같이 많은 마음챙김 기반 접근법에서 지도 환경의 한 가지 요소는 정보가 담긴 유인물을 포함하는 워크북이다. 워크북은 시와 영감을 주는 글 그리고 때로는 다른 자료도 포함한다. 프로그램에서 사용하는 워크북은 우리가 제공할 교훈적 제시를 문서로 만든 것이다. 따라서 수업에서 다루는 교훈적 제시와 워크북에서 다루는 주제의 자료를 서로 맞추는 것이 좋다.

탐구와 맞추기

어떤 의미에서 탐구는 교훈적 제시로 가득 차 있다. 지도자가 하는 모든 확인과 인정은 메시지를 담고 있다.

그것이 마음이 작동하는 방식입니다.

이제 우리는 우리의 패턴이 얼마나 끈질긴지 알 수 있습니다.

실재가 어떤 것인지에 대한 이러한 언급은 만약 시기가 적절하다면 자연스럽게 추가 설명으로 이어질 수 있다.

마음은 좋은 의도로 불쾌한 것을 피하고 즐거운 것에 매달리려고 애를 쓰며 언제나 바쁩니다. 이런 작용은 심지어 우리에게 미래로 뻗어나가는 시나리오를 개발하게 합니다. 그러나……

우리의 습관적인 패턴은 레코드판에 새겨진 홈과 같습니다……

하지만 설명을 시작하자마자 우리는 탐구 과정에서 벗어난다. 아마도 "좋은 질문입니다. 그 부분에 대해서 더 할 말이 있기 때문에 좀 더 깊이 들어가 봅시다……"와 같은 말로 이러한 전환을 강조하는 것이 좋다. 우리가 탐구에 섞인 교훈적 제시를 마무리할 때 다시 탐구로 전환하기 위해 이 마무리를 표시할 수 있는지 살펴보라. "그러니까 이것이 집중 명상과 마음챙김 명상의 차이입니다. 이 정보가 수행에 도움이 되나요?"

그런 다음 짧은 한 두 마디 말로 탐구로 돌아올 수 있다.

이것이 당신의 경험과 관련이 있나요?

그걸 알아볼 수 있나요? 우리는 종종 이것과의 투쟁을 혼자 겪는다고 생각합니다. 하지만 그게 바로 대부분이 겪는 투쟁입니다. 그 이야기를 꺼내 주셔서 고맙습니다. 이제 다음으로 넘어갈까요?

이제 그 수행에 관한 검토로 돌아갑시다. 그들의 경험에 관해 말하고 싶은 사람이 또 있습니까?

교훈적 제시를 언제 제공하는가

교훈적 제시는 프로그램에서 자동조종모드로 살아가기(MBSR 1회기) 또는 스트레스가 미치는 영향(MBSR 4회기)과 같이 고정된 주제를 다룰 때 적절하다. 교훈적 제시는 훈련을 통해 전달하는 핵심 지도의 일부분이며 회기와 유인물 모두에서 다룬다.

스트레스와 자동조종모드로 지내기 같은 주제는 매우 중요하므로 모든 프로그램에서 다룬다. 신체에 주의를 기울이고 작업하기와 같은 주제도 모든 프로그램에서 다루어지지만 교육 과정 안에 고정된 위치가 있지는 않다. 명상 중 신체 자세, 집중 명상과 마음챙김 명상의 차이, 어려움을 인내하거나 심지어 어려움에 빠져드는 것과 어려움을 수용하는 것의 대비점과 같은 주제는 일부 집단에 더 적절하다. 이러한 주제에 대한 교훈적 제시는 학습 과정을 보완하거나 심화하는 데 사용할 수 있다.

특정 회기에 (교육 과정 안에 고정된 위치가 없는) 유동적인 주제를 포함하도록 미리 계획할 수도 있고 회기를 전개하면서 적절해 보이는 순간에 유동적인 주제를 포함할 수도 있다. 두 경우 모두 주제가 집단의 경험과 연계되는지 확인하라. 예를 들어 먹기 명상은 경험에서 느껴진 감각이나 신체를 다루는 일에 관한 교훈적 정보를 제공할 기회를 줄 수 있다. 마찬가지로 좌선을 시작하며 명상에서 자세가 가지는 역할과 신체 자세의 세부 사항을 다루는 좋은 기회를 제공할 수 있다. 이런 식으로 교훈적 정보 또는 인지적 이해는 생생한 경험과 결합한다.

요청에 의한 교훈적 제시

또한 우리는 특정 질문이나 언급된 관심사에 반응하여 교훈적 정보를 제공할지 여부를 선택할 수도 있다. 원활한 훈련이나 수행을 위해서 때로는 목적이 무엇인지, 수행을 위해 어떤 안내를 하는지, 또는 그 뒤에 숨겨진 아이디어가 무엇인지 설명해야 한다. 이는 마음챙김 수행이 탐색과 개방된 질문이라는 형태를 띠고 있고 지도자로부터 받은 정보에 영향을 받거나 그런 정보로 채워지지 않는다는 기본 원리와 모순되는 듯이 보일 수도 있다. 하지만 설명은 때때로 사람들이 탐색을 계속하는 데 도움을 줄 수 있다. 더욱이 일부 참가자는 반성가형 또는 추상적인 학습 스타일을 가지기에 수행에 몸을 내맡기기 위해서 이론적 틀이 필요하다. 이러한 참가자는 수행에 장애물이 나타나면 경험을 계속 탐구하기보다는 교훈적 정보에 잠깐 발을 들이며 좀 더 일반적인 방법으로 장애물에 대한 틀을 잡는 게 도움이 될 수 있다.

참가자 오랫동안 호흡에 머물러 있으면 호흡에 힘이 들어갑니다. 그러면 숨을 어떻게 쉬어야 하는지 모르는 것처럼 느껴져요.

지도자 이는 꽤 흔한 현상입니다. 주의를 고정하기 위한 (호흡이라는) 닻에 너무 많은 힘이 들어가는 순간, 그저 닻을 내려놓습니다. 그럴 때 닻은 더 이상 도움이 되지 않습니다. 닻 없이 그저 앉아 있으세요. 아니면 몸의 다른 부위로 주의를 옮깁니다. 방석에 닿는 몸의 감각이나 바닥에 닿는 발의 감각 같은 곳으로요. 나중에 준비가 되면 주의를 호흡으로 가볍게 돌릴 수 있는지를 조심스럽게 볼 수 있습니다. 명상 지시는 단지 주의의 이동에 부드럽게 반응하는 방법을 가르쳐 주기 위한 것입니다. 힘이 들어가면 이를 수행할 수 없습니다. 명상할 때 이를 기억하세요.

참가자 앉은 자세가 잠시 불편해서 자세를 바꾸었습니다. 그런 후 이렇게 해도 괜찮은지를 생각하기 시작했습니다.

지도자 괜찮습니다. 그것에 관해 수행 지시에서 들었을 겁니다. 자세를 자유롭게 바꿀 수 있지만 그렇게 할 때 의식적으로 해야만 합니다. 신체 자세를 감지하는 것 또한 마음챙김 수행의 대상입니다. 알아차림의 변두리에 내버려 둘 대상이 아닙니다. 앉아 있는 방식을 명상의 일부로 만들 수 있는지 바라보세요. 고칠 필요는 없습니다. 단지 그것을 알아차리고 자신의 내적 태도에 도움을 주는 자세를 찾으세요.

교훈적 제시는 훈련 과정의 구조를 명시적으로 만드는 데 이용할 수도 있다. "이것이 우리가 하고 있는 일입니다. 그리고 그렇게 하는 이유는……" 또는 "이것은 그걸 작동하기 위해 필요합니다. 그리고 이것이 그 경계선입니다." 우리가 그 과정을 설명할 때 우리는 그 과정을 실제로 행함에 있어 공통으로 책임을 지게끔 집단을 초대한다.

지도 주제의 목록

이 장 앞부분에서 스트레스, 자동조종모드로 지내기, 마음의 행동 모드와 존재 모드

등을 훈련의 핵심 주제로 두었다. 물론 다른 많은 주제들이 있다. 다음은 마음챙김 훈련에서 종종 교훈적 제시의 주제로 다루어지는 중요한 지도 요점이다.

수용: 수용은 어떻게 능동적인 과정이고 굴복과 다른가

주의: 주의는 어떻게 우리의 경험을 이끌고 제한된 범위에서만 조절할 수 있는가

자동 반응: 자동 반응을 알아차리고 대신 의식적으로 대응하도록 선택하기

경계: 경계를 알아차리고 존중하기

호흡: 호흡이 닻으로 가지는 가치

신체 경험에서 느껴진 감각: 신체 경험에서 느껴진 감각에 주의를 맞추는 것이 가치 있는 이유

지금 여기 경험: 현재 순간의 가치와 찰나적인 속성을 이해하기

마음이 작용하는 방법: 마음은 항상 우리를 도우려고 하지만 항상 도울 수 있지는 않다.

명상: 명상의 목표와 과정 그리고 장애물

장애물과 장애 요소: 일반적으로 장애물과 장애 요소가 얼마나 어려우면서도 동시에 유용한가

고통과 괴로움: 고통과 괴로움을 구분하기

신체적 명상 자세: 정신적 태도, 즉 명상을 '어떻게' 할 것인지에 관한 가치. 그리고 마음챙김 태도와 신체적, 정신적 욕구 사이의 균형을 잡는 것에 관한 가치

수행: 우리가 발전하는데 수행이 어떻게 도움이 되는가, 전념과 결정심의 중요성을 이해, 과정 지향과 결과 지향을 구분, 정규 수행과 약식 수행을 구분

마음챙겨 알아차림의 주요 이점: 마음챙겨 알아차림이 어떻게 자동적인 패턴과 반응성에서 벗어나는 길을 열어 주는가

반응성: 반응성이 어떻게 우리를 사로잡고 우리가 경험을 붙잡거나 밀어내도록 만드는가

속도 늦추기: 속도 늦추기가 가치 있는 이유

자신을 돌보기: 자신을 돌보는 것이 무엇을 의미하는가, 자신을 돌보는 것이 균형을 위해 필요한 이유, 자신을 돌보는 것이 자기중심적이지 않은 이유

생각: 생각은 사실이 아니다, 우리의 정신 상태가 경험을 인식하는 방식에 영향을 미친다.

배운 것을 이용하기: 통찰을 고정시키는 기술

마음챙김 지도자는 이러한 주제 각각에 명확한 교훈적 제시를 해 줄 수 있어야 한다. 이러한 주제에 대한 자세한 내용은 존 카밧진의 책 『*마음챙김 명상과 자기치유*』(1990)와 『*왜 마음챙김 명상인가?*』(1994)를 참고하라. 이 책들은 이러한 주제를 중심으로 다룬다. 『*우울증 재발 방지를 위한 마음챙김 기반 인지치료*』(2013)에서 나온 유인물도 이 목록에 나온 일부 주제에 대한 교훈적 제시를 제공한다. 또한 점점 늘어나는 마음챙김 기반의 자조 워크북을 참고할 수도 있다. 이러한 책은 우리가 주제를 집단에 제시하는 데 사용할 수 있는 편리하고 참가자에게 친숙한 표현으로 쓰였다. 『*MBSR 워크북*』(Stahl & Goldstein, 2010)과 『*우울과 불안, 스트레스 극복을 위한 8주 마음챙김(MBCT) 워크북*』(Teasdale, Williams & Segal, 2014)이 대표적인 예이다.

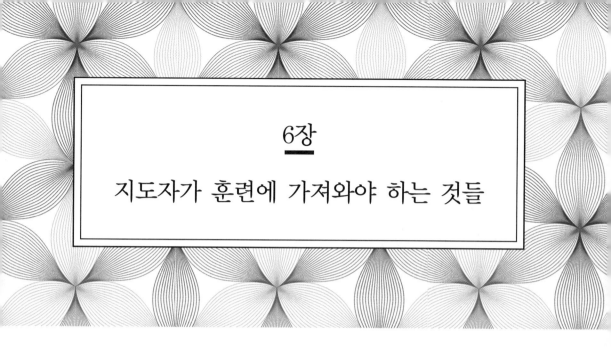

내가 사람의 방언과 천사의 말을 할지라도 사랑이 없으면 소리 나는 구리와 울리는
꽹과리가 되고 내가 예언하는 능력이 있어 모든 비밀과 모든 지식을 알고 또 산을 옮길 만한
모든 믿음이 있을지라도 사랑이 없으면 내가 아무것도 아니오.
내가 내게 있는 모든 것으로 구제하고 또 내 몸을 불사르게 내줄지라도
사랑이 없으면 내게 아무 유익이 없느니라.

— 고린도전서 13장 1~3절

• • •

이 작업은 어떤 의미에서든 완벽해지는 것이 아니다.
이것은 바로 인간이 되는 작업이다.

— 존 카밧진 Jon Kabat-Zinn

앞장에서 나는 구조와 기술, 그리고 원칙에 관해 논의했다. 이는 지도자가 되는 것이 단순히 기술적인 일이라는 의미인가? 어떤 점에서는 그렇다. 우리는 훈련 과정 동안 무슨 일이 일어나는지 혹은 일어날 수 있는지, 다른 상황에서는 우리가 어떤 선택을 할 수 있는지, 우리가 선택한 것이 어떤 영향을 미칠 수 있는지 등을 알아야 한다. 이러한 맥락에서 교육 과정이 고안되었다. 지도자가 되기 위해서는 지도자 훈련이 필요하다. 연구 결과에 따르면 지도자의 훈련 수준은 MBSR 과정의 결과 중 웰빙, 낮은 스트레스 지각, 훈련 과정의 만족 등과 가장 높은 관련성을 보인다(Ruijgrok-Lupton, Crane & Dorjee, 2015).

이는 음악을 숙달하는 것과 비슷하다. 처음에는 오직 기술만 배운다. 음악가는 이전에 했던 연습과 선생님이 공유하는 모든 것을 흡수하면서 반복 연습한다. 음악가는 개별 음악에서 특정 기술에 관한 도전과 더불어 모든 기본 기술을 끝없이 연습한다. 음악가는 악보를 연구하고 각 음표와 쉼표를 알고 있다. 그러나 공연할 때는 이런 지식이 마음의 전면에 있지 않다. 이를테면 음악가는 지식을 뒤에 남겨둔 채 지식을 통해 음악이 흘러나오게 한다. 이런 식으로 음악가 자신이 가장 중요한 악기이고 이는 그동안 해왔던 모든 준비가 그 순간이 요구하는 바를 가능하게 해 줄 것이라는 믿음으로 작동한다.

음악 연주가 악보를 재생하는 것과 같지 않듯이 명상 훈련은 프로토콜 재생과 같지 않다. 음악가와 마찬가지로 마음챙김 지도자에게 훈련 실행은 무언가를 하는 것이라기보다 주로 무언가가 되는 것과 관련 있다. 우리가 제공하는 훈련은 우리가 해 왔던 모든 준비, 개인적 열정, 수행, 과정상의 기복을 반영한다. 훈련은 끊임없이 의문을 제기한다. "이 순간 과정이 나에게 요구하는 것이 무엇인가?" 우리는 이 질문에 관한 답을 결코 미리 얻을 수 없다. 무슨 일이 일어날지 절대로 알 수 없다. 하지만 우리는 항상 그런 순간으로 자신을 이끌고 우리가 가진 모든 것을 바탕으로 이 질문에 관한 답이 나올 것임을 확실히 안다.

지도자가 되는 길에서 만나는 도전 중 하나는 다음과 같은 역설에 대처하는 방법이다. 결과를 지향하면서도 과정을 지향하고, 마음의 행동 모드와 존재 모드를 모두 활용하고, 프로그램을 따르면서도 어떤 것이든 나타나는 대로 다루고, 앎과 알지 못함을 모두 체현하고, 최선을 다하면서도 애쓰지 않는다. 이러한 역설을 붙잡고 살려둘 수 있으려면 공간이 필요하다. 이런 공간은 믿음을 통해서만 만들어진다. 우리가 훈련에 가져온 것이 충분하고 우리의 경험에서 나온 반응이 경청하고 존중할 만한 가치가 있음을 믿어야만 한다. 그러므로 훌륭한 지도자가 되려면 자기 내적 영역을 적절히 관리해야 한다. 여기서 내적 영역은 우리의 인식, 사상, 생각, 실용주의 의식, 그리고 심지어 반응하거나 대응하는 경향까지 즉 우리의 내적 삶이 가지는 모든 요소를 의미한다. 미국의 교육전문가 파커 파머Parker Palmer는 이렇게 말했다. "어떤 종류의 일에서든 성취할 수 있는 가장 실용적인 것은 그것을 할 때 우리 내면에서 일어나는 일에 대한 통찰을 가지는 것이다. 우리가 내적 지형에 더 친숙해질수록 우리의 가르침과 삶은 더욱 확실해진다."(1998, p. 6).

이 장은 지도자로서 또 인간으로서 우리가 훈련에 가져오는 모든 것에 관한 것이다. 우리 가슴속에서 타오르는 불꽃, 즉 우리에게 전념과 의도를 공급하는 열정에서 시작할 것이다. 물론 열정만으로는 충분하지 않다. 마음챙김의 특성을 체현하는 것도 마찬가지로 중요하기 때문에 체현에 대해서도 논의할 것이다. 그런 다음 지도자가 훈련에 가져오는 개인적 강점과 한계를 다루고 이에 더하여 우리가 전하고자 하는 바를 실천하는 것의 중요성에 대해서도 다룰 것이다. 마음챙김 훈련이라는 맥락에서 후자의 한 가지 의미는 자기 자신을 잘 돌보아야 한다는 점이다. 다음으로 지도자의 가장 중요한 자산인 언어를 능숙하게 사용하는 방법을 논의할 것이다. 그런 다음 우리가 지도자로서 계속해서 배우는 방법에 대해 논의할 것이다. 나는 이 장을 지도자에게 중요한 역량에 대한 설명으로 마무리하고 또한 이런 역량을 평가하기 위한 검증 가능한 기준의 중요성을 강조한다. 요컨대 이 장은 "이 순간 학습 과정이 나에게 무엇을 요구하는가?"라는 질문에 직면했을 때 의지할 수 있는 모든 것을 다룬다.

열정

존 카밧진에 따르면 "초창기 MBSR과 다른 마음챙김에 근거한 임상 개입의 발달은 수행에 대한 열정과 사랑으로 수행과 마음챙김을 가르치는 일에 자신의 모든 것을 바친 소수 집단에서 이루어졌다. 이들은 수행을 사랑했기에 자기 경력에 도움이 되지 않고 경제적으로 어려워질 수 있음을 알면서도 기꺼이 그렇게 했다. 이런 모습은 대개 잘

정립된 여러 전통과 계보 안에서 인정받는 스승이나 불교 지도자를 통해 다르마와 명상 수행을 직접 깊이 체험하면서 나타났다."(2010, pp.xi-xii). 그러한 열정은 선을 행하고 베풀려는 마음의 깊고 자연스러운 욕구에 의해 길러진다. 열정은 사랑이다. 마음은 수행하면서 가치 있고 자유롭다고 경험한 바를 표현하려는 욕구로 넘쳐흐른다. 이는 지도자의 작업에 활기를 불어넣는다. 깨달음에 대한 열정은 마음챙김을 가르치는 근본 토대다. 훈련은 마음이 그 열정의 파도를 쏟아 내도록 해 주는 수단이다.

벨기에의 마음챙김 지도자 에델 맥스Edel Maex는 "지도자는 수행을 향한 열정으로 가르친다."라고 주장했다(2011, p.167-168). 그러니 이 열정을 소중히 하라. 마음챙김을 지도하는 것이 때로는 '일상적인' 일을 하는 것처럼 느껴질 때가 있다. 어쩌면 우리가 저항에 부딪히거나, 참가자 수가 너무 적어 실망했거나, 지쳤거나, 너무 많은 행정 업무를 해야 하기 때문일 수 있다. 그럴 때는 우리를 움직이게 하는 것에 다시 연결하라. 열정은 우리를 빛나게 하고 전염성이 있어 참가자가 더 많은 수행을 하도록 북돋을 것이다.

전념과 연결을 유지함으로써 열정을 소중히 하라. 우리가 무엇을 하는지 그리고 왜 하는지를 정기적으로 다시 떠올려라. 이러한 이유 중 많은 것이 우리 삶의 중요한 순간에서 비롯되었을 가능성이 높다. 이는 어린 시절부터 시작하지만 첫 집중 수행부터 오늘 아침 명상에 이르기까지 특히 자신의 수행 안에서 나타난다. 열정은 훈련에 활력을 더하고 마음챙김 지도에 꼭 필요하다.

하지만 열정만 있어서는 안 된다. 만약 순전히 열정으로만 움직인다면 열정은 결국 우리 눈을 멀게 할 수도 있다. 마음챙김을 지도하려는 동기가 개인 경험에 지나치게 근거를 두게 되면 우리 자신에게 진실하고 가치 있었던 것을 다른 사람도 똑같이 발견해야만 한다고 생각할 수 있다. 열정이 눈을 멀게 하는 것을 막으려면 수행의 결실인 '마음챙김의 체현'과 균형을 이루어야만 한다.

체현

여기서 말하는 '체현'은 마음챙김의 체현이다. 4장에서 지적한 바와 같이 탐구를 안내하는 것은 과정을 조절하거나 통제하는 어떠한 도구도 없이 올바른 무언가를 해야 한다는 느낌을 만들 수 있기에 지도자에게 도전이 된다. 체현도 지도자가 개인적으로 이상적인 역할을 해야 한다는 믿음이 지도자를 긴장시키고 부자연스럽게 만들 수 있다는 점에서 비슷하다. 사람들은 마음챙김 지도자가 현재 순간에 머물기, 수용 등에서 완벽한 예를 보여 주어야 한다고 생각하는 경향이 있다. 이는 마음챙김을 고요한 마음으로 항상 현재에 머물러 있는 것이라 여기는 관습적 이미지에 근거를 둔다. 이것은 잘못된 생각이다. 체현은 평온하고, 침착하고, 지혜롭고, 사려 깊고, 고요한 상태와 같은 의미가 아니다. 체현은 완벽함이 아니라 완벽하지 않음에 관한 것이다. 지도자가 얼마나 완벽한지가 아닌 지도자가 완벽하지 않음을 다루는 방법이 지도자의 체현 정도를 결정한다. 때때로 지도자 또한 마음챙김 자세를 유지하기 위해 애쓰고 있고, 이런 점을 알아차리고, 그래도 괜찮다는 것을 집단이 느끼게 하는 것보다 더 훌륭한 학습 순간을 제공할 수 없다.

마음챙김을 체현하는 것은 초대와 함께 사는 것이다. 잠자기와 깨어 있기, 자동적으로 반응하기와 현명하게 대응하기, 마음의 행동 모드와 존재 모드 사이에서 추는 춤에 마음챙김하라는 초대이다. 이러한 초대를 체현하는 것은 아마도 우리가 집단에 줄 수 있는 가장 중요한 것이다. 시걸Segal과 윌리엄스Williams 그리고 티스데일Teasdale은 "MBCT 강사 자신의 기본적인 이해와 방향성이 이 과정에 미치는 가장 강력한 영향 중 하나이다."라고 하였다(2002, p.65-66). 크레인Crane 등(2010)은 체현이 학습 과정의 기초에 "무엇보다 중요한 원리"이며 "마음챙김에 근거한 접근법이 영향을 미치는 중심 기제는 참가자가 마음의 '행동 모드'에서 '존재 모드'로 전환을 선택할 수 있게 됨으로써 이루어진다. 이러한 학습은 수업 시간에 지도자가 직접 경험한 '존재' 모드를 통해 전달된다. 그리고 이러한 경험은 마음챙김 명상 수행을 통해 얻는다."라고 명확하게 말한다(p.78). 시인 루미는 마음챙김하며 사는 것에 관해 "다른 모든 것을 기억하더라도 이를 잊는다면 삶에서 아무것도 하지 않은 것이다."라고 말했다(1997, p.17). 이는 마음챙김을 지도할 때도 마찬가지다. 체현을 잊는다면 아무것도 지도하지 않은 것이다.

어린 시절 영감을 주었던 특정 선생님을 돌이켜 생각해 보라. 우리 삶에 특별한 공간을 차지했고, 우리에게 많은 것을 가르쳐 주었고, 심지어 학교생활과 아무 관련이 없더라도 그분을 위해서라면 무슨 일이든 기꺼이 도와드렸던 바로 그 선생님을 떠올려 보라. 혹은 우리에게 영감을 주었던 삼촌, 이모, 이웃을 돌이켜 생각해 보라. 우리의 마음을 끌어당긴 그 사람의 자질이 무엇이었나? 떠올려 보면 그 사람의 매력은 전문지식이나 기술, 심지어 지혜도 아님을 알아차리게 될 것이다. 우리에게 영감을 주는 사람은 우리와 공명하는 무언가를 체현한다. 흔히 교육, 치료, 리더십 같은 분야에서 개입의 효과는 실제로 한 말과 기술보다 태도와 카리스마에 더 의존한다고 여겨진다. 크레인 등(2012, p.17)에 따르면 지도자는 다음을 통해 훈련에서 마음챙김을 체현한다.

- 현재 순간에 초점—행동과 언어 및 비언어적 의사소통을 통해 표현

- 현재 순간에 대한 대응—내적 및 외적 경험에 대한

- 평온함과 활력—꾸준함, 편안함, 비반응성, 각성을 동시에 전달

- 태도의 기초—지도자가 존재하는 방식을 통해 마음챙김 수행을 전달

- 지도자의 사람됨—학습은 지도자가 존재하는 방식을 통해 전달

이 목록은 매우 추상적인 개념으로서 체현을 다시 한번 확인한다. 예를 들어 '존재하는 방식'이 정말 의미하는 바는 무엇인가? 그리고 다시 한번 우리는 행동과 존재 사이의 모순에 직면한다. 체현은 우리가 '행하는' 무언가가 아니어서 말로 담아내기 어렵다. 하지만 어쨌든 나는 노력할 것이다.

의식적인 방식으로 관계 맺기

마음챙김의 체현은 비판단, 인내심, 초심, 신뢰, 애쓰지 않음, 수용, 내려놓기 등 4장에서 언급한 7가지 태도 요인을 어떻게 표현하고 관계를 맺는지에 관한 것이다. 다시 말하지만 이 요소들을 완벽하게 담을 필요는 없다. 하지만 이는 우리가 방향을 잡는 데 핵심이 되어야 하고 우리는 이것과 어떻게 관계를 맺는지에 마음챙김 해야 한다. 이런 식으로 체현은 마음챙김 수행의 기초인 태도 요소와 의식적이고 진실한 관계를 유지한다는 의미를 가진다.

다른 모든 관계처럼 이 관계도 역동적이다. 결과가 아닌 과정이다. 마음챙김 지도자가 조급함, 판단, 불신 등을 가지고 있을 때 그러한 것에 마음챙김으로 접근할 수 있

기만 하면 문제가 되지 않는다. 마음챙긴 알아차림은 조급해지는 것과 조급함을 경험하는 것 사이의 차이를 규정한다.

핵심 태도 특성과 우리가 맺는 관계는 수업 중에 도전을 받을 것이다. 다음은 그런 도전에 마음챙김하며 대응하는 몇 가지 예시이다.

저는 시간에 쫓기지 않고 싶습니다. 시간에 쫓기면 제가 긴장한다는 것을 알기 때문입니다.

저는 방금 일어난 일에 놀랐습니다. 온갖 생각이 다 들고 어떻게 진행해야 할지 모르겠습니다.

이것은 저에게 영향을 미칩니다. 무슨 말을 해야 할지 모르겠고 어떻게 반응해야 할지도 모르겠습니다. 저는 무력감을 느낍니다. 아마 이 순간에는 그저 거기에 머물러 있는 것만으로 충분하다고 느낍니다.

저는 이것에 대응하고 싶습니다. 그러나 제 전문 분야가 아니기 때문에 자신 없다고도 느낍니다.

그런 말을 들으니 영광입니다. 제 마음은 자부심으로 차오릅니다! 제 자아는 "더, 더!"라고 외칩니다.

말을 넘어서 태도는 문을 닫는 방식, 명상 종을 울리는 방법, 일상 질문에 대한 대응, 재가수행을 설명하기 위해 쏟는 배려 등 크고 작은 행동으로 표현된다. 체현은 종종 이런 세부 사항에 존재한다.

체현과 긴장하기

체현은 당신이 누구인지에 관한 것이다. 하지만 당신이 느끼는 모든 것을 단순히 겉으로 드러낸다는 측면에서 "그저 자연스럽게 하라."는 의미가 아니다. 이렇게 하면 전문가라고 할 수 없을 것이다. 지도자로서 당신은 학습 과정에 책임을 지고 (항상 모든 것을 통제할 수 없다는 것을 이해하면서) 방향을 제시한다. 이러한 방향을 제시하는 한 가지 방법은 자기 개인 경험을 다루는 방법을 의식적으로 선택하는 것이다. 선택의 중요한 기준은 집단의 학습 과정에 도움이 되게 해야 한다는 점이다. 예를 들어 참가자가 여전히 긴장하고 다소 확신이 없는 첫 회기 동안 지도자가 자신이 긴장했음을 참가자에게 드러낸다면 아마도 도움이 되지 않을 것이다.

그렇다면 그 순간 지도자의 긴장은 어떻게 다루어야 하는가? 당신에게는 변화하기, 현재에 머무르기, 대처하기라는 세 가지 선택지가 있다. 변화하기는 긴장을 깨기 위해 무언가를 한다는 의미이다. 현재에 머무르기는 긴장을 누그러뜨리려고 무언가를 해야 하는 것이다.(이 장의 뒷부분, 한계에 관한 절에서 자세히 논의할 것이다.) 세 번째는 최대한 자기 역할에 집중함으로써 긴장에 대처하는 것이다. 앞의 두 선택(변화하기와 현재에 머무르기)이 집단의 학습 과정에 도움이 되지 않는다면 대처하기가 가장 좋은 선택지이다.

의식적으로 대처한다는 것은 느낌을 자신에게만 간직하고 담아 두며 나중에 좀 더 적절한 시기에 다루기로 선택하는 것을 의미한다. 나중에 이를 가지고 무언가를 하는 (예를 들어 동료와 공유하기) 이 마지막 측면이 가장 중요하다. 만약 그렇게 하지 않으면 당신 안에 남아 있다가 더 크게 자라게 될 것이다. 이러한 방식으로 자신을 잘 돌봄으로써 태도 요소가 당신과 맺는 관계 또한 돌보게 되고 그렇게 함으로써 체현도 돌보게 된다. 이것이 일어나는 과정을 다음 예에서 살펴보자. 새로운 집단이 첫 번째 회기를 위해 방에 들어올 때 당신은 자신이 긴장하고 있음을 알아차린다. 마음챙김을 행동으로 옮기기 위해서 이 장애 요소를 알아차리고 인식하며 탐색한 다음 의식적으로 반응을 선택한다.

1. '집단의 학습 과정에 영향을 주지 않으면서 스스로 무언가를 하여 지금 이 순간에 드는 느낌을 바꿀 수 있을까?' 답이 '아니오.'인 경우 다음 질문으로 진행한다.

2. '집단의 학습 과정에 영향을 주지 않으면서 스스로 무언가를 하여 긴장을 누그러뜨릴 수 있을까?' 답이 '아니오.'인 경우 세 번째 선택을 받아들인다.

3. '나는 담아 두기를 선택한다. 이 긴장에 대처하고 이를 나중에 다룰 것이다.'

인간으로서 지도자: 강점

우리가 훈련에 가져오는 강점은 그 순간이 우리에게 요구하는 것에 대응할 때 몇 번이고 이용할 수 있는 자원이다. 마음챙김 지도자가 훈련에 가져올 수 있는 많은 가능한 장점 중 여기서는 깊은 앎, 영성, 온전함, 인생 경험과 성격, 그리고 전문가로서 자질을 다룬다.

깊은 앎

강점의 가장 중요한 원천은 자신의 깊은 앎이다. 즉 마음챙김 수행과 그것이 삶의 질에 어떻게 도움이 되는지 깊이 이해하는 것이다. 우리는 명상, 일상적인 약식 마음챙김, 집중 수행, 그리고 몇몇 지도자와 역동적이고 개인적인 연결 가지기 등 수행을 통해 깊은 앎과 맺는 관계를 키운다. 또한 장애물과 도전에 어떻게 대처하는지, 자신의 작업에 어떻게 대처하는지, 다른 사람과 맺는 관계에 어떻게 대처하는지, 자유 시간에 어떻게 대처하는지, 먹고 마시고 보고 호흡하는 대상에 어떻게 대처하는지 등을 통해 깊은 앎과 맺는 관계를 키운다. 어떤 의미에서는 이 모든 것이 수행이다. 그리고 우리가 항상 경험에 더욱더 깨어 있거나 다시 깨어날 수 있음을 알아차리는 것을 포함하여 모든 것이 깊은 앎을 키운다. 깊은 앎은 우리가 회기에 들어갈 때 갖고 있는 가장 견고한 기초이다. 깊은 앎이 없다면 이 책의 메시지는 무미건조한 지식에 지나지 않는다.

영성

마음챙김 훈련 맥락에서 보면 영성은 과학과 세속 문화가 인정하는 것보다 우리 인간 존재 안에 더 많은 것이 있다는 감각에서 나오는 믿음이다. 종교적이든 아니든, 불교적이든 아니든 거의 모든 사람은 더 높은 근원과 어느 정도 관계를 맺고 있다. 가장 이성적인 과학자도 생명의 엄청난 활력을 포함하는 우주의 신비를 궁금해한다. 이런 맥락에서 우리는 삶의 지성과 자기 치유 능력의 지성에 대해 말할 수 있다. 아니면 이를 진화, 존재, 신, 담마 또는 의식의 지성이라 부를 수도 있다. 많은 사람이 삶을 좋게 만드는 데 초점을 맞추고 있는 힘이 작동한다고 느낀다. 훈련의 핵심 원리가 이러한 자기 치유의 지성과 일맥상통한다는 감각을 기른다면 훈련 과정이 어떻게 전개되고 있는지에 대한 의심이 생길 때마다 참가자에게 강력한 자원이 될 수 있는 영적 기반을 제공할 수도 있다.

온전함

알다시피 우리는 실수를 한다. 그것은 인간의 본질적인 부분이다. 그러나 우리는 최선의 의도와 지식으로 행동할 수 있다. 온전함은 순수한 의도를 필요로 한다. 우리의 일상적인 성공은 다양한 행동에서 성공하느냐 실패하느냐가 결정한다. 온전함은 그것을 초월한다. 사람들은 온전함에 민감하고 온전함에서 영감을 얻는다. 넬슨 만델라는 수감되어서가 아니라 꺾이지 않고 걸어 나갔기에 영감을 준다. 달라이 라마는 추방당해서가 아니라 그의 정신과 미소를 잃지 않았기에 영감을 준다.

마음챙김 지도자의 온전함은 다음과 같은 방식으로 뚜렷이 드러날 수 있다. "모든 상황에서 내 능력이 미치는 한 내가 이용할 수 있는 가장 효과적인 대응을 선택할 의도를 가진다." 만약 우리가 온전함을 성공의 기준으로 삼는다면 성공은 더 이상 일상적인 성공과 실패가 아닌 우리가 이용할 수 있는 최선의 선택지를 의식적으로 고르는지 여부에 달려있을 것이다. 비즈니스 컨설턴트 프레드 코프만Fred Kofman이 말하는 "성공을 넘어선 성공"(2006, p.65)이 바로 이것이다.

어떤 상황이 나타나더라도 그 상황을 진실하게 다루려는 우리의 의도를 빼앗아 갈 수는 없다. 그것이 우리의 기준이라면 성공은 보장된다.

인생 경험과 성격

위기, 성공, 절망, 절정감 등 삶에서 겪는 것들은 생생한 학습 경험을 제공한다. 이는 새로운 우여곡절이나 도전이 나타나는 것처럼 새로운 해결책 또한 항상 나타날 것이라는 믿음에 힘을 실어 준다. 새로운 해결책, 장애물, 그리고 사건의 놀라운 전환이 나타날 것이라는 이 지식은 개인적인 일상 수행에 의해 더욱 강해진다.

그런 의미에서 수행은 풍부함과 재생의 원천일 뿐만 아니라 (자신을 돌보기 절에서 논의하겠지만) 강점의 원천이기도 하다. 게다가 수행은 마음과 회복력의 강점인 열정과 체현을 강화할 것이다. 우리는 마음이 더 민첩해지고, 고요해지고, 주의를 더 집중할 수 있게 되고, 현재 순간에 마음을 여는 것이 더 쉽다는 것을 발견하게 될 것이다.

물론 자기 성격과 성격의 강점도 훈련에 가져온다. 비록 정도는 다르겠지만 모든 사람은 창조성, 적극성, 자발성, 지능, 에너지, 민감성, 그리고 공감 등을 포함한 특정한 강점을 가진다.

전문가로서 자질

인간으로서 하는 인생 경험 외에도 우리는 전문가로서 지식과 기술 그리고 경험을 훈련에 가져온다. 대부분의 마음챙김 지도자는 개인 발전을 좌우하는 환경에서 동료들과 전문적으로 작업해 왔다. 지도자로서 우리는 이런저런 분야에서 습득한 자질을 활용한다. 정신건강의학과 의사든, 요가 강사든, 아니면 코치든, 우리의 전문 분야에서 발달한 자질은 마음챙김을 지도할 때 견고한 기반을 제공한다. 그러나 다음 절에서 논의하는 바와 같이 자신의 전문적 자질을 지나치게 끌어들이면 이는 참가자의 마음챙김 발달에 잠재적인 장애물로 변할 수 있다.

인간으로서 지도자: 한계

지도자로서 우리는 참가자의 학습 과정 촉진이라는 전문가 역할에 꾸준히 방향을 맞추어야 한다. 훈련을 위한 구조와 양식을 준비하는 것은 이 과정의 일환이다. 양식을 충실히 지키면 훈련이 매끄럽게 느껴지고 우리에게 통제감을 준다. 하지만 프로그램 구조에 지나치게 중점을 두다 보면 우리 내면에서 일어나는 일을 알아차리지 못할 위험이 있다. 이렇게 되면 이면에 긴장감이 깔리게 될 수 있다.

무력감, 스트레스 또는 무능한 느낌을 숨기지 않는 것이 중요하다. 이는 단지 그 감정을 억지로 누르고 적으로 만들 뿐이다. 대신 의식적으로 이러한 느낌과 관계를 맺을 기회를 잡아라. 이런 느낌을 우리의 가르침이 깊어지는 데 도움이 되게 하라. 그러면 그 과정에서 변환이 일어날 것이다. 이 절은 우리를 제한할 수 있는 부적격한 느낌, 긴장, 혹은 강점을 과장하는 경향 같은 몇 가지 일반적인 행동 패턴에 초점을 맞출 것이다. 만약 이러한 제한 중 어떤 것이라도 당신 안에 울려 퍼진다면 이를 지나치게 비판하거나 판단하지 말고 개인의 발전을 위한 기회라는 관점으로 접근해 보자.

부적격한 느낌

우리는 종종 지도자로서 완전히 부적격이라고 느낄 수도 있다. 예를 들어 누군가의 깊은 괴로움을 보았을 때 마음속으로 이렇게 생각할 수 있다. '*내가 무엇을 말할 수 있을까? 대답해 줄 말이 없는데……*' 혹은 '*이건 너무 벅차다.*', '*나는 이걸 다룰 준비가 되어 있지 않아.*' 혹은 '*내가 뭐라고 이런 괴로움을 가진 사람을 지도한다는 거지?*'

참가자가 훈련에서 경험을 처리하는 방식은 그들 자신의 민감성, 이해 수준, 학습 스타일, 발달 정도, 성격 등에 달려 있다. 따라서 지도자로서 우리가 아무리 열심히 노력해도 모든 참가자가 모든 연습이나 실습의 충분한 혜택을 받을 수 없음을 깨달을 때 부적격한 느낌이 들 수 있다. 이런 순간에는 우리가 참가자의 학습 경로를 통제할 수 없다는 사실을 깨달아야 한다.[17] 이때가 바로 수용, 인내, 신뢰, 그리고 마음챙김의 체현을 형성하는 다른 자질들을 끌어내야 할 순간이다.

또한 실제로는 우리가 해야 한다고 생각하는 정도까지 할 필요가 없을 가능성을 고려해 보라. 체현만으로, 그중에서도 특히 세상의 불완전함과 괴로움에 있는 그대로 머무는 능력만으로도 큰 성과를 거둘 수 있다. 따라서 일단 훈련이 시작되면 우리에게는 주어진 맥락 안에서 가능한 가장 좋은 학습 환경을 만든다는 단 한 가지 임무만 있다는 점을 기억하라. 우리가 훈련 과정을 믿을 수 있다면 각 참가자 개인의 학습 경로가 어떤 식으로든 치유를 이끄는 통찰로 이어질 것이라는 사실 또한 믿을 수 있다. 이러한 더 넓은 관점에서 우리는 부적격할 수 없다.

긴장

마음챙김 지도자도 긴장하고, 자신감이 떨어지고, 스트레스를 받을 수 있다. 지도자도 결국 인간이다. 앞서 지적한 바와 같이 마음챙김 지도자는 자기 경험과 의식적으로 관계를 맺는 것이 중요하다. 이는 긴장을 느낄 때 특히 중요하다. 긴장하면 흔히 이를 극복하기 위해 애쓰게 된다. 이런 반응은 마음을 좁게 만들어 우리의 행위를 억지스러운 것으로 보이게 한다. 다음은 긴장을 다루는 데 도움이 되는 몇 가지 기법이다.

- 준비 시간을 더 많이 가지고 더 일찍 도착하라. 회기의 실제적인 측면을 잘 준비했음을 스스로 알면 상당한 안심이 된다.

- 예를 들어 새로운 집단과 처음 하는 회기가 저녁에 계획되어 있다면 충분한 여유 시간을 갖기 위해 오후에는 업무를 쉬는 것을 고려해 볼 수 있다.

- 회기 전에 명상하라.

- 동료나 친구에게 당신이 느끼는 긴장에 관해 이야기해 보라. 긴장이 반복된다면 스승이나 지도감독자와 이를 토론해 보라.

- 집단에게 자신의 긴장감을 언급하라. 그렇게 하면 참가자가 당신을 적대하는 게 아니라 당신과 함께한다는 사실을 떠올리는 데 도움이 될 수 있다. (이 장 조금 뒤에 나오는 '자기 공개'에서 논의하는 것처럼) 집단의 학습 과정에 도움이 되게 잘 고려된 방식으로 해야 한다.

- 필요에 따라 프로그램을 조정하라. 예를 들어 몇 분간 침묵하는 시간을 넣거나, 명상 시간을 늘리거나, 집단 탐구 대신 짝을 지어 경험을 나누는 집단 대화를 할 수도 있다.

자신이 완전하지 않음을 받아들여라. 또한 참가자는 우리 내면을 볼 수 없으니 안심해도 된다. 당신 자신은 긴장을 느끼거나 중심을 잡으려고 애쓰는 것처럼 느낀다고 하더라도 참가자에게는 자신감 있고 평온하고 차분한 인상을 줄 수 있다.

강점을 과장하기

통찰은 참가자가 구하려고 노력하든, 지도자가 이끌어 내려고 하든 상관없이 직접 불러일으킬 수 없는 무언가이다. 그러므로 통찰은 전통적으로 은총이라고 불리는 영역에 속해 있다. 통찰은 하늘에서 내려온 선물처럼 갑자기 들이닥친다.

이해하기 어려운 이러한 요소는 받아들이기 쉽지 않다. 그리고 지도자는 종종 통찰을 제어할 수 없다는 한계를 인정하기 어렵다. 어쨌든 우리는 참가자에게 마음챙김 수행을 지도하려 한다. 우리는 참가자를 확신시키지 못한다고 하더라도 참가자에게 핵심적인 통찰을 보여 주고 싶다. 우리는 종종 이렇게 생각할 수도 있다. *'이해를 못했나? 아직도 그것이 어떻게 돌아가는지 모르나?'* 때로는 통찰을 억지로 심어 주고 싶을지도 모른다! 그러나 좋은 의도일지라도 이러한 경향은 탐구를 하는 동안 지도자가 정도를 지나치게 만든다. 그렇게 되면 당면한 문제를 지도자의 개인적인 시각에 의지하게 되고 지도자의 지식으로 참가자의 탐색을 보충해야 하는 부담을 짊어지게 된다.

이는 무언가에 능숙하고 많이 아는 것의 뒷모습을 보여 준다. 이런 측면은 참가자에게 무엇이 필요한지에 관한 우리의 해석에 영향을 미친다. 때로는 특정 불교 종파에 대한 개인적인 선호 때문에 일어날 수도 있다. 때로는 자기 수행에서 얻은 믿음에 영향을 받기도 한다.

또한 지도자의 전문 분야는 사람들이 무엇을 필요로 하는지에 대한 지도자의 견해에 영향을 미친다. 예를 들어 참가자가 통찰에 이르는 길을 방해하는 장애물을 심리학자는 심리적 장애로 해석하는 반면 물리치료사는 신체적 장애, 그리고 라이프 코치는 비전과 결단성의 부족으로 본다. 이런 방식으로 전문 분야의 강점이 여과기 역할을 하고 해석과 지시에 사용될 때 이는 장애 요소가 된다.

지도자의 전문 분야에 따른 안내 방식은 훈련에 엄청난 영향을 미칠 수 있다. 그렇기에 여러 전문 분야에 대한 짧은 설명과 더불어 이것이 과장될 경우 참가자의 학습 과정을 어떻게 방해하는지를 설명하며 이 절을 마무리하려 한다. 관련 분야의 전문 자격을 가지고 있지 않을지라도 한 가지 혹은 그 이상이 당신에게 해당함을 확인할 수 있을 것이다.(또한 특정 자질과 그와 관련된 과장을 전형적으로 보이는 전문 분야를 선택했음을 유의하라. 이들 모두가 마음챙김 지도자의 통상적인 직업은 아니다.)

전문 분야에 따른 자질과 그와 관련된 과장

전문 분야	비전	전략	자질	과장
사회사업가	"당신의 문제가 나의 관심사입니다."	사람들의 문제 해결하기	지지와 돌봄을 제공하기	사람들의 경로와 강점을 박탈
치료자	"먼저 원인을 추적해봅시다."	해석과 분석	맥락을 확장하기	과잉 분석
교사	"이해하면 할 수 있을 겁니다."	지식 전달하기	설명하기, 명료화하기	과잉 설명과 과도한 명료화
판사	"이 문제의 진상을 밝혀 봅시다."	명확함을 추구하고 차이를 확인하기	규명하기	과도한 정밀성으로 인해 역동적인 특성이 부족
라이프 코치	"획득한 통찰을 가지고 지금 바로 움직여야 합니다."	통찰을 가지고 즉시 무언가를 하기	실용적으로 되기	행동과 해법으로 과도하게 밀어붙이기
컨설턴트	"당신은 좋은 충고가 필요합니다."	좋은 충고 주기	방향 잡기	몰고가기
운동 코치	"당신은 할 수 있습니다."	항상 앞으로 나아가기	자극하기	밀어붙이기
세일즈맨	"나는 당신이 찾고 있는 것을 갖고 있습니다."	촉진하기	긍정적인 점과 잠재력에 초점을 맞추기	편향된 시각으로 잘못 이끌기
신부	"나는 당신이 자기 실수를 스스로 용서할 수 있게 도울 겁니다."	모든 것을 선함으로 간주하기	수용하기	현실감과 날카로움의 부족
선교사	"절 따라오세요. 저는 빛을 보았습니다."	영감을 전하기	활성화하기	설교하기
종교지도자	"내가 빛이다."	카리스마를 물씬 풍기기	영감을 고무하기	마비시키기
반교사 antiteacher	"나는 아무 것도 모릅니다."	모든 사람이 자신의 방식을 발견하도록 허용하기	권한 주기	책임 회피

인간으로서 지도자: 도전

지도자의 역할은 인간이라는 조건이 원래 가지고 있는 특정 도전을 가져오는 것이다. 이는 개인 취약성과 불안감, 혹은 자부심, 자아, 자만심을 위협당하는 느낌을 포함한다. 어떤 상황이 우리에게 이상적인 모습에 미치지 못하는 특성을 드러내도록 자극(또는 요구)하더라도 참가자는 자신의 이상을 우리에게 투사할 수 있다. 때로는 상황에 대한 권한이 우리에게 있지 않음을 인정해야 할 수도 있다. 또는 개인적으로 무언가에 마음이 움직였고 거기에 대응할 능력이 부족함을 느낀다고 인정해야 할 수도 있다. 이 절에서는 지도하는 동안 지도자로서 틀림없이 만나게 될 도전인 이상화와 자기 공개를 둘러싼 주제를 논의할 것이다.

이상화

우리는 우러러보거나 혹은 이상화하는 누군가에게 무언가를 배우길 원했던 상황을 기억할 수 있을 것이다. 매우 당연하게도 어떤 참가자는 우리에게 비슷한 경험을 할 수 있다. 다음과 같은 상황을 상상해 보자. 당신은 한 번도 명상해 본 적이 없다. 당신은 마음챙김에 관한 글을 읽어 보았고 명상을 칭찬하는 몇몇 매우 흥미로운 말이 마음에 와닿았다. 그러나 마음챙김을 스스로 수행하기는 어렵다는 점도 알게 되었다. 그러고 나서 마음챙김 훈련 과정에 등록하여 모든 것에 대한 답을 가지고 있고 마음챙김의 대가처럼 보이는 지도자를 만났다. 이 상황에서 당신은 아마도 이런 생각을 할 것이다. '저 지도자는 나에게 없는 것을 가지고 있을 거야. 그는 내가 배우고자 하는 것을 완전히 터득한 사람이니까 그가 하는 말에 귀 기울이고 그가 하는 모든 것에 주의를 기울여야 해.'

이상화는 양날의 검이다. 이상화는 학습 과정을 도울 수도 있고 방해할 수도 있다. 긍정적 측면에서 보면 이상화는 많은 학습이 이루어지는 모방 기반 학습을 자극한다. 이는 걸음마를 배우는 아기가 부모로부터, 어린이가 선생님으로부터, 그리고 청소년이 역할 모델로부터 배우는 방법이다. "그들이 하는 것을 나도 할 수 있기를 원한다."

불행히도 나이에 상관없이 사람들은 흔히 그들의 역할 모델이 많은 점에서 그들처럼 불완전하다는 사실을 깨닫지 못한다. 이상화는 그들의 관점을 왜곡한다. 역할 모델의 기술과 자질이 그들로서는 이룰 수 없는 것처럼 보이면 학습 과정을 방해한다. '*나도 저걸 원해.*'라는 생각 뒤에 곧바로 '*나는 절대로 저렇게 할 수 없을 거야.*'라는 생각이 들 수 있다. 성취할 수 없는 것에 강조점을 두면 의욕이 꺾인다. 심지어 그들 자신의 강점에 관한 믿음마저 깨뜨려 버릴 수 있다.

또 다른 부정적인 측면은 모방이 역할 모델의 움직임에 포함된 내면의 경험에서 얻는 바 없이 움직임만 흉내 내는 경직된 복제가 될 수도 있다. 더욱이 이상화된 모습에 지나치게 집착하면 개인적인 평가 기준과 비판적으로 생각하는 능력을 잃어버릴 수 있다. 이런 일은 사람들이 오랫동안 구루와 같은 특정 역할 모델에 집중할 때 종종 일어난다. 나중에 관계가 깨지고 나면 상실감을 느끼고 한동안 혼란에 빠지는 경향이 있다. 그들이 많은 것을 배웠는지는 모르겠지만 배운 것을 내재화하는 데 필요한 기초는 부족할 수 있다.

마지막으로 고려할 점은 이상화가 지도자의 자아에 영향을 준다는 사실이다. 본질적으로 이는 문제가 되지 않지만 지도자가 이러한 찬양에 흠뻑 젖어 이상화를 믿기 시작할 위험을 가져온다. 이 이유 하나만으로도 이상화와 그 영향력을 경계하는 것이 좋다. 이상화를 깨뜨리는 한 가지 방법은 지도자의 취약함을 조금 드러내는 것이다. 이는 다음 절의 주제이다.

자기 공개

자기 공개는 실패와 관련된 것을 포함하여 자신의 결함, 느낌, 경험을 집단에 드러내는 것을 의미한다. 인간적인 결함을 내보이면 당신이 존경할 만한 사람이지만 동시에 아주 눈부신 정도는 아니라는 점이 부각되어 이상화의 긍정적인 효과를 강화할 수 있다. 즉 지도자도 그저 한 인간일 뿐이고 그런 면을 내보이는 것을 두려워하지 않는다. 지도자에게 도달하기 어려운 기술 혹은 자질이 있다는 분위기는 감돌지 않지만 여전히 이상적인 대상으로 기능한다. 이렇게 하여 우리는 우리 자신 역시 분투하고 실패하며 의심한다는 것을 숨기지 않는 건강한 역할 모델이 된다. 그러나 자기 공개가 지나치면 지도자로서 위치를 약하게 만드는 무능으로 이어질 수 있음을 알고 있어야 한다. 이런 모든 점을 염두에 두고 반드시 관찰해야 할 몇 가지 한계점과 함께 자기 공개를 시도하는 기법에 대해 알아보자.

일인칭으로 말하기

자기 공개는 '나'로 시작한다. 따라서 자기 공개를 할 때 반드시 일인칭으로 말해야 한다. 사람들은 종종 자기 자신을 이인칭으로 이야기한다. 다음 예를 보라.

너는 열심히 일했어. 너는 지금 지치고 배고파. 그리고 아직 식료품점에서 물건을 사야만 해. 계산하기 위해 줄을 서 있고 이제 막 너의 차례가 되었을 때 한 아주머니가 괴성을 지르는 아이들과 함께 물건으로 가득 찬 쇼핑 카트를 밀고 네 앞에 새치기해 들어와…… 너는 욕이 튀어나오고, 심장은 마구 뛰고, 신경이 날카로워져. 시간이 무진장 오래 걸려. 모든 사람이 다 너에게 적대적인 것 같아.

다음 버전과 비교해 보라.

나는 열심히 일했어. 나는 지금 지치고 배고파. 그리고 아직 식료품점에서 물건을 사야만 해. 계산하기 위해 줄을 서 있고 이제 막 나의 차례가 되었을 때 한 아주머니가 괴성을 지르는 아이들과 함께 물건으로 가득 찬 쇼핑 카트를 밀고 내 앞에 새치기해 들어와…… 나는 욕이 튀어나오고, 심장은 마구 뛰고, 신경이 날카로워져. 시간이 무진장 오래 걸려. 모든 사람이 다 나에게 적대적인 것 같아.

비록 첫 번째 예가 우리의 보편적 인간성을 암시하며 더 두루뭉술하게 말하는 방식이지만 뭔가 막연하다. 두 번째 버전에서 화자는 정말로 자신을 노출하고 있다. 자신을 이인칭으로 이야기하면 기본적으로 자기 자신과 이야기 사이에 장막을 치는 것이다.

실수를 인정하기

자기 공개는 종종 자신의 결함과 오류를 인정함으로써 인간적인 면을 공유하는 것이다. 단순히 실수를 인정하면 자기 공개를 분명하게 할 수 있다.

아차! 방금 뭔가 빠뜨린 것 같습니다. 미안합니다. 다시 돌아갑시다.

지난주에 우리는 고통을 다루는 것에 대해 이야기했습니다. 나중에서야 저는 제 의견이 다소 한쪽으로 치우쳐져 있었다고 느꼈습니다. 그래서 제 의견을 바로잡기 위해 잠깐 그 주제로 다시 돌아가고 싶습니다.

외관상 완벽함을 고수하려고 실수를 덮어버리려 하지 않고, 가능한 어디서든 실수를 확인하고 바로잡으면 집단에 흐르는 긴장을 깨고 편안한 분위를 가져올 수 있다. 이렇게 함으로써 실수해도 괜찮다는 메시지를 암암리에 전달하게 되어 마음챙김 수행에 알맞은 분위기를 조성할 수 있다.

그러나 오류를 드러내라고 해서 실패를 강조하라는 뜻은 아니다. 실패를 강조하다 보면 집중을 방해하고 기술에 대한 자신감이 떨어질 수 있다. 따라서 너무 지나치지 않도록 주의해야 한다. 예를 들어 "오 맙소사, 이 실습을 어떻게 하는지 잊어버렸네요. 제가 이렇게 멍청해요."처럼 말하지 않도록 해야 한다. 적어도 자기 공개는 실수나 한계에 대해 동정을 불러일으키려는 의도로 하는 것이 아니다.

지도자도 분투하고 실패하며 의심을 가짐을 공유하기

참가자가 그들 자신과 마찬가지로 지도자도 한계가 있음을 알면 두 가지를 배운다. 하나는 한계가 있음이 자연스럽다는 점이다. 다른 하나는 역할 모델이 한계에도 불구하고 이상적인 자질을 가질 수 있다면 참가자 또한 그러한 이상을 성취할 수 있을 거라는 점이다. 따라서 우리의 전문성에 한계가 있음을 말하는 데 주저하지 말라. "저는 그게 정확히 어떻게 작동하는지 실제로는 알지 못합니다. 저는 제 개인 경험만 말해 드릴 수 있습니다."

이러한 형태의 자기 공개에 이르는 또 다른 길은 "저도 그렇습니다."라는 의미를 전달하는 말을 하는 것이다.

참가자 종종 아이들이 정말 즐겁고 시끄럽게 놀고 있을 때 '명상할 수 있게 애들에게 조용히 하라고 말해야 할까?'라는 생각밖에 안 들어요. 그러나 애들이 허락받고 놀아야만 하는 건 아니잖아요?

지도자 저도 그 심정 알아요. 지난주에 제가 명상하려고 할 때 아들 녀석이 거실에서 TV를 보고 있었어요. 전 집중이 안 되고 점점 짜증이 올라오는 걸 느꼈어요. 결국 명상할 수 없었지만 아들에게 TV를 꺼 달라고 말하지는 않았어요.

마음챙김 수행을 하려고 할 때 참가자가 그러하듯이 지도자 또한 주위 환경 때문에 고민한다는 사실을 보여 주는 것이 도움이 된다. 이는 "저도 아직 거기에 도달하지 못했어요. 저 또한 미칠 지경일 때가 있고, 의심을 하기도 하고, 함정에 빠지기도 합니다."라는 뜻을 전달한다. 그런 의심과 함정을 어떻게 다루는지, 즉 걸려 넘어지고 다시 일어나서 결국은 그것들을 지나 보내게 되는 것을 공유할 때 "이건 누구나 겪는 과정이다."라는 암묵적인 메시지를 전달하게 된다.

사실 해법이 덜 와닿거나 전혀 없을 때, 다시 말해 성공적인 이야기가 없을 때 지도자 자신의 예가 가장 강력할 수 있다.

참가자 지난주 삼 일 동안은 명상하기에 너무 바빴어요.

지도자 정말 전혀 시간이 없었나요?

참가자 글쎄요. 항상 어느 정도는 시간이 있긴 하죠. 바쁘다는 느낌에 더 가까운 것 같아요.

지도자 아, 괜찮습니다. 저는 그걸 '지금은 아니야.' 날이라고 부릅니다. 그런 날은 제가 주의를 두어야 할, 더 중요한 다른 일이 많다고 느껴집니다. 그러면 저도 앉아서 명상할 수 있는 여유를 조금도 가질 수 없죠.

참가자 저는 모든 상황에서 마음챙김을 유지하는 것이 궁극적인 목표라고 생각해요.

지도자 글쎄요. 길 건너 이웃집에서 엄청나게 시끄러운 소리가 들렸을 때 제가 어떻게 반응했는지 들어 보세요. 나중에서야 그것을 좀 더 침착하게 다룰 수 있었는지 자신에게 물었습니다. 그 소리 안에 있었을 때는 제 반응을 멈추지도, 의문을 가지지도 못했습니다. 마음챙김을 거의 못 했죠.

개인 공개의 한계

지도자의 사생활을 어디까지 이야기할 수 있을까? 이 점에 관해 매우 개방적인 지도자도 있다. 그러나 다른 지도자들은 과도한 사생활 노출은 부적절하고 지도자에게 나온 어떤 정보도 무게를 가질 수 있다는 점을 고려하면 참가자를 지나치게 산만하게 만드는 경향이 있다고 느낀다. 다음 예를 생각해 보자.

> **참가자** 저는 남편을 옆에서만 힐끗 쳐다보았어요. 그런 다음 마음을 열고 그에게 다가
> 가지 못한 제 모습에 죄책감을 느꼈어요. 지나고 나서 보니 제가 그때 거기서
> 애정을 보여 줄 수 없었던 게 후회가 되어요. 그러나 그 순간에는 전 정말로 그
> 렇게 할 수 없었어요. 그게 절 슬프게 해요.
>
> **지도자** 누군가에게 다가가지 못한 슬픔은 정말 힘드네요. 그렇죠? 저도 이모께서 곧
> 돌아가실 것 같아 가족들이 번갈아 이모를 찾아뵙고 있어요. 가끔 제 여동생이
> 이모에게 몸을 숙여 손을 꼭 잡고 뺨에 키스하는 걸 봅니다. 왜 그런지 전 그렇
> 게 할 수 없어요. 그러고 집으로 돌아오면 저 자신이 정말 부족하다고 느낍니다.

이 사례에서 지도자는 너무 취약한 인상을 주어 참가자에게 지도자를 돌보고 싶은 느낌이 들게 만들 수 있다. 아니면 지도자의 공개가 지닌 무게가 참가자의 경험을 압도할 수도 있다. 항상 전문가로서 가져야 할 책임을 기억하라. 지도자는 참가자를 위해 존재한다. 그 반대가 아니다. 우리는 전문가 역할을 하고 있다. 참가자는 그렇지 않다. 자기 공개는 집단의 진전이라는 목적에 부응해야 한다. 따라서 자기 공개를 하기 전에 그것이 적절한지 조심스럽게 따져 보라. 자기 공개를 하려는 이유가 무엇인가? 참가자의 학습 과정을 자극하기 위한 의도인가 아니면 개인적인 필요에 의한 것인가? 여기가 우리가 선을 그어야 하는 지점이다.

조심스럽게 이용할 때 자기 공개는 우리가 집단에게 주는 선물이다. 우리는 우리가 지도하는 수행을 지지하기 위해 인간으로서 가지는 취약성을 제공한다. 자, 이것이 체현이다.

자신을 잘 돌보기

우리는 마음챙김 훈련에서 참가자에게 자기 자신을 잘 돌보는 것은 타고난 권리이고 먼저 자신을 돌볼 줄 알아야 다른 사람도 가장 잘 돌볼 수 있다고 가르친다. 그러나 지도자 자신은 어떤가? 우리 스스로 이 메시지를 체현하고 있는가? 아니면 우리 대다수가 조용히 자신에 대해서는 상황이 좀 다르다고 믿고 있는가? 결국 우리는 집단을 잘

돌보고 다른 사람을 도와야 한다. 우리에게는 과업이 있다. 우리는 일을 하고 있다. 우리 자신에게도 똑같이 자신을 돌보도록 허락할 수 있는가? 만약 허락할 수 있다면 어떻게 할 것인가?

충전 시간 갖기

지도자로서 우리는 훈련에 많은 노력을 들인다. 철저하게 준비하고, 기술과 재능을 사용하고, 집단이 우리를 완전히 이용할 수 있게 하고, 마음을 열고 취약해질 준비를 한다. 간단히 말해 우리는 많은 것을 제공한다. 그러므로 자신을 충전할 시간을 가져야 한다는 사실은 충분히 말이 된다. 따라서 자신에게 자양분이 되는 활동에 꼭 참여하라. 집단 훈련을 행하는 사이사이에 짧은 안식을 가져라. 집중 수행에 참가하라. 회기에 앞서 몇 시간의 휴식을 취해라. 스포츠, 취미생활, 외출을 할 수 있게 시간표를 비워 놓아라. 훈련 중에 보조자나 공동지도자를 포함하거나 훈련이 끝난 뒤 동료나 친구를 불러 디브리핑하는 등 지지 자원을 활용하라. 이렇게 하면 작업에 깊이뿐 아니라 즐거움도 더할 것이다. 당장 필요하지 않을지라도 도움이 된다면 공부하고, 워크숍에 참석하고, 다른 사람에게 자문할 시간을 갖도록 하라. 회기를 마치고 맥주 한잔 마시거나 동료와 함께 스트레스를 푸는 등 재미와 유머를 위한 시간도 남겨둬라.

환경을 자신에 맞게 설정하기

참가자에게 좋은 환경 만들기에 너무 몰두한 나머지, 그 환경이 지도자 자신에게 적합한지 자신에게 묻는 것을 종종 잊을 수 있다. 당신은 편안하게 준비하기 위해 필요한 시간을 충분히 갖는가? 당신에게 맞는 적당한 속도로 진행하는가? 장소가 마음에 드는가? 훈련하기에 당신에게 맞는 적절한 계절인가? 회기 전이나 후에 의례, 취미 등 자신에게 의미가 있는 활동을 하는가?

또한 맡게 될 집단의 배경과 특징을 고려하여 이들과 작업하는 것을 좋아하게 될지 심사숙고하라. 그리 호감이 느껴지지 않는 사람들과 작업하려 들지 말라. 심지어 그들이 당신의 돌보고자 하는 본성, 자만심, 또는 지갑을 채우기에 매력적으로 보여도 그건 안 된다. 동료 지도자가 집단과 삐걱거렸던 경우를 자세히 되돌이켜 보면 그 이유 중 하나는 대개 참가자들이 가지는 특성에 호감을 느끼지 못하는 것이었다. 따라서 자연스럽게 호감을 느끼는 집단을 만날 수 있는 분야에서 일하라. 아마도 그런 집단은 당신의 개인적 흥미를 불러일으키거나 당신의 직업적 기술을 필요로 할 것이다. 이럴 때 집단과 유대 관계를 맺기 쉽고 당신은 이미 그 분야에 관한 기술을 가지고 있을 것이다. 이는 또한 마치 자석이 서로를 끌어당기고 찾는 것처럼 참가자도 당신에게 더 쉽게 끌리도록 만들 것이다. 당신이 집단에 깊은 호감을 느낌으로써 참가자도 호감을 느끼고 당신을 대할 가능성이 커진다.

또한 자신에게 잘 맞는 무언가를 선택하는 것이 단순히 이기적인 행동이 아님을 알아야 한다. 체현과 열정이 가르침의 정수라는 것을 고려하면 호감을 느끼는 집단을 가르칠 때 다른 집단보다 이러한 자질을 더 많이 발휘할 수 있을 거라는 사실은 두말할 나위가 없다. 어쨌든 모든 집단이 당신의 심장을 두근거리게 만들 수는 없다.

자신의 권리를 주장하기

자신을 잘 돌본다는 것은 자신이 권리를 가지고 있다는 사실을 인식하고 그 권리를 주장한다는 의미이다.

- 훈련 과정의 지도자로서 무엇을 할지는 당신이 결정한다. 자신의 선택을 방어하지 않아도 된다. 사람들은 당신에게 안내를 받으려고 등록하였다.

- 당신은 참가자의 노력이나 경험 또는 결과에 책임이 없다. 마음챙김 지도자인 플로렌스 멜레오-마이어가 지도자 훈련에서 이렇게 말한 적이 있다. "마음챙김 지도자로서 당신은 결과에 집착하지 말라."

- 당신의 개인적인 방식, 취향, 호감을 이용하라. 무채색의 인간미 없는 모델을 고수하지 않아도 된다. 당신을 이끌고 형성하며 풍요롭게 해 주는 무엇이든 이용하라. 당신 방식대로 훈련을 제공하라.

자신의 괴물을 티타임에 초대하기

모든 지도자에게는 두려운 것이 있다. 어떤 참가자는 더 많이 알 수도 있고, 참가자들끼리 서로 논쟁할 수도 있고, 아무도 나타나지 않을 수도 있고, 모두가 멍한 표정으로 당신을 바라보고 있을 때 무슨 말을 해야 할지 떠오르지 않을 수도 있고, 또 정신을 놓거나, 아프거나, 열쇠를 잃어버리거나, 날짜를 착각할 수도 있다. 더 심한 두려움도 있다. 참가자가 우리를 비난할 수도 있고, 훈련 도중에 자해를 할 수도 있다. 우리는 이런 두려움을 억누르는 경향이 있다. 우리가 두려움을 똑바로 바라보지 않으면서 그것이 우리를 방해하지 않기를 바란다. 그러나 우리가 회피할 때 두려움은 바로 정확히 우리를 방해한다.

당신의 괴물을 티타임에 초대하고 두려움을 마주할 용기를 낼 수 있는가? 당신은 두려움과 같이 앉아서 두려움이 머물 공간을 주고 두려움이 당신에게 어떻게 느껴지는지 그리고 어떻게 두려움과 같이 공존할 수 있을지를 탐색하면서 기꺼이 두려움의 바닥까지 내려가 볼 수 있는가?

두려움을 마주하면서 다음과 같이 자문해 보는 것이 좋다. "내가 매우 두려워하는 일 중 하나가 실제로 일어난다면 내가 의지할 수 있는 것은 무엇인가? 그리고 정말 세상이 끝난 것 같을까?" 당신의 깊은 앎, 온전함, 경험 그리고 기술을 가지고 대처할 수 있는 당신의 능력과 선택을 고려해 보라. 그 순간에 당신이 가져오는 모든 것이 그 상황에 맞는 답을 어떻게든 만들어 낼 것이라고 스스로 믿을 수 있는가? 이 질문에 진심으로 "예."라고 대답하지 못할지라도 당신은 여전히 그 상황이 되면 지도자로서 당신이 가진 모든 기술과 자질 그리고 경험을 가져올 것이라는 사실을 알 수 있다. 아마 최소한 그에 관한 약간의 믿음은 있을 것이다.

자신의 한계를 존중하기

마음챙김 지도자도 다른 모든 사람과 같다. 스트레스를 받고 불안정하며 자만심도 있다. 그리고 신경증적 경향과 잘 보지 못하는 맹점이 있을 수 있고, 또 편견을 갖기 쉽다. 이 중 어느 것이라도 당신 안에서 인식된다면 아마 당신은 때때로 다음과 같이 생각할 것이다.

확실히 나는 훈련을 제공할 만큼 능숙하지 못해.

그들은 날 꿰뚫어 볼 수 있을 거야. 난 실패할 거야.

내 방식을 잃어버리고 더 이상 어떻게 해야 할지 모르게 될 거야. 그다음은 어쩌지?

내 속이 어떤지 그들이 안다면 좋을 텐데.

마치 나 자신이 스트레스를 잘 다루는 것처럼 보여야지.

만약 이러한 생각에 굴복한다면 우리도 한계가 있고 불완전한 인간이라는 사실을 잊은 것이다. 우리도 다른 모든 사람처럼 그럭저럭 묵묵히 해 나가고 있음을, 우리의 한계가 어떤 분야에서는 항상 그럭저럭 묵묵히 해 나갈 수밖에 없음을 의미한다는 것을, 그리고 이 모든 것이 그래도 괜찮다는 사실을 잊은 것이다.

이런 순간에는 잘 진행되고 있는 부분에 집중하면서 불완전하다는 느낌과 균형을 잡을 수 있는지 살펴보라. 또는 불완전한 세상에 사는 다른 모든 사람도 불완전하다는 관점에서 우리의 불완전한 느낌을 바라볼 수 있는지 살펴보라. 또 당신 마음에 양식을 줄 수 있는 것에 다가가려고 노력하라.

마음챙김 지도자가 자신의 결함을 알아차리고 이에 대해 숙고하며 이를 좀 더 개선하거나 더 잘 다룰 수 있게 노력하는 것은 좋은 일이다. 그러나 마음챙김 지도자가 자신의 결함에 지나치게 집중하는 경향이 있음을 알아차리는 것 또한 좋은 일이다. 결함에 대한 지나친 집중은 긴장으로 이어지고 즐거움을 줄이며 결국 지도자가 그 자신이 아닌 다른 사람이 되려고 노력하게 만든다.

적절한 말 찾기

참가자가 필요로 하는 정보를 그들이 받아들일 수 있는 형태로 제공하는 것은 진정 예술의 영역이다. 이렇게 하려면 핵심은 유지한 채 참가자의 이해 수준을 파악하여 거기에 주파수를 맞추고 그에 따라 조정한 형태로 메시지를 전달할 수 있는 능력이 필요하다.[18]

이 절에서는 참가자 개인과 그들의 학습 능력에 맞는 적절한 말을 찾는 것의 중요성을 논의할 것이다. 그러고 나서 적절한 말을 찾거나 때로는 침묵하는 것이 특히 중요한 지도 과정임을 강조하면서 집단 맥락에서 이러한 기술을 적용하는 법을 제시할 것이다.

근접 발달 영역과 결부하기

학습에서 가장 기본적인 사실 중 하나는 모든 사람의 학습 능력에는 한계가 있다는 점이다. 이러한 한계는 두 가지 핵심 범주로 나누어진다. 첫 번째는 우리가 가진 기존 지식 혹은 경험이다. 우리가 무언가에 '이미 아는 것'이라는 꼬리표를 붙이는 순간 그것을 우리는 지식을 저장하는 다락방으로 옮겨버린다. 그 다락방은 계속 닫혀 있다. 아주 예외적인 때만 새로운 통찰과 탐색을 위해 이미 확립된 지식을 개방한다. 때때로 진리를 다시 돌아보기 위해 기꺼이 하는 마음을 함양하고 우리를 깨우려면 상당한 충격이 필요하다.

두 번째 한계는 우리의 기존 지식 체계를 훨씬 넘어 존재하는 무언가에 마음을 여는 것이 매우 어렵다는 점이다. 학습이란 기본적으로 기존 틀 안에서 새로운 정보를 수용하는 과정이다. 따라서 정보가 기존 틀에 잘 들어맞지 않을 때는 대체로 수용할 수 없다. 이런 경우에는 단순히 저장이 불가능하다. 고립되어 생활하는 원시 부족이 이런 예이다. 원시 부족은 자신들 위로 날아가는 최초의 비행기를 관찰할 수 없었다고 한다. 그들은 자신이 본 것을 설명할 어떤 틀도 가지고 있지 않았기 때문에 정보를 처리할 수 없었다.

따라서 새로운 정보를 처리할 수 있는 능력은 새롭게 알게 된 것과 기존 지식 체계의 경계 사이에 존재하는 특정 영역에 국한된다. 러시아의 학습심리학자 레프 비고츠키Lev Vygotsky는 이를 '근접 발달 영역', 줄여서 'zo-ped'라고 불렀다(1986, p.xxxv). 모든 사람의 근접 발달 영역이 서로 다르며 이는 부분적으로 이전 학습 경험이 다르기 때문이다. 심지어 한 사람 안에서도 이 영역은 유동적인데 이는 우리가 새로운 정보를 받아들이고 그것을 수용하기 위해 기존 틀을 끊임없이 조정하기 때문이다. 실제로 우리 모두의 근접 발달 영역은 그 형태와 경계가 매 순간 변한다.

말하자면 이 영역은 참가자의 이해 수준을 반영한다. 어떤 수준이 다른 수준보다 더 좋다는 것이 아님에 주목하라. 사실 아동 발달에서 볼 수 있듯이 어떤 수준은 다른 수준을 위해 대개 없어서는 안 되는 부분이다. 그러므로 '더 높은' 혹은 '더 깊은' 이해 수준과 같은 용어는 도덕적인 판단을 말하는 것이 아니며 그저 단순히 단계적 차이를 의미한다.

학습 순간을 제공할 때 그 정보가 그 사람의 기존 이해 수준에 맞는지를 확인하는 것은 가르침이라는 예술에서 큰 부분을 차지한다. 만약 당신의 목표가 너무 낮으면 그 정보는 '이미 아는 것'이기에 버려질 것이다. 만약 당신의 목표가 너무 높으면 참가자는 그 정보를 받아들일 수 없을 것이다. 따라서 사람마다 정보를 다르게 제공하고 같은 정보도 처음 회기와 이후 회기에 따라서 다르게 제공해야 한다.

또한 인지 체계뿐만 아니라 전체적인 정신-신체 체계도 정보를 처리한다는 점을 알아야 한다.(아마 더 정확하게 말하자면 우리의 전체적인 정신-신체 체계가 우리의 인지 체계이다.) 따라서 우리는 사람의 정신뿐만 아니라 가슴, 깊은 앎, 더 나아가 신체의 모든 세포 하나하나에 말한다. 이 체계의 각 부분은 정보를 흡수하고 아는 능력이 있다. 때때로 사람들은 정보를 (정신으로) 이해하지 못했지만 (신체로) 받아들일 수는 있다.

내 견해로는 정보를 등록했는지 여부를 가장 잘 담아내는 단어가 '공명resonance'이다. 이 단어는 정보 제공의 다른 측면을 보여 준다. 바로 시간 요인이다. 비록 때로는 신체와 정신이 즉각 공명하지만 정보나 학습을 충분히 이해할 수 있기 전에 공명할 시간이 충분한 필요한 경우도 있다.

마음챙김 훈련의 용어

마음챙김 훈련에서 오로지 정보를 제공하기 위해서만 말을 사용하지는 않는다. 분위기나 특성과 같이 덜 구체적인 무언가를 전달하기 위해서도 말을 사용한다. 물론 "서두르지 말고 천천히 하세요."라는 지시처럼 흔히 두 가지 모두를 전달한다.

핵심 고려 사항은 마음챙김 훈련을 찾는 대부분 서양인은 기저의 심리적 원리 혹은 명상적 숙고에 관심이 없다는 사실이다. 존 카밧진이 텔레비전 인터뷰에서 말한 것처럼[19] "사람들은 괴로움을 겪고 있다. 그리고 괴로움에서 벗어나서 어떤 안식을 구하려고 찾아온다."(Moyer, 1993). 참가자는 두통을 없애고, 일에서 받는 스트레스를 줄이고, 사랑하는 사람의 상실을 다루고 싶어 한다. 만약 우리가 전통적인 불교 용어를 마음챙김 훈련의 토대로 삼고 시작한다면 어떤 일이 일어날까? 대부분 참가자는 아마 이렇게 생각할 것이다. '이건 내 괴로움과 관계가 없어. 이건 날 도울 수 없을 거야.' 그러면 수행은 많은 저항을 불러일으키고 참가자는 결국 훈련을 그만둘 것이다.

MBSR을 확립할 때 존 카밧진은 자신이 제공하는 수행을 명상이라 부르지 않았고, 불교 혹은 담마에 대한 언급도 하지 않았다. 대신 이를 스트레스 완화와 이완 프로그램으로 불렀다. "스트레스라고 하면 우리 사회의 모든 사람이 직관적으로 이해한다. 따라서 프로그램을 '스트레스 완화'로 부르는 것은 우리에게 고*dukkha*(苦)를 다루는 영역으로 곧바로 들어가는 입구를 제공한다. 그것에는 사람의 마음을 움직이는 보편적인 힘이 있다…… 병원에서 환자, 내과 의사, 외과 의사, 병원 관리직 등 모든 사람이 등록하는 것을 보면 사람들이 '아, 나도 저것을 이용할 수 있겠어.'라고 생각하거나 말하는 것이 일반적인 반응이다."(Kabat-Zinn, 1999, pp.228-229).[20] 같은 이유로 네덜란드의 마음챙김 공동체는 '주의력 훈련*aandachttraining*'이라는 말을 택하였다. 더 나은 주의력이 우리가 원하는 전부이며 거기에는 어떤 유별난 것도 없다.

용어를 능숙하게 사용해야 한다는 것이 함축하는 바는 여러 해에 걸친 우리의 훈련과 수행에 기반하여 자연스럽게 떠오르는 단어와 설명 그리고 정보를 사용해서는 마음챙김을 설명할 수 없다는 것이다. 우리는 용어를 집단의 이해 수준에 맞추어야 하고 개별 참가자의 근접 발달 영역으로 한정해서 설명해야 한다. 이 '제한된 버전'의 수행과 마음챙김 훈련의 목표 역시 진리의 한 부분 또는 사실이고, 참가자가 수행의 여러 부분에 익숙해져 수행에 쉽게 다가갈 수 있도록 훈련을 제공하고 있으며, 참가자에게 수행에서 무엇이 가치 있는지를 스스로 탐색할 기회를 제공하고 있음을 감안할 때 이렇게 하는 것은 완전히 정당하다.

예를 들어 마음의 존재 모드, 통찰이 지니는 가치, 혹은 깨달음을 이야기하는 것은 이를 개인적으로 경험하지 못한 사람에게는 무의미하다. 그러나 한번 이러한 경험을 해 본 뒤라면 새로운 수준의 학습이 가능해진다. 예를 들어 그저 어느 정도의 고요함을 얻기만 원하던 참가자가 더 깊은 수준의 이완이 있다는 사실을 발견할 수 있다. 뒤이어 마음의 행동 모드와 존재 모드를 구별하기 시작하고 둘 사이에 더 나은 균형을 찾아낼 수도 있을 것이다. 이윽고 자신의 반응성과 반응성의 패턴에 관해 통찰을 갖게 되고 그 후로는 더욱더 일찍, 더 섬세하게 이러한 패턴을 알아차리는 것에 능숙해질 것이다.

그림 8은 마음챙김 훈련에서 보이는 이러한 이해의 수준을 묘사한다. 낮은 수준은 일시적인 스트레스 완화와 이완과 같은 구체적인 필요성에 대한 답을 준다. 그리고 높은 수준은 반응성이 어떻게 작동하는지에 대한 깊은 통찰을 나타낸다. 다양한 명상 전통에서 찾아낸 것처럼 이 그림은 더 의식적으로 되어가는 또는 깨달아 가는 단계를 나타낸다. 그러나 마음챙김 훈련의 틀에서 이 그림은 수준에 따라 어떤 정보가 이해될 수 있는지를 나타낸 것이지 영구적이든 일시적이든 깨달음의 상태 혹은 의식의 깨달음을 나타낸 것이 아님을 강조한다.

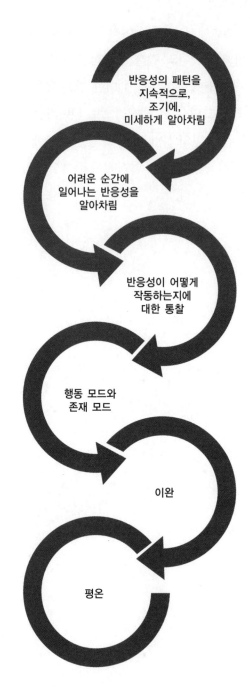

그림 8 마음챙김 훈련에서 이해의 수준

용어의 한계

마음챙김 훈련에서는 언어를 많이 사용한다. 우리는 언어를 통해 마음챙김의 다양한 차원에 접근하고 이를 밝히려 한다. 그리고 인지적 이해를 말하는 것을 넘어 신체, 가슴, 깊은 앎, 심지어 침묵을 전달하기 위한 말을 찾고자 시도한다. 또한 우리는 직접적인 경험을 담아내는 말을 찾지만 이런 말은 항상 충분하지 않다. 결국 말은 단지 개념에 불과하고 경험을 완전히 담아낼 수는 없다. 이는 마치 와인을 맛보는 것과 같다. 경험은 언제나 우리가 묘사할 수 있는 것 그 이상이다. 아주 크고 두꺼운 백 권짜리 책으로 묘사한다고 할지라도 마찬가지다. 과학자이자 철학자인 마이클 폴라니 Michael Polanyi는 "우리는 우리가 말할 수 있는 것보다 더 많은 것을 알고 있다."(2009, p.4)고 말한다.

언어를 능숙하게 사용하는 것은 그 뜻을 명확히 하는 것 이상을 요구한다. 이는 어느 정도의 직관을 포함한다. 직관은 정의상 기술적인 설명을 피한다. 비록 이것이 방향을 모호하게 만들 수 있지만 마음챙김 지도자는 말을 훈련에 계속 이용해야만 한다. 작가이자 명상 지도자인 스티븐 배철러 Stephen Batchelor는 마음챙김을 지도할 때 말의 사용이 갖는 도전과 한계를 '위험한 말의 바다'에 뛰어들기라고 표현하였다(1997, p.4).

그렇기는 하지만 가장 좋은 접근 방법은 대개 물이 어떤지 알아보기 위해 발가락을 물에 담그면서 시작한다. 즉 참가자의 초기 이해 수준에 맞춰 말하기 시작한다. 참가자가 마음챙김 수행을 하면서 개인 경험을 더 많이 얻으면 어휘와 정보의 폭을 넓히기 시작할 수 있다. 예를 들어 첫 번째 회기에서 반응성의 수준에 관한 이야기를 시작하지는 않을 것이다. 반면 나중 회기에서는 이 이야기가 아주 적절하고 유익할 수 있다.

참가자의 신뢰가 개인적인 마음챙김 경험에 기반을 더 많이 둘수록 우리는 참가자를 도전하게 만들고, 경계로 밀어붙이고, 또는 심지어 의도적으로 참가자를 좌절시키기 위해 더 많은 언어를 사용할 수 있다. 참가자의 신뢰가 깊어질수록 참가자는 우리가 제공하는 것을 더 많이 수용할 것이다. 참가자는 아마 다음과 같은 생각을 할 것이다. '지금 당장은 이걸 이해할 수 없어. 그러나 이 훈련 과정의 다른 지시와 수행은 도움이 되었지. 이것 역시 분명히 그럴 거야.' 과정을 마친 뒤의 후속 훈련과 단기 재교육 동안 우리는 어휘와 토론 수준을 더 높일 수 있다.

용어의 능숙한 사용은 훈련 시작 전에도 중요하다. 예비 인터뷰, 광고 문구, 심지어는 사교모임에서 마음챙김을 설명할 때도 중요하다. 마음챙김 훈련을 초심자가 정확하게 이해할 수 있게, 혹은 적어도 처음에 갖고 있던 회의적인 생각을 호기심으로 바꿀 수 있을 정도로 설명할 수 있는가? 이러한 설명을 '요점 말하기elevator pitch'의 한 형태로 보는 것도 도움이 된다. 이는 서비스 혹은 제품에 대한 관심을 불러일으키기 위해 사용할 짧은 세 문장을 제시하도록 도전하는 마케팅 도구이다.(세 문장 혹은 약 30초라는 시간은 엘리베이터에 머무는 평균적인 시간에 맞추는 것이다.) 요점 말하기 기술을 연마하기 위해 가족이나 이웃처럼 가까운 사람을 대상으로 연습해 볼 수 있다. 또한 초심자가 흔히 묻는 "마음챙김이 무슨 의미인가요?", "마음챙김이 제 고통에 어떻게 도움이 되나요?", "제가 원하는 것이 변할 때 이렇게 가만히 앉아 있는 게 무슨 소용인가요?"와 같은 질문에 간결한 대답을 떠올리며 혼자 노력해 볼 수도 있다.

자신의 어휘를 개발하기

연습에서 이득을 얻는 다른 언어 기술은 정확한 용어를 찾는 것이다. 모든 학습은 흥미와 관심에서 시작한다. 따라서 지도할 때 어떤 단어가 참가자와 공명하는 것 같은지 주의 깊게 살펴보라. 회기가 끝난 후 특히 효과가 있었던 특정 단어 목록을 만들 수 있다. 이렇게 하면 단어에 대한 민감성을 발전시키는 데 도움이 될 것이다. 어휘에 흥미를 느끼면 가장 적절한 표현이 (때로는 눈에 보이듯 생생하게) 떠오를 것이다. 명상을 안내하면서 대개 천천히 말한다는 걸 고려하면 실제로 발음하기 전에 단어를 '음미'하는 감각을 가질 수도 있다.

어떤 직업에서든 마찬가지지만 전문가와 의견을 주고받는 것이 도움이 될 수 있다. 특히 공동지도자와 함께 작업한다면 더욱 그러하다. 만약 공동지도자와 함께한다면 회기가 끝난 뒤 서로서로 표현에 대한 피드백을 하라. 예를 들어 어떤 단어가 기억나는지, 그게 무엇을 불러일으켰는지, 어떤 반응을 유발하였는지, 그리고 다른 선택 가능한 단어가 있었는지 물어볼 수 있다.

흔히 말하듯 언어에 대한 재능은 주로 개인의 특성과 연관되어 있다. 따라서 이 부분은 사람에 따라 그야말로 천차만별이다. 말을 능숙하게 사용하는 것이 다소 어렵다면 올바른 제스처나 올바른 때에 올바른 방식으로 침묵 사용하기와 같은 다른 효과적인 의사소통 기술로 보완할 수 있다.

균형 찾기

어떤 사람에게 맞는 말이 다른 사람에게는 그렇지 않을 수 있다. 과학자에게 숙련된 언어와 목수에게 숙련된 언어는 다를 것이다. 마찬가지로 숙련된 명상가에게 맞는 말과 초심자에게 맞는 말, 그리고 참을성이 부족한 사람에게 맞는 말과 느긋한 사람에게 맞는 말은 다를 것이다. 이런 점을 명심하는 것이 좋지만 탐구하는 동안 우리는 한 사람과 전체 집단에게 동시에 말을 한다. 한편으로는 말을 한 사람의 이해 수준 혹은 학습 스타일에 과도하게 맞추면 집단 전체와 공명하지 못할 수도 있다. 다른 한편으로는 지나치게 일반적인 접근을 취하면 한 개인이 배우기 위해 필요한 올바른 말을 찾는 데 정확함이 떨어질 수도 있다.

또한 얼마나 많은 정보를 제공하는지에도 올바른 균형을 찾아야만 한다. 너무 적은 정보 혹은 참가자의 현재 이해도에 너무 딱 맞는 정보를 제공하면 시시해서 지루해질 수 있다. 어쨌든 학습은 새로운 경험, 새로운 맥락을 제공하는 것이고 경계를 넘도록 밀어내는 것이다. 반면에 새로운 정보를 너무 많이 제공하면 결과적으로 이해할 수 없는 메시지가 되어 버릴 수 있다. 운전 강사를 생각해 보라. 첫 번째 운전 교육 때 운전 강사는 가능한 한 적게 말한다. 이는 초보 운전자가 동시에 새로 배운 여러 동작을 수행하고 도로를 주시하면서 강사의 지시를 들을 수 없기 때문이다. 새로운 정보가 홍수처럼 쏟아지면 사람은 생각을 멈춰버리곤 한다.[21]

그렇지만 여러 정보를 제공하여 참가자의 학습 능력을 시험해 보는 것은 괜찮다. 훈련 기간이 제한된다는 점을 고려하면 이런 정도의 강도는 괜찮을 수 있다. 따라서 효율성이 필수이다.

또한 올바른 말이 항상 가장 편안한 말이 아닐 수 있음을 명심해야 한다. 어쩔 수 없다. 다시 말하지만 요령은 균형을 잡는 것이다. 참가자를 소외시킬 정도로 너무 나가지는 않되 충분히 시험에 들게 하라. 의미는 아주 풍부하지만 그렇게 도전적이지 않은 표현을 목표로 하면 이를 참가자가 좋아하기는 어렵다. 이런 식으로 참가자가 자신의 부족함을 의식적으로 알아차리게 하고, 필요할 때는 지지를 제공하고, 적절한 때 지지를 거둠으로써 참가자를 이끌어 갈 수 있다.

말의 능숙한 사용에 관여하는 또 다른 자질은 재미이다. 학습은 가벼움과 변화 그리고 널찍함의 맥락이 필요하다. 그러나 다시 말하지만 균형이 핵심이다. 우리의 표현은 참가자가 스스로 무언가를 발견하고 그 과정에서 배운 것을 통합하도록 초대할 수 있을 만큼 느슨해야 하지만 너무 느슨해서 메시지가 모호해지고 참가자를 혼란스럽게 만들어서는 안 된다.

침묵 이용하기

침묵할 때 통찰이 일어난다. 포괄하기, 공명하기, 느끼기, 과정을 진행하기 등 이러한 경험을 비옥하게 만드는 것은 말이 아니라 침묵이다. 때때로 탐구의 질은 사용하는 단어 수에 반비례하는 것처럼 보인다. 그리고 더 일반적으로는 많은 지도자가 자신의 숙련도가 높아질수록 말하는 시간이 줄어든다는 것을 알아차린다. 지도자가 훈련 과정을 더 신뢰하기 시작할 때 말로 설명하고자 하는 충동이 줄어든다. 게다가 지도자의 말이 더 정확해질수록 더 적은 말만 하면 된다. 우리가 하는 말은 더도 덜도 아닌 정확하게 의미하려는 바가 될 것이다. 그리고 우리 내면의 침묵이 늘어날수록 겉으로 드러나는 침묵도 늘어날 것이다. 이렇게 되기 전까지는 자신이 한 말에 귀를 기울이고 다음처럼 스스로 묻는 게 좋다. 아무 말도 안 하는 게 더 나을까? 메시지를 더 적은 말에 담을 수 있을까?

무엇이 일어나든 신뢰하기

마음챙김 지도자로서 우리는 그 순간이 우리에게 무엇을 요구하는지를 묻는 연속적인 과정에 참여하게 될 것이다. 그 질문에 관해 생각한다고 답이 나오지는 않는다. 직관, 마음, 침묵 등 다른 정보의 원천에 열린 자세를 유지하라. 이러한 원천에서 얻는 정보가 실용적인지 확인해 보는 것은 현명하다.("내가 머뭇거리고 있나?", "내가 너무 지나쳤나?", "이 순간에 어울리는가?") 하지만 생각을 너무 많이 하지 말아야 한다. 이러한 원천에서 나온 말이 때때로 한쪽 면을 강조하지만 그 말에 결코 잘못된 점은 없다. 어쨌든 그것은 옳거나 옳지 않은 것을 넘어선 영역에서 비롯된다. 그러니 무엇이 일어나든 신뢰하라. 지나치게 조심할 필요는 없다. 당신이 너무 엄격했는지, 감정적이었는지, 직관적이었는지, 심오했는지 곧 알게 될 것이다. 만약 그랬다면 자신이 말한 것에서 다시 균형을 맞추고 경험으로 배울 수 있을 것이다. 형식적인 완벽함을 위해 진정한 지식의 원천을 침묵시키는 것은 받아들이기 힘든 대안이다.

불필요한 저항 피하기

물론 참가자의 개방을 촉진하기 위해서는 일반적으로 불필요한 저항을 유발하지 않는 것이 최선이다. 저항을 일으키는 주된 방법은 참가자에게 낯선 의견이나 맥락을 제공하는 것이다. 예를 들어 "저와 당신 사이에는 차이가 없습니다. 우리는 모두 하나입니다."라고 말한다면 참가자는 '*내가 보기에는 그렇지 않아!*'라고 생각할지도 모른다. 혹은 "당신의 영혼은 오랜 업(業)의 과정에 있는 것 같습니다."라고 말한다면 참가자는 '*그건 사이비야. 우리 엄마가 돌아가셨어. 그래서 그냥 마음이 아픈 거야.*'라고 생각할지도 모른다.

또한 참가자의 기준틀 밖에 있는 수행이나 경험을 언급하는 것에 주의하라. 예를 들어 우리가 "인도에서는 사람으로 꽉 찬 강당에서 다 함께 모여 요가를 수행합니다."라고 말한다면 참가자는 '*그래서? 여긴 서양이고 난 공간을 좀 갖고 싶은데.*'라고 생각할지도 모른다.

혹은 우리가 "집중 명상 수행하는 동안 4일째가 되기 전에는 수행에 정말 적응할 수 있는 단계에 이르지 못할 것입니다."라고 말한다면 참가자는 '*4일?! 나는 30분 명상하기도 힘든데.*'라고 생각할지도 모른다.

물론 참가자의 경험을 무시하는 권위주의적 발언은 거의 언제나 저항을 불러일으킬 것이다. 예를 들어 우리가 "먼저 생각이 있고 그다음에 감정이 옵니다. 그것이 작동하는 방법입니다."라고 말한다면 참가자는 '*나는 그렇게 경험하고 있지 않아. 내가 다른 건가? 아니면 선생님이 허튼소리를 하는 건가?*'라고 생각할지도 모른다. 같은 맥락에서 개인 신념을 단정적인 용어로 표현하는 것을 피해야 한다. 예를 들어 우리가 "치료로는 여기서 배우는 걸 얻을 수 없습니다."라고 말한다면 참가자는 '*글쎄. 치료는 나에게 많은 도움이 되었어. 그리고 아직은 여기서 배우는 것보다 치료에서 더 많은 것을 배웠다고 생각해.*'라고 생각할지도 모른다. 핵심은 치료자가 개인 의견을 너무 강하게 제시하면 참가자는 자기 경험이 평가절하되었다고 느낄 수 있다는 점이다. 다행스럽게도 그런 발언은 마음챙김 훈련에서 필요하지 않다. 그러므로 제안을 말하는 것에 주의하고 저항을 불러일으킬 수 있는 말은 피하도록 노력하라.

기술적인 언어를 최대한 활용하기

마음챙김 훈련은 마음의 내적인 과정에 관해 토론하는 것을 포함한다. 이것이 그다지 구체적이지 않다는 점을 감안하면 모호한 언어의 수렁에 빠질 위험이 꽤 크다. 우리는 말을 표현할 때 감정적인 내용보다 기술적인 측면이 우세하도록 함으로써 이를 방지하게 도울 수 있다. 예를 들어 "그 경험과 함께 어떻게 있었나요?"라고 묻는 대신 "그 경험과 함께 어떻게 작업했나요?"라고 물을 수도 있다. '작업'이라는 말은 업무 영역에서 나온 말이다. 그렇기에 참가자는 작업이 진지한 것이고 책임을 지고 선택해야 함이 수반된다는 함축된 의미를 알아차리게 될 것이다. 다음은 더 많은 기술적인 언어를 사용하는 방법에 대한 몇 가지 예이다. 중요한 단어 선택은 굵은 글꼴로 표시했다.

이 훈련에서 하는 수행은 여러분에게 **도구 상자**를 제공합니다. 이 상자에 들어있는 **도구들**은 그것이 여러분이나 상황에 적합할 때 사용할 수 있습니다.

주의를 **줌 아웃**하여 알아차림이라는 **레이더 화면** 전체에 주의를 두세요.

마음속으로 이름 붙이기는 자기 경험에 **라벨을 붙이는 기술**입니다.

기술적인 표현은 당면한 주제에 무게와 구체적인 특성을 더한다. 하지만 이런 기술적인 언어가 은유임을 인식해야 한다. 은유는 지나치면 효과를 잃는다. 그렇게 되면 마음챙김 과정을 설명하는 것이 기계적으로 될 수 있다.

물론 때때로 우리는 감정에 관한 토론을 원하거나 토론이 필요할 수도 있다. 이는 종종 모호한 언어의 사용을 수반한다. 생각과 달리 감정은 언어로 담아내기 어렵다. 그러므로 언어의 다른 요소를 가능한 한 정확히 사용하라. 감정에 관해 이야기할 때 '일부', '조금', '다소'와 같은 단어를 피하라. 그리고 감정에 관해 물어볼 때 가능한 한 구체적이고 기술적으로 하도록 노력하라. 예를 들어 "그것이 당신에게 무엇을 하나요?"라고 묻는 대신 "그것은 어떤 감정을 불러일으키나요?"라고 물어라. 또는 "어떻게 느끼나요?"라고 묻는 대신 "전경에 어떤 느낌이 있는지 설명할 수 있을까요?"라고 물어라.

모호한 언어를 피하기

네덜란드의 작가이자 언어학자인 파울린 코넬리세Paulien Cornelisse는 우리가 사용하는 언어가 명확성보다는 혼란을 초래하는 경우가 더 많다고 확신한다. 이는 대담한 발언으로 들릴 수도 있다. 그러나 사실 우리는 종종 우리 자신을 불분명하게 표현한다. 특히 어려운 감정, 불안정감, 무능감과 같은 것을 감추기 위한 말을 사용할 때 더 그렇다. 이런 모호한 언어는 정치나 외교 상황에서는 유용할 수도 있다. 그러나 훈련 중에는 진정성을 약하게 만들고 마음챙김 수행에 도움이 되지 않는다. 그렇지만 자신의 얼버무리는 책략을 우리가 항상 알아차리지는 못한다. 따라서 이어지는 절에서 코넬리세의 연구 일부(2009, 2012)를 인용해, 몇 가지 유형의 모호한 언어를 개략적으로 설명할 것이다.

너무 넓은 관점으로 보기

객관성이 중요하다. 그런데 우리가 "한편으로는 X입니다. 그러나 다른 한편으로는 Y입니다." 또는 "그 이야기에는 다른 면도 있습니다."와 같은 구절을 습관적으로 사용한다면 참가자는 여러 관점 사이에서 혼란스러울 것이다. 사실 이런 식의 표현은 많은 상황에서 정확하다. 하지만 가능한 한 명료하게 표현하도록 노력하라. 무엇이 더 좋은지를 언급하거나 그 순간에 가장 중요한 관점을 강조하는 것은 괜찮다. 게다가 이 세상의 모든 것이 상대적이지는 않다. 요컨대 과감하게 명확한 답을 제공하라. 너무 많은 함축성은 애매모호함을 낳는다.

표준적인 답변

말할 필요도 없이 당신은 수많은 표준적인 답변을 개발할 것이고 때때로 이는 바로 위에서 논의된 애매모호함을 막는 데 도움이 될 수 있다. 그러나 지나치게 이것에 의존하지 않도록 조심해야 한다. 예를 들어 지도자가 탐구를 주도할 때 거의 항상 참가자의 대답을 흥미롭게 여긴다. 심지어 무언가 지루하다는 언급에도 흥미가 있다. 그러나 우리가 모든 공유된 경험에 대해 "흥미롭습니다."로 응한다면 곧 신뢰를 잃을 것이다. 게다가 그런 반복은 졸리게 할 수 있다.

표준적인 답변에 지나치게 의존하면 생길 수 있는 또 다른 위험은 아무 할 말이 떠오르지 않을 때 표준적인 답변으로 이를 채우는 것이다. 다음은 몇 가지 예이다.

좋은 질문입니다.[질문이 그 상황에서 부적절하다는 것이 명백한데도 이렇게 말함]

그렇게 말하니 재미있네요.[전혀 재밌지도 시의적절하지도 않은 것에 대한 반응으로 이렇게 말함]

좋습니다.[방금 그 사람이 말한 것에 부정적인 반응을 경험하고 있는데도 이렇게 말함]

핵심은 상황에 어울리지 않는 말보다 아무 말도 하지 않는 게 낫다는 것이다.

진부한 말

진부한 말은 종종 대화의 역동성을 막는다. "무슨 말인지 알겠습니다."라는 말이 공감을 표현한다고 느껴질지 모르겠지만 이 말을 습관적으로 사용하면 진부하게 느껴진다. 그러면 당신을 포함한 그 누구도 다음에 무슨 말을 해야 할지 모르게 될 것이다.

수사적 질문

수사적 질문을 사용하는 것은 무언의 합의나 공유된 통찰에서 벗어나게 하는 단점이 있다. 참가자가 보편적 진실로서 던져진 질문 내용을 알아보지 못하면 가로막혔다고 느끼거나 저항을 보일 수 있다. 예를 들어 만약 "우리는 스트레스 받는 것을 좋아하지 않아요. 그렇지요?"라고 수사적인 질문을 하면, 참가자는 '글쎄, 나는 마감이 다가올 때의 그 짜릿함이 좋은데.'라고 생각할 수도 있다. 수사적 질문을 사용하는 것의 또 다른 위험은 거리감을 느끼게 할 수 있다는 점이다. 코넬리세의 책 『*언어는 내 것이라 말할 수 있다*Taal is zeg maar echt mijn ding』(2009)를 알기 쉽게 바꾸어 말하면, 대답을 원치 않는 질문은 그 질문을 하는 사람이 가장 잘 알고 있음을 의미한다.

'우리'를 사용하여 보편적 인간성 강조하기

집단을 부를 때 '당신'이라고 부르는가? 아니면 '우리'라는 말을 사용하는가? 비록 지도자와 참가자는 그 역할이 뚜렷이 다르지만 훈련의 가장 중요한 요소를 공유한다. 우리는 모두 건전하지 않은 행동 패턴에 대한 통찰을 찾고 있다. '당신'이라는 말을 사용하면 지도자와 참가자를 서로 다르게 구분하지만(나라는 지도자 그리고 당신이라는 집단), '우리'라는 공통분모로 이야기하면 서로 연결된 느낌을 만든다. '당신'이라는 단어를 사용함으로써 당신은 집단 바깥에 자신을 배치하고, 어쩌면 '나는 아는 사람이고 당신은 모르는 사람이다.'라는 암시를 줄 수도 있다. 이것은 참가자 각자가 자기 경험에 대한 전문가라는 감각을 기르는 데 도움이 되지 않는다. 또 우리가 모두 같은 배를 탔다는 핵심 메시지를 약하게 만든다. 그러니 자연스럽게 들린다면 언제든지 '우리'를 사용하라. 이 대명사는 모두가 여기 함께 있고 다 같이 여행하고 있다는 사실을 증명하며 모든 것을 포괄한다. 다음은 몇 가지 예이다.

지난주 우리는 집에서 바디스캔을 수행했습니다.

불안정한 느낌이 들면 우리는 호흡에 안착하기가 더 어려워지는 것 같습니다.

그렇지만 특정 목표에 초점을 맞춘 집단과 작업할 때 '우리'를 사용하는 것이 항상 자연스럽거나 논리적이지는 않다. 예를 들어 암 환자 집단과 작업하고 있고 자신이 암 환자가 아니라면 암과 관련된 주제를 말할 때 '우리'를 사용하는 것은 적절하지 않다. 직업이나 나이 등 지도자가 가지지 않은 특성을 공유하는 집단도 마찬가지이다. 그러나 그런 때에도 좀 더 중립적인 단어를 사용함으로써 '당신'을 사용하지 않을 수 있다. 예를 들어 "당신은 항암치료를 막 시작했기에 당신은 당신의 집중을 하기 어렵습니다."라고 말하는 대신 "항암치료를 시작할 때는 집중하기 어려울 수 있습니다."라고 간단히 말할 수 있다.

지속적인 학습

마음챙김 훈련으로 만족감을 얻는 것은 어렵지 않다. 약간의 명상하기, 지도자로부터 관심받기, 현재의 도전을 이해하기 등 이런 경험은 모두 참가자에게 안녕감을 준다. 참가자의 수행을 쉽게 안내할 수 있게 되고 참가자가 만족하는 것처럼 보일 때 우리는 자신에게 이렇게 말할지도 모른다. "*나는 요령을 터득했다.*" 이는 우리를 만족하게 하고 '현재 경로를 유지하라.'는 입장을 취하게 한다.

그러나 그런 만족감이 우리의 궁극적인 목표인가? 아니면 더 높은 곳을 목표로 하는가? 참가자에게 영구적인 변화, 즉 실제 탈바꿈으로 이어질 수 있는 통찰을 제공하고 싶은가? 언제 그런 야망을 성취했다고 말할 수 있는가? 다시 말해 참가자의 학습과 변화 그리고 탈바꿈의 잠재적인 한계가 무엇인가? 그리고 지도자로서 자기 잠재력을 개발하는 데 한계는 무엇인가? 이상적으로는 이러한 작업이 잘못된 습관과 맹점 그리고 다른 함정을 피하게 함으로써 우리의 역량을 개발하고 마음챙김 수행을 더 발전시키는 지속적인 초대를 제공할 것이다.

'*나는 요령을 터득했다.*'는 생각은 위험하다. 우리가 이를 믿는다면 잠에 빠지게 된다. 이어지는 절에서 역량 개발을 계속 진행하도록 자연스럽게 이끄는 지속적인 학습으로 향하는 몇 가지 길을 간략하게 설명할 것이다.

현명한 잠재의식의 체계적 개발

기술과 마찬가지로 역량은 체계적으로 개발된다. 미국의 선zen(禪) 지도자인 체리 휴버Cheri Huber는 그녀의 책 『열쇠/The Key』에서 이를 잘 포착하였다. "자신을 단지 테니스 칠 줄 아는 사람이라고 부르고 싶은 사람은 라켓과 공 두어 개를 빌려 어딘가에서 테니스를 칠 것이다. 테니스를 정말 치고 싶은 사람은 라켓을 사서 시간만 나면 레슨을 받고 테니스를 칠 것이다. 테니스를 정말 잘 치고 싶은 사람은 테니스를 지도해 줄 선생님을 찾아 레슨을 받고, 연습하고, 규칙적으로 테니스를 칠 것이다. 프로 테니스 선수가 되고 싶은 사람은 테니스를 지도해 줄 선생님을 찾고, 받을 수 있는 모든 충고를 마음에 새기고, 항상 연습하면서 훈련에 일생을 바칠 것이다."(2000, p.136).

메이저 대회에 참가하는 테니스 선수를 보면 육체적 움직임을 제외하면 별로 힘들어 보이지 않는다. 전문 배우의 연기도 마찬가지이다. 우리가 그들이 하는 것을 직접 시도해서 바보처럼 보이기 전까지 전문가가 하는 일은 단순해 보인다. 사람들은 대개 대가는 자신이 갖지 못한 뛰어난 재능을 타고났다고 결론 내리고 좌절한다. 전문가가 하는 그대로 하는 것은 힘들다. 힘들이지 않고 그렇게 하는 것은 특히 더 어렵다.

미국의 탐사 저널리스트 말콤 글래드웰Malcolm Gladwell은 그의 책 『블링크』(2005)에서 이 문제를 전문적으로 다루었다. 이 책에서 그는 불가사의하고, 멋지고, 고도로 발달한 기술을 가진 수많은 전문가 사례를 제시한다. 테니스 비유로 계속하자면 일생을 테니스 선수를 지도하고 훈련시키는데 보낸 세계 정상급 코치 빅 브레든Vic Braden에 대한 이야기가 나온다. 그는 선수의 서브 자세, 아니 더 정확히 말하면 단지 공을 치기 전 선수의 움직임을 보는 것만으로 서브가 좋은지 여부를 알 수 있었다. 또 다른 전문가는 합리적인 설명으로 직관을 입증할 수 없었음에도 고대 동상으로 추정되는 동상이 진품인지 위조인지를 눈 깜짝할 사이에 확실하게 알 수 있었다. 두 경우 모두 이들 전문가의 정보 처리는 너무 복잡하고, 빠르고, 미묘해서 의식적으로 추적할 수 없었다. 그들은 자기 직관을 설명할 수 없었고, 심지어 결국에는 그 직관이 대부분 옳다고 증명되었음에도 불구하고 이를 믿지 않곤 했다.

그렇게 전문가는 때때로 자신이 하는 일을 왜 그렇게 하는지 알지 못한다. 그들은 '그냥 안다.' 그것은 마치 더 큰 힘이 지배하는 것과 같다. 우리는 종종 이런 유형의 이해하기 어려운 앎을 타고난 재능이라고 부른다. 그러나 신경과학자들은 다르게 설명한다.

네덜란드 심리학자 압 데익스테르후이스Ap Dijksterhuis는 높은 찬사를 받은 그의 책 『현명한 잠재의식Het slimme onbewuste』(2008)에서 정보의 처리와 연상을 포함한 우리의 정신 과정 대부분이 뇌가 의식적으로 어떤 일에 관여하지 않을 때 잠재의식에서 일어난다고 지적한다. 더욱이 잠재의식은 의식보다 처리 능력이 약 200배 더 크다고 설명한다. 아마 당신도 이를 이미 경험했다. 문제를 푸는 창조적인 해결책이 갑자기 머릿속에 떠올랐거나, 잊었다고 생각한 이름이 나중에 그 이름을 생각하지 않을 때 갑자기 떠오를 때가 있었을 것이다.

광대한 경험을 바탕으로 전문가는 자기 전문성에 관한 지혜의 원천을 잠재의식에 가지고 있고 그 원천을 이용할 수 있다. 전문가의 거대한 경험은 전문가에게 현명한 잠재의식을 준다. 그리고 의식적인 마음이 따라가지 못할 때조차도 현명한 잠재의식이 전문가를 이끌 수 있는 자신감을 전문가에게 준다. 따라서 전문가의 솜씨나 탁월함은 이를 지켜보는 사람과 전문가 자신 모두에게 재미와 단순함 그리고 우아함의 특성을 보인다.

　체현과 그 순간에서 나오는 지도의 중요성을 고려할 때 이런 점은 마음챙김 훈련에서 특히 두드러진다. 마음챙김 훈련은 직관적인 지도를 중시한다. 그러나 그 순간에 무엇이 나타나든지 간에 그것은 지도자가 그 순간에 가져오는 전문성에 달려 있다. 전문성이 없다면 그 순간에서 나오는 지도는 개인적인 함정, 맹점, 자동성을 수반할 위험을 지니며 무엇이든 머릿속에 떠오르는 대로 행하는 것에 지나지 않는다.

1만 시간의 법칙

　네덜란드의 신경과학자 마그리에트 시츠코른Margriet Sitskoorn(2008)은 전문성을 넘어선 단계인 탁월함은 재능 한 숟갈, 지능 한 자밤 외에도 오랜 연습이 필요하다고 말한다. 어떤 전문 분야든 최고 수준에 도달하기 위해서는 10년 동안 하루 4시간, 일주일에 5일 훈련이 필요하다. 이는 종종 1만 시간의 법칙이라 불린다. 이 법칙은 안데르스 에릭손Anders Ericsson(Ericsson, Krampe, & Tesch- Römer, 1990)의 연구를 근거로 한 말콤 글래드웰의 저서 『*아웃라이어*』(2008)를 통해 널리 알려졌다. 이런 수준의 연습은 통달할 수 있을 만큼 매우 정확하고 신뢰할 수 있는 신경 패턴을 확립한다. 그렇지만 에릭손이 "기계적으로 반복한다고 이득을 얻는 게 아니라 목표에 더 가까이 다가가기 위해 반복해서 실행을 조정함으로써 이득을 얻는다."라고 강조했다는 사실에 주목해야 한다(Goleman, 2013, p.163).

　결국 이러한 수준의 전문성을 개발하는 것은 다양한 형태의 연습에 달려 있다. 테니스 선수는 체력 훈련과 경기를 통해서만 기술을 연마하지 않는다. 다른 경기를 지켜보고, 벽 치기 훈련을 하고, 코치나 동료와 테니스에 관해 이야기하고, 대개 밤에 테니스 꿈을 꿀 정도로 테니스에 몰두하고 연습한다. 마음챙김 지도자인 우리 또한 다음과 같은 다양한 학습 경험을 통해 지도와 매일 행하는 명상에 의해 제공되는 수행을 보완할 수 있다. 집중 수행에 참가하기, 다른 집단 및 동료 지도자와 함께 작업하기, 새로운 수행 시도하기, 워크숍 참석하기, 안내 명상 오디오 녹음하기, 수행 대본 쓰기, 동료와 경험 공유하기, 문헌 읽기 등.

　우리는 경험이 많아질수록 역량이 커지고 현명한 잠재의식의 이점을 얻을 것이다. 우리 작업에 도움이 되는 일종의 지능을 개발할 것이다. 이는 배경에 있는 목소리,

머릿속에 불쑥 떠오르는 반응, 또는 사람들이 무엇을 느끼거나 필요로 하는지를 그저 아는 느낌 등으로 나타날 수 있다.

직관적인 앎을 기반으로 길 찾기

논의한 바와 같이 우리는 현명한 잠재의식을 설명할 수 없다. 이는 그저 알고 있다는 느낌이다. 어쩌면 말로 담아낼 수 없기에 마치 실제에 가까운 것처럼 그저 '볼' 수도 있다. 악보를 보면서 음악을 들을 수 있는 음악가처럼 직관적인 앎을 감각을 통해 경험하는 것은 흔한 일이다. 직관적인 앎을 기반으로 길을 찾는 것은 마치 우리가 그 상황과 하나가 된 것처럼 상황과 완벽하게 조화를 이루며 작업하는 느낌이다. 우리는 몰입 상태로 들어간다. 우리의 지식과 기술은 사라진 게 아니라 보다 깊은 원천에서 나오는 앎에 의해 이끌어진다. 영국의 마음챙김 지도자이자 연구자인 레베카 크레인Rebecca Crane은 '깊은 암묵적 이해'라는 관점으로 (탁월한 수준의) 고급 지도를 설명한다(Crane et al., 2011, p.81). 그녀의 견해에 따르면 탁월한 수준의 "지도 기술은 물 흐르는 듯한 부드러움과 몰입 과정 중에 있는 그 사람의 한 부분이다."

직관적인 앎으로 작업해야 하는 또 다른 이유는 지도하려면 무엇이 떠오르건 믿음이 필요하고 따라서 현재 순간 자기 경험에 개방된 마음이 필요하기 때문이다. 글래드웰(2005)은 즉흥 연극과 유사하다고 설명하였다. 즉흥 연극은 종종 마치 리허설을 한 것처럼 매우 부드럽게 진행된다. 즉흥 연극을 하는 배우는 그러한 상황을 자주 경험하면서 전문성을 발전시킨다. 그들이 자신의 전문성을 믿게 되면서 지금 여기 경험에 자신을 개방할 수 있게 된다. 그러면 관객이나 다른 배우가 어떤 제안을 하든지 바로 그것을 받아들이고 작업할 수 있으며, 그들의 현명한 잠재의식이 반응하여 만들어내는 모든 것을 듣고 그것에 따라 행동할 수 있다. 비슷한 방식으로 마음챙김 지도자로서 우리는 (기대에 따라) 일어나야 한다고 생각하는 무언가보다 (기대 없이) 무엇이 일어나던 간에 이를 가지고 작업할 수 있다.

그러나 직관적인 앎을 기반으로 길을 찾는 것은 특정 위험을 내재한다. 이러한 앎은 지혜의 원천에서 비롯되는데 다른 원천에서 발생한 직관을 따르는 것도 가능하다. 시간은 우리가 어떤 원천을 선택하는가를 결정하는 중요한 요소 중 하나이다. 글래드웰(2005)에 따르면 직관적인 앎이 전문성의 원천에서 떠오를 때까지 몇 초가 걸린다.

따라서 충동성이라는 완전히 다른 원천에서 나오는 즉각적인 반응이 먼저 나타날 가능성이 높다.

직관적인 나침반을 보정하기

또 다른 문제는 직관적인 앎의 원천이 항상 이용할 수 있지 않다는 점이다. 예를 들어 스트레스는 습관적이고 믿음이 가는 생존 지향 반응을 선호하기 때문에 지혜에 접근하는 것을 막을 수 있다. 반대로 너무 이완되어도 이상적이지 않다. 이 때, 우리는 직관적인 앎이 속삭이는 목소리를 알아차릴 만큼 충분히 기민하지 못하기 때문에 평소 레퍼토리에 다시 빠지곤 한다. 이와는 대조적으로 마음의 존재 모드에서 작동하는 것은 우리가 충분히 이완되어 있으면서도 여전히 명료하게 존재하는 것 사이에서 올바른 균형을 맞출 수 있게 해 준다.

직관적인 앎에 접근할 때는 실용적인 의식으로 확인하라. 그 순간에 나타난 모든 것이 정말로 현명하고 적절한가? 그러나 이 확인하는 과정조차 분석이 아닌 본능적으로 이루어져야 한다. 그렇지 않으면 글래드웰이 '분석을 통한 마비'(2005, p.119)라고 부르는 위험을 감수해야 한다. 또한 나중에 다시 점검하여 그 상황에 적합했는지 확인하라. 직관을 나침반으로 쓸 때 이런 점검을 통해 나침반을 보정하여 현명한 잠재의식을 올바른 목소리로 그리고 적절한 시간과 장소에서 표현하게 할 수 있다.

마음챙김 훈련을 처음으로 제공하기 시작할 때 지도자는 어쩔 수 없이 지식과 예행연습에 주로 의존한다. 시간이 흐르고 기술이 점차 발전함에 따라 생각할 필요가 줄어들고, 훈련을 제공하는 것은 점점 더 쉬워지고, 심지어 자동으로 할 수 있게 된다. 하지만 이 또한 중간 단계이다. 지속적인 학습에 열려 있어야만 비로소 상황이 우리에게 요구하는 바를 볼 수 있는 직관적인 앎을 개발할 수 있다. 이는 잘 연마된 기술이 우리가 무언가를 하도록 유도하는 것과는 상당히 다를 수 있다. 우리는 본래 가진 것보다 더 높은 수준의 창조성과 지혜를 이용할 수 있는 것처럼 느낄 수도 있다. 이 단계에서 우리는 진정 그 순간에 발휘되는 지도를 한다.

지속적인 학습을 위한 자원

지도자로서 우리의 발전은 마음챙김 훈련에 투자한 노력과 의도에 밀접하게 연관되어 있다. 즉 마음챙김을 지도하는 데 쓰는 시간뿐만 아니라 자기 수행을 깊게 만들고 지속적인 학습 참여에 투자하는 시간과 연관된다. 이어지는 절에서 그러한 학습을 추구하기 위한 여러 방안을 개략적으로 설명하겠다.

수행

지도자로서 자질과 숙련도는 우리의 개인적인 마음챙김 수행에서 시작한다. 이는 매일 명상한다는 의미이다. 일부 지도자는 훈련 중에 참가자와 같은 방식으로 수행하는데 이는 특히 초급 및 중급 지도자에게 바람직한 방법이다. 일 년에 최소 한 번 이상 집중 수행에 참여하는 것도 좋다. 미리 계획을 세우고 예약하는 것이 가장 좋다. 그래야 다음 주든 내년이든 다음 집중 수행이 언제 있는지 항상 알 수 있을 것이다.

지도를 체현하기 위해 개인 수행과 집중 수행에 참여하는 것이 중요하지만 매일매일 마음챙겨 알아차리는 것 또한 중요하다. 매일 한 시간씩 명상한다고 할지라도 나머지 23시간은 어떤가? 당신은 일상생활에서 마음챙김을 수행하는가? 아니면 나머지 시간을 마음챙김 하지 않고 보낸 것을 보상하기 위해 매일의 명상 시간을 이용하는가? 카밧진은 지도자가 일상생활에서 마음챙김을 실천하는 것이 얼마나 중요한지를 강조한다. "정기적으로 긴 집중 수행에 참여하는 것은 자신의 발전과 이해를 위해 필요하고 매우 중요하지만 그것만으로는 충분하지 않다. 매일의 삶 속에서 하는 마음챙김이 궁극적인 도전이자 수행이다."(2011, p.296).

성찰

단순히 마음챙김 수행 시간을 쌓는 것만으로는 충분하지 않다. 집단 회기가 끝나고 다음 작업으로 넘어가면 회기 중에 떠오른 의미 있는 것들은 곧 희미해지고 결국 기억에서 사라진다. 만약 이 경험을 잊어버린다고 하더라도 당신 자신을 포함해서 아무도 불편해하지 않을 것이다. 아마도 다음 회기를 하면서 무엇을 잊었는지조차 느끼지 못할 것이다. 하지만 만약 이러한 경험을 성찰하지 않는다면 얼마 후 자신이 발전하지 않고 있음을 알아차릴 것이다. 당신은 여전히 매우 생산적인 지도자가 될 수 있다. 하지만 성찰 없이는 배우고 성장하지 못할 것이다. 시간이 흘러도 본질적으로 같은 방식의 프로그램을 반복한다면 지도는 발전하지 못하고 일정 수준에 머물러 갇히게 될 것이다.

우리가 성찰하는 데 도움이 될 수 있는 많은 자원이 있다. 그중 하나는 지나간 회기를 되돌아보고, 또 앞으로 다가올 회기를 대비하는 것이다. 이렇게 하는 데 여러 가지 방법이 있다. 어떤 지도자는 회기 중에 바로 되돌아보는 것이 도움이 된다고 생각하는 반면, 다른 지도자는 회기가 끝난 후 나중에 집에서 되돌아보는 것을 선호한다. 어떤 사람은 그들 스스로 성찰하고, 또 어떤 사람은 회기가 끝난 후 동료나 친구와 대화를 나누기도 한다. 또한 회기 중에 떠오른 의미 있는 것에 대한 기록을 보관하거나 회기 중에 녹음이나 녹화를 한 후 회기가 끝난 후에 검토할 수도 있다.

성찰은 문제를 해결하는 것이 아니라 회기 중에 떠오른 의미 있는 것을 심사숙고하는 것임을 명심하라. 그러한 순간들을 성찰하고 다양한 측면을 고려하는 과정은 학습 과정을 충족시키기에 충분하다. 성찰을 통해 현명한 잠재의식은 더욱 풍부해질 것이며 시간이 흐르면 우리의 지도가 스스로 발전하고 있음을 알게 될 것이다.

지도자 훈련

마음챙김 지도자가 되는 것은 진지한 전문적 전념 행동이자 도전이므로 진지한 훈련과 발전을 요구한다. 이 책에서 설명한 기법(수행 안내하기, 탐구 이끌어가기, 교훈적 제시 제공하기)에 참여하고 훈련의 주제를 제시하는 것은 마음챙김의 맥락에 특정되어 있는 많은 특별한 역량과 기술을 필요로 하기에 다른 전문적, 또는 교육적 방법을 통해서는 진정으로 배울 수 없다.

내가 관찰한 바에 의하면 대부분 전문가는 마음챙김 지도자가 독자적으로 가르치기 전에 적어도 150~200시간 동안 지도자 훈련을 받도록 권고한다. 최근 대부분 서양 국가에서는 마음챙김 지도자 훈련 과정을 이용할 수 있다. 비록 일부 프로그램들은 온라인이나 전자 매체를 이용하지만 일반적으로 직접 참석해야 한다.

동료 자문

동료 자문은 우리의 수행 경험을 더 깊게 만들 수 있다. 사실 어떤 사람은 이것이 발전하는 데 필수라고 여긴다. 동료 자문은 우리를 무언가에 주목하게 만들고 나서 상세한 탐색을 위한 시간을 가지게 만든다. 또한 동료들의 전문 지식을 접할 수 있게 해 주며 이는 우리가 더 깊은 통찰을 가지도록 도와줄 수 있다.

뭔가 삐걱거리는 것처럼 보이는 상황, 즉 우리의 이성이나 감각이 시사하는 대로 일이 진행되지 않았다고 느껴지는 상황은 동료 자문의 적절한 주제이다. 동료 자문을 받는 동안 그 상황을 생생하고 자세하게 다시 일깨울 수 있다. 녹화한 영상을 보면서 자문을 받는 게 좋다. 그러면 동료들은 무엇이 그 삐걱거리는 느낌이나 예기치 못한 사건 전환을 초래했는지 볼 수 있다. 이를 통해 상황의 어느 부분을 간과했는지, 또 어떤 다른 선택지가 있었는지를 밝힐 수 있다. 동료 자문을 시작하기 전에 의제를 설정하고 주제와 발표 시간을 규정하도록 권고한다. 이렇게 하면 그 과정이 동료 간의 잡담으로 바뀌는 것을 막을 수 있다. 그런 잡담은 즐거울 수는 있지만 학습 측면에서 우리의 요구를 충족시키지 못할 것이다. 인터넷에서 동료에게 생산적인 피드백을 주기 위한 기본적인 규칙뿐만 아니라 동료 간의 학습에 대한 많은 정보를 찾을 수 있다.

동료 자문이 우리의 학습 격차와 한계 그리고 맹점에 초점을 맞춘다는 점에서 항상 편하지는 않다. 그러나 우리가 제공하는 마음챙김 훈련과 같은 원칙이 여기에 적용된다. 즉 상황이 덜 편안할수록 학습 기회는 더 커진다.

지도감독

지도감독자는 자기 경험과 전문 지식을 바탕으로 현재 당신이 하는 지도를 성찰하도록 도울 수 있다. 동료 자문에 비해 지도감독은 기법이나 기술보다는 개인 자질이 지도에 어떻게 영향을 미치는지에 더 초점을 맞추어서 더 큰 틀에서 작업할 수 있도록 해 준다. 결과적으로 지도감독 또한 불편할 수 있다. 우리는 특정 문제 해결을 바란다. 하지만 지도감독자는 우리를 곤경에 빠뜨리는 근본적인 패턴을 지적할 수 있고 이는 우리가 찾는 해결책이 훨씬 더 멀리 있는 것처럼 보이게 만든다.

지도감독과 마음챙김 훈련 둘 다에 능숙하고 신뢰할 수 있으며 마음이 맞는 지도감독자를 선택하라. 지도감독을 자주 받을 필요는 없지만 어느 정도 연속성을 유지하도록 하라. 이는 적어도 얼마 동안 같은 지도감독자에게 지도감독을 받으면 특정 주제를 더 긴 기간에 걸쳐 발전하게 할 수 있기 때문이다. 또한 항상 지도감독 회기를 잘 준비해야 한다. 지도감독자는 우리를 위해 시간을 내고 있다. 현재 우리가 하는 지도와 가장 관련성이 높은 문제에 초점을 맞춤으로써 그 시간을 최대한 활용하는 것은 우리에게 달려 있다.

실험적 지도 환경 만들기

실험적 지도 환경은 실제 회기만큼 유익할 수 있다. 지도자 훈련에서 종종 서너 명의 동료로 구성된 집단으로 연습하는데 종종 5분간 연습이 최대 30분간 평가를 위한 충분한 자료를 제공한다. 각 사람은 개인 경험에 근거한 성찰과 통찰을 제공한다. 이런 학습 기회를 만드는데 함께 모이기, 연습 방법 선택하기, 역할 배정하기와 같은 환경을 구성하기 위한 규칙 외에는 아무것도 필요하지 않다.

또 다른 선택지는 친구, 배우자나 자녀, 지지적인 지인이나 직장 동료 등과 함께 좀 더 비공식적인 실험적 수행 환경을 만드는 것이다. 이렇게 하면 스스로 소리 내어 명상을 지도하는 연습을 하는 것만으로도 실제적인 경험을 얻는다. 그리고 올바른 어조 찾기와 분명한 발음에도 도움이 될 것이다.

공동지도

실험적인 환경처럼 공동지도는 지도자를 위한 학습 환경을 만들어 기술을 심화하는 매우 효과적인 방법이다. 게다가 공동지도자와 함께 작업하는 것은 지지를 제공하고 필요한 순간에 공동지도자가 어느 정도 균형을 제공할 수 있다는 사실을 알기에 더 자유롭게 실험하게 만든다. 그리고 동료 지도자가 훈련을 지도할 때 우리는 한 걸음 물러서서 좀 더 객관적인 입장에서 그 과정을 관찰할 수 있다. 아마도 공동지도의 가장 중요한 이점은 회기가 끝난 후 두 사람이 전문가로서 함께 회기를 성찰할 수 있다는 점이다. 이는 공동지도자의 피드백을 특별히 가치 있게 만든다.

그렇기는 해도 공동지도에 부정적인 면도 있다. 항상 공동지도자와 함께 작업한다면 우리 자신이나 참가자의 발전에 도움이 되지 않는다. 특히 같은 공동지도자와 되풀이해서 함께 하면 더욱 그렇다. 이 절의 나머지 부분은 참가자와 지도자 모두의 측면에서 공동지도자와 함께 작업하는 것의 장단점을 설명한다. 대부분 장점은 관련된 단점 및 부정적인 측면과 균형을 이루지만 어떤 장점은 혼자 동떨어져 있다. 또한 부정적인 면이 있음에도 결론은 다른 지도자와 정기적으로 함께 하는 것이 바람직하다는 사실을 기억하라. 특히 마음챙김 훈련 지도를 처음 시작한 경우라면 더욱 그렇다.

참가자에게 있어 공동지도의 장단점

장점: 공동지도는 참가자에게 지도자로부터 영감을 받거나 지도자를 본받을 수 있는 더 많은 기회를 제공한다.

단점: 공동지도자들은 서로 다른 방식으로 지도하기 때문에 비록 어떤 지도자가 매우 유익하고 가치 있는 모델을 제공할지라도 참가자가 그와 관계를 맺기 쉽지 않으면 그를 외면하고 싶을 수 있다.

장점: 공동지도자들의 서로 다른 지도 방식은 더 광범위한 학습 방식을 불러일으킬 수 있다.

단점: 공동지도자들이 가진 방식이나 관점의 차이가 항상 조화를 이루지는 않을 수 있다. 이는 집단을 불편함과 혼란으로 이끈다. 아니면 공동지도자들이 그들의 지도 방식 간 차이에서 길을 찾을 때 좋지도 나쁘지도 않고, 덜 뚜렷하고, 설득력이 떨어지는 평균에 안주할 수도 있다.

장점: 공동지도자들은 지도자와 참가자 사이에 분명한 (따라서 안전한) 경계선을 확고히 하면서 연합 전선을 보여 줄 수 있다.

단점: 이러한 연합 전선은 참가자를 한쪽 그리고 지도자를 다른 쪽으로 나누며 그 사이에 거리를 만든다. 이는 참가자가 지도자의 인간적인 면과 마음챙김의 체현으로부터 영감을 받는 것을 어렵게 만든다.

장점: 공동지도자들은 더 많은 전문 분야에 걸쳐 더 다양한 지식과 경험을 가지고 있다.

단점: 이것에는 부정적인 면이 없다!

장점: 지도자 중 한 명이 질병 등의 이유로 일정을 계속하기 어려운 문제가 생기는 경우에도 참가자는 프로그램의 연속성을 보장받는다.

단점: 이것에는 부정적인 면이 없다!

지도자에게 있어 공동지도의 장단점

장점: 약점을 보완할 수 있는 지원군이 있다.

단점: 공동지도자가 약점을 보완함으로써 그 영역에서의 발전이 제한될 수 있다.

장점: 공동지도자들이 함께 준비하면서 더 효과적으로 교육 과정을 고안하고 참가자의 요구를 예상할 수 있게 된다.

단점: 혼자 준비하면 자신만의 방법(예: 미리 명상하기)을 사용할 수 있다. 이는 회기를 시작할 때 당신 자신과 더 잘 조화될 수 있게 한다.

장점: 공동지도자가 있기 때문에 더 잘 알아차리고 기민하게 될 수 있다.

단점: 공동지도자가 있기 때문에 자발성이 떨어질 수 있다.

장점: 함께 가르치는 것이 더 재미있을 수 있다.

단점: 혼자 가르치는 것이 더 재미있을 수 있다.

장점: 함께 경험하기에 피드백과 평가를 바로 받을 수 있다. 이런 직접 평가는 다른 방법으로 알아차리기 어려운 당신의 작업 패턴을 밝힐 수 있다.

단점: 이것에는 부정적인 면이 없다!

장점: 공동지도자는 당신의 맹점을 밝혀 줄 수 있다.

단점: 이것에는 부정적인 면이 없다!

장점: 같은 마음챙김 프로그램을 다른 사람이 다른 방식으로 가르치는 것을 보면서 배울 수 있다.

단점: 이것에는 부정적인 면이 없다!

장점: 질병 또는 참가자가 갑자기 수업에서 나가는 경우와 같은 응급 상황에서 공동지도자로부터 지원을 받는다.

단점: 이것에는 부정적인 면이 없다!

장점: 두 지도자가 함께 교육하면 업무 부담을 줄일 수 있다.

단점: 두 지도자가 함께 교육하면 총 업무 시간이 더 많기에 시간당 수입은 더 적다.

공부하기

마음챙김 훈련과 마찬가지로 경험적 학습이 우선이기는 하지만 공부도 지도자로서 우리의 발전에 중요한 역할을 할 수 있다. 사실 동양에서는 교학이 수행만큼이나 높이 평가되며 오랫동안 공부의 중요성을 인정해 왔다. 마음챙김 분야는 현재 끊임없이 변화 중이기에 관련 문헌을 지속해서 공부하는 것 또한 매우 중요하다.

전문 문헌을 넘어서 더 영적인 측면에서 마음챙김에 다가가는 많은 다른 자원을 발견할 수 있다. 이는 훈련에 엮을 수 있는 시, 은유, 그리고 다른 자료와 함께 영감과 다른 중요한 내용을 제공할 수 있다.

당신이 받은 지도자 훈련 프로그램에 따라 단기 재교육, 전문가와 함께하는 세미나, 콘퍼런스, 워크숍 등에서 추가로 공부하는 기회를 받을 수 있다. 또한 불교 심리학과 같은 관련 분야의 공부 기회를 모색할 수 있으며 마음챙김에 대한 이해를 깊게 하는 어떤 과정이라도 이용할 수 있다. 요컨대 학습을 그만둘 핑계는 없다. 게다가 어떤 과정을 밟는 것은 지도자 보다는 다시 학생이 되는 것을 포함한 새로운 관점을 가질 기회를 제공한다. 이는 다른 모든 사람처럼 우리가 여전히 배우고 있다는 사실을 다시 떠올리게 한다.

풍만하고, 광대하고, 무량하고, 원한 없고, 악의 없이 평온이 함께한 마음

— 붓다[*]

• • •

무엇을 해야 할지 더 이상 알지 못하는 그 순간에 진짜 작업에 다다르게 되고,

어디로 가야 할지 더 이상 알지 못할 때 진정한 여행을 시작할 수 있다.

— 웬들 베리Wendell Berry

MBSR 마음챙김 훈련은 존 카밧진이란 한 사람에 의해 개발되었다. 그는 여기에 관심 있는 사람은 누구나 이용할 수 있도록 이 일을 평생의 작업으로 선택하였다. 우리의 건강과 웰빙을 바라보는 방식에 존처럼 큰 차이를 만들어 낸 현대인은 거의 없다. 그의 헌신에 깊이 감사한다. 또한 마크 윌리암스에게도 감사의 말을 전한다. 그는 저명한 사회과학자일 뿐만 아니라 자신의 전문지식을 끊임없이 전파한 진정한 의미의 지도자이기 때문이다. 조티카 헤름센Jotika Hermsen, 프릿츠 코스터Frits Koster, 그리고 주스트 반덴 휴벨-린더스Joost van den Heuvel-Rijnders는 위빠사나 명상과 그 열매를 일상으로 가져오려면 어떻게 해야 하는지를 가르쳐 주었다. 라마나 스리 마하리쉬Ramana Sri Maharshi와 H. W. L. 푼자H. W. L. Poonja의 제자들은 삶과 세상을 둘이 아닌 하나로 보게 하는 관점을 깨닫게 해 주었다.

조크 헬레만스Joke Hellemans, 요한 팅게Johan Tinge, 그리고 요한의 지도자 팀에도 감사드린다. 그들은 네덜란드에서 처음으로 마음챙김 지도자 훈련을 시작했다. 그 훈련

---

[*] 역주: 초기불전연구원에서 출판한 앙굿따라 니까야 제1권에 있는 깔라마 경 번역을 따름.

은 나의 초창기 마음챙김 지도자 시절을 조형하는 데 매우 중요했다.

동료이자 암스테르담에 있는 마음챙김 센터를 나와 함께 설립한 위보 쿨레Wibo Koole와 조지 랑겐버그George Langenberg에게도 감사를 전한다. 그들은 사회 구석구석에 마음챙김을 널리 퍼뜨리는 사명을 가진 조직을 만드는 데 기여하는 모험을 감수했다. 마지막으로 나와 가장 가까운 뮤즈 에르나Erna에게 감사합니다. 나를 찾아줘서 고마워요.

불자(佛子)는 불(佛, 붓다)·법(法, 담마)·승(僧, 승가) 삼보에 귀의한다. 이 셋은 기본적으로 하나다. 담마란 그 자체가 치유하는 힘을 가진 자기 알아차림의 발달을 의미한다. 이것은 우리 존재 자체의 은총(더 평범하게 말하자면 진화)을 통해 받는 잠재력이고 수천 년 동안 발견과 재발견을 거듭해 왔다. 붓다란 역사적으로 중요한 고타마 붓다를 시작으로 많은 지도자를 통해 담마가 전승되어 왔음을 의미한다. 승가는 누구라도 이러한 여행을 함께한 사람들을 의미한다. 나의 경우는 내 훈련에 함께한 사람들, 집중 수행에 함께한 사람들, 명상하려고 함께 앉았던 사람들, 함께 공부한 사람들이 내 승가이다. 내가 참여했던 모든 마음챙김 훈련 집단은 그 자체로 승가가 되었다. 이 책에서 찾을 수 있는 살아 있는 지혜는 모두 그들 덕분이다.

이 책을 쓰는 데 시간이 꽤 걸렸다. 그 과정 내내 몇 번이고 되풀이해서 나를 컴퓨터 앞에 앉게 하고 단어를 떠올리게 한 것은 무엇이었을까? 이상하게 들릴지 모르지만 이 '나'라는 존재는 거의 아무 관련이 없는 것처럼 느껴졌다. 오히려 창조적인 힘이 나를 통해 흘러나와 내 손과 생각 그리고 마음을 움직인다고 느껴졌다. 그리고 '내'가 해야 할 일은 오직 그 힘이 나아가는 길에서 비켜주는 것뿐이라 느꼈다. 종종 적절한 순간에 수행에서 경험했던 적절한 예가 머릿속에 떠오르는 듯했다. 언제나 적절한 순간에 적절한 사람과 마주치는 듯했고 필요한 순간에 정확히 그에 알맞은 자원을 우연히 발견하는 것 같았다. 심지어 한 차례 겪었던 독감조차 미리 프로그램 되었던 것 같았다. 내가 정말 글쓰기에서 한 걸음 물러서야 할 시기에 독감에 걸렸다. 느리지만 분명하게 나는 스스로 창조하는 이 힘을 믿고 그 은혜를 즐기는 법, 그리고 심지어 꽃망울이 터지는 것처럼 그 힘에 경탄하는 법까지 배웠다.

이 책을 쓰는 일은 매우 재미있었다. 또한 이 일은 그 과정을 돌보는 창조적인 지능과 연결되는 느낌이라는 재미보다 훨씬 더 큰 것을 나에게 주었다. 나는 이것을 도대체 누구에게 감사해야 할지 모르겠다.

사랑이란 이런 것

비밀의 하늘을 향해 날아올라 가

그때마다 온갖 장막을 걷어내는 것.

먼저, 삶을 내려놓고

마지막에는 발 없이 한 발짝을 내딛는 것.

– 루미[**]

** 역주: 번역가 강주헌이 뽑은 부모와 자녀가 꼭 함께 읽어야 할 세계 명시 100 중 『그 깊은 떨림』 번역을 따름.

마음챙김 지도 전문가의 기준

6장 마지막 부분에서 논의한 것처럼 지도 전문가가 되려면 계속해서 학습하고 꾸준히 전문성 개발을 위해 노력해야 한다. 즉 동료들과 소통하고 피드백을 교환함으로써 향상되는 과정이 필요하다. 더구나 특정 역량을 필수적으로 갖추어야 하는데 이를 표준화하고 검증할 수 있다면 좋을 것이다. 전문가가 되려면 전문가 네트워크 또는 협회가 함께 참여하는 전문가 기준이 필요하다. 부록에서는 전문성과 역량의 기준, 또 이를 측정하고 인증하는 방법에 대해 현재 논의되고 있는 바를 간략하게 살펴본다. 전문 직업으로 마음챙김을 지도하는 일은 아직 발달 중이기에 이러한 논의 역시 발달 과정에 있다.

전문성과 역량

새로운 분야가 발달할 때 이를 뒷받침하는 과학은 많은 단계를 거친다. 초기에는 단순히 기술하는 단계에서 시작해 효과를 측정하는 단계로 그 후에 이런 효과 이면에 있는 기전을 이해하는 단계를 거치게 된다. 마음챙김 훈련도 마찬가지이다. 이런 궤적을 따라 서구의 초기 마음챙김 지도자는 주로 자신의 지도자를 관찰하고 그들이 하는 말을 경청하면서 배웠다. 그리고 나서 그냥 뛰어들었다(예를 들어 Segal, Williams, & Teasdale, 2002, 4장 참조). 하지만, 1990년대 매사추세츠대학교 의료원에 공식 지도자 훈련 과정이 생겼고, 곧 공식 훈련 과정을 이수하는 것이 수많은 훈련 프로그램 지도를 위한 요건이 되었다.

2008년부터 레베카 크레인Rebecca Crane 등은 지도자 역량 평가 도구를 개발하는 작업을 시작하였다. 2012년 미국, 영국, 네덜란드의 마음챙김 전문가들이 집중적으로 협력해서 *뱅거, 엑서터, 옥스포드 마음챙김에 근거한 개입 지도의 평가 기준*[*The Bangor, Exeter, and Oxford Mindfulness-Based Interventions Teaching Assessment Criteria*(MBI-TAC), Crane et al., 2012]을 출간했다. 여기서는 마음챙김 지도 역량을 여섯 영역으로 설명한다(p.3).

- 회기별 교육 과정의 범위, 속도 및 구성

- 관계 기술

- 마음챙김 체현

- 마음챙김 수행 안내

- 대화식 탐구 및 교훈적 지도를 통한 과정의 주제 전달

- 집단 학습 환경의 촉진

이 영역들은 중요한 행동 특징으로 이루어져 있다. 예를 들어 제1영역인 회기별 교육 과정의 범위, 속도 및 구성은 프로그램의 형식과 일정 및 주제를 고수하고, 반응적이고 유연한 방식으로 교육 과정을 제공하며, 교육 과정을 집단의 학습 능력에 맞게 조정하고, 공간과 자료 구성 등을 지도자로서 구성하며, 자연스럽게 흘러가고 적절한 속도를 유지하는 회기를 제공했는지 측면으로 정의된다. 이후 마음챙김 지도자는 이러한 특징이 훈련 과정에 어느 정도 존재했는지에 따라 역량 부족 단계에서 상급 단계에 이르기까지 6점 척도로 평가받는다.

각 여섯 영역의 평가가 함께 모여 전체 그림을 그린다. 이 관점에서 중요한 점은 한 영역이 다른 영역을 보상할 수 없다는 사실이다. 예를 들어 어떤 지도자의 마음챙김 체현이 탁월하다고 하더라도 회기의 구성을 적절하게 수행하지 못하면 항상 문제가 될 것이다. 마찬가지로 순서를 따라 차례차례 완벽한 교육 과정을 진행한다고 해서 체현의 결여를 보상할 수 없다.

이 역량 평가 도구의 개발은 마음챙김 지도를 지도자의 관찰 가능한 행동을 기반

으로 평가하는 새로운 수준에 도달하도록 도왔다. 이런 도구는 전문가들이 전문성과 역량에 관해 소통하고 어느 정도 표준화된 피드백을 주고받으며 개별 지도자가 어떤 영역에서 더 나은 발전을 이룩할 수 있는지에 관한 통찰을 얻게 한다. 이러한 평가는 훈련의 온전함을 보장하고 연구 목적으로 여러 훈련을 비교하는 데 중요한 역할을 한다. 그러나 그것보다 지도자의 강점과 약점을 모두 개괄하여 지도자의 기술을 개발하는 데 훨씬 더 중요한 역할을 한다.

평가를 위해서는 훈련을 검토할 수 있는 무언가를 제출해야 한다. 보통 비디오 녹화를 제출한다. 동료에게 자기 작업을 보여 주는 것은 대개 머뭇거리게 되는 일이지만 전문적인 피드백을 받는 표준 수단이다. 또한 이상적으로는 피드백이 판단받는 것이 아닌 학습 촉진을 위한 것임을 명심하라.

인증에 관한 논쟁

마음챙김 지도 분야에서는 마음챙김 지도자를 인증하는 것이 적절한지에 대한 논쟁이 계속되고 있다. 이 논쟁의 한쪽('포괄주의')은 마음챙김이 의도와 전념을 통해 전해지고 이는 규칙으로 얻을 수 있는 게 아니기에 누구도 배제될 수 없다고 주장한다. 다시 말해서 규칙에 뿌리를 둔 마음챙김 훈련은 마음을 잃게 된다고 여긴다. 다른 쪽('전문가주의')은 마음챙김 지도가 다른 전문 분야처럼 기술과 역량의 전문성을 요구하고 이는 그냥 갑자기 얻을 수 있는 것이 아니라고 주장한다. 일반적으로 역량 또는 적어도 그 역량을 얻기 위해 얼마나 애를 썼는지는 검증할 수 있다. 요컨대 후자에 속하는 사람은 아무나 마음챙김 지도자가 될 수는 없다고 주장한다.

지도자로서 우리는 사람들에게 마음챙김을 가르친다는 사명을 따른다. 이는 본질적으로 사람들이 어떻게 자신과 관계를 맺는지, 그리고 이것이 어떻게 삶에서 살아가는 방식으로 나타나는지 살펴보도록 돕는 것을 의미한다. 하지만 우리의 맹점과 조건화는 우리 자신을 제한한다. 그러므로 최소한 자기 반응성을 알아차리고 이를 능숙하게 다룰 수 있어야 한다. 물론 좋은 의도와 온 마음을 다하는 것이 필요하지만 이것만으로 충분하지는 않다.

포괄주의 관점이 갖는 한 가지 함의는 참가자가 마음챙김 훈련을 받고 싶으면 더 광범위하고 그래서 더 혼란스러운 업계 현장에서 자신에게 맞는 방식을 찾아야 한다는 것이다. 잠재적인 참가자에게 객관적인 기준이 없으면 많은 선택지 중에서 어떤 것을 고르면 좋을지 판단할 수 있는 근거가 없다. 마음챙김을 아직 잘 이해하지 못하는 사람이 적절한 선택을 할 것이라 현실적으로 기대할 수 있을까?

반면 전문가주의 관점은 잠재적 참가자가 자신의 교육 배경과 경험에 기초하여 지도자를 평가함으로써 이익을 얻을 수 있다고 주장한다. 그렇다면 구체적인 요건과 역량을 제시해 보는 것은 어떨까? 분명 우리는 지도자로서 스스로 마음챙김 훈련을 하고 집중 수행에 참석하며 개인 수행에 상당한 시간을 쏟고 수많은 기간 동안 지도자 훈련을 즐길 것이다. 이런 것들이 역량의 바탕이 될 수 있다. 어쨌든 이건 그렇게 이해하기 어려운 것이 아니다.

하지만 이 점이 전문가주의 주장의 아킬레스건이기도 하다. 왜냐하면 실제로는 마음챙김 지도자가 경험과 교육 양쪽 측면에서 매우 다양한 배경을 가지기 때문이다. 어떤 배경을 가진 사람에게 적절한 훈련이 다른 배경을 가진 사람에게는 빈약한 기초 제공에 불과할 수도 있다. 더구나, 자격 인증에 관한 세부 사항을 문서화하여 제공하려면 전담 직원, 규정, 회비 등을 갖춘 조직이 필요하다. 이런 조직은 그 안에서 보호받으려는 사람들이 의지하는 조직화한 권력이 될 수 있다. 여기에는 자기 지위를 더욱 독점적으로 만들려는 기존 인증 지도자도 포함된다. 이렇게 되면 인증 훈련과 비인증 훈련으로 이원화되고 정치와 권력 놀음의 소용돌이 속으로 빠져들 수 있다.

결국 인증은 자질에 대한 실용 지표 이상의 것이 되어버리는 경향이 있다. 이렇게 되면 인증을 받은 사람과 인증을 받지 않은 사람 간의 차이가 벌어진다. 이 차이가 너무 넓은 듯 보이면 좋은 의도로 지도자가 되고 싶은 사람이 낙담하고 포기하거나 어쩌면 동료들과 교류하지 않고 자신에게만 맞는 방식을 개발하려고 할 수 있다. 한편 어떤 사람은 인증을 받는 것에 너무 집착해 다른 방식으로 낙담할 수도 있다. 두 경우 모두 인증을 받은 사람과 인증을 받지 않은 사람 간의 차이가 마음챙김 지도의 수준을 높이기는커녕 무력감만 일으킨다.

끝으로 인증은 지속적인 학습 참여 보다는 궁극적 목표 달성을 암시한다. 이러한 모든 측면에서 (그리고 그 이상으로) 인증은 정체와 양극화를 초래할 수 있다. 인증은 관심의 초점을 규정, 서류 작업, 프로토콜로 옮기고, 특정 기법을 설정함으로써 개방성

등 좋은 지도자에게 필요한 중요한 자질에서 지도자를 멀어지게 할 수 있다.

이러한 난제의 어렵고도 아름다운 점은 포괄주의와 전문가주의 관점 모두 옳지만 두 접근법에 연관된 문제들 또한 부정할 수 없다는 사실이다. 즉 희석(거의 모든 사람이 마음챙김 지도자가 될 수 있도록 기준을 낮추기)과 양극화(인증을 받은 사람과 인증을 받지 않은 사람을 선별하기)의 딜레마를 부정할 수 없다.

그렇지만 그들 자신을 진지하게 여기는 모든 전문가 집단이 그들의 전문성에 대한 기준을 가지고 있기에 인증을 향한 추세는 막을 수 없는 듯이 보인다. 이는 마땅하다. 잠재적인 참가자뿐만 아니라 마음챙김 지도자와 함께 작업하려는 관련 분야 (동료, 회사, 기관, 정책 입안자) 종사자라면 인증이 제공하는 다소 객관적인 개요를 제공받을 권리가 있다.

게다가 마음챙김 훈련이 널리 퍼지면서 그 입지가 올라간 동시에 전문가 윤리 기준에 대한 요구가 증가하고 있다. 많은 지도자에게 있어 마음챙김 훈련은 기존 전문 직업을 보완하는 추가분야이다. 만약 당신이 그런 경우라면 기존에 가지고 있던 전문가 규약이 마음챙김 지도자로서 당신의 작업을 좌우하는 중요한 기준으로 작용할 수 있다. 하지만 마음챙김 지도가 본업인 경우도 있다. 특히 이런 지도자에게는 마음챙김 훈련 제공에 특유한 전문가 윤리 규약이 필요하다. 이는 제대로 된 수행을 식별하고 훈련 제공자를 인증하자는 논거를 뒷받침한다.

궁극적인 질문은 개별 지도자로서 이런 딜레마를 어떻게 헤쳐 나갈 수 있느냐는 점이다. 나는 진실된 마음을 나침반으로 이용할 것을 제안한다. 규칙과 형식이 지배하도록 내버려 두면 훈련 자체와 훈련의 즐거움에 대한 열정을 잃어버릴 수 있다. 만약 그렇게 된다면 마음챙김을 지도하는 일이 천직으로 다가오기보다 단지 직업으로만 여겨질 것이다. 마음챙김 지도를 하려면 작업의 질을 유지하는 데 필요한 것에 주목하면서도 우리를 이끄는 열정에 대한 신뢰가 필요하다.

미주

1. 한가지 예외는 『*Teaching Mindfulness: A Practical Guide for Clinicians and Educators*』(McCown, Reibel, & Micozzi, 2010)이다. 마음챙김에 대해 풍부하게 저술한 존 카밧진은 자신의 책과 논문에서 마음챙김 지도의 특정 측면에 일부 지면을 할애하였다(2003, 2005, 2010, 2011). 또한 마음챙김 기반 인지치료를 개발한 사람들도 자신들의 저서 『*우울증 재발 방지를 위한 마음챙김 기반 인지치료*』 (Segal, Williams, & Teasdale, 2002)에서 이 주제에 초점을 맞추었다. 주목할 만한 점은 전통적인 8주간의 마음챙김에 근거한 스트레스 완화 과정보다 학교 등의 환경에서 마음챙김 기술을 지도하는 방법을 다룬 출간물이 훨씬 더 많다는 사실이다.

2. 대부분의 주요 통찰과 마찬가지로 난데없이 나타난 것은 아니었지만 이러한 비전은 순식간에 또 온전히 나타났다. 카밧진의 경우 이것은 "이 지구상에서 내가 정말로 해야 할 일이 무엇인가, 내 '업에 따른 과제'가 무엇인가에 대한 다년간의 숙고" (2011, p. 286), 그리고 13년간 하타 요가, 위빠사나 명상, 선(禪)을 철저히 수행한 이후에 왔다.

3. 이 책에서 불교 용어의 철자는 초기 불교 경전에서 사용하는 언어인 팔리어를 기반으로 한다. 그래서 예를 들면 붓다 시대 이후의 공통어인 산스크리트어에서 나온 더 친숙한 '다르마dharma'보다 '담마dhamma'를 사용한다. '담마'는 불교 가르침에서 여러 의미를 지닌다. 이 책에서는 붓다의 가르침을 수행하는 것을 뜻한다.

4. 불교에서는 훈련에 대해 *학*sikkha(學)이라는 용어를 쓴다. 불교 가르침에서는 학을 *계*sila(戒, 도덕적 규율), *정*samadhi(定, 삼매), *혜*panna(慧, 지혜) 세 가지로 구분해 삼학(三學)이라 일컫는다. 그리고 붓다는 종종 인류의 위대한 (또는 참된) 스승으로

불린다.

5. 서양식 훈련 모델은 실용적인 이유로 사용한다. 이 모델이 통찰을 개발하고 담마를 수행하는 가장 좋은 방법이라 생각하기 때문에 사용하는 것이 아니다. 사실 많은 사람이 위빠사나 또는 선을 수행하는 전통적 방식이 더 우수하다고 믿는다. 하지만 이런 방식을 택하려면 전통 방식에 정통한 지도자와 더불어 상당한 시간과 헌신이 필요하다. 궁극적으로 서구 환경에서는 이런 방식을 제공하기 어렵다. 왜냐하면 그렇게 하려면 어느 정도는 지도자에게 완전히 맡겨야 하기 때문이다.

6. 학습 순간에 작동하는 힘, 즉 개인 속성, 환경, 방법 사이의 역동적 상호작용에 관한 모델은 정신 활성 물질이 인간에 미치는 영향을 다룬 티모시 리어리Timothy Leary의 연구(1966)에 기반을 두고 있다. 리어리는 약물 효과가 그 화학적 구성(물질, 학습 모델에서는 방법에 해당함)뿐만 아니라 개인 속성(리어리는 '세트'라고 부름)과 약물을 투여하는 맥락(환경)에 의해서도 결정된다는 사실을 발견했다. 그는 하버드대학교에서 강사로 활동하면서 논란의 여지가 있는 하버드 실로시빈 프로젝트를 진행했다. 리어리는 리차드 알퍼트Richard Alpert와 긴밀하게 협력하여 연구를 진행하였는데 이후 리차드 알퍼트는 이름을 람 다스Ram Dass로 바꾸었고 미국에 동양의 수행에 관한 관심을 불러온 선구자가 되었다.

7. 2001년 의학, 건강, 사회 마음챙김 센터Center for Mindfulness in Medicine, Health Care, and Society는 개별 사전 프로그램 면담을 2시간짜리 집단 예비교육 회기로 대체했다. 하지만 여전히 지도자와 예비 지원자 사이에 전화를 통한 개별 면담을 시행하고 있다. 개별 면담은 등록한 지원자를 위해 한번은 집단 예비교육 전에, 다른 한번은 집단 예비교육 후에 시행한다(Santorelli, 2014, p. 5).

8. 심리극은 제이콥 모레노Jacob Moreno가 개발한 집단 기반의 능동적 정신역동치료의 한 형태이다(1953, Sternberg & Garcia, 2000 참조). 사회극에서는 이런 기법들을 팀 또는 조직 단위로 전문성 개발 과정에서 사용한다. 여기서는 관계를 도식화하고 연결을 확립할 뿐만 아니라 대안적으로 해결할 방법을 탐색하기 위하여 방해물과 기회를 포함한 관계에 대한 더 많은 통찰을 얻는 데 초점을 맞춘다. 이 방법

은 (다음 단락에서 설명하는) 물리적 공간을 사용하면 언어적 혹은 정신적 차원에서 구현할 수 있는 것보다 종종 더 깊은 탐색을 가능하게 하고 대안을 제공한다는 사실에서 그 효과를 도출한다. 특히 http://www.psychodrama.org.uk/what_is_sociodrama.php와 http://www.sociodrama.co.uk를 참조하라.

마음챙김 훈련 맥락에서 액션 메소드는 정서적으로 부담스럽지 않은 주제에 적용할 때 가장 잘 작동한다. 예를 들어 집단 참가자들에게 키(cm), 수업을 위해 이동해야 했던 거리(km), 또는 출신지에 따라 위치를 배열하도록 요청하면서 시작할 수 있다. 이런 작업은 참가자들이 서로에 관해 물리적으로 움직이고 교류하게 하는 맥락을 만든다. 또한 참가자들은 집단 구성원 간의 관계를 공간적으로 표현하고 소속감을 주면서 집단을 배열한다. 이런 방식으로 그들 스스로 배열하는 것은 개별 참가자와 집단 역동에 관한 많은 비언어적 정보를 포함한다. 이 작업은 길게 하지 않아도 된다. 지도자가 지시한 후 참가자들은 잠깐 공간을 이동할 것이다. 그런 후 지도자는 참가자가 지금 위치한 곳에 서 있는 이유가 무엇인지에 관한 정보를 교환하는 것으로 넘어갈 수 있다. 그러고 나서 다음 의제로 넘어간다.

9. 『가만히 앉아 있는 법을 가르쳐주세요』(2011, p.235)에서 팀 파크스Tim Parks는 바디스캔(위빠사나 전통에서 하는 바디스캔을 지칭한다.)을 하는 동안 가져야 할 태도에 관한 인상적인 소견을 제시한다.

> 그리고 이것은 해부학 그림을 보는 남학생 시선의 움직임이 아닙니다. 이것은 바라보는 움직임이 아닙니다. 그보다는 어떤 사람이 오랜 휴가에서 돌아온 후 어둠 속에서 집 안의 방을 돌아다니면서 이 문 저 문을 두드리며 집에 누가 있는지, 이야기하거나 투덜대거나 기뻐하거나 또는 그저 그를 위해 불을 켜주고 싶어 하는 누군가가 있는지를 살피는 것과 같습니다.

> 아마 한동안 아무런 답이 없을 것입니다. 문은 닫혀 있고 어쩌면 잠겨 있을 수도 있습니다. 당신은 인내해야 합니다. 얼마간 아무도 이 길을 지나다니지 않았고 당신이 문손잡이를 덜거덕거리기 시작하는 것은 무례한 짓일 수 있습니다. 이것은 경찰의 현장 단속이 아닙니다.

10. 흥미를 갖는 것에는 자연스러운 측면이 있다. 흥미는 그냥 집어 드는 것이다. 이것은 의지력으로 연마할 수 없다. 그 자체로 존재하는 것이다. 이것이 마음챙김이 모든 사람을 위한 것이 아닌 이유 중 하나이다. 모든 사람이 마음의 존재 모드를 탐색하는 데 흥미를 가지지는 않는다. 윌슨(2004)에 의하면 매초마다 수천 개의 자극이 뇌에 도달하고 그중 수십 개가 실제로 의식에 들어온다. 그리고 우리는 매 순간 그중 하나에만 주의를 기울일 수 있을 뿐이다. 어떤 자극에 주의를 기울일지에 대한 선택은 개인적인 흥미에 의해 이끌린다. 물론 위협과 스트레스는 우리의 흥미 그리고 흥미로 인해 주의를 기울이기로 선택하는 것에 큰 영향을 미친다.

11. 나는 마크 윌리암스로부터 콜브의 학습 모델 사용에 관한 아이디어를 얻었다. 그는 종종 탐구를 경험 주변을 둘러싼 세 개의 동심원으로 제시한 모델을 이용해 작업한다(Williams, Crane, & Soulsby, 2007, p.57에서 인용한 Williams, *Aims of MBCT*, 미출간 유인물, 2006). 가장 안쪽 원은 '알아차림noticing'으로 직접 경험하는 것이다. 다음 원은 '대화dialogue'이며 직접 경험에 알아차림을 가져오는 것이 어떤 효과가 있는지 탐색하는 것을 수반한다. 가장 바깥쪽 원은 '연계linking'이며 이런 학습이 일상생활에서 내적 및 외적 경험을 하는 방식과 어떻게 연관이 되는지 탐색하는 것을 수반한다. 그 유인물을 계속 읽어보면 이 모델에 콜브의 단계들이 반영되어 있음을 알게 될 것이다.(Segal, Williams, & Teasdale, 2013. 윌리암스는 탐구를 다루는 장에서 이 모델을 재논의하고 추가한다.)

12. 학습에 관한 심리학 문헌은 (거울 뉴런이 역할을 하는) 관찰 학습과 놀이 학습을 구별한다. 게다가 놀이 학습은 일반적으로 탐색으로 배우는 학습과도 구별된다(Gray, 2011, p.93 참조). 탐색은 놀이보다 더 격식이 있고 탐색에 대한 긴장 요소를 지니고 있다. 왜냐하면 이미 알고 안전하다고 간주되는 것의 경계를 탐색하기 때문이다.

놀이와 탐색 모두 대부분의 포유류에게 진정한 동기가 된다. 예를 들어 심지어 쥐의 경우 먹이에 도달하는 가장 효율적인 경로를 찾았다 하더라도 배고프지 않을 때는 탐색을 위해 정기적으로 그 경로를 벗어난다. 또 대부분의 어린 포유류는 놀면서 배운다. 그렇다고 하더라도 놀이와 탐색은 정도의 차이만 있는 활동으로 고려될 수 있다. 놀이는 순수한 탐색이고 탐색은 어른을 위한 놀이이다.

진화적으로 보면 학습은 느리고 유전적으로 한정된 자연적 적응 과정을 보충한다. 동물과 동일한 학습 능력을 갖지 못한 식물은 유전적으로만 적응할 수 있고 이 느린 과정은 식물을 취약하게 만든다.

인간은 학습을 향한 강한 욕동을 가지고, 따라서 강한 탐색과 모방하고자 하는 욕동도 가지고 있다. 인간 두뇌의 처리 용량이 빠르게 발달하면서 이러한 욕동은 인간에게 극단적인 적응 능력을 주었다. 이로 인해 인간은 비교적 짧은 기간에 거의 모든 기후와 대륙으로 퍼져 나갈 수 있었다(Harari, 2012, and McNeill & McNeill, 2003 참조).

13. 미지의 도전에 직면하는 학습의 모험적 측면을 강조하는 교육 이론가도 있다. 이 관점에서는 반복 시도에 따라 발견의 '기회'가 주어지므로 명확한 방향성 없이 학습이 일어난다. 이는 아동이 학습하는 방법이다. 훨씬 덜 구조적이고 더 직관적이며 재미있는 방식이다. 이 학습 유형의 두드러진 점은 의식적으로 도전을 선택하거나 도전을 인지적으로 평가하지 않는다는 점이다. 이를 귀납적 학습이라고 부를 수 있다.

이런 전제에 근거하여 심리학자 제롬 브루너Jerome Bruner는 아동의 자연스러운 학습 방식에 더 잘 맞추려는 의도를 갖고 그가 '자기 발견에 의한 학습'이라고 불렀던 교육 형식을 개발하였다(Wood, Bruner, & Ross, 1976). 그는 재미 측면이 과해지지 않게 하려고 발판 개념을 도입하였다. 처음에는 학습 환경에 구조화된 과정을 갖추어 학습을 지원하고 이끌다가 나중에 아동이 스스로 더 많은 학습 구조를 획득하게 되면 구조화된 과정을 제거한다. 이 원칙은 마음챙김 훈련에도 적용할 수 있다. 처음에는 참가자에게 구조와 방향을 제시하지만 점차 이런 지지 자원을 없애 나간다.

14. 콜브(1984)에 따르면 그의 이론은 쿠르트 레빈Kurt Lewin이 발전시킨 학습 이론

에 기반을 두었다. 레빈의 이론은 다음과 같은 단계로 구분된다. (1) 구체적 경험 (2) 관찰과 성찰 (3) 추상 개념의 형성과 일반화 (4) 새로운 상황에서 이 개념의 영향 검증하기.

콜브는 이론을 개발할 당시 매사추세츠대학교 경영학과 교수였다. 그는 사회변화 과정과 지도력 개발 분야에 적용하기 위해 이 모델을 개발했다. 따라서 그는 2단계를 능동적 실험으로 3단계를 성찰하는 관찰로 변형하였다(Hendriksen, 2007, pp.19–23). 콜브의 모델은 이후 더 광범위한 규모로 학습과 변화 과정에 적용되었다.(또한 콜브의 이론은 교육 이론가 존 듀이John Dewey와 얀 피아제Jean Piaget의 연구에도 이용되었다.)

콜브는 1장에서 설명한 성격 기반 학습 스타일 모델로 명성을 얻었는데 이는 경험적 학습 모델과 밀접하게 관련되어 있다. 이 두 가지 모델 다 (공동으로 혹은 개별적으로) 학습과 변화에 관한 수많은 모델에 통합되었다. 콜브 역시 마음챙김에 관심을 보였다.

15. 불교 전통은 원함wanting 혹은 욕망desiring을 강조한다. 이 장에서 자세히 설명한 다섯 가지 장애는 원함의 변형들이다. 그런데도 문제는 원함의 영역보다도 '나'라는 영역에 있다. 자율성을 가진 내가 있다는 망상이 괴로움의 궁극적 원인이다. 내가 없으면 "나는 원한다"는 없다.

그렇지만 일반적으로 탐구는 '나'라는 망상의 탐색으로 이어지지 않는다. 내가 실제로 존재하지 않는다는 생각은 대부분 참가자에게 너무 이질적이고 두려움을 주므로 큰 저항으로 이어질 수 있다. 굳이 그렇게 한다면 마음챙김 훈련은 원래 의도했던 목표를 넘어설 것이다. 아마도 '나'라는 생각은 뿌리 깊게 박혀 있기에 이를 탐색하는 것이 너무 이질적이어서 내가 없다는 가능성은 사람들에게 쉽사리 발생하지 않는다. 따라서 우리가 어떻게 우리의 생각, 고통 등등이 아닌지에 대한 탐색이 "만약 내가 그 모든 것이 아니라면 나는 무엇인가?"와 같은 질문으로 이어지는 일은 드물다. 비록 이것이 논리적으로 뒤따라야 하는 질문이라 하더라도 그렇다.

일반적으로 사람들은 비록 나에 대한 집착이 증상의 궁극적인 원인이라 할지라도 나를 내려놓기보다는 괴로움의 증상 완화에 집중한다. 그래서 무아not-self(無我) 관련 주제를 의제로 삼으려면 조심스럽게 발걸음을 옮겨야 한다. 탐구가 참가자에게 자아의 기본적인 투영을 보게 할 때면 그들은 이미 상당히 확장되어 있을 것이다. 이 순간 원함의 발현이 달라진다.

마지막으로 분명히 할 것이 있다. 괴로움으로 이끄는 '원함'은 가슴에서 솟아나는 염원desire of the heart과 동일시될 수 없다. 두 가지 모두 에너지를 안내하는 형식이고 '원함'이라 불릴 수 있지만 서로 다른 근원(반응성 대 수긍하기 또는 포용하기)에서 비롯되고 따라서 사실상 완전히 다르다. 불교 전통에서 가슴에서 솟아나는 염원은 유익한 열의wholesome desire라 부른다.

16. 붓다는 다섯 가지 장애 중에서도 세 가지, 즉 욕망desire(貪), 혐오aversion(瞋), 의심doubt(癡)을 괴로움의 근본 원인으로 식별하였다. 의심은 방향 감각의 상실 또는 어둠 속에 있다는 의미이다. 그렇다면 다섯 가지 장애 요소인가 아니면 세 가지인가? 불교 개념의 많은 유사한 조합과 마찬가지로 이는 본질적인 차이라기보다는 뉘앙스의 정교함에 관한 것이다. 이 경우에 있어서 장애 요소들은 인간이라는 토양에서 자라고 있는 모든 꽃이다. 그리고 분명히 말하지만 어려운 감정은 장애 요소가 아니다. 두려움, 슬픔, 분노 등을 포함한 감정은 삶의 일부이고 판단이나 반응을 촉발하지 않은 채 오고 갈 수 있다. 장애 요소를 만드는 것은 감정 그 자체가 아닌 감정을 밀어내거나 감정에 매달리는 감정에 대한 우리의 반응성이다.

17. 우리가 어느 정도 통제할 수 있는 유일한 기회는 우리의 프로필(예를 들어 성별, 직업적 배경, 훈련 방식)이 참가자와 어울리는지에 관한 사전 평가를 할 때뿐이다. 때때로 특정 참가자에게 그 사람의 학습 방식이나 이해 수준에 따라 더 알맞은 환경에서 더 큰 도움을 받을 수 있다고 사전에 말해 줄 수 있다. 그렇지만 참가자는 일반적으로 지도자의 방식을 포함한 수행 환경에 적응한다. 실제로 처음에는 우리의 방식이 참가자의 개인적 선호와 다소 충돌한다고 해도 장기적으로는 학습 과정을 훼손하기보다 오히려 더 강화할 수 있다. 약간의 불편함은 때때

로 자신의 안전지대를 떠나 새로운 경험을 허용하도록 하는 계기가 될 수 있다.

18. 불교 전통에서 수행자의 필요에 따라 가르치는 방식을 조정하는 것을 *방편 upaya*(方便)이라 부른다. 이는 '수단의 숙련된 사용'을 의미한다. 방편은 통찰을 발달시키기 위해 적절한 길을 제시해야 한다. 팔리어 경전의 설법에서 드러나듯이 붓다는 방편의 가치를 인지하였고 스스로 그것에 전념하였으며 방편의 진정한 대가였다. 담마를 전파할 때 붓다는 개별 청중의 이해 수준에 맞추어 청중의 인식에 적합한 은유를 사용하였으며 청중의 이해 수준에서 벗어나는 것은 무엇이든 배제하였다. 또한 주제를 청중에 적합하게 조정하여 농부에게는 *보시/dana*의 가치를, 군주에게는 *계율sila*의 가치를, 이미 세속적인 삶을 명상으로 바꾼 고행자에게는 *수행/bhavana*의 가치를 가르쳤다. 가르침의 외견상 형식이나 심지어는 주제까지도 청중에 따라 극적으로 달라졌지만 핵심은 항상 그의 메시지에 충실하였다. 이것이 *방편*이다.

19. 이 인용구는 'Healing and the Mind' 시리즈의 한 에피소드인 *내면으로부터의 치유Healing from Within*에서 따온 것이다. 이 에피소드는 말을 능숙하게 사용하는 좋은 예를 보여 준다. 모이어스Moyers(1993)는 질문을 통해 많은 시청자가 가졌을 의구심을 표현한다. "당신의 책을 읽은 제 친구는 이렇게 말했습니다. '알다시피 그는 우리가 받아들여야 한다고… 신체적 불편함을 받아들여야 한다고 말하잖아. 나는 신체적 불편함을 받아들이고 싶지 않아. 나는 어떤 불편함도 원치 않아.'" 카밧진은 이렇게 답한다. "음, 많은 행운이 있어야겠죠…… 어쩌면 병원에 가면 불편함을 없애 줄 마법의 약이 있을지도 모르죠…… 그러나 우리가 진료실에서 만났던 사람들은 그 길로 가보았지만 만족을 얻지 못했어요."

20. 동일한 맥락에서 카밧진은 불교 수행에서 널리 사용하는 '담마'라는 단어 사용을 피한다. "나는 환자나 주류 전문가 집단과 이야기할 때 '담마'라는 단어를 사용하지 않는다…… 그래도 사람들은 주의 기울이기, 진정 인간이 무엇인지, 마음챙김, 깨어 있음과 같은 마음 상태 등의 개념을 아무런 저항 없이 그리고 관점의 이념이나 문화적 전환을 호소하지 않아도 이해한다."(1999, pp.230-231).

21. 물론 일부 맥락에서는 사람들의 저항을 뚫고 나아가기 위해 과도한 정보를 사용할 수 있다. 역동적 집단치료 또는 불안과 회피 양상을 극복할 때 그렇게 할 수도 있다. 하지만 이런 맥락에서도 이 기법은 외상화 또는 재외상화로 이어질 수 있기에 항상 대단히 신중하게 사용해야 한다. 초기에 성공하는 것처럼 보인다고 하더라도 외상화 또는 재외상화로 이어지면 그러한 치료법은 질병보다 더 나쁘다. 어떠한 경우라도 마음챙김 지도자가 가진 도구상자 안에 돌파를 강요하는 도구는 들어있지 않다. 그러한 돌파는 치료자 역할을 요구하는 것이고 이는 지도자 역할과 양립할 수 없다. 궁극적으로 마음챙김은 특정 목표를 지향하는 것이 아니라 자신을 탐색하는 것이다.

Bartley, T. (2012). *Mindfulness-based cognitive therapy for cancer: Gently turning towards.* Chichester, UK: John Wiley and Sons.

Batchelor, S. (1997). *Buddhism without beliefs: A contemporary guide to awakening.* New York: Riverhead Books.

Cornelisse, P. (2009). *Taal is zeg maar helemaal mijn ding* [You could say language is my kind of thing]. Amsterdam: Uitgeverij Contact.

Cornelisse, P. (2012). *En dan nog iets* [One more thing]. Amsterdam: Uitgeverij Contact.

Crane, R. (2010). Mindfulness-based professional practice and teacher competency in the UK—Past, present, and future (PowerPoint presentation). Bangor, Wales: Bangor University. Retrieved February 11, 2016, from https://www.bangor.ac.uk/mindfulness/documents/rcranekeynoteapr2011.pdf.

Crane, R. S., Kuyken, W., Hastings, R. P., Rothwell, N., & Williams, M. G. (2010). Training teachers to deliver mindfulness-based interventions: Learning from the UK experience. *Mindfulness, 1*(2), 74–86.

Crane, R. S., Kuyken, W., Williams, J. M., Hastings, R. P., Cooper, L., & Fennell, M. J. V. (2011). Competence in teaching mindfulness-based courses: Concepts, development, and assessment. *Mindfulness, 3*(1), 76–84.

Crane, R., Soulsby, J., Kuyken, W., Williams, M., & Eames, C., et al. (2012, March). *The Bangor, Exeter & Oxford Mindfulness-Based Interventions Teaching Assessment Criteria (MBI-TAC) for assessing the competence and adherence of mindfulness-based class-based teaching.* Retrieved January 26, 2016, from https://www.bangor.ac.uk/mindfulness/documents/MBI-TACMay2012. pdf.

Dijksterhuis, A. (2008). *Het slimme onbewuste* [The smart subconscious]. Amsterdam: Uitgeverij Bert Bakker.

Ericsson, K. A., Krampe, R. T., & Tesch-Römer, C. (1990). The role of deliberate practice in the acquisition of expert performance. *Psychological Review, 100*(3), 363–406.

Germer, C. (2009). *The mindful path to self-compassion: Freeing yourself from destructive thoughts and emotions.* New York: Guilford.

Gladwell, M. (2005). *Blink: The power of thinking without thinking.* New York: Back Bay Books.

Gladwell, M. (2008). *Outliers: The story of success.* New York: Little, Brown.

Goldstein, J., & Kornfield, J. (2001). *Seeking the heart of wisdom: The path of insight meditation.* Boston: Shambhala.

Goleman, D. (2002). *Primal leadership: Realizing the power of emotional intelligence.* Boston: Harvard Business Press.

Goleman, D. (2013). *Focus: The hidden driver of excellence.* New York: HarperCollins.

Gray, P. (2011). *Psychology,* 6th edition. New York: Worth Publishers.

Harari, Y. N. (2012). *From animals into gods: A brief history of humankind.* Charleston, SC: CreateSpace.

Hayes, S. C., Strosahl, K. D., & Wilson, K. G. (1999). *Acceptance and commitment therapy: An experiential approach to behavior change.* New York: Guilford.

Hendriksen, H. (2007). *Cirkelen rond Kolb, het begeleiden van leerprocessen* [Circling around Kolb, facilitating learning processes]. Houten, the Netherlands: Nelissen.

Honey, P., & Mumford, A. (1982). *The manual of learning styles.* Maidenhead, UK: Honey Press.

Howe, G. L. (Ed.). (1885). *The golden key to prosperity and happiness: A complete educator embracing thorough instruction in every branch of knowledge.* Chicago:Metropolitan Publishing.

Huber, C. (2000). *Zijn wie je bent. Eerste stappen op het pad van Zen* [The key: And the name of the key is willingness]. Utrecht, the Netherlands: Kosmos.

Iacoboni, M. (2008). *Mirroring people: The new science of how we connect with others.* New York: Farrar, Straus, and Giroux.

Kabat-Zinn, J. (1990). *Full catastrophe living: Using the wisdom of your body and mind to face stress, pain, and illness.* New York: Delta.

Kabat-Zinn, J. (1994). *Wherever you go, there you are: Mindfulness meditation in everyday life.* New York: Hyperion.

Kabat-Zinn, J. (1996). Mindfulness and meditation: What it is, what it isn't, and its role in health care and medicine. In Y. Haruki & M. Suzuki (Eds.), *Comparative and psychological study on meditation.* Delft, the Netherlands: Eburon.

Kabat-Zinn, J. (1999). Indra's net at work: The mainstreaming of dharma practice in society. In G. Watson, S. Batchelor, & G. Claxton (Eds.), *The psychology of awakening: Buddhism, science and our day-to-day lives.* London: Rider.

Kabat-Zinn, J. (2003). Mindfulness-based interventions in context: Past, present, and future. *Clinical Psychology: Science and Practice, 10*(2), 144–156.

Kabat-Zinn, J. (2005). *Coming to our senses: Healing ourselves and the world through mindfulness.* New York: Hyperion.

Kabat-Zinn, J. (2010). Foreword. In D. McCown, D. Reibel, & M. S. Micozzi (Eds.), *Teaching mindfulness. A practical guide for clinicians and educators.* New York: Springer.

Kabat-Zinn, J. (2011). Some reflections on the origins of MBSR, skillful means, and the trouble with maps. *Contemporary Buddhism 12*(1), 281–306.

Kofman, F. (2006). *Conscious business: How to build value through values.* Boulder, CO: Sounds True.

Kolb, D. (1984). *Experiential learning: Experience as the source of learning and development.* Upper Saddle River, NJ: Prentice Hall.

Kornfield, J. (2008). *The wise heart: A guide to the universal teachings of Buddhist psychology.* New York: Bantam.

Koster, F. (2010). Retraite anekdotes en (over)concentratie [Retreat anecdotes and (over) concentration]. *Simsara, 12*(2), 4–5.

Kramer, G. (2007). *Insight dialogue: The interpersonal path to freedom.* Boston: Shambhala.

Leary, T. (1966). Programmed communication during experiences with DMT. *Psychedelic Review 8,* 83–95.

Linehan, M. M. (1993). *Cognitive-behavioral treatment of borderline personality disorder.* New York: Guilford.

Maex, E. (2011). The Buddhist roots of mindfulness training: A practitioner's view. *Contemporary Buddhism, 12*(1), 165–175.

McCown, D., Reibel, D., & Micozzi, M. S. (2010). *Teaching mindfulness: A practical guide for clinicians and educators.* New York: Springer.

McNeill, J., & McNeill, W. (2003). *The human web: A bird's-eye view of world history.* New York: W. W. Norton.

Moreno, J. L. (1953). *Who shall survive? Foundations of sociometry, group psychotherapy, and socio-drama.* Beacon, NY: Beacon House. Available at http://www.asgpp.org/docs/wss/wss.html.

Moyers, B. (1993). Healing from within. Episode 3 of *Healing and the mind.* New York: Ambrose Video. Transcript retrieved January 26, 2016, from http://bill moyers.com/content/healing-from-within.

Neff, K. (2011). *Self-compassion: Stop beating yourself up and leave insecurity behind.* New York: HarperCollins.

Nhat Hanh, T. (1987). *Interbeing: Commentaries on the Tiep Hien precepts.* Berkeley, CA: Parallax Press.

Palmer, P. (1998). *The courage to teach: Exploring the inner landscape of a teacher's life.* San Francisco: Jossey-Bass.

Parks, T. (2011). *Teach us to sit still: A skeptic's search for health and healing.* New York: Rodale.

Polanyi, M. (2009). *The tacit dimension.* Chicago: University of Chicago Press.

Ruijgrok-Lupton, P. E., Crane, R. S., & Dorjee, D. (2015). *Impact of mindfulness teacher training on MBSR participant wellbeing outcomes and course satisfaction.* Poster presented at the Mind and Life European Summer Research Institute, August–September 2015, Chiemsee, Germany. Retrieved on January 25, 2016, from https://www.bangor.ac.uk/mindfulness/documents/EvaRuijgrok-Lupton ImpactTeacherTrainingonMBSRwellbeing.pdf.

Rumi. (1997). *The illuminated Rumi,* trans. C. Barks. New York: Broadway Books.

Rumi. (2005). *The essential Rumi,* trans. C. Barks. New York: HarperCollins.

Santorelli, S. F. (Ed.). (2014). *Mindfulness-based stress reduction (MBSR): Standards of practice.* Massachusetts: Center for Mindfulness in Medicine, Health Care, and Society, University of Massachusetts Medical School.

Segal, Z. W., Williams, M. G., & Teasdale, J. D. (2002). *Mindfulness-based cognitive therapy for depression: A new approach to preventing relapse.* New York: Guilford.

Segal, Z. W., Williams, M. G., & Teasdale, J. D. (2013). *Mindfulness-based cognitive therapy for depression*, 2nd edition. New York: Guilford.

Siegel, D. (2007). *The mindful brain: Reflection and attunement in the cultivation of well-being.* New York: W. W. Norton.

Sitskoorn, M. (2008). *Het maakbare brein* [The malleable brain]. Amsterdam: Bert Bakker.

Stahl, B., & Goldstein, E. (2010). *A mindfulness-based stress reduction workbook.* Oakland, CA: New Harbinger.

Sternberg, P., & Garcia, A. (2000). *Sociodrama: Who's in your shoes?* Westport, CT: Praeger.

Teasdale, J. D., Williams, M. G., & Segal, Z. W. (2014). *The mindful way workbook: An eight-week program to free yourself from depression and emotional distress.* New York: Guilford.

Tolle, E. (2003). *Stillness speaks.* Novato, CA: New World Library.

Vygotsky, L. S. (1986). *Thought and language.* Cambridge, MA: MIT Press.

Whitman, W. (1855). *Leaves of grass.* Brooklyn, NY: Eakins Press.

Williams, M., Crane, R., & Soulsby, J. (2007). *The mindfulness-based curriculum in practice: Summary outline, intentions, and rationale for practices.* Bangor and Oxford University, unpublished manuscript.

Williams, M., Teasdale, J., Segal, Z., & Kabat-Zinn, J. (2007). *The mindful way through depression: Freeing yourself from chronic unhappiness.* New York: Guilford.

Wilson, T. (2004). *Strangers to ourselves: Discovering the adaptive unconscious.* Cambridge, MA: Belknap Press.

Wood, D., Bruner, J. S., & Ross, G. (1976). The role of tutoring in problem solving. *Journal of Child Psychology and Psychiatry, 17*(2), 89–100.

마음챙김 명상 지도의 실제

저자 롭 브랜즈마
역자 구본훈, 서혁수, 이강욱

초판 1쇄 인쇄 2022년 09월 13일
초판 1쇄 발행 2022년 09월 21일

등록번호 제2010-000048호
등록일자 2010-08-23

발행처 삶과지식
발행인 김미화
편집 박시우(Siwoo Park)
디자인 다인디자인(E.S. Park)

주소 서울시 강서구 강서로47길 108
전화 02-2667-7447
이메일 dove0723@naver.com

ISBN 979-11-85324-66-1   93180